**UNTER DEN LINDEN
ET LES ALENTOURS**
Voir p.54-69

**DU SCHEUNENVIERTEL
À L'HAMBURGER BAHNHOF**
Voir p.98-111

**NIKOLAIVIERTEL
ET ALEXANDERPLATZ**
Voir p.86-97

*Du Scheunenviertel
à l'Hamburger Bahnhof*

*Nikolaiviertel
et Alexanderplatz*

Museumsinsel

*Unter den Linden
et l...*

Tiergarten

D1080852

KREUZBERG
Voir p.136-145

0   1000 m

MUSEUMSINSEL
Voir p.70-85

GUIDES ◉ VOIR

BERLIN

GUIDES VOIR

BERLIN

Libre Expression
QUEBECOR MEDIA

Libre Expression
QUEBEC MEDIA

DIRECTION
Nathalie Pujo

DIRECTION ÉDITORIALE
Cécile Petiau

RESPONSABLE DE COLLECTION
Catherine Laussucq

ÉDITION
Sophie Berger

TRADUIT ET ADAPTÉ DE L'ANGLAIS PAR
Dominique Brotot, Tina Calogirou
avec la collaboration d'Isabelle de Jaham

MISE EN PAGES (P.A.O.)
Anne-Marie Le Fur

CE GUIDE VOIR A ÉTÉ ÉTABLI PAR
Malgorzata Omilanowska, Jürgen Scheunemann,
Christian Tempel

Publié pour la première fois en Grande-Bretagne en 2000,
sous le titre *Eyewitness Travel Guides : Berlin*
© Dorling Kindersley Limited, Londres 2008
© Hachette Livre (Hachette Tourisme) 2008
pour la traduction et l'édition française
Cartographie © Dorling Kindersley 2008

© Éditions Libre Expression, 2009
pour l'édition française au Canada

Tous droits de traduction, d'adaptation
et de reproduction réservés pour tous pays.
La marque Voir est une marque déposée.

Aussi soigneusement qu'il ait été établi, ce guide
n'est pas à l'abri des changements de dernière heure.
Faites-nous part de vos remarques, informez-nous
de vos découvertes personnelles : nous accordons
la plus grande attention au courrier de nos lecteurs.

IMPRIMÉ ET RELIÉ EN CHINE PAR
SOUTH CHINA PRINTING COMPANY LTD

Les Éditions Libre Expression
Groupe Librex inc.
La Tourelle
1055, boul. René-Lévesque Est, Bureau 800
Montréal (Québec) H2L 4S5

Dépôt légal – Bibliothèque et Archives nationales du Québec
et Bibliothèque et Archives Canada, 2009

ISBN 978-2-7648-0406-3

SOMMAIRE

COMMENT UTILISER CE GUIDE **6**

La Fernsehturm (tour de la Télévision),
la Siegessäule et la Funkturm (tour de
la Radio) vues par un enfant

PRÉSENTATION DE BERLIN

La Kaiser-Wilhelm-Gedächtnis-Kirche
bombardée en 1943 *(p. 152-153)*

◁ La Berliner Dom vue du Schlossebrücke

Au bord de la Spree dans l'ancien Nikolaiviertel (p. 88-89)

Sélection de saucisses allemandes
(p. 232-233)

Immeuble moderne près de Checkpoint Charlie (p. 141)

Berliner Dom
(p. 76-77)

COMMENT UTILISER CE GUIDE

Ce guide a pour but de vous aider à profiter au mieux de vos séjours à Berlin. L'introduction, *Présentation de Berlin,* situe la cité dans son contexte géographique et historique, et décrit la vie de la capitale au fil des saisons. *Berlin d'un coup d'œil* offre un condensé de ses richesses. *Berlin quartier par quartier,* qui commence en page 52, est la partie la plus importante de ce guide. Illustrations, textes et plans y présentent en détail tous les principaux sites et monuments. *Les environs de Berlin* invite à faire trois promenades à pied dans les faubourgs et à découvrir la ville historique de Potsdam. *Les bonnes adresses* vous fourniront des informations sur les hôtels, les restaurants, les marchés ou les théâtres, tandis que les *Renseignements pratiques* vous faciliteront la vie quotidienne, que ce soit pour téléphoner, utiliser les transports publics ou encore trouver un médecin.

BERLIN QUARTIER PAR QUARTIER

Nous avons divisé le cœur de la ville en huit quartiers, dotés chacun d'un code de couleur. Chaque chapitre débute par un portrait du quartier et une liste des monuments présentés. Des numéros, qui restent constants de page en page, situent clairement ces monuments sur le plan *Le quartier d'un coup d'œil.* Un plan « pas à pas » développe ensuite la partie du quartier la plus intéressante. Des dessins dévoilent l'intérieur des principaux bâtiments.

Des repères colorés aident à trouver le quartier dans le guide.

1 Présentation du quartier
Signalés par des numéros sur le plan Le quartier d'un coup d'œil, *les principaux centres d'intérêt du quartier sont classés par catégories. Le plan situe aussi les parcs de stationnement, les stations de U-Bahn et de S-Bahn et les arrêts de bus et de trams les plus utiles.*

Carte de situation

Une carte de situation montre où se trouve le quartier dans la ville.

Un itinéraire de promenade emprunte les rues les plus intéressantes.

2 Plan du quartier pas à pas
Il offre une vue aérienne de la partie la plus intéressante du quartier. La numérotation des sites correspond à celle du plan Le quartier d'un coup d'œil *et à celle des descriptions détaillées des pages suivantes.*

Des étoiles signalent les sites à ne pas manquer.

PLAN GÉNÉRAL DE BERLIN

Chacune des zones colorées de ce plan *(voir 1er rabat de couverture)* correspond à l'un des huit quartiers décrits en détail dans un chapitre de *Berlin quartier par quartier (p. 52-213)*. Ces couleurs apparaissent sur d'autres plans tout au long de ce guide pour vous aider, par exemple, à repérer les sites les plus importants dans *Berlin d'un coup d'œil (p. 28-47)*, à situer les restaurants conseillés dans *Les bonnes adresses (p. 214-275)* ou à choisir un itinéraire de promenade à pied *(p. 207-213)*.

Les numéros renvoient à ceux des plans où est situé le monument.

Les informations pratiques fournies en tête de rubrique comprennent la référence cartographique aux plans de l'atlas des rues *(p. 300-323)*.

3 Renseignements détaillés
Les sites les plus importants de Berlin sont décrits individuellement dans l'ordre de leur numérotation sur le plan Le quartier d'un coup d'œil. Chaque rubrique donne aussi des renseignements utiles tels que les heures d'ouverture ou les numéros de téléphone. Un tableau des symboles figure sur le rabat de la dernière page.

Le mode d'emploi fournit toutes les informations pratiques nécessaires.

Des encadrés approfondissent des sujets historiques et culturels particuliers.

4 Les principaux monuments
Deux pleines pages ou plus leur sont réservées. La présentation des bâtiments historiques en dévoile l'intérieur. Les plans des musées vous aident à localiser les plus belles expositions.

Des étoiles signalent les œuvres ou éléments remarquables.

PRÉSENTATION DE BERLIN

QUATRE JOURS À BERLIN

Berlin est une ville très étendue, ces quatre jours sont organisés pour que vous tiriez le meilleur parti de votre séjour. Au fil de nos itinéraires, vous découvrirez les principaux monuments et musées. Nous vous proposons également une journée pour vous divertir en famille et

un circuit shopping. Ce programme est bien rempli, mais tous les sites mentionnés sont présentés dans nos pages et rien ne vous empêche de l'alléger selon votre énergie ou vos envies du moment. Les prix indiqués comprennent le transport, la nourriture et l'admission aux musées.

Statue, sanssouci

HISTOIRE ET CULTURE

- La Brandenburger Tor
- Promenade sur Wilhelmstrasse
- Déjeuner dans une brasserie
- Zeughaus/Ile des Musées
- Checkpoint Charlie

DEUX ADULTES prévoir au moins 84 €

Matinée
Commencez par Unter den Linden et le plus célèbre emblème de Berlin, la **Porte de Brandebourg** *(p. 67)*. Continuez sur l'avenue et tournez à droite dans Wilhelmstrasse, où se tenaient la **Chancellerie du Reich** et le **bureau d'Hitler** *(p. 66)* à votre gauche, au 77 Voss Strasse. Autre vestige sinistre de l'Allemagne nazie, la

Rotonde de l'Altes Museum, Museumsinsel

Enfants et animaux au Zoologischer Garten, Berlin

Topographie des Terrors *(p. 140)*, à l'angle de la rue, sur le site de l'ancien quartier général SS et de la Gestapo, présente une exposition sur les crimes nazis. Tout près, vous découvrirez une partie du mur de Berlin qui passait sous l'immeuble du **Martin-Grospius-Bau** *(p. 140)*. De là, reprenez Unter den Linden jusqu'au n° 39 pour un déjeuner à la brasserie **Dressler** *(p. 236)*.

Après-midi
Découvrez l'histoire de l'Allemagne au **Zeughaus (Deutsches Historisches Museum)** *(p. 58-59)*, puis longez le canal au nord vers **Museumsinsel** *(p. 71-85)*. Tous les musées de l'île sont de niveau international. Visitez l'Altes Museum ou le Pergamonmuseum. Bifurquez au sud vers Kreuzberg en empruntant Friedrichstrasse jusque **Checkpoint Charlie,** l'ancien point de contrôle des alliés et terminez par une visite du musée **Haus am Chekpoint Charlie** *(p. 141)*.

UNE JOURNÉE EN FAMILLE

- Visite du zoo
- Déjeuner rapide au self-service
- Jeux interactifs
- Le tour des studios de Filmpark

FAMILLE DE QUATRE prévoir au moins 158 €

Matinée
Commencez par une visite du **Zoologischer Garten** *(p. 150)*, Prenez la sortie Hardenbergplatz pour rejoindre Kaiser-Wilhelm-Gedächtnish-Kirshe en traversant la Breitscheidplatz. Admirez un instant les jongleurs et artistes de rue. Puis, déjeunez au Marché Mövenpick, un restaurant conçu tel un marché, sur l'élégant **Kurfürstendamm** *(p. 147-155)*.
Après-midi
Attrapez un bus sur le Kurfürstendamm pour le **Deutsches Technikmuseum** *(p. 144)* : avions, voitures

anciennes, trains, bateaux et supports interactifs vous y attendent. Reprenez le bus jusqu'au Zoologischer Garten puis le S-Bahn et descendez à Postdam-Babelsberg pour une visite de **Filmpark Babelsberg**, les plus grands studios d'Allemagne *(p. 205)*. Vous pourrez dîner en toute simplicité dans Kreuzberg ou Neukölln.

UNE JOURNÉE DE SHOPPING

- Shopping au KaDeWe
- Flânerie sur la Savignyplatz
- Snack sur le pouce
- Friedrichstadtpassagen

DEUX ADULTES prévoir au moins 45 € (déjeuner et transport)

Matinée
Commencez au **Kaufhaus des Westens**, grand magasin surnommé KaDeWee *(p. 155)* par les Berlinois. Poursuivez votre shopping sur la Tauentzienstrasse, une artère populaire et continuez sur le Kurfürstendamm – plus on va vers l'Ouest, plus les boutiques sont luxueuses. Bifurquez ensuite dans des rues encore plus chic – **Fasanen**, **Meineke**, **Uhland**, **Bleibtreu** et **Schlüter Strasse** – pour rejoindre la **Savignyplatz** *(p. 154)* et ses nombreuses boutiques et petits restaurants.

Après-midi
Prenez le S-Bahn sur la Savignyplatz et descendez à Friedrichstrasse. Au nord, vous

Le magnifique hall des Galeries Lafayette de Berlin

découvrirez l'immense complexe commercial de **Friedrichstadtpassagen** où se trouvent les **Galeries Lafayette** ainsi que le luxueux **Quartier 206** et ses boutiques de grands couturiers, Gucci, Versace et Donna Karan. Remontez au nord sur la Friedrichstrasse et suivez l'Oranienburger Strasse à gauche, jusque **Hackescher Markt**, un quartier branché réputé pour son style jeune et alternatif et ses nombreux night-clubs, pubs et bars.

BERLIN CÔTÉ VERDURE

- **Promenade jusqu'à Grunewald**
- **Sur le bac pour Pfaueninsel**
- **Le Tiergarten**
- **Schloss Bellevue**

DEUX ADULTES prévoir au moins 43 €

Matinée
Depuis la station de S-Bahn Grunewald, marchez au sud (environ 60 minutes) jusqu'au **Jagdschloss Grunewald**

(p. 212-213), un charmant pavillon de chasse et sa galerie d'art. Longez de somptueuses villas et traversez la forêt jusqu'au **lac Wannsee** *(p. 181)* ou reprenez le S-Bahn et sortez à la station Wannsee. De là, prenez le bus qui mène au bac pour une promenade sur l'île de la **Pfaueninsel**, une réserve naturelle *(p. 208 -209)*. Reprenez le S-Bahn jusqu'à Postdam-Hauptbahnhof pour admirer le superbe Park Sanssouci et son magnifique palais rococo *(p. 192-196)*.

Après-midi
Depuis Postdam, prenez le métro jusqu'au poumon vert de Berlin, l'immense **Tiergaten** *(p. 113 -135)*. Suivez la Strasse des 17. Juni et montez en haut de **Siegessäule** *(p. 132-133)*, la colonne de la victoire. Allez ensuite au **Schloss Bellevue** *(p. 133)*, résidence officielle du président. Terminez par le **Neuer See**, un joli lac au sud du parc. Louez une barque et dînez sur place.

Jardins du Neues Palais, dans le Park Sanssouci

Berlin dans son environnement

Capitale de la république fédérale d'Allemagne depuis
1991, Berlin possède une population d'environ
3,4 millions d'habitants. Située dans l'ancienne RDA,
au cœur de la province du Brandebourg, la ville
occupe une superficie de 889 km². La Havel et
la Spree, qui se rejoignent dans l'arrondissement
de Spandau, traversent la cité dans de
nombreux canaux.

PAYS-BAS

AMSTERDAM
Den Haag
Rotterdam
Utrecht

Bremerhaven
Bremen
Hamburg
Kiel

Hannover

Essen Dortmund
Düsseldorf
Köln (Cologne)
Bonn
Kassel

EUROPE

NORVÈGE
SUÈDE
DANEMARK
IRLANDE
ROYAUME-UNI
PAYS-BAS
BELGIQUE
ALLEMAGNE
FRANCE
SUISSE
ITALIE
ESPAGNE

FINLANDE
ESTONIE
LETTONIE
LITUANIE
BIÉLORUSSIE
POLOGNE
Berlin
RÉP.
TCHÈQUE
SLOVAQUIE
AUTRICHE HONGRIE
SLOVÉNIE
CROATIE
BOSNIE-
HERZÉGOVINE
ALBANIE
GRÈCE
MOLDAVIE
ROUMANIE
YOUGOSLAVIE
BULGARIE
MACÉDOINE
TURQUIE
UKRAINE

Wiesbaden
Frankfurt am Main
Würzburg
Mannheim
Saarbrücken
Stuttgart
Ulm
Nancy
Strasbourg
FRANCE

Basel
Zürich
SUISSE

LÉGENDE

0   100 km

- ☐ Agglomération berlinoise
- ---- Ligne maritime
- –·– Frontière
- ✈ Aéroport
- ▭ Autoroute
- ▬ Route principale
- — Voie ferrée
- ⛴ Port de passagers

Le centre de Berlin, avec Tiergarten et Unter den Linden (p. 14), vu du ciel

Berlin et ses environs

Les pages 54 à 165 décrivent les sites d'intérêt du centre de Berlin. Vous trouverez un atlas des rues pages 300 à 323 pour les situer facilement. Les sites de la périphérie et la ville de Potsdam sont présentés pages 166 à 205.

L'agglomération berlinoise

Le Berlin d'aujourd'hui fut constitué en 1920, quand la commune incorpora plusieurs villes et villages qui entouraient le centre historique. L'agglomération est aujourd'hui divisée en 12 arrondissements, dont certains, comme Spandau et Köpenick, étaient jadis des municipalités indépendantes. En périphérie, lacs et forêts ont permis l'aménagement d'aires de loisirs. Aisément accessible en transports publics, Potsdam, au sud-ouest, abrite de splendides palais.

Niederschönhausen

PANKOW

Schönholz

Prenzlau

Eberswalde

Malchow

Wartenberg

Heinersdorf

WEISSENSEE

WEDDING

Gesundbrunnen

PRENZLAUER BERG

HOHEN-
SCHÖNHAUSEN

Prenzlauerberg

Hauptbahnhof
Lehrter Bahnhof

MITTE

Friedrichstr.
2/5

Alexanderpl.

LICHTENBERG

FRIEDRICHSHAIN

Potsdamer Platz

Ostbahnhof

Lichtenberg

Frankfurt/Oder

Friedrichsfelde

KREUZBERG

Ostkreuz

Rummels-
burger
See

Karlshorst

TREPTOW

Flughafen
Tempelhof

Voir page suivante

NEUKÖLLN

Spree

Baumschulenweg

TEMPELHOF

Schöneweide

Britz

LÉGENDE

Centre de Berlin

Zone construite

Banlieue

Aéroport

Gare ferroviaire

Autoroute

Route principale

Route secondaire

Voie ferrée

Autoroute en construction

Mariendorf

Buckow

0   2 km

Jüterbog

Zossen

Schönefeld

Le centre de Berlin

Nous avons divisé le centre de Berlin en huit zones de visite. Le cœur historique comprend la Museumsinsel, « l'île des Musées », et ses environs immédiats au bord de la Spree et autour de la grande avenue appelée Unter den Linden. Au sud, Kreuzberg possède une atmosphère particulière avec ses lieux alternatifs et ses cafés turcs. À l'ouest, Tiergarten offre à la ville un poumon de verdure jusqu'au Kurfürstendamm, le pôle de l'ancien Berlin-Ouest. Le château de Charlottenburg était la résidence d'été des rois de Prusse.

Charlottenburg
Nommé d'après Sophie-Charlotte, l'épouse de Friedrich III, le château baroque de Charlottenburg abrite des pièces somptueuses décorées de nombreux objets d'art (p. 156-165).

Kulturforum, Tiergarten
Le « Forum de la Culture » réunit la Philharmonie et plusieurs musées et bibliothèques (p. 112-135).

LÉGENDE

▢	Site principal
⊞	Gare ferroviaire
U	Station de U-Bahn
Ⓢ	Station de S-Bahn
P	Parc de stationnement
✝	Église
✡	Synagogue
ℹ	Informations touristiques

Autour du Kurfürstendamm
Le Kurfürstendamm, grande artère souvent appelée Ku'damm, traverse, dans la partie ouest de Berlin, un quartier riche en boutiques, en restaurants et en cinémas (p. 146-155).

Berliner Dom, Museumsinsel
*Sur l'île des Musées, la cathédrale
protestante de Berlin possède
un intérieur néo-baroque
(p. 70-85).*

**Rotes Rathaus,
Nikolaiviertel**
*Orné de reliefs en
terre cuite, cet hôtel de
ville monumental
occupe l'emplacement
de son prédécesseur
médiéval. Il date de
1870 (p. 86-97).*

**Galeries Lafayette,
Friedrichstrasse**
*Ce grand magasin
est une des belles
réussites moderne
de Berlin (p. 5*

Viktoriapark, Kreuzberg
*Ce parc est situé sur une colline
dominant l'arrondissement de
Kreuzberg, où vit une importante
communauté turque (p. 136-145).*

HISTOIRE DE BERLIN

Berlin a pour origine deux villages fondés au bord de la Spree : Berlin et Cölln. Réunis en 1307, ils forment une cité que le commerce rend prospère sous l'autorité des margraves du Brandebourg. La dynastie des Hohenzollern en fait son lieu de résidence puis, à la création de l'Empire allemand en 1871, la capitale du plus puissant État européen. Ravagé pendant la Seconde Guerre mondiale, Berlin devient un haut lieu de la guerre froide jusqu'à la chute du Mur en 1990. Le Parlement décide l'année suivante d'en faire la capitale de l'Allemagne réunifiée.

PREMIÈRES COLONIES

Au début de l'ère chrétienne, des tribus d'origines variées, dont les Semnones germains, vivent sur les rives de la Spree et de l'Havel. À la fin du VIe siècle, des Slaves construisent des places fortes aux emplacements des actuelles banlieues de Köpenick *(p. 175)* et Spandau *(p. 185)*. Cinq cents ans plus tard, des immigrants venus de régions comme les montagnes du Harz, la vallée du Rhin et la Franconie, peuplent les rives de la Spree. Le Saxon Albrecht l'Ours, de la dynastie des Ascaniens, soumet définitivement les Slaves. Il devient le premier *Markgraf* (comte) du Brandebourg.

LES ORIGINES DE LA VILLE MODERNE

L'histoire écrite de Berlin commence au début du XIIIe siècle, quand deux villages, Berlin et Cölln, se développent de part et d'autre de la Spree aux environs de ce qui est actuellement le Nikolaiviertel *(p. 90)*. Ils font le commerce du poisson, du seigle et du bois. Ils s'allient en 1307, et l'union est célébrée par l'édification d'un hôtel de ville commun en 1345.

Après la mort du dernier Ascanien en 1319, les maisons de Luxembourg et de Wittelsbach se disputent le Brandebourg, une querelle qui a des effets dévastateurs pour ses habitants. En 1359, Berlin et Cölln adhèrent à la Hanse, la ligue des villes marchandes du Nord de l'Europe. En 1411, pour protéger la région, l'empereur Sigismond envoie son conseiller Frédéric VI de Hohenzollern. Ce dernier prend en 1415 le titre d'électeur du Brandebourg, et fonde, sous le nom de Frédéric Ier de Hohenzollern, une dynastie qui va régner cinq siècles. Il laisse toutefois aux communes les privilèges qu'elles ont acquis.

Statue d'Albrecht l'Ours

CHRONOLOGIE

1134 Investiture d'Albrecht l'Ours	**1197** Première mention de Spandau	**1237** Première mention écrite de Cölln	**1307** Signature du traité entre Cölln et Berlin	**1359** Berlin et Cölln adhèrent à la Hanse	**1415** Frédéric de Hohenzollern devient électeur du Brandebourg	
1100	**1150**	**1200**	**1250**	**1300**	**1350**	**1400**
1157 Albrecht l'Ours, vainqueur des tribus slaves, devient margrave du Brandebourg	**1209** Première mention de Köpenick	**v.1260** Agrandissement de Berlin	**1244** Première mention écrite de la fondation de Berlin			

Denier d'argent de 1369

◁ **Peinture symbolique de la *Prusse* (1868) par Adolf von Menzel au palais Ephraim**

Déposition de croix (v. 1520), panneau d'un polyptyque gothique du début de la Réforme

LES PREMIERS HOHENZOLLERN

En 1432, Berlin et Cölln renforcent leur association en unifiant leurs conseils municipaux. En 1443, Frédéric II entreprend la construction d'un château, le futur Stadtschloss *(p. 71)*, une forteresse qui lui donnera les moyens de réduire les privilèges dont jouit la commune. L'opposition des habitants se transforme en une révolte générale. Elle est écrasée en 1448, et l'édifice, inauguré en 1451, devient la résidence de l'électeur du Brandebourg. L'ours, qui symbolise la ville sur les armoiries, porte désormais une chaîne et un cadenas autour du cou.

Le successeur de Frédéric II, son neveu Jean Cicéron, fait officiellement de Berlin-Cölln la capitale de la Marche du Brandebourg.

Fauconnier sur un carreau du XVIᵉ siècle

LA RÉFORME ET LA GUERRE DE TRENTE ANS

Pendant la première moitié du XVIᵉ siècle, la doctrine de Martin Luther (1483-1546) se répand rapidement dans le centre et le nord de l'Europe, notamment au Brandebourg où la Réforme connaît un réel succès populaire. L'électeur Joachim II se convertit en 1539, suivi par la majorité des conseillers municipaux de sa capitale.

La cité connaît une période de rapide croissance, favorisée par l'arrivée de réfugiés des Pays-Bas et d'artistes italiens venus travailler à la cour. Elle subit toutefois des épidémies de peste bubonique en 1576, 1598 et 1600. La guerre de Trente Ans (1618-1648), qui transforme toute l'Allemagne en champ de bataille, en aggrave encore les conséquences.

En 1627, l'électeur du Brandebourg déplace sa cour à Königsberg, une ville moins exposée. En 1648, Berlin-Cölln ne compte plus que 6 000 habitants. Les épidémies, les exactions et l'entretien des troupes en cantonnement ont décimé et ruiné sa population.

LE GRAND ÉLECTEUR

La chance sourit à nouveau à Berlin quand le jeune Frédéric-Guillaume de Hohenzollern monte en 1640 sur le trône du Brandebourg. Dès la fin de la guerre, le souverain s'emploie à renforcer les structures et l'autorité de l'État et à relancer l'économie.

Pendant son règne, la ville se dote de fortifications modernes et le Lustgarten *(p. 74)* est aménagé en face du Stadtschloss. Les tilleuls plantés le long de l'allée menant au domaine de chasse de Tiergarten *(p. 112-135)*

CHRONOLOGIE

1432 Unification de Cölln et de Berlin

1486 Jean Cicéron fait de Berlin sa résidence permanente

1539 Joachim II se convertit au protestantisme

1415   1465   1515   1565

1447-1448 Révolte de Berlin contre l'électeur

1594 Achèvement de la citadelle de Spandau

1442 La construction d'un château débute à Cölln

Chope berlinoise en forme d'ours (1562)

L'ancien Stadtschloss (château royal) et le Lange Brücke peints vers 1685

LA CAPITALE DE LA PRUSSE

Le successeur du Grand Électeur, Frédéric III, aime le luxe et le pouvoir, mais aussi les arts et le savoir. Il fonde en 1696 l'Académie des beaux-arts, et soutient en 1700 la création de l'Académie des sciences par le philosophe et mathématicien Leibniz. Il obtient en 1701 de l'empereur Léopold Ier qu'il érige en royaume une possession du Brandebourg : le duché de Prusse. Couronné sous le nom de Frédéric Ier, il fait alors transformer le Stadtschloss en un palais baroque, commande la construction du Zeughaus *(p. 58-59)* et achève celle du palais d'été de Lietzenburg, rebaptisé Charlottenburg *(p. 160-161)*.

Son fils, Frédéric-Guillaume Ier (1713-1740), le Roi-Sergent, décide de se doter d'une puissante armée. Mal payés et souvent enrôlés de force, ses soldats ont une vie misérable. La nouvelle enceinte dont il dote Berlin n'a pas une fonction défensive mais sert à empêcher les désertions. L'aménagement de places comme Parizer Platz *(p. 67)*, Leipziger Platz *(p. 131)* et Mehringplatz *(p. 144)* facilite l'entraînement.

Frédéric II (1740-1786) utilise dès le début de son règne la puissance militaire que lui a léguée son père. Il profite d'une faiblesse temporaire de l'Autriche pour envahir la Silésie, et sème ainsi les ferments de la guerre de Sept Ans (1756-1763) pendant laquelle les troupes russes et autrichiennes occupent brièvement Berlin. La ville continue toutefois de se développer sous l'autorité d'un souverain qui agit en despote éclairé et invite Voltaire à sa cour. Elle compte 150 000 habitants en 1786.

donneront son nom à l'avenue Unter den Linden *(p. 60)*. Le percement du canal reliant l'Oder à la Spree fait de Berlin le nœud des échanges commerciaux dans le Brandebourg.

L'agglomération s'étend dans toutes les directions avec la fondation de villes satellites – d'abord Friedrichswerder, puis Dorotheenstadt et Friedrichstadt, toutes entre 1650 et 1690. En 1709, elles fusionneront avec Berlin et Cölln pour ne former qu'une seule cité.

Après sa victoire sur les Suédois à Fehrbellin, Frédéric-Guillaume prend le surnom de Grand Électeur. Il favorise l'immigration et dès 1671 autorise le retour des juifs, interdits au Brandebourg depuis deux siècles. Plusieurs familles riches chassées de Vienne s'installent dans sa capitale. Par l'édit de Potsdam qui leur accorde des privilèges, il facilite en 1685 la venue de huguenots fuyant la France après l'abrogation de l'édit de Nantes par Louis XIV. En 1688, à la mort de Frédéric-Guillaume, ils représentent près du tiers de la population de Berlin, qui compte désormais 20 000 habitants.

Frédéric II (1740-1786)

Calice en argent (1695)

La période baroque

La vogue de l'architecture baroque a duré
à Berlin du milieu du XVIIe siècle à la fin du XVIIIe.
C'est l'époque où la cité, décimée par les épidémies
et la guerre de Trente Ans, se métamorphose en
une métropole riche et cosmopolite. La population
croît rapidement, en partie grâce à l'intégration
des communes de Dorotheenstadt, Friedrichstadt et
Friedrichswerder. À l'intérieur des nouveaux remparts,
la capitale de l'électorat du Brandebourg devient
aussi celle du royaume de Prusse et se pare
de monuments tels que l'Akademie der Künste,
la Charité et le Schloss Charlottenburg.

BERLIN

▨ 1734	☐ Aujourd'hui

Concert de flûte
*Cette peinture par Adolf von
Menzel montre le roi Frédéric II
(1740-1786) jouant pour ses
invités dans la salle de musique
du Schloss Sanssouci.*

Nikolaikirche

Frédéric le Grand
*Œuvre du peintre
d'origine française
Antoine Pesne, ce portrait
du prince héritier, le futur
roi de Prusse Frédéric II,
date de 1739.*

Soupière rococo
*Cette pièce d'argenterie produite par
l'atelier de Georg Wilhelm Marggraf
und Müller donne une idée du style
en vogue à Berlin en 1765.*

Stadtschloss
(palais royal)

L'Amour au Théâtre-Italien (1714)
Frédéric II appréciait beaucoup le peintre français Watteau (1684-1721), et Berlin conserve plusieurs de ses œuvres majeures.

Zeughaus (ancien arsenal)
Ce splendide édifice baroque achevé en 1730, et peint ici par Carl Traugott Fechhelm en 1786, servit à entreposer des armes jusqu'en 1875. Il abritera le Deutsches Historisches Museum.

Rondell (actuelle Mehringplatz)

Oktogon (actuelle Leipziger Platz)

Frédéric Ier
Sculpté par l'artiste et architecte Andreas Schlüter (1660-1714), ce portrait du premier roi de Prusse (1688-1713) orne son tombeau.

Quarré (actuelle Pariser Platz)

BERLIN EN 1740

La ville conservait à l'époque un centre fortifié. Ce plan donne une idée de la façon dont elle s'est développée. Il n'obéit par aux conventions actuelles : il est orienté le sud vers le haut.

Unter den Linden

L'ARCHITECTURE BAROQUE À BERLIN

Berlin a perdu la majorité de ses édifices baroques, mais il en subsiste quelques-uns dans le centre. Ne manquez pas le Zeughaus *(p. 58-59)*, la Deutscher Dom et la Französischer Dom, les deux églises du Gendarmenmarkt *(p. 64-65)*, ni la Parochialkirche *(p. 97)* et la Sophienkirche *(p. 104)*. Un autre fleuron de l'époque, le Schloss Charlottenburg *(p. 158-159)*, a connu une importante reconstruction. Il se dresse au sein d'un parc très agréable.

Schloss Charlottenburg

L'avenue Unter den Linden en 1821

LES DÉBUTS DE L'ÈRE MODERNE

À l'approche du XIXe siècle, de fortes personnalités telles que les écrivains Gotthold Ephraim Lessing (1729-1781) et Friedrich von Schlegel (1772-1829) renouvellent le débat d'idées. Le romantisme gagne de plus en plus d'adeptes. Frédéric-Guillaume II (1786-1797) n'a pas les qualités de son prédécesseur ; il fait peu pour une ville dont la population ne cesse d'augmenter et dont les plus démunis voient leurs revenus baisser.

Plus que Frédéric-Guillaume III (1797-1840), c'est son épouse, la belle et volontaire reine Louise, qui est restée dans l'histoire. Vainqueur de la Prusse à Iéna (Jena) en 1806, Napoléon Bonaparte entre dans Berlin. La cour est obligée de se réfugier à Königsberg. La présence de ces troupes étrangères et les contributions imposées par l'envahisseur suscitent un intense sentiment nationaliste.

Les Français partent enfin en 1808, mais la cour ne rentre à Berlin qu'à la fin de 1809. Au congrès de Vienne, réuni en 1815 après la défaite de Napoléon à Waterloo, la Prusse récupère la Rhénanie et la Westphalie. La richesse de leur sous-sol, le formidable réservoir de main-d'œuvre qu'a créé l'abolition du servage en 1807 et les

progrès de la machine à vapeur vont favoriser une rapide croissance industrielle, notamment à Berlin. August Borsig inaugure en 1837 son usine de locomotives, et une ligne de chemin de fer Berlin-Potsdam ouvre en 1838. Le style néo-classique de Karl Friedrich Schinkel *(p. 187)* séduit et l'architecte fait construire de nombreux bâtiments, dont le Neue Wache *(p. 60)* et le Schauspielhaus, devenu aujourd'hui le Konzerthaus *(p. 64)*. Fondée en 1810, l'université, l'actuelle Humboldt Universität, attire des professeurs prestigieux tels que les philosophes Hegel (1770-1831) et Schopenhauer (1788-1860).

La récession qui frappe l'Europe en 1844 a de graves conséquences en Prusse, dont un quart des habitants se retrouvent dans la misère. Lors d'une émeute provoquée par la faim, en 1848, l'armée tue 250 manifestants.

CONSTRUCTION D'UN EMPIRE

En 1861, une crise de folie contraint Frédéric-Guillaume IV (1840-1861) à céder le trône à son frère Guillaume Ier (1861-1888). Celui-ci prend comme chancelier Otto von Bismarck, un homme qui a pour ambition de ravir à l'Autriche sa suprématie sur les États de langue allemande. En 1864, la Prusse

Portrait de Frédéric-Guillaume IV

CHRONOLOGIE

1791 Achèvement de la porte de Brandebourg

1799 Fondation de la Bauakademie

1810 Fondation de l'université

1831 Épidémie de choléra

1844 Ouverture du zoo (Zoologischer Garten)

1785	1800	1815	1830	1845

Boîte émaillée du milieu du XVIIIᵉ siècle

1806 Début de l'occupation française de Berlin

1830 Ouverture de l'Altes Museum

1838 Ouverture de la liaison ferroviaire Berlin-Potsdam

déclare la guerre au Danemark et obtient le duché du Schleswig-Holstein. Après avoir infligé une grave défaite à l'Autriche en 1866, elle fonde une Confédération d'Allemagne du Nord qui réunit vingt-deux États et villes libres. Inquiet de cette puissance grandissante, Napoléon III déclare imprudemment la guerre en 1870. Le conflit ne fait que resserrer les liens entre États germaniques. Écrasée, la France perd l'Alsace et la Lorraine, et doit verser une lourde indemnité. L'Empire allemand est proclamé le 18 janvier 1871 au palais de Versailles. Il a Berlin comme capitale. La ville profite du tribut en francs-or versé par la France et de l'ouverture des barrières douanières. Elle compte un million d'habitants en 1877, le double en 1905.

Affiche par Wilhelm Schulz pour l'exposition organisée par la Sécession de Berlin en 1900

TRIOMPHE ET DÉSASTRE
La cité se modernise à grands pas. En 1876, un nouveau système d'égouts améliore considérablement les conditions d'hygiène. Des lampes électriques éclairent les rues à partir de 1879, et les premiers télé-

Le premier Reichstag (Parlement) de Berlin, construit en 1894

phones apparaissent en 1881, un an avant qu'entre en service la première ligne du réseau de trains de banlieue, le S-Bahn. Animée par des personnalités comme l'écrivain Theodor Fontane, le peintre Adolf von Menzel et le bactériologiste Robert Koch, la vie culturelle et scientifique est florissante. En 1898, Max Liebermann *(p. 67)* prend la tête de la Sécession berlinoise, un mouvement artistique qui aura une grande influence en Allemagne et comptera parmi ses membres Käthe Kollwitz et Max Slevogt.

En Europe, les patriotismes s'exaspèrent. En 1914, tout le monde se lance dans la guerre avec enthousiasme, espérant une victoire rapide. La vie des Berlinois change peu au début, mais la nourriture est rationnée dès 1915. La défaite entraîne en 1918 l'abdication de Guillaume II.

Le Congrès de Berlin de 1878 par Anton von Werner

1871 Berlin devient la capitale de l'Empire allemand	1878 Congrès de Berlin	1888 Couronnement de Guillaume II	1902 Première ligne de métro (U-Bahn)	1914 Début de la Première Guerre mondiale

1860

1879 Fondation de la Technische Universität		1907 Achèvement du Kaufhaus des Westens (KaDeWe)
1882 Ouverture de la première ligne de trains de banlieue		1918 Abdication de Guillaume II

Mosaïque du Martin-Gropius-Bau

Berlin, capitale impériale

Le 18 janvier 1871, Berlin devient la capitale de
l'Empire allemand dont la politique expansionniste du
chancelier prussien Otto von Bismarck a permis la
création. Le Reich réunit des provinces de langue
germanique jusqu'alors indépendantes, et s'étend
au-delà des frontières qui séparent aujourd'hui
l'Allemagne de la France, de la Pologne, de la Russie
et du Danemark. Il comprend notamment l'Alsace
et la Lorraine. Les lourdes indemnités imposées
à la France après sa défaite alimentent la croissance
industrielle de la ville. Elle possède en 1900 une
population de près de deux millions d'habitants.
Ils n'étaient que 300 000 en 1850.

BERLIN

| ☐ 1800 | ☐ Aujourd'hui |

**Maison des
Hohenzollern**
*La Kaiser-Wilhelm-
Gedächtnis-Kirche
(p. 152-153), achevée
en 1895, conserve les
portraits en mosaïque
des membres de la
dynastie des
Hohenzollern.*

Stadtschloss
*Le château de Berlin était
toujours la résidence royale
à la proclamation de l'empire en
1871. La statue du Grand Électeur
qui ornait le Rathausbrücke
se trouve aujourd'hui dans
la cour du Schloss Charlottenburg
(p. 160-161).*

Aristocrates
prussiens

Membres
du Parlement

Riehmers Hofgarten
*La fin du XIXᵉ siècle vit la
construction de nombreux
immeubles d'habitation,
dont cet élégant complexe
résidentiel.*

Neptunbrunnen
*Le sculpteur Reinhold Begas
exécuta en 1891 cette
fontaine néo-baroque offerte
à Guillaume II par le conseil
municipal (p. 92).*

Gare du Hackescher Markt
Bâtie par l'architecte Johannes Vollmer, l'ancienne Bahnhof Börse, l'une des premières gares du S-Bahn, ouvrit en 1902.

Vase à l'effigie de Guillaume II
La Königliche-Porzellan-Manufaktur fabriqua en série des porcelaines comme ce vase dessiné par Alexander Kips. Elles servaient souvent de présents aux chefs d'État en visite.

Impératrice Augusta Victoria

Prince héritier Guillaume

La tenue de deuil, pour les femmes, et le brassard noir, pour les hommes, furent obligatoires après les décès de Guillaume Ier et Frédéric III en 1888.

Corps diplomatique

Chancelier prussien Otto von Bismarck

Empereur Guillaume II

INAUGURATION DU REICHSTAG

L'immense tableau peint par Anton von Werner en 1893 montre Guillaume II en train de prononcer un discours devant les membres du Parlement, la noblesse prussienne et des représentants étrangers lors de l'inauguration officielle du Reichstag. Cet important événement eut lieu à peine onze jours après son accession au trône.

Charlotte Berend
Berlin eut une vie culturelle florissante au début du siècle. Ce portrait d'actrice par Lovis Corinth date de 1902.

Les nazis incendièrent des milliers d'édifices appartenant à des juifs lors de la Kristallnacht (9-10 novembre 1938)

LA RÉPUBLIQUE DE WEIMAR

Guillaume II abdique le 9 novembre 1918 et, le même jour, le social-démocrate Philipp Scheidemann et le spartakiste Karl Liebknecht annoncent chacun la naissance d'une république allemande différente. Une âpre rivalité oppose ces deux tendances politiques, et les spartakistes fondent en janvier 1919 le parti communiste allemand, puis tentent de prendre le pouvoir par la force. La répression est sanglante. Les chefs de l'insurrection, Karl Liebknecht et Rosa Luxemburg, n'y survivent pas.

Élu en février 1919, le gouvernement, dirigé par le social-démocrate Friedrich Ebert, siège à Weimar, loin des problèmes qui règnent dans la capitale.

En 1920, la réforme urbaine qui donne jour au Groß Berlin (« Grand Berlin ») en fait la plus grande cité industrielle d'Europe, avec une population de 3,8 millions d'habitants. Si une crise économique provoque un chômage important et une période de forte inflation, la ville connaît toutefois une intense vie culturelle. Les

Affiche de la propagande nazie imprimée en 1938

Ein Volk, ein Reich, ein Führer!

auteurs dramatiques Max Reinhardt et Bertolt Brecht acquièrent une renommée internationale. Les studios cinématographiques UFA produisent des classiques tels que *Le Cabinet du Dr Caligari* et *Metropolis*. Walter Gropius et Bruno Taut ouvrent de nouvelles voies en architecture, tandis que les scientifiques Albert Einstein, Carl Bosch et Werner Heisenberg obtiennent le prix Nobel.

LE IIIᵉ REICH

Les Allemands n'ont jamais accepté la défaite de la Première Guerre mondiale et ses conséquences. Or, c'est la République qui a signé l'armistice et le traité de Versailles qui en fixe les conditions. La crise mondiale déclenchée par le crack boursier de 1929 discrédite encore plus le pouvoir en place. Prônant la haine de l'étranger, le parti national-socialiste profite de la situation pour devenir le parti le plus puissant d'Allemagne. Adolf Hitler est nommé chancelier en janvier 1933. Un mois plus tard, il prend prétexte de l'incendie du Reichstag pour arrêter 5 000 membres de l'opposition.

Inferno (1946), par Fritz Koelle

En organisant les Jeux olympiques de 1936, le régime compte bien démontrer la supériorité de la race aryenne, mais c'est un Noir américain, Jesse Owens, qui remporte la vedette avec quatre médailles d'or.

De nombreux intellectuels commencent à émigrer. Lors de la Kristallnacht, la « Nuit de cristal » du 9 novembre

CHRONOLOGIE

1919 Proclamation de la république de Weimar	**1926** Achèvement de la Funkturm (tour de la Radio)		**1938** Kristallnacht (nuit du 9 au 10 novembre)	**1945** L'Allemagne capitule le 8 mai	
		1930 Ouverture du Pergamonmuseum		**24 juin 1948-12 mai 1949** Blocus soviétique de Berlin-Ouest	
1920	**1930**		**1940**	**1950**	**1960**
1928 Première de *L'Opéra de quat' sous* de Bertolt Brecht		**1933** Hitler accède au pouvoir	**1942** Conférence de Wannsee		
1920 Création du Grand Berlin		**1939** Début de la Seconde Guerre mondiale	*Vision nazie de la race allemande*		

Bilder deutscher Rassen 1

Nordische Rasse

1938, les lieux de culte, les domiciles et les magasins des juifs sont mis à sac et incendiés dans toute l'Allemagne.

LA SECONDE GUERRE MONDIALE

L'Allemagne déclenche la guerre en envahissant la Pologne le 1er septembre 1939, mais elle échoue à s'assurer la suprématie aérienne, et les premiers bombardements de Berlin par les Alliés commencent dès le mois d'août 1940. Les nazis entreprennent en 1941 la déportation en masse des juifs, des homosexuels et des tziganes. La répression qui frappe les opposants politiques fait 200 000 victimes. En janvier 1942, une conférence organisée dans une villa de Wannsee (p. 181) décide de la « solution finale du problème juif en Europe ». Toutefois, la bataille de Stalingrad, qui s'achève le 2 février 1943, marque un tournant dans le conflit. Désormais la Wehrmacht recule.

En avril 1945, l'Armée rouge atteint Berlin. Le 30 avril, Hitler se suicide. La ville capitule le 2 mai. Les troupes anglaises et américaines entrent le 4 juillet.

BERLIN DIVISÉ

La conférence de Potsdam (p. 199) décide du partage de la capitale allemande en quatre secteurs administrés respectivement par les autorités militaires de l'Union soviétique, des États-Unis, du Royaume-Uni et de la France. La cité dévastée devient un des enjeux de la guerre froide. Le 24 juin 1948, les communistes décident le blocus des secteurs occidentaux. Les Alliés répliquent par un pont aérien qu'ils maintiennent jusqu'au 12 mai 1949. La création, la même année, de la république fédérale d'Allemagne (RFA), qui choisit Bonn comme capitale, et de la République démocratique allemande (RDA), dont la

Le Gendarmenmarkt après les bombardements britanniques et américains, 1945-1946

capitale est Berlin-Est, entérine la séparation du pays en deux États. Berlin-Ouest devient une enclave indépendante en terre étrangère, mais la circulation reste libre entre les deux zones.

Le 17 juin 1953, le soulèvement des employés du bâtiment à Berlin-Est déclenche une révolte dans toute la RDA. Les troupes russes l'écrasent dans le sang. Des réfugiés, notamment des travailleurs qualifiés, se mettent à affluer à l'Ouest en nombre croissant. Pour arrêter l'hémorragie, la construction du célèbre Mur est décidée en 1961.

C'est un nouvel exode massif, par la Hongrie cette fois, qui fait tomber en 1989 cette frontière qui divisait de nombreuses familles. Le 3 octobre 1990, l'Allemagne est réunifiée. Le 20 juin 1991, à une courte majorité au Bundestag, elle se donne Berlin comme capitale.

La chute du Mur, le 9 novembre 1989

1961 Construction du Mur de Berlin	1971 Le Traité fondamental permet les visites de l'Ouest vers l'Est	1987 Célébration du 750e anniversaire de Berlin	1990 Réunification officielle de l'Allemagne le 3 octobre	
				1994 Les Alliés quittent Berlin
1970	**1980**	**1990**		**2000**

1991 Berlin devient la capitale allemande le 20 juin

1999 Le Parlement fédéral allemand siège, en avril, dans le Reichstag reconstruit

1989 Chute du Mur de Berlin le 9 novembre

Une Trabant, la voiture la plus populaire de RDA

BERLIN D'UN COUP D'ŒIL

Ce guide décrit dans la partie *Quartier par quartier* plus de 150 lieux à découvrir. Depuis les prestigieuses collections d'œuvres d'art et les monuments historiques comme la Nikolaikirche *(p. 90)* jusqu'aux audaces de l'architecture moderne du quartier de la Potsdamer Platz *(p. 128),* et des promenades au sein du vaste Jardin botanique *(p. 177)* aux charmes d'un zoo vieux de deux siècles *(p. 150),* ils répondent à un large éventail d'intérêts et de goûts. Pour vous aider à profiter au mieux de vos séjours, les seize pages suivantes dressent un résumé de ce que Berlin a de plus intéressant à offrir. Musées et galeries, édifices historiques, parcs et jardins, architecture moderne, témoignages de la division de la cité, tous ont leur chapitre. Voici, pour commencer, les visites à ne pas manquer.

LES SITES À NE PAS MANQUER

Pergamonmuseum
Voir p. 80-83.

Schloss Charlottenburg
Voir p. 160-161.

Kungstgewerbe-museum
Voir p. 118-121.

Gemäldegalerie
Voir p. 122-125.

Nikolaiviertel
Voir p. 88-89.

Zoologischer Garten
Voir p. 150.

Brandenburger Tor
Voir p. 67.

Fernsehturm
Voir p. 93.

Reichstag
Voir p. 134.

Kaiser-Wilhelm-Gedächt-nis-Kirche *Voir p. 152-153.*

◁ Sir Norman Foster a dessiné la nouvelle coupole du Reichstag *(p. 134)*

Les plus beaux musées de Berlin

Les principaux musées de Berlin se trouvent sur la Museumsinsel, dans le quartier de Charlottenburg, au Kulturforum et à Dahlem. Ils abritent certaines des plus belles collections du monde.

Vase grec antique

Beaucoup avaient été divisées à la fin de la dernière guerre, mais elles sont en cours de regroupement, parfois dans de nouveaux bâtiments, telle la Gemäldegalerie qui réunit de nombreux chefs-d'œuvre de maîtres anciens.

Kunstgewerbemuseum
Le musée des Arts décoratifs, l'un des plus intéressants d'Europe, possède entre autres trésors cette pièce d'orfèvrerie du XVIIe siècle (p. 118-121).

Charlottenburg

Tiergarten

Kurfürstendamm

Gemäldegalerie
Cette superbe collection illustre l'histoire de la peinture européenne du XIIIe au XVIIIe siècle. L'Adoration des mages, exécutée en 1470 par Hugo Van der Goes, faisait à l'origine partie d'un triptyque (p. 122-125).

Muzeumszentrum Dahlem
Ce vaste complexe réunit plusieurs musées consacrés à l'ethnographie et à l'art non européen (p. 178).

0   750 m

Hamburger Bahnhof
Installé dans l'ancienne « gare de Hambourg », le musée d'Art contemporain accorde une large place à Joseph Beuys et Andy Warhol (p. 110-111).

Deutsches Historisches Museum
Le Zeughaus baroque est en cours de rénovation pour accueillir le « musée de l'Histoire allemande », qui retracera le passé de l'Allemagne au travers d'œuvres d'art mais aussi d'objets de la vie quotidienne (p. 58-59).

Du Scheunenviertel à l'Hamburger Bahnhof

Nikolaiviertel et Alexanderplatz

Pergamonmuseum
Célèbre pour ses antiquités, il doit son nom à l'Autel de Pergame dont la reconstruction occupe la salle principale (p. 80-83).

Unter den Linden et les alentours

Museumsinsel

Altes Museum
Le rez-de-chaussée de ce bâtiment néo-classique, dessiné par Friedrich Schinkel, abrite depuis 1998 une exposition d'antiquités gréco-romaines (p. 75).

Kreuzberg

Deutsches Technikmuseum
Cette exposition illustre l'évolution de technologies industrielles telles que la brasserie ou la fabrication de locomotives (p. 144).

Jüdisches Museum
Le nouveau « Musée juif » vient d'ouvrir dans un bâtiment dessiné par l'architecte américain David Libeskind. La forme de l'édifice est inspirée par l'étoile de David (p. 142).

À la découverte des musées de Berlin

Majolique,
Kunstgewerbe-
museum

Malgré les dégâts subis pendant la Seconde Guerre mondiale, Berlin possède des musées qui font aujourd'hui partie des plus beaux du monde. Les collections divisées à la partition de la ville en 1946 sont presque entièrement regroupées depuis la chute du Mur, mais certaines demeurent encore éparpillées dans plusieurs sites. Des travaux de restauration continuent dans beaucoup de bâtiments anciens.

Tête de faune (1937) par Picasso,
Sammlung Berggruen

ANTIQUITÉS

L'art de l'Égypte ancienne est exposé à l'**Ägyptisches Museum**. Le fleuron du musée est le buste de la reine Néfertiti vieux de près de trente-cinq siècles. L'**Altes Museum** abrite des antiquités gréco-romaines, tandis que le **Pergamonmuseum** est surtout réputé pour ses reconstructions architecturales, en particulier l'autel jadis dédié à Zeus dans la ville de Pergame et une porte du marché de Milet. Il présente aussi une riche collection d'art du Moyen-Orient. Les visiteurs accèdent à cette section en franchissant une reconstitution de la porte d'Ishtar de Babylone.

Buste de Néfertiti,
Ägyptisches
Museum

italiennes sont exposées au **Bodemuseum**. L'**Alte Nationalgalerie** présente des œuvres des XVIIIe et XIXe siècles y compris les peintures des romantiques allemands, dont des paysages oniriques de Caspar David Friedrich. Le **Schinkel-Museum** possède une collection de sculptures de la fin du XVIe siècle au milieu du XIXe siècle. La **Neue Nationalgalerie** (nouvelle galerie nationale), expose une collection de peintures et sculptures de la fin du XIXe et du début du XXe siècle. Le B. Le **Bröhan-Museum** possède un bel ensemble d'objets Art nouveau et Art déco, tandis que la **Sammlung Berggruen** (collection Berggruen) comprend des œuvres de Pablo Picasso,

Paul Klee et Georges Braque.
Le **Brücke-Museum** montre des œuvres des expressionnistes allemands. La création contemporaine a pour temple une ancienne gare : la **Hamburger Bahnhof**. Le **Kunstgewerbemuseum** (musée des Arts décoratifs) rassemble des pièces remarquables dont les plus anciennes remontent au Moyen Âge. Les expositions du **Bauhaus-Archiv** illustrent l'influence du mouvement Bauhaus dans les arts appliqués pendant l'entre-deux-guerres. Le nouveau musée, le **Newton-Sammlung** expose les œuvres du photographe contemporain Helmut Newton. La **Berlinische Galerie**, qui vient de réouvrir, montre la collection d'art moderne de la ville.

BEAUX-ARTS ET DESIGN

À la **Gemäldegalerie** (Pinacothèque), les œuvres de maîtres anciens tels que Dürer, Rembrandt, Titien, Botticelli et le Caravage retracent l'évolution de la peinture européenne du XIIIe au XVIIIe siècle. Le **Kupferstichkabinett** (cabinet des Estampes) possède des milliers de dessins et gravures du Moyen Âge à nos jours. Un palais Renaissance, le **Jagdschloss Grunewald,** abrite des toiles allemandes et hollandaises du XIVe au XIXe siècle, tandis que la **Bildergalerie** du château Sanssouci de Potsdam conserve une riche collection de tableaux européens acquis par Frédéric II. Des sculptures allemandes et

Étienne Chevalier et saint Étienne par Jean Fouquet, Gemäldegalerie

ART NON EUROPÉEN

Le **Muzeumszentrum Dahlem** regroupe le **Museum für Ostasiatische Kunst** (musée d'Art d'Extrême-Orient), le **Museum für Indische Kunst** (musée d'Art indien) et l'**Ethnologisches Museum** (musée d'Ethnologie). Ce dernier possède des départements consacrés à l'Amérique précolombienne, à l'Océanie et à l'Afrique.

Dans le même bâtiment que le Pergamonmuseum, le **Museum für Islamische Kunst** offre un aperçu de l'art islamique depuis le VIIe siècle.

Totem,
Ethnologisches
Museum

HISTOIRE

Le **Deutsches Historisches Museum** propose un résumé richement documenté de l'histoire allemande. Les huguenots y jouèrent un rôle que rappelle le **Hugenottenmuseum**, installé dans la Französischer Dom.

Le **Centrum Judaicum** de la Neue Synagogue (Nouvelle Synagogue) et le **Jüdisches Museum** (Musée juif), installé dans un bâtiment moderne dessiné par l'architecte Daniel Libeskind, témoignent de l'histoire et de l'héritage culturel du peuple juif, ainsi que l'apport de la communauté juive de Berlin au développement de la ville.

Des musées se rapportent à la Seconde Guerre mondiale et à la guerre froide. Le terrain vague qui s'étend à l'emplacement du pâté de maisons qu'occupèrent les services de répression nazis sert de cadre à la **Topographie des Terrors**. Dans la **Haus der Wannsee-Konferenz**, une exposition retrace la tragédie de l'Holocauste.

L'ancien siège de la police secrète de la RDA est devenu le **Stasi-Museum**, tandis que la **Haus am Checkpoint Charlie** entretient le souvenir de ceux qui risquèrent leur vie pour franchir le Mur. L'**Alliiertenmuseum** retrace la vie durant la guerre froide.

TECHNIQUES ET HISTOIRE NATURELLE

Le **Museum für Naturkunde** (muséum d'Histoire naturelle) conserve, sous une verrière néo-Renaissance, le plus grand squelette de dinosaure du monde. Un vaste espace autour d'une ancienne gare ferroviaire permet au **Deutsches Technikmuseum** (musée allemand de la Technique) de présenter wagons, locomotives et machines diverses. Le **Filmmuseum Berlin** retrace l'histoire du cinéma allemand (illustrée par des costumes de vedettes comme Marlene Dietrich). Les personnes intéressées par l'histoire de la technologie devraient visiter le **Museum für Kommunikation**.

MUSÉES SPÉCIALISÉS

Berlin ne manque pas de collections très pointues et les passionnés, ou les simples curieux, y disposent de musées consacrés à la blanchisserie, au sucre, et même au chanvre. La maison qu'habita Bertolt Brecht (1898-1956) avec l'actrice Helene Weigel est devenue le **Brecht-Weigel Gedenkstätte** (mémorial Brecht-Weigel), tandis que l'orgue Wurlitzer justifie à lui seul une visite du **Musikinstrumenten-Museum**. Le **Domäne Dahlem** résume en plein air trois siècles de techniques agricoles.

Salle d'exposition du Musikinstrumenten-Museum

Les plus beaux édifices historiques de Berlin

Berlin est une capitale européenne relativement jeune car elle n'a pris son importance actuelle qu'à partir du milieu du XIXe siècle. Si les bombardements ont détruit une grande part de son patrimoine pendant la Seconde Guerre mondiale, la cité possède tout de même nombre d'édifices historiques dignes d'intérêt, présentés en pages 38 et 39. À la périphérie sud-ouest, Potsdam *(p. 190-205)* abrite dans un parc magnifique le gracieux château de Sanssouci, construit par Frédéric II (1740-1786) et agrandi par ses successeurs.

Schloss Charlottenburg
Ce château baroque entrepris en 1695 par l'électeur Frédéric Ier reçut plusieurs agrandissements au cours du XVIIIe siècle (p. 160-161).

Charlottenburg

Tiergarten

Autour du Kurfürstendamm

Schloss Bellevue
Ce palais rococo, dessiné par Philipp David Boumann, est devenu la résidence officielle du président de la République.

Reichstag
L'architecte Norman Foster a dessiné la nouvelle coupole du massif Parlement néo-Renaissance, édifié en 1884 par Paul Wallot (p. 134).

Schloss Sanssouci
Ce petit palais était la résidence favorite de Frédéric II.

Neues Palais
Le luxe du « Nouveau Palais » devait prouver la puissance de la Prusse après la guerre de Sept Ans.

LE PALAIS DE POTSDAM

Le palais d'été de Sanssouci a donné son nom au Park Sanssouci, domaine plein de charme qui abrite aussi le Neues Palais, bâti au XVIIIe siècle, et le gracieux Schloss Charlottenhof.

0   750 m

Brandenburger Tor
Au bout d'Unter den Linden, une déesse de la Victoire domine la porte de Brandebourg, monument néo-classique devenu un symbole de Berlin (p. 67).

Zeughaus
Cet ancien arsenal baroque est en cours de restauration. Il abritera le musée de l'Histoire allemande (p. 58-59). La cour est décorée de masques de guerriers à l'agonie, sculptés par Andreas Schlüter (1660-1714).

Marienkirche
Cette église gothique fondée au XIIIᵉ siècle, l'un des plus vieux édifices de la ville, renferme une Danse macabre peinte au XVᵉ siècle (p. 94-95).

Du Scheunenviertel à l'Hamburger Bahnhof

Nikolaiviertel et Alexanderplatz

Unter den Linden et les alentours

Museumsinsel

Kreuzberg

Rotes Rathaus
L'Hôtel de Ville est dit « rouge » à cause de ses briques. Il n'y a pas de rapport avec la couleur politique du conseil municipal (p. 90).

Berliner Dom
Cette immense cathédrale néo-baroque date du tournant du siècle (p. 76-77).

Konzerthaus
Ce splendide bâtiment de Karl Friedrich Schinkel remplaça en 1820, sur le Gendarmenmarkt, un théâtre détruit par un incendie. (p. 64-65).

À la découverte du Berlin historique

Berlin ne resta qu'une ville de moyenne importance entouré de villages jusqu'à la révolution industrielle de la fin du XIXᵉ siècle. Ses plus vieux bâtiments sont donc concentrés sur une faible étendue autour d'Unter den Linden et le long de la Spree. Ce quartier a toutefois beaucoup souffert pendant la Seconde Guerre mondiale. D'anciens villages aujourd'hui intégrés au Grand Berlin, tels que Wedding et Charlottenburg, abritent aussi des résidences de campagne et des monuments historiques.

La Nikolaikirche conserve un portail gothique du XIVᵉ siècle

LE MOYEN ÂGE ET LA RENAISSANCE

Le monument le plus ancien du cœur de Berlin, la **Nikolaikirche,** conserve de ses origines romanes l'assise de sa tour qui date d'environ 1230. Le centre de la cité renferme des témoins de l'époque gothique : la **Marienkirche,** caractéristique du style de la Marche du Brandebourg, la **Heiliggeistkapelle** de l'École supérieure de commerce et la **Franziskaner Klosterkirche,** dont la Seconde Guerre mondiale n'a laissé que des ruines désormais utilisées pour des expositions de sculptures.
Plusieurs sanctuaires du

Moyen Âge ont survécu en périphérie, notamment la **Nikolaikirche** de Spandau. Élevée au XVᵉ siècle, elle offre un bel exemple de gothique tardif. De hauts immeubles d'appartements écrasent aujourd'hui de leur masse dix autres églises de villages, bâties pour la plupart au XIIIᵉ siècle, mais la **St-Annen-Kirche** de Dahlem jouit toujours d'un cadre presque rural.
Les vestiges médiévaux séculiers comprennent des fragments de **remparts** dans le centre et la **Juliusturm,** une tour du début du XIIIᵉ siècle.
Berlin n'a conservé de la Renaissance que la **Ribbeckhaus** aux pignons caractéristiques, le **Jagdschloss-Grunewald,** un modeste pavillon de chasse dessiné par Casper Theyss en 1542, et la **Zitadelle** de Spandau, forteresse « à l'italienne » bien préservée. Christoph Römer entreprit sa construction en 1560 sur les plans de l'architecte vénitien Francesco Chiaramella da Gandino. Rochus Guerrini Graf zu Lynar (comte de Lynar) acheva les travaux en 1592.

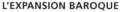

L'EXPANSION BAROQUE

La guerre de Trente Ans (1618-1648) imposa un arrêt temporaire au développement de Berlin, et il fallut attendre la signature de la paix en 1648 pour que la construction reprenne dans la ville. La cité prit alors un visage baroque. L'un des premiers édifices de ce style, le **Schloss Köpenick,** fut entrepris en 1677. Beaucoup d'autres ont survécu, dont la **Parochialkirche,** la **Deutscher Dom** et la **Französischer Dom.** L'édification du magnifique **Zeughaus** (Arsenal) s'étendit de 1695 à 1730. À la même époque, Johann Arnold Nering (1659-1695) dessina le **Schloss Charlottenburg,** et Andreas Schlüter (1674-1714) remodela le Stadtschloss, le palais royal, aujourd'hui démoli. D'autres palais baroques ont traversé les siècles, notamment le **Palais Podewils,** le **Schloss Friedrichsfelde** et le **Schloss Niederschönhausen.**
Du règne de Frédéric-Guillaume Iᵉʳ (1713-1740) subsiste le **Kollegienhaus** (1733), construit au nᵒ 14 de la Lindenstrasse sur les plans de Philipp Gerlach. L'ornementation devint encore plus exubérante dans le baroque tardif et le rococo, styles florissants sous Frédéric II (1740-1786) qui commanda le **Schloss Sanssouci** de Potsdam et l'**Alte Bibliothek** de la Bebelplatz *(p. 56-57).*

Détail du Zeughaus

LE NÉO-CLASSICISME ET LE ROMANTISME

L'architecture néo-classique de la fin du XVIIIᵉ siècle et du début du XIXᵉ a marqué de son empreinte l'aspect de Berlin. Architecte de la **Brandenburger Tor** et du **Schoss Bellevue,** Carl Gotthard Langhans (1732-1808) eut une grande influence, mais elle n'égala

La citadelle de Spandau, forteresse de style Renaissance

pas celle du prolifique Karl Friedrich Schinkel *(p. 187)* dont les créations comprennent le **Neue Wache,** l'**Altes Museum** et le **Konzerthaus.** Schinkel exécuta aussi de nombreuses commandes privées et certaines des résidences qu'il édifia, tels le **Schloss Klein Glienicke** et le **Schloss Tegel,** sont ouvertes au public. Ses œuvres néo-gothiques incluent le **Schloss Babelsberg** et la **Friedrichswerdersche Kirche.**

Élégante façade néo-classique du Schloss Klein Glienicke de Schinkel

L'INDUSTRIALISATION ET L'ÉPOQUE MODERNE

À la mort de Schinkel, deux de ses élèves, Ludwig Persius (1803-1845) et Friedrich August Stüler (1800-1865), poursuivirent son œuvre. Stüler dessina en particulier les plans de l'**Altes Nationalgalerie,** bâtie entre 1866 et 1876.

Frise décorative du Martin-Gropius-Bau

L'éclectisme prit néanmoins le pas sur le néo-classicisme au cours de la période de forte croissance que connut Berlin pendant la seconde moitié du XIXᵉ siècle. L'influence de la Renaissance italienne marque ainsi le **Rotes Rathaus,** dessiné par Hermann Friedrich Waesemann, et le **Martin-Gropius-Bau** entrepris par Martin Gropius en 1877, tandis que le **Reichstag** de Paul Wallot et la **Staatsbibliothek** d'Ernst von Ihne montrent un aspect plus tardif du style néo-Renaissance. L'architecture

religieuse de l'époque est principalement néo-gothique, mais Julius Raschdorff puisa dans le répertoire du néo-baroque en concevant l'imposante **Berliner Dom,** et Franz Schwechten donna à la **Kaiser-Wilhelm-Gedächtnis-Kirche** un visage néo-roman.

L'architecture du tournant du siècle ne regardait toutefois pas uniquement vers le passé, et d'audacieuses créations industrielles ouvrirent la voie à la modernité. L'**AEG-Turbinenhalle** de Peter Behrens en offre l'exemple le plus célèbre.

L'ENTRE-DEUX-GUERRES

De belles réussites résidentielles telles que le **Hufeisensiedlung,** dessiné en 1924 par Bruno Taut et Martin Wagner, et l'**Onkel-Toms-Hütte** de Zehlendorf témoignent des préoccupations sociales des années 1920. Erich Mendelsohn érigea à Potsdam une magnifique tour expressionniste, l'**Einsteinturm,** et Hans Poelzig abrita dans un élégant édifice Art déco la **Haus des Rundfunks,** la première Maison de la radio du pays.

L'arrivée au pouvoir de Hitler brisa les élans novateurs. Le Führer aimait le gigantisme et se souciait peu des besoins des Berlinois, comme le rappellent le **Flughafen Tempelhof** (aéroport de Tempelhof) et l'**Olympiastadion** construit pour les Jeux olympiques de 1936.

Niche néo-Renaissance et statues néo-baroques de la Berliner Dom

Les témoignages de la division

L'accord trouvé à Berlin à la fin de la guerre, avec le partage de la ville en quatre secteurs, administrés respectivement par les forces russes, américaines, britanniques et françaises, vola en éclats en juin 1948 quand les Soviétiques imposèrent un blocus à Berlin-Ouest dans l'espoir d'en prendre le contrôle. L'événement et la réplique de l'Occident marquèrent le début de la guerre froide. En 1961, le gouvernement de la RDA décida la construction du célèbre Mur *(die Mauer)* pour empêcher l'exode des Allemands de l'Est qui fuyaient les problèmes économiques et l'absence de liberté. Pus de 180 personnes périrent en tentant de le franchir.

Mur de Berlin
Précédé, côté est, de champs de mines, le « mur de protection antifasciste », selon l'appellation officielle de la RDA, entourait tout Berlin-Ouest et mesurait 155 km de long (p. 169).

**Monument
aux soldats soviétiques**
Situé à Berlin-Ouest, ce monument, dédié aux soldats de l'Armée rouge qui périrent dans la bataille de Berlin, resta fermé de nombreuses années car ses gardes se faisaient agresser (p. 135).

Charlottenburg

Tiergarten

0   1 km

*Autour du
Kurfürstendamm*

LÉGENDE

— Mur de Berlin

BERLIN AVANT LA RÉUNIFICATION

Le Mur coupait les principales lignes de transport public, le S-Bahn et l'U-Bahn, et interdisait aux Berlinois de l'Ouest l'accès au centre historique. Le no man's land qui le bordait est devenu le plus grand terrain de construction de la cité.

Secteur français

*Secteur
soviétique*

*Secteur
britannique*

*Secteur
américain*

LÉGENDE

— Mur de Berlin

— Limite de secteur

✈ Aéroport

Tränenpalast
*Près du terminus du S-Bahn,
le point de passage de Berlin-Est
à Berlin-Ouest prit le nom de
« palais des Pleurs ».*

Checkpoint Charlie
*Étrangers et diplomates
franchissaient ici la limite
entre secteurs russe
et américain. C'est là
aussi qu'eurent lieu de
dramatiques événements
durant la guerre froide.*

*Du
Scheunenviertel
à l'Hamburger
Bahnhof*

*Nikolaiviertel et
Alexanderplatz*

*Unter den
Linden et les
alentours*

Museuminsel

East Side Gallery
*Couvert par les peintures de
118 artistes, le plus long vestige
du Mur est devenu en 1990 une
galerie en plein air* (p. 173).

Kreuzberg

Luftbrücke
*Ce mémorial rend
hommage aux pilotes
et aux membres du
personnel au sol qui
périrent pendant le pont
aérien des années 1948 et
1949. En onze mois, les
avions alliés acheminèrent
2,3 millions de tonnes de
marchandise* (p. 145).

**Haus am
Checkpoint Charlie**
*Les souvenirs conservés dans
ce musée rappellent l'ingéniosité
de ceux qui tentaient de
franchir le Mur* (p. 141).

Les plus beaux bâtiments modernes de Berlin

Il ne restait de Berlin qu'un champ de ruines à la fin de la Seconde Guerre mondiale, et la ville se transforma en un immense chantier. Les architectes de plusieurs pays participèrent à sa reconstruction, la dotant d'édifices publics et privés particulièrement réussis. La chute du Mur en 1990 et sa désignation comme capitale de la République allemande réunifiée ouvrirent la voie à une nouvelle vague de construction. Menée tambours battants, elle est d'une ampleur sans précédent en Europe. Sur les sites que la partition avait laissés vides dans le centre surgissent des immeubles ambitieux qui dessinent un nouveau tissu urbain.

Bauhaus-Archiv
Directeur de l'école du Bauhaus de 1919 à 1928, Walter Gropius (1883-1969) eut une influence majeure sur l'évolution de l'architecture. Il a dessiné le bâtiment qui abrite ce musée.

Charlottenburg

Tiergarten

Autour du Kurfürstendamm

Kant-Dreieck
Pour certains, la forme géométrique qui orne le toit de cet immeuble de Josef Paul Kleihues évoque une voile.

Nordische Botschaften
Le bâtiment, érigé entre 1997 et 1999, abrite les cinq ambassades des pays scandinaves. C'est un bel exemple d'audace architecturale. La lumière du soleil influe directement sur l'ouverture de ses volets verts.

Galeries Lafayette
La succursale du grand magasin parisien, ouverte sur Friedrichstrasse, occupe un édifice élégant de Jean Nouvel.

Kammermusiksaal
La Philharmonie de Berlin (1961) et la Kammermusiksaal (Salle de musique de chambre) adjacente sont toutes deux des œuvres de Hans Sharoun. Un de ses élèves, Edgar Wisniewski, dirigea la construction de la seconde en 1987.

Du Scheunenviertel à l'Hamburger Bahnhof

Nikolaiviertel et Alexanderplatz

Unter den Linden et les alentours

Museuminsel

Quartier Schützenstrasse
L'Italien Aldo Rossi a dirigé la rénovation de cette partie de la ville. La juxtaposition de styles d'époques différentes et un usage maîtrisé des couleurs créent des façades animées.

Kreuzberg

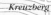
0   750 m

Gemäldegalerie
Œuvre de Hilmer and Sattler Partnership, la nouvelle Pinacothèque a ouvert en juin 1998. La salle principale est particulièrement élégante.

Sony Center
Ce complexe d'acier et de verre ultramoderne est l'œuvre de l'architecte américano-allemand Helmut Jahn. Il abrite des bureaux, des cinémas, la Kaisersaal et le siège européen de Sony.

À la découverte du Berlin moderne

L'obligation de reconstruire une ville dévastée par les bombardements, puis la concurrence entre l'Est et l'Ouest ont engendré pour les architectes de l'après-guerre un environnement privilégié. Berlin est devenu un laboratoire urbanistique. Sa réunification a ouvert de nouveaux espaces et posé de nouveaux défis. Projets et commandes, publics et privés, mettent en compétition, ou en collaboration, les plus grands créateurs mondiaux.

Haus der Kulturen der Welt dans Tiergarten

DE 1945 À 1970

Berlin paya très cher la Seconde Guerre mondiale. Il ne restait du centre qu'un amas de déblais et la partition de la ville rendit impossible une reconstruction coordonnée. À l'Est, Hermann Henselmann entame en 1952 l'aménagement, dans le style réaliste socialiste, de la **Karl-Marx-Allee.** Berlin-Ouest réplique en engageant certains des plus grands architectes du moment pour créer le complexe de l'**Hansaviertel.** Le Corbusier bâtit une de ses célèbres unités d'habitation, et l'Américain Hugh A. Stubbins la Kongresshalle, devenue **Haus der Kulturen der Welt.** Le **Kulturforum** compense la perte de lieux culturels devenus inaccessibles comme l'opéra. Le complexe comprend de splendides édifices tels que la **Philharmonie,** dessinée par Hans Scharoun, et la **Neue Nationalgalerie** de Mies Van der Rohe. Berlin-Ouest se dote en 1965 de son « temple du commerce »,

la galerie marchande **Europa-Center.** Berlin-Est élève en 1969 la **Fernsehturm** (tour de la Télévision).

DE 1970 À 1990

La rivalité opposant les deux parties de la ville suscite à l'Est la construction, en 1976, du **Palast der Republik.** Berlin-Ouest réplique en 1979 avec l'ultramoderne **Internationales Kongress Centrum.** Bâties sur des plans de Sharoun, la **Kammermusiksaal** et la **Staatsbibliothek** (Bibliothèque nationale) viennent compléter le Kulturforum. La **Bauhaus-Archiv** rend hommage au talent et à l'œuvre de Walter Gropius. Pour le 750e anniversaire de la ville, Berlin-Est achève la réhabilitation du **Nikolaiviertel,** tandis que l'Ouest se dote d'immeubles d'habitation novateurs, notamment au port de **Tegel,** dans le cadre d'une exposition internationale d'architecture : IBA 1987.

DEPUIS LA RÉUNIFICATION

Dans le méandre de la Spree, l'aménagement du quartier gouvernemental est en cours sous la houlette, entre autres, de Charlotte Frank et Axel Schultes. Sir Norman Foster conduit le remaniement du **Reichstag.** Sur la **Pariser Platz,** des créateurs tels que Günther Behnisch, Frank O. Gehry et Joseph Paul Kleihues s'efforcent de respecter l'héritage du passé. Dans le magnifique complexe du **Friedrichstadtpassagen** voisinent des œuvres de Jean Nouvel et d'Oswald M. Ungers. Beaucoup d'immeubles de bureaux intéressants ont vu le jour, dont **Ludwig-Erhard-Haus** de Nicholas Grimshaw et **Kantdreieck** de Josef Paul Kleihues. Parmi les projets d'amélioration de l'habitat, le plus intéressant est sans doute le **Quartier Schützenstrasse** d'Aldo Rossi. La ville s'est aussi dotée de nouveaux musées, dont la **Gemäldegalerie** conçue par Hilmer and Sattler Partnership et le **Jüdisches Museum** de Daniel Libeskind, de style déconstructiviste.

ARCHITECTURE MODERNE

La Neue Nationalgalerie de Mies Van der Rohe au Kulturforum

Potsdamer Platz

Ravagé par les bombardements, ce pôle névralgique du Berlin d'avant-guerre s'était transformé après la construction du Mur en une vaste friche. Il a suffi de quelques années pour que la place de Potsdam devienne un centre d'affaires et de loisirs où s'élèvent les créations d'architectes tels que Renzo Piano, Arata Isozaki et Helmut Jahn. Des restaurants, des bars, des cinémas, un théâtre et une galerie marchande contribuent à son animation.

Le Beisheim Center abrite des appartements et des hôtels internationaux.

Sony Center

POTSDAMER PLATZ

POTSDAMER STRASSE

ENTLASTUNGSSTRASSE

La Tour Sony, dessinée par Helmut Jahn, est l'édifice le plus moderne de Postdamer Platz. Elle est convexe d'un côté et plate de l'autre.

Cet immeuble de bureaux, qui est le plus haut de Postdamer Platz, a été conçu par Kollhoff & Timmermann.

L'Arkaden, galerie marchande ouverte en 1998, a tout de suite été très prisée.

0   100 m

LANDWEHRKANAL

La Debis-Haus est une œuvre de l'Italien Renzo Piano.

Les plus beaux parcs et jardins de Berlin

Berlin est sans conteste une des capitales les plus vertes d'Europe. Le vaste Tiergarten en aère le centre, tandis que la majorité des arrondissements possèdent leurs propres parcs et jardins, certains équipés d'aires de jeu pour enfants et de sentiers botaniques. À l'ouest de la ville, la forêt de Grunewald, d'une superficie de 32 km², renferme des pistes de VTT et des itinéraires de promenade à pied et à vélo. Les lacs, rivières et canaux permettent en été la pratique de sports nautiques.

Zoologischer Garten
Le plus vieux zoo d'Allemagne abrite environ 14 000 animaux appartenant à 1 400 espèces différentes (p. 150).

Schloss Charlottenburg
Le parc du château de Charlottenbourg associe styles français et anglais (p. 158-159).

Charlottenburg

Autour du Kurfürstendamm

Botanischer Garten
Le jardin botanique de Berlin, créé de 1899 à 1910 à Dahlem, est l'un des plus grands du monde (p. 177).

Park Babelsberg
Œuvre de Peter Joseph Lenné, ce parc paysagé entoure le pittoresque Schloss Babelsberg néo-gothique de Potsdam (p. 210-211).

Tiergarten
*Ancienne réserve de chasse,
le « jardin des animaux » doit
son visage actuel au paysagiste
Peter Joseph Lenné* (p. 132).

Monbijoupark
*Le parc Monbijou a perdu son
palais, détruit pendant la Seconde
Guerre mondiale* (p. 103).

*Du Scheunenviertel à
l'Hamburger Bahnhof*

*Nikolaiviertel et
Alexanderplatz*

*Unter den Linden et
les alentours*

Museumsinsel

Tiergarten

Kreuzberg

**Tierpark
Fiedrichsfelde**
*Le parc du Schloss
Friedrichsfelde est
devenu en 1954 le
jardin zoologique
de Berlin-Est* (p. 174).

Britzer Garten
*Bâti au XVIIIe siècle, le
Schloss Britz conserve
un parc paysager
de 100 ha* (p. 176).

Viktoriapark
*Dans ce vaste espace vert, le
sommet d'une colline, où se
dresse un monument aux
Guerres de Libération, offre une
belle vue de Kreuzberg* (p. 145).

0   1000 m

BERLIN AU JOUR LE JOUR

Comme toutes les grandes capitales européennes, Berlin propose aux visiteurs un large éventail d'activités tout au long de l'année. Les saisons les plus riches en manifestations sportives et culturelles restent cependant le printemps et l'automne, quand la ville accueille de grandes foires et expositions. L'été, Berlin se vide d'une partie de ses habitants, mais un climat tempéré permet de l'explorer à loisir.

Karneval der Kulturen

Illuminations et vitrines décorées donnent aux rues une ambiance festive à l'approche de Noël, et le froid hivernal ne rend que plus agréable l'atmosphère des musées. Vous pourrez vous procurer un programme détaillé des manifestations auprès des offices de tourisme (p. 278) ou, sur Internet, à l'adresse www.berlinonline.de/kultur. Ce site d'information très bien fait n'existe malheureusement qu'en allemand.

Défilé dans les rues de Kreuzberg lors du carnaval des Cultures

PRINTEMPS

Fêtes et festivals rythment la vie culturelle au printemps. Les manifestations organisées dans les squares et les jardins, au moment où les arbres bourgeonnent et où les fleurs s'épanouissent, permettent de pleinement apprécier la végétation d'une ville très aérée. Au retour des beaux jours, vedettes et barques recommencent à circuler sur la Spree et les canaux.

MARS

ITB-Internationale Tourismus-Börse (mi-mars). À la Foire internationale du tourisme, des professionnels du monde entier essaient d'attirer les visiteurs dans leur pays.
Musik-Biennale Berlin (2e semaine de mars). Ce festival de musique expérimentale, électronique et contemporaine a lieu les années impaires.

Rassehunde-Zuchtschau (week-end de la mi-mars). Le rendez-vous des amateurs de chiens de race.
Berliner Motorradtage (fin mars). Cette concentration attire des motards venus de toute l'Allemagne.

AVRIL

Festtage (avril). La Philharmonie et le Staatsoper proposent un programme de concerts et d'opéras par des artistes de renommée internationale.
Pâques (date variable). D'immenses marchés sur Alexanderplatz et autour de la Kaiser-Wilhelm-Gedächtnis-Kirche pour préparer la fête.
Britzer Baumblüte (avril). Un mois de festival dans la banlieue de Britz (au sud de Berlin), célèbre pour ses moulins à vent.
Neuköllner Frühlingsfest (avril). Hasenheide. Célébration traditionnelle de l'arrivée du printemps.

MAI

Open féminin de tennis (début mai). Ce tournoi oppose des joueuses de tennis en tête du classement. Un public fervent, et nombreux, assiste aux matchs.
Luft-und Raumfahrtausstellung Berlin-Brandenburg (début mai). Ce meeting d'aviation civile et militaire anime le ciel au-dessus de l'aéroport de Schönefeld.
Theatertreffen Berlin (mai). Les meilleures créations théâtrales en langue allemande sont au programme de ces rencontres internationales organisées depuis 1963.
Karneval der Kulturen (fin mai). Pendant trois jours, à l'occasion du « carnaval des Cultures », le Berlin multiculturel défile dans les rues du quartier de Kreuzberg.

Poésie dans la rue pendant le Theatertreffen Berlin, en mai

MOYENNE MENSUELLE D'ENSOLEILLEMENT QUOTIDIEN

Heures

janv. fév. mars avr. mai juin juil. août sept. oct. nov. déc.

Ensoleillement
C'est en mai, juin et juillet que Berlin jouit du climat le plus ensoleillé, mais le temps reste clément en août. Les mois de novembre, décembre et janvier sont en revanche très couverts.

ÉTÉ

L'été, la vie culturelle ralentit à Berlin. De nombreux concerts et spectacles en plein air s'adressent toutefois aux jeunes, et la célèbre Love Parade *(p. 270)* réunit des centaines de milliers de personnes.

La douceur du climat rend particulièrement agréables les promenades à pied ou à vélo dans la forêt de Grunewald, ou les baignades dans les lacs du Wannsee et du Müggelsee.

Peintre au travail sur Potsdamer Platz

JUIN

Deutsch-Französisches Volksfest *(début juin-mi-juillet)*. Grand fête foraine, la fête populaire franco-allemande se déroule près du Kurt-Schumacher-Damm.

Jazz Across the Border *(juin)*. Festival de jazz organisé par la Haus der Kulturen der Welt.

Konzertsommer im Englischen Garten *(mi-juin-fin juillet)*. Concerts en plein air.

Christopher Street Day *(fin juin)*. La communauté gay de Berlin défile en grand apparat autour du Ku'damm. La fête dure toute la nuit dans les clubs gay de Berlin.

Berliner Theatermarkt an der Deutschen Oper *(fin juin)*. Journées portes ouvertes au Deutsche Oper.

Classique en plein air *(fin juin-début juillet)*. Opéras à la Waldbühne et gala final au Gendarmenmarkt.

JUILLET

Bach Tage Berlin *(1re semaine de juillet)*. Des concerts dans toute la ville rendent hommage à Jean-Sébastien Bach. Le festival dure neuf jours ; plus de trente concerts sont proposés aux Berlinois mélomanes.

Heimatklänge *(mi-juillet-fin août)*. Ce festival des musiques du monde propose des concerts en plein air du mercredi au dimanche.

AOÛT

Deutsch-Amerikanisches Volksfest *(30 juillet-22 août)*. Très populaires, les spectacles

Le Ku'damm, rempli de fêtards lors du Christopher Street Day

et attractions ont un thème américain.

Berliner Gauklerfest *(fin juillet-début août)*. Sur Unter den Linden, on propose des spécialités culinaires aux promeneurs que distraient des acrobates et des musiciens.

Kreuzberger Festliche Tage *(fin août-début septembre)*. Grand festival de musique classique à Kreuzberg.

L'Amour des trois oranges de Prokofiev au Komische Oper

MOYENNE MENSUELLE DES PRÉCIPITATIONS

mm
100
75
50
25
0

janv. fév. mars avr. mai juin juil. août sept. oct. nov. déc.

Précipitations
La fin de l'hiver et le début du printemps sont relativement peu arrosés, tandis que de violentes averses peuvent éclater en été et que le mois de septembre se révèle particulièrement humide.

AUTOMNE

De grandes manifestations culturelles et sportives rythment l'automne. En septembre, les hôtels de la ville s'emplissent de visiteurs qu'attirent les concerts et les manifestations culturelles des Berliner Festwochen. Le marathon de Berlin est le plus important du monde après ceux de New York et de Londres.

SEPTEMBRE

Internationales Stadionfest (ISTAF) *(1re semaine de septembre)*. Cette rencontre internationale d'athlétisme se déroule à l'Olympiastadion.
Internationale Funkausstellung *(début sept. tous les 2 ans)*. Salon des médias hi-tech et de l'informatique à l'Internationales Congress Centrum *(p. 182)*.
Internationales Literaturfestival *(mi-sept.)*.

Lectures, conférences, événements particuliers mettent en lumière la littérature du monde entier.
Berliner Festwochen *(tout septembre)*. Un grand festival qui propose des concerts, du théâtre, des expositions et des rencontres.
Marathon de Berlin *(3e dimanche de septembre)*. La circulation s'arrête pendant des heures pour laisser passer des milliers de coureurs.
Art Forum in Berlin *(fin sept.)*. Cette foire internationale d'art moderne réunit pendant 5 jours artistes et collectionneurs.
Popkomm *(fin sept.)*. Le plus grand festival de pop music d'Europe propose aussi un programme de danse.

Participants au marathon de Berlin

OCTOBRE

Tag der Deutschen Einheit *(3 octobre)*. Un grand défilé à travers les rues marque la fête de la Réunification de l'Allemagne.

NOVEMBRE

Jazz Fest Berlin *(début novembre)*. Ce festival renommé existe depuis 1964, et commence à la Haus der Kulturen der Welt *(p. 134)*.
Treffen Junge Musik-Szene *(début novembre)*. La scène musicale des jeunes.
Jüdische Kulturtage *(novembre)*. Films, pièces de théâtre, concerts et conférences illustrent la culture juive.
Internationales Reitturnier *(3e semaine de novembre)*. Concours hippique de saut d'obstacles.
KinderMusik Theater Wochen *(novembre)*. Grande fête de la musique et du théâtre pour enfants.

Défilé sous la porte de Brandebourg pour la Deutschland Fest

MOYENNE MENSUELLE DES TEMPÉRATURES

°C
25
20
15
10
5
0
-5
-10

janv. fév. mars avr. mai juin juil. août sept. oct. nov. déc.

Températures
*Les températures
indiquées ci-contre
ne sont que des
moyennes : en été,
il fait souvent plus de
20 °C dans la journée.
Espaces verts et lacs
permettent toutefois
de se rafraîchir.
Il gèle en hiver,
notamment en
janvier.*

HIVER

Ponctué de chutes de neige, l'hiver est assez rude pour que les lacs gèlent et que les Berlinois se livrent aux joies du patinage. Des marchés traditionnels préparent en décembre l'arrivée de Noël. Les bals du carnaval animent le mois de janvier, tandis qu'en février le Festival international du film attire des vedettes du monde entier.

Berlinale, le Festival du film de Berlin

DÉCEMBRE

Weihnachtsmärkte *(tout décembre).* Les éventaires et les foires qui proposent des cadeaux de Noël et des spécialités culinaires donnent à la ville un aspect festif.
Noël (Weihnachten) *(25-26 décembre).* Comme la majorité des Européens, les Berlinois fêtent Noël en famille autour d'un sapin et ils échangent des cadeaux.
Réveillon du nouvel an (Silvester). C'est la fête dans les hôtels, les restaurants, et les boîtes de nuit comme chez les particuliers. À minuit, on vient sabrer le champagne à la porte de Brandebourg ou on assiste aux feux d'artifice depuis la colline de Kreuzberg.

JANVIER

Berliner Neujahrslauf *(1er janvier).* Les courageux que n'ont pas affectés les réjouissances de la nuit précédente participent à une course de 4 km qui part de la porte de Brandebourg.
Sechs-Tage-Rennen *(fin janvier).* Six jours de course cycliste et autres événements.

Berlin Team-Marathon *(22 janvier).* Une course organisée par le Sport Klub Charlottenburg.
Lange Nacht der Museen *(fin janvier).* Les musées de Berlin restent ouverts jusqu'à minuit et même plus tard.
Internationale Grüne Woche *(dernière semaine de janvier).* La grande foire agricole et culinaire pour goûter aux cuisines du monde entier.

FÉVRIER

Berlinale - Internationale Filmfestspiele *(2e et 3e semaines de février).* Le Festival du film de Berlin accueille de grandes stars et présente les meilleurs films de la saison, en même temps que l'**Internationales Forum des Jungen Films** qui propose une sélection de films à petits budgets *(p. 97).*
Les Berliner Rosenmontags-konzerte sont une série de concerts classiques.

Achats de Noël dans le grand magasin KaDeWe

JOURS FÉRIÉS

Neujahr Nouvel an (1er janv.)
Karfreitag Vendredi saint
Ostermontag Lundi de Pâques
Tag der Arbeit Fête du Travail (1er mai)
Christi Himmelfahrt Ascension
Pfingsten Pentecôte
Tag der Deutschen Einheit (3 oct.)
Weihnachten Noël

Vue sur la Postdamer Platz et Tiergarten ▷

BERLIN QUARTIER PAR QUARTIER

UNTER DEN LINDEN ET LES ALENTOURS

Les environs d'Unter den Linden forment un des quartiers les plus agréables de cette partie de Berlin qui prit son essor pendant la période baroque avec la création de Dorotheenstadt au nord de l'avenue et de Friedrichstadt au sud. La noblesse y construisit ses palais à partir du début du XVIIIe siècle, tandis que s'élevaient les bâtiments du Forum

Bas-relief de la Schadow-Haus, sur la Schadowstrasse

Friedericianum (l'actuelle Bebelplatz). L'allée « Sous les Tilleuls » devint l'artère la plus prestigieuse de la cité. Toutefois, le quartier subit d'importants dégâts pendant la guerre, et le gouvernement de la RDA n'en assura qu'une reconstruction partielle. Il abrite néanmoins la plus grande concentration de monuments historiques de la capitale allemande.

LE QUARTIER D'UN COUP D'ŒIL

Églises
Deutscher Dom **18**
Französischer Dom **16**
Friedrichswerdersche Kirche **14**
St-Hedwigs-Kathedrale **11**

Musées
Deutsche Guggenheim **7**
Museum für Kommunikation **22**
Zeughaus (Deutsches Historisches Museum) (p. 58-59) **1**

Avenue et places
Bebelplatz **10**
Gendarmenmarkt **15**
Pariser Platz **24**
Unter den Linden **2**

Théâtres
Admiralspalast **31**
Komische Oper **29**
Konzerthaus **17**

Maxim Gorki Theater **32**
Staatsoper Unter den Linden **12**

Bâtiments et sites historiques
Alte Bibliothek **9**
Altes Palais **8**
Brandenburger Tor **25**
Holocaust Denkmal **26**
Humboldt Universität **4**
Kronprinzenpalais **13**
Mohrenkolonnaden **20**
Neue Wache **3**
Palais am Festungsgraben **33**
Reiterdenkmal Friedrichs des Grossen **5**
Spittelkolonnaden **21**
Staatsbibliothek **6**

Autres
Ehemaliges Regierungsviertel **23**
Friedrichstadtpassagen **19**
Hotel Adlon **27**
Russische Botschaft **28**
S-Bahnhof Friedrichstrasse **30**

LÉGENDE

Plan pas à pas
p. 56-57

Gare ferroviaire

Station de S-Bahn

Station de U-Bahn

CIRCULER
Les lignes de S-Bahn 1, 3, 5, 7, 9 et 75, de U-Bahn 6 et 9 et de bus 100 et 348 desservent le quartier.

0   400 m

◁ Allégorie de l'Histoire sur le socle du monument à Schiller, Gendarmenmarkt

Autour de la Bebelplatz pas à pas

Entre le Schlossbrücke et Friedrichstrasse, Unter den
Linden traverse un des plus beaux quartiers de Berlin.
Il est riche en édifices baroques et néo-classiques,
souvent dessinés par des architectes célèbres. Quelques
palais restaurés ont perdu leur fonction résidentielle
et abritent désormais des services publics, tandis que
le musée de l'Histoire allemande s'est installé dans
l'ancien Arsenal, le splendide Zeughaus baroque bâti
entre 1688 et 1730.

Staatsbibliothek
*La Bibliothèque
nationale, fondée en
1661, occupe un
bâtiment néo-
baroque élevé entre
1903 en 1914 sur
des plans d'Ernst
von Ihne* **6**

Humboldt Universität
*Les allégories de l'Aube et
du Crépuscule ornent
les toits des pavillons
qui encadrent l'entrée
de la cour* **4**

**Statue équestre
de Frédéric le Grand**
*Œuvre de Christian
Daniel Rauch,
ce monument
date de 1851* **5**

Deutsche Guggenheim
*Un bâtiment, reconstruit
après la Seconde Guerre
mondiale, abrite les
cinq départements
du musée Guggenheim* **7**

LÉGENDE

— — — Itinéraire conseillé

Altes Palais
*Ce palais néo-classique
achevé en 1837 pour le
futur kaiser Guillaume Ier
subit d'importants dégâts
pendant la guerre* **8**

Alte Bibliothek
*Sa façade concave a valu
à l'ancienne Bibliothèque,
qui ferme à l'ouest la Bebelplatz,
le surnom de « Kommode »* **9**

★ **Neue Wache**
Il est depuis 1993 un monument à la mémoire des victimes de la guerre et de la dictature ❸

CARTE DE SITUATION
Voir atlas des rues, plans 6, 7, 15 et 16

0   100 m

★ **Zeughaus (Deutsches Historisches Museum)**
Une nouvelle aile, dessinée par Pei, a été ajoutée à ce magnifique édifice baroque. Le fronton du Zeughaus porte une représentation de Minerve ❶

Unter den Linden
En 1946 furent replantés quatre rangs de tilleuls sur cette grande avenue ❷

Kronprinzenpalais
Un portail de l'ancienne Bauakademie orne l'arrière du « palais du Prince héritier » ⓭

Staatsoper Unter den Linden
L'Opéra national fut le premier théâtre allemand à ne pas dépendre d'un palais ⓬

★ **Friedrichswerdersche Kirche**
Cette église néo-gothique, conçue par Karl Friedrich Schinkel, abrite un musée dédié à cet architecte ⓮

St-Hedwigs-Kathedrale
Theodore Wilhelm Achtermann sculpta en 1837 les bas-reliefs de sa façade ⓫

À NE PAS MANQUER

★ Zeughaus (Deutsches Historisches Museum)

★ Neue Wache

★ Friedrichswerdersche Kirche

Bebelplatz
Le Forum Friedericianum, imaginé par Frédéric II, prit en 1947 le nom du militant socialiste August Bebel. Une plaque rappelle que les nazis y brûlèrent 20 000 livres en 1933 ❿

Zeughaus (Deutsches Historisches Museum) ❶

En construisant l'arsenal de la place de Berlin entre 1695 et 1706, Jean de Bodt, Johann Arnold Nering, Martin Grünberg et Andreas Schlüter donnèrent à la ville son plus beau monument baroque. Il entoure une cour intérieure décorée de sculptures de Schlüter, dont les superbes masques de guerriers mourants. Il abrite depuis 1952 le musée de l'Histoire allemande. Celui-ci a rouvert récemment ses portes, après une importante rénovation conçue par l'architecte sino-américain Ieoh Ming Pei. La cour centrale est aujourd'hui protégée par une coupole vitrée, et une nouvelle aile accueille les expositions temporaires.

Masque de guerrier, arcade de la cour

Soldats pillant une maison (v. 1600)
Cette peinture par Sebastian Vrancx évoque les guerres religieuses qui ravagèrent les Pays-Bas au XVIe siècle.

Veste de déporté
L'exposition évoquera par divers témoignages et objets les horreurs du régime nazi, dont les camps de concentration.

SUIVEZ LE GUIDE !

Le rez-de-chaussée évoque l'histoire allemande de 1918 à nos jours. Le premier étage couvre la période allant des premières civilisations au début du XXe siècle. Un couloir souterrain mène jusqu'à l'aile de Pei, qui abrite les expositions temporaires.

LÉGENDE

☐	Des premières civilisations au Moyen Âge
☐	1500-1648
☐	1648-1789
☐	1789-1871
☐	1871-1918
☐	1918-1945
☐	1945-1949
☐	de 1949 à nos jours
☐	Circulations et services

Machine à vapeur (1847)
Des objets tels que celui-ci illustreront le grand tournant de la révolution industrielle.

★ Martin Luther
Ce portrait, peint par Lucas Cranach l'Ancien en 1529, sera au centre d'une exposition consacrée à la Réforme.

Premier
étage

MODE D'EMPLOI

Unter den Linden 2. **Plan** 7 A3, 16 E2. **Tél.** 20 30 40. **U** & **S** *Friedrichstrasse.* 100, 157, 200, 348. ⬤ *10 h-18 h t.l.j.* **www**.dhm.de

Europe
Cette allégorie en porcelaine de Meissen est attribuée à Johann Joachim Kändler.

Unter den Linden
Ce tableau de Carl Traugott Fechhelm montre la grande avenue de Berlin à la fin du XVIIIᵉ siècle.

Selle
Des plaques d'ivoire ciselées ornent cette selle datant du milieu du XVᵉ siècle.

Museum
Cinema

Rez-de-
chaussée

★ Gloria Victis
La mort d'un ami pendant les derniers jours de la guerre franco-prussienne (1870-1871) inspira cette allégorie au Français Antonin Mercié.

À NE PAS MANQUER

★ Martin Luther

★ Gloria Victis

Operaplatz Parade (1824-1830) de Franz Krüger nous montre Unter den Linden au début du xixe siècle

Unter den Linden ❷

Plan 6 E3, 6 F3, 15 A3, 16 D3.
Ⓢ *Unter den Linden.* 🚌 *100, 200, 348.*

L'avenue la plus célèbre de Berlin relie la Schlossplatz à la Pariser Platz et la porte de Brandebourg. Elle a pour origine un simple sentier menant à la réserve de chasse royale qui allait devenir le Tiergarten. Le Grand Électeur, Frédéric-Guillaume, la transforma en route au milieu du xviie siècle, et les arbres qui l'ombrageaient lui valurent son nom de « Sous les Tilleuls ». Elle conserve ce nom bien que les arbres aient été abattus, vers 1658. On en replanta quatre rangées en 1820 et également en 1946.

Frédéric II (1740-1786) fit édifier le Forum Friedericianum à l'emplacement de l'actuelle Bebelplatz, et Unter den Linden devint l'axe aristocratique de la capitale prussienne. Les riches demeures et les monuments construits à cette époque ont fait l'objet d'une restauration soigneuse après la Seconde Guerre mondiale, mais l'avenue, séparée de Berlin-Ouest par le Mur, perdit de son prestige. Elle l'a retrouvé depuis la réunification et sert de cadre à de nombreuses manifestations. Plusieurs cafés et restaurants, ainsi que des boutiques de luxe, ont ouvert. Les éventaires de livres installés près de la Humboldt Universität et de la Staatsbibliothek s'adressent aux promeneurs comme aux étudiants.

Neue Wache ❸

Unter den Linden 4. **Plan** 7 A3, 16 E2. Ⓢ *Hackescher Markt.* 🚌 *100, 200, 348.* ⭘ *10 h-18 h t.l.j.*

Karl Friedrich Schinkel édifia ce petit poste de garde entre 1816 et 1818. En forme de temple antique, il est considéré comme l'un des plus beaux exemples d'architecture néo-classique de Berlin. Des allégories de la Bataille, de la Victoire, de la Fuite et de la Défaite ornent le fronton triangulaire du portique dorique.

L'édifice devint en 1931 un monument à la mémoire des combattants de la Première Guerre mondiale. Après l'avoir restauré, le gouvernement de la RDA dédia en 1960 le Neue Wache aux victimes du fascisme et du militarisme. Il est devenu en 1993 un mémorial à toutes les victimes de la guerre et de la dictature.

L'intérieur abrite une flamme éternelle et la tombe d'un soldat, d'un déporté et d'un résistant inconnu. L'ouverture circulaire du toit éclaire une copie de *La Mère et son fils mort*, sculpture de Käthe Kollwitz dont le fils périt pendant la Première Guerre mondiale.

Humboldt Universität ❹

UNIVERSITÉ HUMBOLDT

Unter den Linden 6. **Plan** 7 A3, **Tél.** *20930.* 16 D2. Ⓢ et Ⓤ *Friedrichstrasse.* 🚌 *100, 200, 348.*

Fondée en 1810 à l'initiative de Wilhelm von Humboldt, l'université de Berlin s'installa dans un palais construit en 1753 pour Henri de Prusse, le frère de Frédéric le Grand. Elle ne prit le nom de son fondateur qu'en 1949.

Le bâtiment a conservé l'organisation générale de la résidence princière, mais a connu de nombreux agrandissements. À l'entrée, deux statues en marbre par

WILHELM ET ALEXANDER VON HUMBOLDT

Appartenant, par leur père, à la noblesse prussienne, et par leur mère à une famille d'origine huguenote, les frères Humboldt eurent un destin exemplaire. Avocat et homme politique, Whilhelm (1767-1835) exerça diverses fonctions gouvernementales, mais il reste surtout connu pour ses études sur le langage. Grand voyageur à la curiosité universelle, son frère Alexander (1769-1859) visita les trois continents et apporta une précieuse contribution à la géologie, aux sciences naturelles et à l'ethnologie.

Statue d'Alexander von Humboldt

Paul Otto représentent Wilhelm von Humboldt (tenant un livre) et son frère Alexander (assis sur un globe). Le portail ouvre sur une cour dessinée par Reinhold Begas.

De grands noms ont enseigné à l'université Humboldt, dont les philosophes Johann Fichte et Friedrich Hegel, le pathologiste Rudolf Virchow, le biologiste Robert Koch et les physiciens Max Planck et Albert Einstein. Quelques étudiants sont aussi devenus célèbres, dont Heinrich Heine, Karl Marx et Friedrich Engels.

Après le partage de la ville en 1945, elle se retrouva dans le secteur russe, ce qui entraîna en 1948 l'ouverture d'une nouvelle université à l'Ouest : la Freie Universität *(p. 179)*.

Statue de Hermann Helmholtz dans la cour de la Humboldt Universität

Reiterdenkmal Friedrichs des Grossen ❺

STATUE ÉQUESTRE
DE FRÉDÉRIC LE GRAND

Unter den Linden. **Plan** 7 A3. Ⓢ *et* Ⓤ *Friedrichstrasse.* 🚌 *100, 200, 348.*

Cet imposant monument en bronze, dressé dans l'allée centrale d'Unter den Linden, mesure 5,6 m de hauteur. Œuvre de Christian Daniel Rauch exécutée entre 1839 et 1851, elle montre Frédéric II vêtu d'un uniforme et d'un manteau menant son cheval au pas. Les statues du socle représentent des personnalités militaires, politiques, scientifiques et artistiques de l'époque. Les

bas-reliefs au-dessus illustrent des épisodes de la vie du souverain. La RDA déménagea ce symbole d'une idéologie dépassée près de l'hippodrome du Park Sanssouci de Potsdam, et il y resta jusqu'en 1980.

Staatsbibliothek ❻

BIBLIOTHÈQUE NATIONALE

Unter den Linden 8. **Plan** 7 A3, 16 D2. **Tél.** *266 23 03.* Ⓢ *et* Ⓤ *Friedrichstrasse.* 🚌 *100, 200, 348.* 🕐 *9 h-18 h lun.-ven., 9 h-13 h sam.*

La Staatsbibliothek a pour origine la bibliothèque créée en 1661 au Stadtschloss par Frédéric-Guillaume, le Grand Électeur. À la fin du XVIIIᵉ siècle, Frédéric II fit construire pour l'accueillir le bâtiment de l'Alte Bibliothek. Édifiés entre 1903 et 1914 sur des plans d'Ernst von Ihne, ses locaux actuels occupent l'emplacement de l'Académie des sciences et de l'Académie des beaux-arts. Ils ont nécessité une importante restauration après la dernière guerre. Éparpillé pendant le conflit, puis divisé entre Est et Ouest, le fonds est de nouveau

géré par une administration unique. Il compte près de trois millions de livres et manuscrits. Parmi ses pièces les plus précieuses figurent des partitions musicales de la main de compositeurs aussi prestigieux que Beethoven.

Deutsche Guggenheim ❼

Unter den Linden 13-15. **Plan** 7 A3, 16 D3. **Tél.** *202 09 30.* 🕐 *11 h-20 h t.l.j. (jeu. jusqu'à 22 h).* Ⓢ *et* Ⓤ *Friedrichstrasse.* 🚌 *100, 200, 348.* 🖼

L'antenne allemande du célèbre musée Guggenheim, le temple new-yorkais de l'art moderne, dispose dans le bâtiment de la Deutsche Bank d'un espace de 510 m², aménagé par l'architecte américain Richard Gluckman. Elle ne possède pas encore de collection permanente mais propose des expositions temporaires régulièrement renouvelées. La première rendait hommage au Français Robert Delaunay, mais l'ambition déclarée du musée est d'accorder une large place aux créateurs allemands.

Façade de la Staatsbibliothek

Blason ornant une fenêtre de l'Altes Palais

Altes Palais

ANCIEN PALAIS

Unter den Linden 9. **Plan** 7 A3,
16 D3. (S) et (U) Friedrichstrasse.
100, 200, 348. au public.

Carl Ferdinand Langhans édifia
ce palais néo-classique de 1834
à 1837 pour le prince héritier
Guillaume. Dédaignant le
Stadtschloss, ce dernier
continua à l'habiter même
après être devenu le roi, puis
l'empereur Guillaume Ier. Il
pouvait assister tous les jours à
la relève de la garde depuis la
fenêtre du rez-de-chaussée, à
l'extrême gauche.
  Le riche mobilier de l'Altes
Palais n'a pas survécu à
la Seconde Guerre mondiale.
Restaurée, l'ancienne résidence
princière sert aujourd'hui
d'annexe à la Humboldt
Universität.

Alte Bibliothek ❾

ANCIENNE BIBLIOTHÈQUE

Bebelplatz. **Plan** 7 A3, 16 D3.
Tél. 20 930. (S) et (U) Friedrichstrasse. 100, 200, 348.

Abritant aujourd'hui la faculté
de droit de l'université
Humboldt, cet édifice baroque,
l'un des plus beaux de la ville,
doit à sa façade concave le
surnom de Kommode que lui
ont donné les Berlinois. Entrepris
en 1775 sur des plans de Georg
Christian Unger pour accueillir la
bibliothèque royale, il s'inspire
d'un projet dessiné cinquante
ans plus tôt par Josef Emanuel
Fischer von Erlach pour la
Hofburg de Vienne.
  Trois ruptures dans les jeux
de courbes accentuent le
mouvement de la façade
qu'agrémentent des rangées de

pilastres corinthiens, des
sculptures et des blasons.

Bebelplatz ❿

Plan 7 A3, 16 D3. (S) et (U) Friedrichstrasse. 100, 200, 348.

Frédéric II rêvait de donner
à Berlin un reflet de la grandeur
de la Rome antique,
et il commanda à Georg
Wenzeslaus von Knobelsdorff
l'aménagement d'un Forum
Friedericianum qui devait avoir
pour pôle l'ancienne place de
l'Opéra (Opernplatz),
aujourd'hui rebaptisée
Bebelplatz. Le projet n'aboutit
que partiellement dans sa forme
initiale, mais l'élan fourni suscita
la construction, au fil des
siècles, des monuments qui
confèrent à l'ensemble son
aspect majestueux.
  La nuit du 10 mai 1933,
moins de trois mois après la
nomination d'Adolf Hitler au
poste de chancelier, le parti
nazi y organisa un immense

bûcher de livres, où brûlèrent
20 000 ouvrages considérés
comme « anti-allemands ». Les
auteurs visés comprenaient
Thomas Mann, Robert Musil,
Heinrich Mann et Sigmund
Freud.
  Un monument, dessiné par
Micha Ullman en 1995,
commémore ce triste
événement. Un panneau
transparent serti dans le sol
permet d'apercevoir des
rayonnages vides. À côté, une
plaque porte une citation
prophétique, écrite en 1820,
du poète Heinrich Heine :
« Là où on brûle les livres, on
finira par brûler les hommes. »

St-Hedwigs-
Kathedrale ⓫

CATHÉDRALE SAINTE-EDWIGE

Bebelplatz. **Plan** 7 A4, 16 D3, E3.
Tél. 203 48 10. (S) et (U) Hausvogtei-
platz. 100, 200, 348. 10 h-17 h
lun.-sam. (sam. jusqu'à 16 h 30), 13 h-
17 h dim.

L'immense siège de l'archevêché
de Berlin s'élève en retrait de la
Bebelplatz. Il porte le nom de la
sainte patronne de Silésie, une
région aujourd'hui polonaise
que Frédéric II avait conquise
en 1742. Cette annexion
augmenta le nombre de ses
sujets catholiques et la
construction de la cathédrale
commença en 1747.
  Georg Wenzeslaus von
Knobelsdorff s'inspira du
Panthéon de Rome pour lui

D'élégants bas-reliefs décorent la façade de la St-Hedwigs-Kathedrale

★ Martin Luther

Ce portrait, peint par Lucas Cranach l'Ancien en 1529, sera au centre d'une exposition consacrée à la Réforme.

Premier étage

Europe

Cette allégorie en porcelaine de Meissen est attribuée à Johann Joachim Kändler.

Unter den Linden

Ce tableau de Carl Traugott Fechhelm montre la grande avenue de Berlin à la fin du XVIIIᵉ siècle.

Selle

Des plaques d'ivoire ciselées ornent cette selle datant du milieu du XVᵉ siècle.

Museum Cinema

Rez-de-chaussée

★ Gloria Victis

La mort d'un ami pendant les derniers jours de la guerre franco-prussienne (1870-1871) inspira cette allégorie au Français Antonin Mercié.

À NE PAS MANQUER

★ Martin Luther

★ Gloria Victis

Operaplatz Parade (1824-1830) de Franz Krüger nous montre Unter den Linden au début du xixe siècle

Unter den Linden ❷

Plan 6 E3, 6 F3, 15 A3, 16 D3.
Ⓢ *Unter den Linden.* 🚌 *100, 200, 348.*

L'avenue la plus célèbre de Berlin relie la Schlossplatz à la Pariser Platz et la porte de Brandebourg. Elle a pour origine un simple sentier menant à la réserve de chasse royale qui allait devenir le Tiergarten. Le Grand Électeur, Frédéric-Guillaume, la transforma en route au milieu du xviie siècle, et les arbres qui l'ombrageaient lui valurent son nom de « Sous les Tilleuls ». Elle conserve ce nom bien que les arbres aient été abattus, vers 1658. On en replanta quatre rangées en 1820 et également en 1946.

Frédéric II (1740-1786) fit édifier le Forum Friedericianum à l'emplacement de l'actuelle Bebelplatz, et Unter den Linden devint l'axe aristocratique de la capitale prussienne. Les riches demeures et les monuments construits à cette époque ont fait l'objet d'une restauration soigneuse après la Seconde Guerre mondiale, mais l'avenue, séparée de Berlin-Ouest par le Mur, perdit de son prestige. Elle l'a retrouvé depuis la réunification et sert de cadre à de nombreuses manifestations. Plusieurs cafés et restaurants, ainsi que des boutiques de luxe, ont ouvert. Les éventaires de livres installés près de la Humboldt Universität et de la Staatsbibliothek s'adressent aux promeneurs comme aux étudiants.

Neue Wache ❸

Unter den Linden 4. **Plan** 7 A3, 16 E2. Ⓢ *Hackescher Markt.* 🚌 *100, 200, 348.* ⬤ *10 h-18 h t.l.j.*

Karl Friedrich Schinkel édifia ce petit poste de garde entre 1816 et 1818. En forme de temple antique, il est considéré comme l'un des plus beaux exemples d'architecture néo-classique de Berlin. Des allégories de la Bataille, de la Victoire, de la Fuite et de la Défaite ornent le fronton triangulaire du portique dorique.

L'édifice devint en 1931 un monument à la mémoire des combattants de la Première Guerre mondiale. Après l'avoir restauré, le gouvernement de la RDA dédia en 1960 le Neue Wache aux victimes du fascisme et du militarisme. Il est devenu en 1993 un mémorial à toutes les victimes de la guerre et de la dictature.

L'intérieur abrite une flamme éternelle et la tombe d'un soldat, d'un déporté et d'un résistant inconnu. L'ouverture circulaire du toit éclaire une copie de *La Mère et son fils mort*, sculpture de Käthe Kollwitz dont le fils périt pendant la Première Guerre mondiale.

Humboldt Universität ❹

UNIVERSITÉ HUMBOLDT

Unter den Linden 6. **Plan** 7 A3, **Tél.** 20930. 16 D2. Ⓢ et Ⓤ *Friedrichstrasse.* 🚌 *100, 200, 348.*

Fondée en 1810 à l'initiative de Wilhelm von Humboldt, l'université de Berlin s'installa dans un palais construit en 1753 pour Henri de Prusse, le frère de Frédéric le Grand. Elle ne prit le nom de son fondateur qu'en 1949.

Le bâtiment a conservé l'organisation générale de la résidence princière, mais a connu de nombreux agrandissements. À l'entrée, deux statues en marbre par

---

WILHELM ET ALEXANDER VON HUMBOLDT

Appartenant, par leur père, à la noblesse prussienne, et par leur mère à une famille d'origine huguenote, les frères Humboldt eurent un destin exemplaire. Avocat et homme politique, Whilhelm (1767-1835) exerça diverses fonctions gouvernementales, mais il reste surtout connu pour ses études sur le langage. Grand voyageur à la curiosité universelle, son frère Alexander (1769-1859) visita les trois continents et apporta une précieuse contribution à la géologie, aux sciences naturelles et à l'ethnologie.

Statue d'Alexander von Humboldt

donner sa forme originelle, mais les mauvaises langues lui trouvent plutôt l'aspect d'une tasse renversée.

La consécration eut lieu en 1773, mais les travaux continuèrent par intermittence jusqu'en 1778.

Très endommagée pendant la Seconde guerre mondiale, la cathédrale a été reconstruite entre 1952 et 1953. Sa crypte abrite une Vierge à l'Enfant du XVIe siècle et une Pietà de 1420. C'est là que repose Bernhard Lichtenberg, un prêtre tué dans un camp de concentration et béatifié par le pape Jean-Paul II.

Bas-relief d'Apollon et Mars sur la façade du Staatsoper

Staatsoper Unter den Linden ⑫

OPÉRA NATIONAL

Unter den Linden 7. **Plan** 7 A3, 16 D3. **Tél.** 20 35 45 55. Ⓢ et Ⓤ Friedrichstrasse. 🚌 100, 200, 348.

L'Opéra national dresse sur l'Unter den Linden l'une des plus belles façades de l'avenue. C'est le seul bâtiment du Forum Fridericianum qui fut achevé selon les plans de Frédéric II. Édifié dans le style néo-classique par Georg Wenzeslaus von Knobelsdorff en 1741, il connut en 1843 une première restauration dirigée par Carl Ferdinand Langhans. La Seconde Guerre mondiale imposa une deuxième reconstruction, de 1952 à 1955.

L'Opéra a accueilli de nombreux artistes prestigieux. Il eut pour directeur Richard Strauss et comme décorateur Karl Friedrich Schinkel.

L'austère façade du Kronprinzenpalais

Kronprinzenpalais

⑬ PALAIS DES PRINCES HÉRITIERS

Unter den Linden 3. **Plan** 7 A3, B3, 16 E3. Ⓢ et Ⓤ Friedrichstrasse. 🚌 100, 200, 348. 🕐 10 h-18 h jeu.-sam., lun., mar. (jeu. jusqu'à 22 h).

Comme son nom l'indique, ce palais de style néo-classique servit de résidence aux princes héritiers de la monarchie et, plus tard, de l'empire.

Il a pour origine une modeste demeure bâtie entre 1663 et 1669. Le premier agrandissement, conçu dans le style baroque, eut lieu en 1732 et 1733 sous la conduite de Philipp Gerlach. Johann Heinrich Strack ajouta le deuxième étage en 1856 pour le futur empereur Guillaume III. L'ensemble dut être entièrement reconstruit après la dernière guerre.

Le Kronprinzenpalais servit de résidence à la famille royale jusqu'à l'abolition de la monarchie. De 1919 à 1937, il abrita la section d'art moderne de la Nationalgalerie. Rebaptisé Palais Unter den Linden par les communistes, il accueillait les visiteurs officiels de la RDA. Le traité d'unification de l'Allemagne y a été signé le 31 août 1990.

Près du palais, s'élevait la Kommandantur, les quartiers généraux des officiers nazis. L'immeuble a été détruit pendant la Seconde Guerre mondiale. Il été recontruit en 2003 par le groupe de presse allemand Bertelsmann.

Un passage surélevé relie le Kronprinzenpalais au Prinzessinnenpalais, le « palais des Princesses », construit à l'intention des filles de Frédéric-Guillaume III.

Friedrichswerdersche Kirche (Schinkel-Museum) ⑭

ÉGLISE FRIEDRICHSWERDERSCHE (MUSÉE SCHINKEL)

Werderscher Markt. **Plan** / B4, 16 E3. **Tél.** 20 90 55 77. Ⓢ et Ⓤ Friedrichstrasse. 🚌 100, 147, 200, 348. 🕐 10 h-18 h t.l.j.

Cette église néo-gothique, bâtie entre 1824 et 1830 par Karl Friedrich Schinkel, abrite un musée consacré à son architecte. L'exposition détaille les principaux édifices dont il para Berlin, et présente des projets non réalisés. La Nationalgalerie l'utilise également pour exposer sa collection permanente de sculptures. Elles datent de la fin du XVIe siècle au milieu du XIXe, et comprennent des œuvres néo-classiques de Christian Friedrich Tieck et Christian Daniel Rauch. On remarquera aussi un modèle en plâtre du groupe sculpté par Johann Gottfried Schadow, représentant les princesses Louise et Frédérique de Prusse. L'original en marbre se trouve à l'Alte Nationalgalerie (p. 78).

Les princesses Louise et Frédérique, Schinkel-Museum

Gendarmenmarkt ⑮

L'ancien marché de la ville de Friedrichstadt, fondée en 1688, est devenu l'une des plus belles places de Berlin. Baptisée d'après le régiment de Gens d'Armes qui s'y installa en 1736, elle devint sous le régime communiste, de 1950 à la réunification, la Platz der Akademie.

Französischer Dom

JÄGERSTRASSE

GENDARMEN–MARKT

TAUBENSTRASSE

CHARLOTTENSTRASSE

Galeries Lafayette

Quartier 206

Quartier 205

0   85 m

Deutscher Dom

Monument à Schiller
La statue du poète s'élève au centre de la place, devant le Konzerthaus.

Französischer Dom ⑯

ÉGLISE FRANÇAISE

Gendarmenmarkt 6. **Plan** 7 A4, 16 D4. **Tél.** 204 15 07.
Ⓤ *Stadtmitte ou Französische Strasse.*
Musée Tél. 22 91 760. ◯ 11 h-17 h mar.-dim.
Église ◯ midi-17 h mar.-dim. *(à partir de 11 h le dim.).*
✚ dim. 10 h.

Les deux églises qui se font face de part et d'autre du Schauspielhaus semblent à première vue identiques, mais elles n'ont en fait de commun que leur haute tour principale.

Construite entre 1701 et 1705 par Louis Cayart et Abraham Quesnay pour la communauté huguenote de Berlin – des protestants français qui choisirent l'exil après la

Façade latérale de la Französischer Dom, bâtie pour les huguenots

révocation de l'édit de Nantes par Louis XIV –, elle s'inspirait à l'origine d'un temple de la ville de Charenton détruit en 1688.

L'entrée principale s'ouvre dans la façade ouest (du côté de Charlottenstrasse), et donne dans une nef rectangulaire

dépouillée. L'orgue, de style baroque tardif, date de 1754.

La structure est dominée par une tour cylindrique massive, récemment restaurée, dont la base est entourée de portiques corinthiens. Dessinés par Carl von Gontard, ils ont été édifiés vers 1785, soit environ quatre-vingts ans après la construction de l'église.

Ce bâtiment abrite le Huguenottenmuseum, dont l'exposition retrace l'histoire des huguenots français qui s'installèrent au Brandebourg. Bien éduquée, et hautement qualifiée, cette population joua un rôle crucial dans l'essor de Berlin, qui devint la cité des sciences, de l'artisanat et du commerce. Ils introduisirent également la langue française, dont certains mots survivent encore de nos jours dans le dialecte berlinois.

Salle du Konzerthaus, l'ancien Schauspielhaus

Konzerthaus ⓱

SALLE DE CONCERT

Gendarmenmarkt 2. **Plan** 7 A4, 16 D4. **Tél.** 20 30 921 01. **U** Stadtmitte.

Avec ce joyau de la fin du néo-classique, Karl Friedrich Schinkel réalisa l'une de ses plus belles œuvres. Il l'éleva entre 1818 et 1821 sur les ruines du Théâtre national détruit par un incendie en 1817, et il conserva les colonnes du portique de cet édifice bâti par Carl Gotthard Langhans. Schinkel ne dessina pas uniquement les plans du Konzerthaus, il en conçut jusqu'au moindre bouton de porte. Il ne reste malheureusement que des descriptions de cette magnifique décoration, les ravages causés par la Seconde Guerre mondiale ayant imposé une complète reconstruction. Longtemps appelé le Schauspielhaus (Théâtre), le Konzerthaus est le siège de l'orchestre symphonique de Berlin.

L'escalier menant au majestueux portique ionien qui protège l'entrée principale ne servait qu'aux roturiers. Les membres de l'aristocratie disposaient d'un autre accès, sous l'escalier, qui leur permettait d'arriver directement en voiture. De nombreuses sculptures décorent la façade : génies musicaux montés sur des fauves, Muses et bacchantes. Au sommet du plus haut fronton, Apollon, le dieu de la Beauté, des Arts et de la Divination, conduit un char tiré par des griffons.

Au milieu du Gendarmenmarkt, le monument à Friedrich Schiller (1759-1805) tourne le dos au Konzerthaus. Reinhold Begas sculpta cette statue en marbre blanc en 1869, en copiant les traits du poète sur un buste exécuté en 1794 par Johann Heinrich Dannecker. Déplacée par les nazis, elle a retrouvé sa place en 1988. Des allégories de la Poésie lyrique, du Théâtre, de la Philosophie et de l'Histoire entourent le socle.

Deutscher Dom ⓲

ÉGLISE ALLEMANDE

Gendarmenmarkt 1. **Plan** 7 A4, 16 D4. **U** Stadtmitte ou Französische Strasse. **Tél.** 22 73 04 31. **Exposition ☐** sept.-mai : 10 h-18 h mer.-dim. (mar. jusqu'à 22 h) ; juin-août : 10 h-19 h mer. dim.

Ancien temple de l'Église réformée allemande, la Deutscher Dom a été construite en 1708 par Giovanni Simonetti sur les plans de Martin Grünberg. Avec cinq côtés terminés par une abside, sa forme s'inspirait de celle des pétales d'une fleur. Comme l'église française, le sanctuaire reçut en 1785 un corps de bâtiment surmonté d'une haute tour à colonnes.

Incendiée en 1945, sa reconstruction date seulement de 1993. L'extérieur a été soigneusement reconstitué, y compris la décoration sculptée, mais l'intérieur a désormais un aspect moderne. L'édifice abrite l'exposition « Wege, Irrwege, Umwege » (« Chemins, Confusions, Détours ») consacrée à la démocratie en Allemagne.

Sculpture de la Deutscher Dom

Friedrichstadt-passagen ⓳

PASSAGES DE FRIEDRICHSTADT

Friedrichstrasse Quartiere 205, 206, 207. **Plan** 6 F4, 15 C4. **U** Französische Strasse ou Stadtmitte.

Issu d'un projet décidé par le régime communiste, l'ambitieux programme d'aménagement de la Friedrichstrasse, entre la Französischer Strasse et la Mohrenstrasse, vient de se terminer.

Au Quartier 207, Jean Nouvel a dessiné pour les Galeries Lafayette un gracieux édifice dont les parois en verre bleuté dessinent un angle arrondi. Il s'organise autour d'une cour intérieure définie par deux grands cônes vitrés inversés l'un par rapport à l'autre. Les reflets sur le verre des éventails multicolores créent une impression extraordinaire, en particulier au rez-de-chaussée et au troisième étage.

Au Quartier 206, les architectes américains Pei, Cobb, Freed & Partners ont construit un immeuble qui abrite des bureaux, des commerces et des appartements. Il s'inspire de l'Art déco, et possède un luxueux dallage polychrome qui lui donne un petit côté nouveau riche. Un éclairage soigné le met en valeur quand la nuit tombe.

Pour le Quartier 205, le plus important, Oswald Mathias Ungers a privilégié la sobriété en déclinant une forme de base : le carré.

Le hall du Quartier 206 d'inspiration Art déco

Mohren-kolonnaden ⓴

Mohrenstrasse 37b et 40/41.
Plan 6 F5, 15 B5. Ⓤ *Mohrenstrasse.*

Œuvre de Carl Gotthard
Langhans, ces arcades
néo-classiques, reposant sur
des colonnes jumelées, datent
de 1787. Elles décoraient à
l'origine un pont enjambant
le fossé qui entourait jadis
la ville. Après sa démolition,
elles ont été incorporées
dans des édifices au style
architectural beaucoup plus
récent, bordant la
Mohrenstrasse.

**Arcade néo-classique
des Mohrenkolonnaden**

Spittelkolonnaden ⓴

Leipziger Strasse. **Plan** 7 B5, 16 E5.
Ⓤ *Spittelmarkt.*

Cette colonnade semi-
circulaire, dont l'élégance tient
à la fois du baroque et du néo-
classicisme, située à proximité
du Spittelmarkt, sur la Leipziger
Strasse, est dominée par des
massives tours de vingt étages.
Ces immeubles avaient pour
but premier de cacher le siège
des éditions Axel Springer,
qui se trouvait de l'autre côté
du Mur.
En 1776, Carl von Gontard
construisit sur le Spittelmarkt
deux colonnades destinées à
orner un pont. La première
fut démolie en 1929, l'autre
pendant la Seconde Guerre

Copie de l'une des Spittelkolonnaden sur Leipziger Strasse

mondiale. La reconstitution,
installée à son emplacement
actuel en 1979, incorpore des
éléments d'origine.

Museum für Kommunikation ⓴

MUSÉE DES
TÉLÉCOMMUNICATIONS

Leipziger Strasse 16.
Plan 6 F5, 15 C5. Ⓤ *Stadtmitte*
🚌 *148.* **Tél.** *20 29 40.* ⏰ *9 h-17 h
mar.-ven., 11 h-19 h sam.-dim.*
⬤ *lun.* 🖼

Berlin renferme le plus vieux
musée de la Poste du monde.
Fondé en 1872, il s'installa
une douzaine d'années plus
tard dans l'angle de
l'immense édifice qui l'abrite
toujours. Son imposante
façade néo-baroque,
richement décorée de
sculptures, tranche sur les
ailes de style néo-Renaissance
qui l'encadrent. L'exposition
illustre l'histoire des services
postaux et des
télécommunications en
Allemagne.

Ehemaliges Regierungsviertel ⓴

Wilhelmstrasse, Leipziger Strasse,
Voss Strasse. **Plan** 6 E5.
Ⓤ *Potsdamer Platz,
Mohrenstrasse.*

La Wilhelmstrasse et les pâtés
de maisons qui s'étendent à
l'ouest jusqu'à la Leipziger
Platz formaient jadis le
quartier du gouvernement,
celui où l'État allemand
concentra ses principaux
centres de décision du milieu
du XIXᵉ siècle à 1945.
L'ancienne chancellerie se
dresse au n° 77 de la Voss
Strasse. Otto von Bismarck y
avait son bureau et Adolf
Hitler, qui s'y installa en 1933,
la fit agrandir par Albert
Speer.
De violents combats se
déroulèrent à Leipziger Platz
au printemps 1945, et il fallut
ensuite démolir la majorité
des bâtiments qui s'élevaient
aux alentours. Parmi ceux
qui survécurent figure
l'ancien Landtag (Parlement)
de Prusse, vaste complexe
néo-Renaissance construit
entre 1892 et 1904 par
Friedrich Schulz. Il se
compose de deux parties.
Celle donnant sur la
Leipziger Strasse (n°ˢ 3 et 4)
abritait jadis la Chambre
haute (Herrenhaus) et sert
désormais au Bundesrat
(Conseil fédéral). L'ancienne
Chambre basse s'ouvre
au n° 5 de la Niederkirchner
Strasse. Elle renferme
aujourd'hui la Chambre des
députés du land de Berlin
(Berliner Abgeordnetenhaus).
Un autre immeuble plus
célèbre a également
survécu au n° 5 de la
Leipziger Strasse : le
ministère de l'Air
(Reichsluftfahrtministerium),
bâti en 1936, que Hermann
Göring commanda à Ernst
Sagebiel. Il offre un exemple
caractéristique de
l'architecture nazie, et devrait
bientôt accueillir le ministère
des Finances.

Pariser Platz ㉔

PLACE DE PARIS

Plan 6 E3, 15 A3.
Ⓢ *Unter den Linden.* 🚌 *100, 200.*
La place qui marque à l'est la
fin d'Unter den Linden fut
aménagée en 1734. Baptisée à
l'origine Quarrée, elle prit son
nom actuel en 1814, après que
la France eut rendu le *Quadrige*
de la porte de Brandebourg que
Napoléon avait emporté à Paris.

    La guerre et la partition de la
ville décidée par les vainqueurs
entraînèrent la démolition
presque intégrale des édifices
qui l'entouraient, dont la
maison du peintre Max
Liebermann.

    La réunification a permis sa
réhabilitation selon des critères
très stricts. Josef Paul Kleihues
a reconstitué, de part et d'autre
de la porte de Brandebourg,
deux demeures symétriques.
Au nord de la place s'élèvent
l'immeuble de la Dresdner
Bank et l'ambassade de France.
Ils feront face, au sud, à
l'ambassade des États-Unis,
au siège de la DG Bank et à
l'**Akademie der Künste**
(Académie des beaux-arts).
L'hôtel Adlon ferme le côté est.

Brandenburger Tor ㉕

PORTE DE BRANDEBOURG

Pariser Platz. **Plan** 6 E3, 15 A3.
Ⓢ *Unter den Linden.* 🚌 *100, 200.*
La porte de Brandebourg est
devenue l'emblème le plus
connu de Berlin. Pour dessiner
cette élégante structure néo-
classique haute de 20 m,
achevée en 1795, Carl Gotthard

MAX LIEBERMANN (1849-1935)

Max Liebermann fut non seulement un
grand peintre, mais aussi l'une des
personnalités les plus intéressantes et les
plus controversées du Berlin culturel du
début du siècle. Observateur sensible,
dont l'œuvre des débuts se rattache au
réalisme, excellent portraitiste, il faisait
preuve d'une obstination notoire et alla
jusqu'à tenir tête au kaiser. Élu président
de l'Académie des beaux-arts en 1820, il dut quitter ses
fonctions en 1933 à cause de ses origines juives. Il mourut
dans la solitude deux ans plus tard. Sa femme se suicida
pour échapper aux camps de concentration.

Frise sur la Brandenburger Tor

Langhans prit modèle sur les
Propylées qui donnaient accès à
l'Acropole d'Athènes. Deux
pavillons, qu'utilisaient les
fonctionnaires des douanes,
encadrent les puissantes
colonnes doriques. Les bas-relief
sont décorés de scènes tirées de
la mythologie grecque.

    Au sommet se dresse la
célèbre *Quadrige*, dessiné par
Johann Gottfried Schadow. La
déesse de la Victoire, debout
dans un char tiré par quatre
chevaux, symbolisait à l'origine
le triomphe de la paix. Frédéric-
Guillaume III fit ajouter les
attributs plus guerriers de l'aigle
et de la croix de fer quand la
statue retrouva sa place en 1814,
après la défaite de Napoléon.

    La porte de Brandebourg a

servi de cadre à de nombreux
événements, des parades
miitaires aux célébrations de la
naissance du IIIe Reich, ainsi
qu'à l'arrivée au pouvoir de
Hitler. La répression d'un
soulèvement ouvrier par les
Russes y fit 25 victimes en 1953.

    La restauration du monument,
entre 1956 et 1958, incomba à
Berlin-Est, mais c'est l'Ouest qui
se chargea de lui rendre son
Quadrige en utilisant les moules
d'origine. Jusqu'en 1989, elle fut
le symbole par excellence
de la division de Berlin et de
l'Europe. Elle fut restaurée entre
2000 et 2002.

Holocaust Denkmal ㉖

MÉMORIAL DE L'HOLOCAUSTE

Ebertstrasse. **Plan** 6 E3, 15 A3.
Tél. 28 04 59 60. Ⓢ *Unter den Linden.*
🚌 *100, 200.* ⬜ *10 h-20 h t.l.j.*

La construction du mémorial
de l'Holocauste, dédiée aux
Juifs tués par les nazis entre
1933 et 1945, a débuté en 2001.
Conçu par l'architecte
américain Peter Eisenmann,
il couvre une superficie de
19 000 m² près de la porte de
Brandebourg. Les visiteurs
peuvent déambuler au milieu
des 2 711 stèles. Le sous-sol
abrite un centre de
documentation sur le génocide.

Pariser Platz in Berlin (1925-1926) par Oskar Kokoschka, Nationalgalerie

Dans les salons de l'hôtel Adlon

Hotel Adlon ㉗

Unter den Linden 77. **Plan** 6 E3,
6 E4, 15 A3, 15 B3. **Tél.** 226 10.
Ⓢ *Unter den Linden.* 🚌 *100, 200.*

En créant l'hôtel qui porte
toujours son nom, Lorenz Adlon
avait pour ambition d'égaler, et
même de dépasser, les plus
prestigieux palaces européens
de l'époque. Inauguré par
Guillaume II en 1907,
l'établissement eut pour clients
des célébrités telles que Greta
Garbo, Enrico Caruso et Charlie
Chaplin.
   Démoli en 1945 et reconstruit
après la réunification, il a
rouvert ses portes le 23 août
1997. Il reste l'adresse la plus
prestigieuse de la capitale
allemande, et bois exotiques,
marbre et tentures composent
un décor raffiné dans les pièces
de réception, tandis que les
chambres offrent le dernier cri
du confort moderne. Si leur prix
dépasse vos moyens, vous
pouvez toujours prendre une
tasse de café dans la grande
salle, et y admirer le seul
vestige authentique du palace
d'origine : une fontaine en
marbre noir décorée d'éléphants.
Elle agrémentait jadis l'orangerie.

Russische Botschaft ㉘

AMBASSADE DE RUSSIE

Unter den Linden 63/65. **Plan** 6 F3, 15
B3. Ⓢ *Unter den Linden.* 🚌 *100, 200.*
À l'emplacement qu'occupait
depuis 1837 le palais abritant la
délégation des tsars à Berlin,
l'ancienne ambassade d'URSS
fut le premier bâtiment édifié

sur Unter den Linden après la
guerre. Immense, elle renferme
plus de trois cents pièces
derrière sa façade de marbre.
Sa construction, sur des plans
de l'architecte russe Anatoli
Strijevsky, demanda
cinq ans de travaux, de
1948 à 1953. Son
organisation respecte
une stricte symétrie,
et s'inspire des
immeubles berlinois
de la période néo-
classique, mais les
Allemands la trouvent
plutôt style
« pièce montée ».
Caractéristiques du
réalisme socialiste cher à
Staline, des sculptures de
héros de la classe
ouvrière ont remplacé
des représentations
de divinités de
l'Antiquité.

**Statue décorant
l'ambassade
de Russie**

Komische Oper ㉙

OPÉRA COMIQUE

Behrenstr. 55/57. **Plan** 6 F4, 15 C3.
Tél. *47 99 74 00.* Ⓤ *Französische-
strasse.* Ⓢ *Unter den Linden.*
🚌 *100, 147, 200, 348.*

Derrière une façade typique du
style en vigueur à Berlin-Est
pendant les années 1960, le
Komische Oper, l'un des trois
grands opéras de Berlin avec le
Staatsoper Unter den Linden et
le Deutsche Oper Berlin, abrite
une salle de spectacle au décor
particulièrement exubérant.
Construit en 1892 par les
architectes viennois Ferdinand
Fellner et Hermann Helmer, il
s'appelait à l'origine Theater
Unter den Linden et devint un
temps le Théâtre national
allemand. L'Opéra comique
l'occupe depuis sa
reconstruction après la
Seconde Guerre
mondiale. Il propose
une programmation
appréciée des
amateurs d'art lyrique
et de ballet.
   Caractéristique du néo-
baroque viennois,
l'ornementation intérieure
abonde en stucs et en
dorures. Dans la salle,
vous remarquerez les
sculptures de Theodor
Friedel. Même si elles
nous paraissent
aujourd'hui très kitsch,
elles sont très
expressives.

Un soir de représentation au Komische Oper

S-Bahnhof Friedrichstrasse ㉚

Plan 6 F2, 6 F3 & 15 C2.

Construite en 1882 sur des plans de Johannes Vollmer, cette gare ne reçut qu'en 1925 le toit qui protégeait la salle des pas perdus et les quais. Elle tient dans l'histoire des Berlinois une place particulière car elle servait, avant la chute du Mur, de point de passage entre les deux parties de la ville.

Une maquette exposée au Stasi-Museum *(p. 174)* permet d'avoir un aperçu du dédale que formaient alors passages et escaliers. Il ne subsiste aujourd'hui que le pavillon qui servait de salle d'attente aux retraités de l'Est qui voulaient se rendre à l'Ouest (ils étaient les seuls à avoir droit de le faire). Il était surnommé le « palais des Pleurs » (Tränenpalast) car c'est là, souvent, que se séparaient les familles après une visite. Il sert désormais de salle de spectacle.

Admiralspalast ㉛

Friedrichstr. 101-102. **Plan** 6 F2, 15 C1. **Tél.** 4/9 97 74 99. **U** et **S** *Friedrichstrasse.*

Construit en 1911, l'Admiralspalast fut l'une des premiers complexes de loisirs des années folles et l'un des nombreux théâtres de Friedrichstrasse. Il fut conçu au départ pour abriter une piscine intérieure alimentée par une source d'eau chaude, puis fut transformé en patinoire avant de devenir une salle de spectacle après les dégats causés par la guerre.

En 2006, le théâtre a rouvert ses portes avec une production très controversée de Bertol Brecht. Le complexe abrite aussi un café et un nightclub. Un spa alimenté par une source naturelle chaude devrait bientôt ouvrir ses portes.

La façade principale dessinée par Heinrich Schweitzer, et décorée de pilastres doriques et de bas-reliefs sculptés dans du marbre d'Istrie. Œuvre d'Ernst Westphal, l'autre façade domine la Planckstrasse.

Fenêtre de l'Admiralspalast

D'un style très différent, elle ne manque pas non plus d'intérêt avec ses motifs exotiques.

Maxim Gorki Theater ㉜

THÉÂTRE MAXIME-GORKI

Am Festungsgraben 2. **Plan** 7 A3, 16 E2. **Tél.** 20 22 11 15. **U** et **S** *Friedrichstrasse.* 🚌 100, 200, 348.

L'ancienne Sing-Akademie (Académie de chant), bâtie en 1827 par Karl Theodor Ottmer d'après des dessins de Karl Friedrich Schinkel, présente une jolie façade néo-classique. Réputée pour son acoustique, sa salle de concert accueillit des virtuoses tels que Paganini et Franz Liszt. Felix Mendelssohn-Bartholdy y dirigea en 1829 la représentation de *La Passion selon saint Matthieu*, la première depuis la mort de son compositeur, Jean-Sébastien Bach, en 1750.

L'édifice abrite un théâtre depuis sa reconstruction après

Le théâtre Gorki occupe l'ancienne Académie de chant

la Seconde Guerre mondiale. Son programme comprend aussi bien des pièces classiques que les créations d'auteurs contemporains.

Palais am Festungsgraben (Museum Mitte) ㉝

PALAIS AM FESTUNGSGRABEN (MUSÉE MITTE)

Am Festungsgraben 1. **Plan** 7 A3, 16 E2. **Tél.** 20 84 000. **S** *Friedrichstrasse.* 🚌 6, 8. ⏰ 13 h-17 h mer. et ven.-dim.

L'un des rares édifices de cette partie de la ville à avoir conservé son décor intérieur, malgré les aléas de l'histoire, a pour origine un petit palais baroque édifié en 1753. Il prit toutefois son aspect actuel lors d'un important agrandissement entrepris en 1864 par les architectes Heinrich Bürde et Hermann von der Hude.

Caractéristique de la fin de l'époque néo-classique à Berlin, il évoque par son style les dernières œuvres de Karl Friedrich Schinkel. À l'intérieur, une haute salle en marbre de style néo-Renaissance s'inspire de la Salle blanche de l'ancien Stadtschloss *(p. 71)*. L'une des pièces du rez-de-chaussée fut transformée en salon de musique en 1934 et meublée des nombreux instruments provenant de la maison du riche marchand Johann Weydinger (1773-1837), aujourd'hui démolie.

MUSEUMSINSEL

La longue île, enserrée par la Spree et son canal, est le berceau historique de la capitale allemande. On y situe la fondation de Cölln, village mentionné pour la première fois en 1237. Avec Berlin, dont on trouve la trace dès 1244, l'agglomération forma le noyau de la ville actuelle. Il ne reste toutefois aucune trace du bourg qui se développa pendant le Moyen Âge et la Renaissance. Le visage de l'île changea en effet quand les princes-électeurs du Brandebourg y

Bas-relief de la façade de la Berliner Dom

firent construire un château, le Stadtschloss, en 1451. Devenu palais royal puis impérial, maintes fois remodelé et agrandi au fil des siècles, il ne survécut pas à la Seconde Guerre mondiale et fut rasé en 1950. La Schlossplatz s'étend à son emplacement. Au nord subsistent quelques édifices intéressants, dont l'imposante Berliner Dom et les prestigieux musées qui ont valu à la Museumsinsel son nom d'« île des Musées ». Ils sont réputés pour leurs collections d'archéologie.

LE QUARTIER D'UN COUP D'ŒIL

Musées
Alte Nationalgalerie **7**
Altes Museum p. 75 **6**
Bodemuseum **10**
Galgenhaus **19**
Historischer Hafen Berlin **13**
Märkisches Museum **14**
Neues Museum **8**
Pergamonmuseum p. 80-83 **9**

Jardin, rue et place
Lustgarten **5**
Märkisches Ufer **15**
Schlossplatz **1**

Bâtiments historiques
Berliner Dom p. 76-77 **4**
Ermeler-Haus **16**
Gertraudenbrücke **17**
Marstall **11**
Nicolai-Haus **18**
Ribbeckhaus **12**
Schlossbrücke **3**

Autre bâtiment
Staatsratsgebäude **2**

LÉGENDE
▢	Plan pas à pas p. 72-73
U	Station de U-Bahn
S	Station de S-Bahn
🚌	Terminus de bus
i	Informations touristiques

CIRCULER
Le plus simple est de marcher depuis la station de S-Bahn Hackescher Markt ou de prendre un bus : le 100, le 157 ou le 348. Le 147 et le 257 desservent le quartier de la Breite Strasse. Pour rejoindre le sud de l'île, prenez la ligne 2 de l'U-Bahn jusqu'au Spittelmarkt ou les bus 142 et 147 menant à Märkisches Ufer.

0 — 400 m

◁ **L'élégant Bodemuseum et la Fernsehturm (tour de la Télévision) à l'arrière-plan**

La Museumsinsel pas à pas

L'« île des Musées » permet de découvrir
le Lustgarten, dominé par la Berliner Dom,
avant de visiter les institutions prestigieuses
qui abritèrent jusqu'à la dernière guerre
les plus grandes collections d'art de la capitale
allemande : le Bodemuseum, l'Altes Museum,
l'Alte Nationalgalerie et le splendide
Pergamonmuseum, célèbre par ses antiquités.

Bodemuseum
*De style néo-baroque,
ce musée occupe la pointe
de l'île* ⓾

Railway bridge,
est aussi une
station de S-Bahn.

★ Pergamonmuseum
*Le « musée de Pergame »
abrite les reconstructions
de parties de monuments
antiques et les frises
d'origine de l'autel
de Pergame* ❾

AM KUPFER-
GRABEN

0   100 m

BODESTRASSE

Alte Nationalgalerie
*Devant l'ancienne galerie
nationale se dresse la statue
équestre de Frédéric-
Guillaume IV
par Calandrelli* ❼

Neues Museum
*La restauration du
« Nouveau Musée »,
qui abritait jadis
des antiquités
égyptiennes, est en voie
d'achèvement* ❽

À NE PAS MANQUER

★ Pergamonmuseum

★ Altes Museum

★ Berliner Dom

LÉGENDE

– – – Itinéraire conseillé

★ Altes Museum
*Aux angles du
bâtiment central
sont représentés
Castor et Pollux,
héros de la
mythologie grecque,
surnommés les
Dioscures* **6**

CARTE DE SITUATION
Voir atlas des rues, plans 7 et 16

Lustgarten
*Placée ici en 1828,
cette vasque
en granit,
la plus grande
du monde, pèse
plus de 70 t.* **5**

★ Berliner Dom
*La cathédrale de
Berlin possède un
riche intérieur néo-
baroque datant de la
fin du XIXᵉ siècle* **4**

Schlossbrücke
*Le « pont du Château »
s'appelait pont Marx-
Engels sous le régime
communiste* **3**

Schlossplatz
*Des fouilles ont mis
au jour des caves de
l'ancien château des
Hohenzollern* **1**

Schlossplatz ❶
PLACE DU CHÂTEAU

Plan 7 B3, 16 F3. Ⓢ *Hackescher Markt.* 🚌 *100, 200, 348.*

La Schlossplatz occupe l'emplacement du château des Hohenzollern, dont les origines remontent à la place forte construite par Frédéric II en 1451 au grand dam des habitants des bourgs de Cölln et de Berlin. Devenue la résidence des électeurs du Brandebourg, elle commença à prendre un aspect plus souriant à la Renaissance sur l'initiative de Joachim II, mais c'est Frédéric III qui la transforma en un véritable palais en commandant sa reconstruction dans le style baroque.

Dirigés par Andreas Schlüter, puis Johann von Göthe et Martin Heinrich Böhme, les travaux durèrent de 1698 à 1716. Haute de trois étages, l'immense demeure royale, puis impériale, s'organisait autour de deux cours intérieures. Le public put apprécier son luxe après l'abdication de Guillaume II en 1918, car elle devint un musée des Arts décoratifs.

Ravagé par un incendie pendant la Seconde Guerre mondiale, le Stadtschloss reçut une restauration provisoire à la fin du conflit, mais le gouvernement de la RDA décida de démolir en 1950, malgré les protestations, ce qui restait le symbole du pouvoir autocratique exercé pendant cinq siècles par les

Le portail du Stadtschloss conservé par la RDA

Hohenzollern, et d'aménager une place baptisée Marx-Engels Platz. Aucune décision n'a été prise en ce qui concerne la taille, l'architecture etle financement de la place. La Ville de Berlin et le gouvernement fédéral discutent pour se répartir le coût de cet énorme projet.

En 1989, la place retrouva son nom d'origine. En 1993, une artiste française représenta le Stadtschloss en perspective sur une toile tendue sur un échafaudage. Après dix ans de débat, on a abandonné l'idée d'une reconstruction intégrale. Seules trois façades seront édifiées et intégrées à un bâtiment moderne qui accueillera musées et espaces de rencontres.

Staatsratsgebäude ❷
PALAIS DE LA RÉPUBLIQUE

Plan 7 B3, 16 F2. Ⓢ *Hackescher Markt.* 🚌 *100, 200, 348.*

L'ancien Staatsratsgebäude qui abritait le gouvernement de la RDA a été cosntruit en 1964. Il se dresse aujourd'hui seul sur le côté sud de la place car les autres édifices de la République socialiste ont été détruits. L'édifice a gardé ses sculptures originelles, notamment les magnifiques atlantes du célèbre sculpteur de Dresde, Balthasar Permoser. C'est parce qu'ils rappellent que Karl Liebknecht proclama la naissance de la République socialiste du balcon qu'ils soutenaient qu'ils ont été inclus dans le bâtiment.

Schlossbrücke ❸

Plan 7 B3, 16 E2. Ⓢ *Hackescher Markt.* 🚌 *100, 200, 348.*

Bâti en 1824 sur les plans de Karl Friedrich Schinkel, l'un des architectes allemands les plus influents *(p. 187)*, le Schlossbrücke relie la Schlossplatz à Unter den Linden. Les piliers de granit qui l'encadrent portent des statues

Sculptures du Schlossbrücke

en marbre blanc de Carrare, ajoutées en 1853. Dessinées également par Schinkel, elles illustrent des scènes de la mythologie grecque telles qu'Iris, Niké et Athena (la messagère des dieux et les déesses de la Victoire et de la Sagesse) surveillant l'entraînement de jeunes guerriers. Des créatures marines s'enlacent dans le décor de la balustrade en fer forgé.

Berliner Dom ❹
CATHÉDRALE DE BERLIN

Voir p. 76-77

Lustgarten ❺

Plan 7 B3, 16 E2. Ⓢ *Hackescher Markt.* 🚌 *100, 200, 348.*

Le charmant jardin qui s'étend devant l'Altes Museum paraît avoir toujours été là, mais il n'a pris son aspect actuel qu'en 1999.

Il servit à la culture de légumes et de plantes médicinales jusqu'à la fin du XVIe siècle, et ne devint un véritable « jardin d'agrément » qu'à partir du règne du Grand Électeur (1620-1688). Statues, grottes, fontaines et plantes exotiques durent toutefois s'effacer devant la passion de l'art militaire de Frédéric-Guillaume Ier (1688-1740), le Roi-Sergent, qui le transforma en place d'armes.

Après la construction de l'Altes Museum, le paysagiste Peter Joseph Lenné réaménagea l'espace en jardin classique. Sa grande vasque en granit, large de près de 7 m de diamètre et lourde de plus de 70 t, est œuvre de Christian Gottlieb Cantian, sur un dessin de Schinkel, destinée à l'origine à la rotonde du musée. Son poids ne permit pas de la transporter à l'intérieur.

Le Lustgarten redevint un lieu de parade pavé de 1933 à 1989. Sa restauration s'appuie sur des plans de Lenné.

Altes Museum ❻

En édifiant l'« ancien musée », Karl Friedrich Schinkel a réussi l'un des plus beaux monuments néo-classiques du monde. Un splendide portique haut de 87 m et soutenu par 18 colonnes ioniennes protège l'entrée. À son inauguration en 1830, le bâtiment était un des premiers d'Europe à avoir été spécialement conçu pour présenter au public une collection d'art, celle de peintures et d'antiquités réunie par la famille royale des Hohenzollern. Depuis 1998, l'Altes Museum abrite une partie de l'Antikensammlung, une riche collection d'antiquités gréco-romaines.

MODE D'EMPLOI

Am Lustgarten (Bodestrasse 1-3).
Plan 7 B3. **Tél.** 20 90 55 77 Ⓢ
Hackescher Markt. 🚋 100, 200,
348. 🕐 10h-18h mar.-dim. 📷
🖼️ 🏠

Amphore d'Andochides
Des scènes de lutte décoraient souvent les vases.

Tête de Périclès
Il s'agit d'une copie romaine de la sculpture de Kresilas qui ornait l'entrée de l'Acropole d'Athènes.

Escalier

Une colonnade monumentale
donne son caractère à la façade.

Entrée principale

La rotonde, décorée de sculptures et entourée d'une colonnade, s'inspire du Panthéon.

SUIVEZ LE GUIDE !
Le rez-de-chaussée abrite les antiquités gréco-romaines ;
le 1er étage est utilisé pour des expositions temporaires.

Mosaïque de la villa d'Hadrien
(v. 117-138)
Cette scène de bataille entre des centaures et des fauves décorait le sol de la villa que s'était faite aménager l'empereur Hadrien à Tivoli, près de Rome.

LÉGENDE

☐ Antiquités gréco-romaines

☐ Expositions temporaires

Berliner Dom ❹

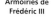

Le bâtiment originel de la cathédrale reposait sur des plans baroques modestes de Johann Boumann. Construite entre 1747 et 1750 sur le site d'une église dominicaine, la Berliner Dom comprenait la crypte originelle des Hohenzollern, l'une des plus grandes de ce type en Europe.

Armoiries de Frédéric III

La structure néo-baroque actuelle, bâtie entre 1894 et 1905, est l'œuvre de Julius Raschdorff. Le dôme central, en cuivre, s'élève à 85 m de hauteur. Fortement endommagée durant la Seconde Guerre mondiale, la cathédrale a été restaurée, sous une forme simplifiée. Le mausolée des Hohenzollern, qui jouxtait autrefois les murs nord de la cathédrale, a été détruit.

Philipp der Grossmütige (Philippe le Magnanime)
Au pied de l'arcade se dressent des statues d'artisans ou de défenseurs de la Réforme. Walter Schott sculpta celle de Philippe le Magnanime (1504-1567), landgrave de Hesse vaincu par Charles Quint.

Statues des apôtres

★ **Intérieur**
Julius Raschdorff lui donna sa somptueuse décoration entre 1894 et 1905.

Grand orgue
Ce magnifique instrument provient de l'atelier de Wilhelm Sauer. Il possède 7 200 tuyaux.

Entrée principale

★ **Sarcophages Hohenzollern**
La crypte de la famille impériale Hohenzollern renferme plus de 100 sarcophages richement décorés, dont celui du prince Friedrich Ludwig.

Les quatre évangélistes
Des mosaïques par Woldemar Friedrich ornent les plafonds des niches de la cathédrale.

MODE D'EMPLOI

Am Lustgarten. **Plan** 7 B3, 16 F2.
Tél. 20 26 91 19. Ⓢ *Hackescher Markt.* 🚌 *100, 200, 348.*
🕐 *9h-20h (19 h en hiver) lun.-sam., midi-20 h dim.* 🎧 ✝ *dim.*

Résurrection
Dessinés par Anton von Werner, les vitraux de l'abside illustrent des épisodes de la vie de Jésus.

Le maître-autel, œuvre de Friedrich August Stüler, provient de la cathédrale antérieure et date de 1820.

Chaire
De style néo-baroque, elle date du début du XXe siècle.

★ Sarcophages de Frédéric Ier et Sophie-Charlotte
Le tombeau de Sophie-Charlotte porte une image de la mort typique du baroque.

À NE PAS MANQUER

★ Intérieur

★ Sarcophages Hohenzollern

★ Sarcophages de Frédéric Ier

L'Île des morts (1883) d'Arnold Böcklin, Alte Nationalgalerie

Alte Nationalgalerie ❼

ANCIENNE GALERIE NATIONALE

Bodestrasse 1-3. **Plan** 7 B2, 16 E1. *Tél.* 20 90 55 77. Ⓢ *Hackescher Markt, Friedrichstrasse.* 🚌 100, 200, 348. 🚊 1, 2, 3, 4, 5, 6, 7, 13, 52, 53. 🕙 10 h- 18 h t.l.j. (jusqu'à 22 h le jeu.). ♿

La Galerie nationale, construite entre 1866 et 1876, avait pour fonction d'abriter la collection d'art moderne exposée depuis 1861 à l'Akademie der Künste *(p. 67)*, mais son bâtiment, dessiné par Friedrich August Stüler, s'inspire d'un temple antique. L'édifice s'élève sur un haut podium desservi par un double escalier. Au sommet des marches se dresse la statue équestre de Frédéric-Guillaume IV. Le souverain participa activement à la conception du musée, et soumit des croquis à son architecte. Alexander Calandrelli exécuta la sculpture en 1886. Au fronton du portique corinthien, Germania est représentée en protectrice des arts.

La collection souffrit beaucoup des préjugés des nazis, puis fut divisée à la fin de la guerre. Les autorités de Berlin-Ouest commandèrent à Mies Van der Rohe la nouvelle Galerie nationale *(p. 126)* pour y installer la partie conservée.

La réunification a permis de rassembler les œuvres et de les répartir de manière plus rationnelle entre les différents lieux d'exposition. L'Alte Nationalgalerie est actuellement en cours de rénovation, mais elle devrait conserver les œuvres du XIXe siècle et du début du XXe. La sculpture néo-classique y sera à l'honneur avec des statues de Christian Daniel Rauch et Johann Gottfried Schadow, dont l'original en marbre des *Princesses Louise et Frédérique de Prusse (p. 63)*.

La collection de peintures comprend des tableaux d'artistes allemands tels qu'Adolf von Menzel, Wilhelm Leibl, Max Liebermann et Arnold Böcklin, ainsi qu'une riche section consacrée aux impressionnistes français. Deux nouvelles salles présentent des peintures de l'époque romantique (jadis exposées au Schloss Charlottenburg), notamment des œuvres de Caspar David Friedrich, Karl Friedrich Schinkel et Karl Blechen.

Neues Museum ❽

NOUVEAU MUSÉE

Bodestrasse 1-3. **Plan** 7 B2, 16 E2. Ⓢ *Hackescher Markt ou Friedrich-strasse.* 🚌 100, 200, 348. 🚊 1, 2, 3, 4, 5, 13, 53, 58. ⬤ *jusqu'en 2009.*

Construit entre 1841 et 1855 d'après des plans de Friedrich

August Stüler, un élève de l'architecte néo-classique Karl Friedrich Schinkel, le Neues Museum abrita jusqu'à la Seconde Guerre mondiale une collection d'antiquités en majorité égyptiennes.

Aux murs, des peintures par Wilhelm von Kaulbach illustraient des événements clés de l'histoire mondiale.

L'édifice subit de tels dégâts en 1945 que la question de sa restauration resta longtemps en suspens. Les travaux ont commencé en 1998 sur des plans de David Chipperfield. Le musée ne retrouvera pas la totalité de son décor intérieur, mais il proposera à

Décor de façade, Neues Museum

nouveau une exposition d'art égyptien. Elle inclura, selon le projet actuel, les pièces actuellement présentées à Charlottenburg *(p. 164)*. Le bâtiment renfermera aussi le centre d'information de tout le complexe muséal de la Museumsinsel.

Pergamon-museum ❾

Voir p. 80-81.

Bodemuseum ⑩

Monbijoubrücke. (Bodestrasse 1-3).
Plan 7 A2, 16 D1, 16 E1. **Tél.** 20 90
55 77. Ⓢ Hackescher Markt ou
Friedrichstrasse. 🚌 100, 200, 348.
🕐 10 h-18 h t.l.j. (10 h-22 h jeu.).
🖼️

Ernst von Ihne dut adapter
ses plans à l'espace exigu de
la pointe de l'île pour
concevoir le quatrième musée
de la Museumsinsel.
Construite dans le style néo-
baroque entre 1897 et 1904,
l'institution s'appelait à
l'origine le Kaiser Friedrich
Museum. Elle a pris après
guerre le nom de Wilhelm
Bode, qui fut le directeur
général des musées de Berlin
de 1904 à 1920, et l'homme
qui contribua probablement
le plus à établir la renommée
culturelle de la capitale
allemande.
Le Bodemuseum présentait
jadis une exposition variée
qui associait œuvres d'art,
mobilier et antiquités. Les
peintures ont rejoint celles
du Kulturforum (p. 122-123),
tandis que les antiquités
égyptiennes ont complété
la collection de l'Ägyptisches
Museum de Charlottenburg.
Toutes les collections du
musée récemment rénové,
sont visibles, notamment le
cabinet des Monnaies et des
Médailles et les antiquités
byzantines. Complétée, la
collection de sculptures
comprend des œuvres de
Tilman, Riemenschneider,
Donatello, le Bernin et
Canova. La statue équestre de
Frédéric-Guillaume par

Andreas Schlüter a retrouvé la
place qu'il occupait sous la
coupole.

Marstall ⑪

ÉCURIES ROYALES

Schlossplatz/Breite Strasse 36-37.
Plan 7 B3, C3, C4, 16 F3.
Ⓤ Spittelmarkt. 🚌 143, 148.

Le vaste corps de bâtiments des
anciennes écuries royales
s'étend au sud de la
Schlossplatz entre la Spree et la
Breitestrasse. L'aile qui borde la
rue date de 1669. Œuvre de
Michael Matthias Smids, c'est la
seule construction du début
du baroque à avoir survécu à
Berlin. Les ailes qui bordent la
Schlossplatz et la rivière sont
beaucoup plus récentes.
Pour les bâtir, entre 1898 et
1901, Ernst von Ihne s'inspira
de plans dessinés par Jean de
Bodt en 1700.

Ribbeckhaus ⑫

MAISON RIBBECK

Breite Strasse 35. **Plan** 7 C4.
Ⓤ Spittelmarkt. 🚌 143, 148.
Quatre pittoresques pignons à
pinacles couronnent le seul
édifice Renaissance qu'ait
conservé le centre de Berlin.
Un conseiller à la cour, Hans
Georg von Ribbeck, commanda
sa construction au début du
XVIIᵉ siècle, puis vendit très vite
la maison à Anna Sophie de
Brunswick. L'architecte
Balthasar Benzelt effectua pour
elle des travaux d'adaptation en
1629. À la mort de la princesse

Portail de la Ribbeckhaus de style Renaissance

en 1659, son neveu, l'électeur
Frédéric-Guillaume, hérita de la
demeure. Devenu propriété de
la Couronne et rattaché aux
écuries royales, l'édifice remplit
ensuite diverses fonctions
administratives. Il conserva ses
pignons par décret royal
lorsqu'on le dota d'un étage
supplémentaire.
Une copie a remplacé en
1960 le portail qui porte les
armoiries des premiers
propriétaires de la maison :
von Ribbeck et son épouse
Katharina von Brösicke.
Remarquez les belles grilles en
fer forgé des fenêtres du rez-de-
chaussée.

Historischer Hafen Berlin ⑬

PORT HISTORIQUE DE BERLIN

Märkisches Ufer. **Plan** 8 D4.
Tél. 21 47 32 57. Ⓤ Märkisches
Ufer. Ⓢ Jannowitzbrücke. 🚌 240,
265. 🕐 1ᵉʳ avr.-31 oct. : 14 h-18 h
mar.-ven., 11 h-18 h sam. et dim. 🖼️

Jadis situé au port Humboldt,
le musée en plein air du Port
historique de Berlin se trouve
désormais sur la rive sud de la
Museumsinsel, dans un quartier
appelé Fischerinsel (« l'île des
Pêcheurs »). Il regroupe divers
bateaux qui naviguaient sur la
Spree à la fin du siècle dernier,
notamment des péniches et des
remorqueurs. Ils sont amarrés
face au Märkisches Ufer (quai
de la Marche). L'un d'eux fait
office de café en été. Un autre,
le Renate Angelika, abrite une
petite exposition sur l'histoire
des transports fluviaux.

Le Bodemuseum néo-baroque dessiné par Ernst von Ihne

Pergamonmuseum ❾

Construit entre 1910 et 1930 d'après des plans
d'Alfred Messel et de Ludwig Hoffmann,
le musée de Pergame renferme une exposition
d'art antique célèbre par ses reconstructions
monumentales, dont celle de l'autel de Zeus
qu'ornait à Pergame une frise hellénistique
longue de 120 m. Le Pergamonmuseum
comprend trois départements : la collection
d'antiquités, le musée du Proche-Orient et le
musée d'Art islamique. Les pièces qui y sont
réunies proviennent de fouilles effectuées par
des expéditions archéologiques allemandes
à la fin du XIXᵉ siècle et au début du XXᵉ.

★ **L'autel de Pergame** (170 av. J.-C.)
*La frise raconte le combat des dieux
de l'Olympe contre les géants.
La déesse Athéna arrache ici
Alcyonée à sa mère Gaïa.*

Mosaïque romaine
(IIIᵉ ou IVᵉ siècle apr. J.-C.)
*Ce portrait provient de
Jerash, en Jordanie.
Une autre partie a été
achetée par un
collectionneur anonyme.*

Salle pour les
expositions
temporaires

1ᵉʳ étage

Athéna
*La collection comprend
de nombreuses statues,
dont cette gracieuse
Athéna hellénistique.*

Rez-de-
chaussée

Entrée
principale

Palais assyrien
*Cette reconstitution
d'un intérieur
assyrien incorpore
des éléments du
XIIᵉ siècle av. J.-C.*

Chambre d'Alep
(v. 1603)
Un marchand chrétien de la cité syrienne d'Alep recevait jadis ses clients dans cette salle.

MODE D'EMPLOI

Bodestrasse 1-3 (entrée depuis Am Kupfergraben). **Plan** 7 A2, B2, 16 E1, E2. **Tél.** 20 90 55 77.
Ⓢ *Hackescher Markt ou Friedrichstrasse.* 🚌 *100, 200, 348.*
◻ *10 h-18 h lun.-mer., ven.-dim., 10 h-22 h jeu.* ● *1er janv., mar. après Pâques et Pentecôte, 24, 25 et 31 déc.* 🖼🏛📖🌳🚻🚹🚺♿ 📹📷 *flash interdit.*

SUIVEZ LE GUIDE !

Au rez-de-chaussée, les reconstructions monumentales occupent la partie centrale, l'aile gauche est consacrée aux antiquités gréco-romaines et l'aile droite abrite le musée du Proche-Orient. Le musée d'Art islamique se trouve au premier étage.

Façade du palais de Mshatta
(744 apr. J.-C.)
Le sultan ottoman Abdülhamid II offrit en 1903 au kaiser Guillaume II la façade sud de l'élégant palais jordanien de Mshatta.

★ La porte du marché de Milet
(v. 120 apr. J.-C.)
Milet fut l'une des grandes cités de l'Asie Mineure. Cette porte date de sa période romaine.

★ La porte d'Ishtar
(VIe siècle av. J.-C.)
Parée de briques vernissées, elle ouvrait à Babylone sur la voie des Processions, dont le musée abrite aussi une reconstitution.

À NE PAS MANQUER

★ L'autel de Pergame

★ La porte du marché de Milet

★ La porte d'Ishtar

LÉGENDE

◻ Antiquités (Antikensammlung)

◼ Musée du Proche-Orient (Vorderasiatisches Museum)

◻ Musée d'Art islamique (Museum für Islamische Kunst)

◻ Fermé au public

À la découverte du Pergamonmuseum

Inauguré en 1930, le plus récent des musées de la Museumsinsel occupe l'un des premiers bâtiments d'Europe spécialement conçus pour accueillir de grandes reconstructions architecturales. Il abrite des collections dont la constitution commença au XVIIᵉ siècle, mais qui doivent leur richesse aux fouilles entreprises par les archéologues allemands au tournant du XXᵉ siècle.

Sculpture mésopotamienne

Actuellement, le musée est au cœur d'un programme de réaménagement, qui devrait être terminé aux alentours de 2010.

Perséphone, statue du Vᵉ siècle découverte à Tarente

Entrée restaurée du temple d'Athéna de Pergame (IIᵉ siècle apr. J.-C.)

COLLECTION D'ANTIQUITÉS

L'Antikensammlung, la collection d'antiquités gréco-romaines, a vu le jour au XVIIᵉ siècle, et s'est étoffée régulièrement jusqu'en 1830 où elle est devenue accessible au public après son installation dans l'Altes Museum *(p. 75)*. À partir de 1871, le jeune Empire allemand tenta de rattraper son retard sur de vieilles nations coloniales comme l'Angleterre et la France grâce à d'importantes campagnes de fouilles. Ainsi furent rapportés à Berlin des fragments architecturaux qui, patiemment rassemblés, permirent les grandes reconstructions de monuments visibles actuellement dans le bâtiment conçu pour les accueillir.

Le plus célèbre de ces monuments, l'autel de Pergame, a donné son nom au musée. Il provient d'une ville grecque d'Asie Mineure (l'actuelle Bergama en Turquie), et une maquette donne une image du contexte urbain dans lequel il s'inscrivait. Dédié à Zeus et à Athéna, il aurait été commandé vers 170 av. J.-C. pour célébrer les victoires du roi Eumène II sur les Galates. L'archéologue Carl Humann en retrouva les fragments à partir de 1878. Reconstituer les reliefs qui l'ornaient prit des années.

La « grande frise » courait au pied du portique et se déploie désormais sur les murs de la salle. Elle a pour thème une gigantomachie, bataille des dieux contre les géants. La « petite frise » qui ornait l'intérieur du monument illustre l'histoire de Télèphe, fils d'Héraclès et fondateur légendaire de Pergame dont prétendaient descendre les souverains de la ville.

La collection comprend d'autres vestiges de la cité, dont la façade du temple d'Athéna, ainsi que de beaux exemples de sculpture hellénistique, notamment des statues mises au jour à Milet, Samos et Nakosos.

Les antiquités romaines ont pour fleuron la porte du marché de Milet, cité au passé prestigieux située sur la côte occidentale d'Asie Mineure. La porte date du IIᵉ siècle apr. J.-C. et montre de fortes influences hellénistiques. Intégrée à des remparts byzantins puis détruite par un tremblement de terre, elle fut restaurée à Berlin en 1903.

Parmi les autres belles pièces de l'exposition figurent de superbes mosaïques et un impressionnant sarcophage de marbre datant du IIᵉ siècle apr. J.-C. Son décor délicatement sculpté retrace la

Flanc d'un sarcophage romain illustrant la légende de Médée

légende grecque de la magicienne Médée qui tomba sous le charme du héros Jason. Ce dernier l'épousa mais finit par l'abandonner.

Décor en briques vernissées du palais de Darius Ier à Suse, la capitale de l'Empire perse

MUSÉE DU PROCHE-ORIENT

Le fonds qui alimente l'exposition permanente du Vorderasiatisches Museum a vu le jour grâce aux donations de collectionneurs privés. Le succès de fouilles entreprises à partir de 1880 permit de le développer et de jeter les bases d'une collection royale, puis nationale, devenue l'une des plus riches du monde. Les éléments d'architecture, les sculptures et les bijoux présentés au rez-de-chaussée de l'aile droite du Pergamonmuseum offrent un large aperçu des cultures de la Mésopotamie et de la Perse antiques.

La collection a pour fleurons la porte d'Ishtar et la voie des Processions, construites à Babylone pendant le règne de Nabuchodonosor II (605-562 av. J.-C.). Bien qu'imposante, la reconstitution n'est pas tout à fait aussi grande que l'original, dont une maquette donne une idée des proportions. Des dragons et des taureaux ornent la porte. Il s'agit des emblèmes du dieu Mardouk, protecteur de la ville, et d'Ada, divinité de l'Orage.

La voie sacrée mesurait 22 m de large. Beaucoup de briques ont été refaites, mais les lions sont tous d'origine. Ils représentent l'animal sacré d'Ishtar, maîtresse du ciel, déesse de l'Amour et patronne de l'armée.

Parmi les pièces assyriennes, on remarquera la stèle du roi Asarhaddon, les bas-reliefs du palais d'Assourbanipal II et un bassin dont les côtés montrent une divinité aquatique et ses prêtres. Le grand oiseau sculpté dans le basalte décorait au IXe siècle av. J.-C. l'entrée d'un temple-palais de la ville de Tell Halaf. Les vestiges des fortifications de Sam'al datent d'avant sa conquête par les Assyriens.

MUSÉE D'ART ISLAMIQUE

L'histoire du Museum für Islamische Kunst commence en 1904, quand Wilhelm von Bode fait don de sa superbe collection personnelle de tapis orientaux. C'est aussi lui qui rapporte à Berlin la façade, longue de 45 m, du palais de Mshatta. Retrouvée au sud d'Amman en Jordanie, et offerte en 1903 au kaiser Guillaume II par son allié ottoman, le sultan Abdülhamid II, elle possède un parement de pierre délicatement sculpté. Le château faisait partie d'un ensemble de résidences fortifiées construites pendant la période omeyyade (661-750), probablement pour Al-Walid II, prince connu pour son goût de la poésie et les orgies qu'il organisait dans ses demeures.

Mihrab carrelé d'une mosquée de Kashan construite en 1226

Un superbe *mihrab*, niche indiquant la direction de La Mecque, montre la qualité des céramiques produites au XIIIe siècle par la ville perse de Kashan. Les reflets de l'émail donnent l'impression qu'il est serti de saphirs et d'or.

Les tapis proviennent d'Iran, d'Asie Mineure, d'Égypte et du Caucase. La collection comprend, parmi ses fleurons, un tapis anatolien du début du XVe siècle orné d'un motif inhabituel – un dragon et un phénix –, ainsi que l'un des plus vieux tapis noués de Turquie, datant du XIVe siècle.

Les salles abritent aussi des miniatures, du matériel funéraire et des objets de la vie quotidienne. La chambre dite d'Alep offre un ravissant exemple d'architecture intérieure ottomane avec ses boiseries peintes au début du XVIIe siècle. Elle faisait partie de la maison d'un marchand chrétien de la ville syrienne d'Alep, intégrée à l'époque au vaste Empire ottoman.

Tapis tissé au XVIIe siècle en Anatolie occidentale

L'extérieur du Märkisches Museum évoque un monastère médiéval

Märkisches Museum ⑭

Am Köllnischen Park 5. **Plan** 8 D4.
Tél. *308 660.* [U] *Jannowitzbrücke,
Märkisches Museum.* [S] *Jannowitzbrücke.* 🚌 *147, 240, 265.* 🕙 *10 h-
18 h mar., jeu.-dim ; 12 h-20 h mer.*
🎵 *Présentation d'instruments de
musique mécaniques à 15 h le dim.*

Ce musée consacré à l'histoire
de Berlin et de sa région,
l'ancienne Marche du
Brandebourg de l'Empire
germanique, occupe un
édifice néo-gothique en
brique, construit entre 1901 et
1908 sur les plans de Ludwig
Hoffman. L'architecte s'est
inspiré du château des
évêques de Wittstock, et
de l'église Sainte-Catherine
de la ville de Brandebourg. Le
résultat évoque un monastère
médiéval.
    Dans l'entrée, une copie du
Roland, le monument érigé
au xve siècle à Brandebourg
pour célébrer l'autonomie
des villes de la Hanse, se
dresse. La salle principale
abrite le portail originel de la
résidence berlinoise des
margraves du Brandebourg
(p. 17-19), démolie en 1931.
Elle contient aussi la tête
d'un des chevaux du célèbre
Quadrige de Schadow
(p. 67).
    Une exposition a pour
thème le théâtre à Berlin
entre 1730 et 1933, et réunit
de nombreux accessoires et
affiches. Il émane un charme
suranné de la collection
d'instruments de musique
mécaniques. Ils sont
en état de marche, et des
démonstrations ont lieu les
dimanches après-midi.
    Le Märkisches Museum fait
partie du Stadtmuseum Berlin,
qui gère d'autres musées et

monuments offrant un aperçu
du passé de la ville, dont
la Nikolaikirche *(p. 90-91)* et
l'Ephraim-Palais *(p. 91).*
    Dans le Köllnischer Park
qui entoure le Märkisches
Museum, un enclos renferme
trois ours bruns : les
mascottes de Berlin.
Une statue représente
le dessinateur Heinrich Zille,
en train de travailler,
le crayon à la main.

Märkisches Ufer ⑮

Plan 8 D4. [U] *Märkisches Museum.*
[S] *Jannowitzbrücke.* 🚌 *240, 265.*

Au bord de la Spree, le long
du « quai de la Marche » (jadis
appelé Neukölln am Wasser),
huit maisons méticuleusement
conservées forment l'un des
rares ensembles permettant
d'imaginer le Berlin des xviii^e
et xixe siècles. Le charme
du quartier, avec ses cafés
en plein air et ses restaurants
chics le rend très touristique.
    Aux n°s 16 et 18, l'Otto-
Nagel Haus, de style néo-
baroque, abritait il y a
quelques années un petit
musée à la mémoire du
peintre dont elle porte le
nom. Entré au parti

communiste dès 1919, il eut
les faveurs des autorités est-
allemandes. L'immeuble
renferme désormais les
archives photographiques des
musées nationaux de Berlin.

L'extérieur néo-classique de
l'Ermeler-Haus

Ermeler-Haus ⑯

MAISON ERMELER

Märkisches Ufer 10. **Plan** 7 C4.
[U] *Märkisches Museum.*
[S] *Jannowitzbrücke.* 🚌 *240, 265.*

L'une des plus jolies maisons
bourgeoises de Berlin se dresse
depuis 1968 au n° 12 du
Märkisches Ufer. Son élégante
façade néo-classique s'accorde
avec celle de ses voisines, mais
elle bordait à l'origine la Breite
Strasse de la Fischerinsel, de
l'autre côté de la rivière.
    L'Ermeler-Haus porte le nom
de Wilhelm Ferdinand Ermeler,
un riche marchand qui devait
sa prospérité au tabac. Il profita
d'un remaniement effectué
en 1825 pour ajouter la frise
au-dessus de l'entrée.
Elle illustre divers aspects
de son activité professionnelle.

Péniche amarrée le long du Märkisches Ufer

La reconstruction d'un escalier du XVIIᵉ siècle dessert les étages dont le mobilier rococo date de 1760.

Un hôtel moderne, construit à l'arrière, côté Wallstrasse, a logé ses cuisines dans l'Ermeler-Haus et utilise les salles du premier étage pour des réceptions.

Gertrauden-brücke ⑰

PONT SAINTE-GERTRUDE

Plan 7 B4, 16 F4.
🚇 *Spittelmarkt.* 🚌 *143, 147.*

Dessiné par Otto Stahn et construit en 1894, l'un des ponts les plus intéressants de Berlin relie la Fischerinsel au Spittelmarkt à l'endroit qu'occupait le Gertraudenhospital, fondé au XIIIᵉ siècle.

Au milieu de l'ouvrage d'art, une statue en bronze par Rudolf Siemering représente la patronne de l'hôpital : sainte Gertrude (v. 1256-v. 1301), en tenue de bénédictine. L'ardente mystique, dont un lys et une quenouille symbolisent la virginité et le souci des humbles, se penche vers un jeune pauvre pour lui offrir un gobelet de vin (le sang du Christ). Les souris qui entourent le socle rappellent qu'elle est aussi la protectrice des champs et des cimetières, deux environnements fréquentés par ces rongeurs.

Sainte Gertrude

Nicolai-Haus ⑱

Brüderstr. 13. **Plan** 7 B4, 16 F4. **Tél.** 24 00 21 62. 🚇 *Spittelmarkt.* 🚌 *143, 148.* ⭕ *sur r.-v. seulement pendant les travaux.*

Construit vers 1710, ce bel immeuble baroque a conservé son magnifique escalier en chêne d'origine. En 1787, Karl Friedrich Zelter le remania dans le style néo-classique pour le compte de l'écrivain, éditeur et critique Christoph

Friedrich Nicolai (1733-1811), dont la librairie devint un des hauts lieux de rencontre de l'intelligentsia.

Personnalité marquante du Berlin des Lumières, Nicolai joua un rôle important dans l'évolution culturelle du pays en soutenant des auteurs tels que le philosophe Moses Mendelssohn *(p. 102)* et le dramaturge Gotthold Ephraim Lessing (1729-1781). Entre 1905 et 1935, la maison devint un musée consacré à ce dernier. Traducteur de Diderot, auteur de nombreuses pièces, Lessing posa les fondements de la critique théâtrale en Allemagne. Fils de pasteur, il s'est efforcé, dans son œuvre théologique, de réconcilier religion et raison.

Une plaque rappelle que d'autres célébrités littéraires et artistiques de la ville fréquentèrent la Nicolai-Haus, dont Johann Gottfried Schadow, Karl Wilhelm Ramler et Daniel Tchodowiecki. L'aile arrière, accessible par une cour, abrite depuis les années 1970 un bel escalier néo-classique qui appartenait à la Weydinger-Haus, démolie en 1935. Il décora auparavant l'Ermeler-Haus voisine *(p. 84).*

Haute couture est-allemande au Markisches Museum

Galgenhaus ⑲

MAISON DU GIBET

Brüderstrasse 10. **Plan** 7 B4, 16 F4. **Tél.** 240 02 162. 🚇 *Spittelmarkt.* 🚌 *147, 148.* ⭕ *pour certains événemements.* 📷

Selon une légende locale, une jeune fille innocente fut pendue devant ce bâtiment construit en 1700. Presbytère de l'église Saint-Pierre aujourd'hui disparue, il connut un remaniement néo-classique en 1805, et il ne subsiste de l'édifice baroque originel que le portail principal et une pièce du rez-de-chaussée.

Aujourd'hui, la Galgenhaus abrite une collection d'archives photographiques. Celles-ci permettent, au travers des changements apportés aux immeubles et aux monuments, de mieux apprécier l'évolution de Berlin au fil du temps.

CÖLLN

C'est sur l'actuelle île des Musées que s'est développé un des deux villages à l'origine de Berlin *(p. 17).* Cölln s'étendait à l'emplacement de l'actuel quartier de Fischerinsel. Parcouru de ruelles, ce dernier a conservé jusqu'en 1939 une forte identité historique et populaire, mais il n'en reste aujourd'hui pratiquement aucuns vestiges, pas même une trace de l'église paroissiale Saint-Pierre bâtie au Moyen Âge. Cette partie de la ville a perdu à jamais son atmosphère, qui n'a pas résisté à la construction de tours préfabriquées à la place des maisons d'antan. Quelques-unes de ces dernières, telle l'Ermeler-Haus *(p. 84),* ont été reconstruites ailleurs.

Gravure de Cölln

NIKOLAIVIERTEL ET ALEXANDERPLATZ

C'est ici, sur la rive orientale de la Spree, que Berlin est né au XIIIᵉ siècle face au village de Cölln, et cette partie de l'arrondissement de Mitte conserve des vestiges remontant aux origines de la ville, dont sa plus vieille église, la Marienkirche, et des fragments de remparts médiévaux. Le quartier prit au fil des siècles une vocation résidentielle et commerciale, mais conserva jusqu'à la Seconde Guerre mondiale un cœur historique dont

Orgue de Barbarie au Gerichtslaube

l'actuel Nikolaiviertel, sillonné de ruelles, offre une image malgré les tours sans âme élevées tout autour à la fin du conflit. Les autorités de la RDA, qui en décidèrent la construction, ouvrirent aussi la vaste esplanade du Marx-Engels-Forum et érigèrent l'ambitieuse Fernsehturm. La réhabilitation minutieuse du Nikolaiviertel marqua un changement d'attitude, mais elle souleva néanmoins des controverses, car elle regroupait des bâtiments historiques sans respecter leur place initiale.

LE QUARTIER D'UN COUP D'ŒIL

Églises

Franziskaner Klosterkirche **⓯**
Heiliggeistkapelle **⓿**
Nikolaikirche **❸**
Marienkirche p. 94-95 **⓫**
Parochialkirche **⓱**

Bâtiments historiques

Ephraim-Palais **❻**
Gaststätte « Zur letzten Instanz » **⓲**
Gerichtslaube **❼**
Knoblauchhaus **❹**
Palais Podewils **⓰**
Palais Schwerin et Münze **❺**
Rotes Rathaus **❶**
Stadtgericht **⓮**
Stadtmauer **⓳**

Autres

Alexanderplatz **⓭**
Fernsehturm p. 93 **⓬**

Neptunbrunnen **❾**
Nikolaiviertel **❷**
Marx-Engels-Forum **❽**

LÉGENDE

▢ Plan pas à pas p. 88-89

🚆 Gare ferroviaire

Ⓢ Station de S-Bahn

Ⓤ Station de U-Bahn

COMMENT Y ALLER

Les lignes de S-Bahn 3, 5, 7 et 9 desservent le quartier avec des stations à Hackescher Markt, Jannowitzbrücke et Alexanderplatz, où se croisent les lignes 2, 5 et 8 du U-Bahn. Les bus 100 et 157 suivent la Karl-Liebknecht-Strasse, les bus 142 et 257 la Grunerstrasse.

◁ **Détail de la Neptunbrunnen**

Nikolaiviertel pas à pas

Ours sur la façade du Rathaus

Le « quartier Saint-Nicolas » doit son nom à l'église qui le domine de ses flèches jumelles. Dédale de ruelles à dimension humaine, bordées de maisons d'aspect ancien, il n'a malheureusement que l'authenticité d'une reconstruction décidée par la RDA pour le 750ᵉ anniversaire de Berlin en 1987. Jadis habité par des artistes et des écrivains, il est aujourd'hui principalement fréquenté par des promeneurs, en particulier l'été. Des restaurants, des bars et des cafés occupent presque un immeuble sur deux, et il reste très animé jusque tard le soir.

Nikolaikirche
L'église Saint-Nicolas est devenue un musée, mais elle a conservé son intérieur ❸

Gerichtslaube
Cette réplique d'un tribunal médiéval abrite des restaurants ❼

POSTSTRASSE

SPREEUFER

Saint Georges et le dragon
Cette statue ornait jadis une cour du Stadtschloss.

0   75 m

Knoblauchhaus
Le musée installé dans les étages comprend une pièce aménagée dans le style Biedermeier propre au début du XIXᵉ siècle ❹

★ **Ephraim-Palais**
Derrière une élégante façade rococo, le palais Ephraim possède un imposant escalier d'apparat ❻

★ **Rotes Rathaus**
l'imposant hôtel de ville se trouvait jadis au cœur d'un quartier densément construit ❶

DU SCHEUNENVIERTEL À L'HAMBURGER BAHNHOF

NIKOLAIVIERTEL ET ALEXANDERPLATZ

MUSEUMSINSEL

CARTE DE SITUATION
Voir atlas des rues, plans 7 et 8

Le Stadthaus, bâti en 1911 par Ludwig Hoffman, sert d'annexe à l'hôtel de ville.

★ **Nikolaiviertel**
Gotthold Ephraim Lessing, qui y vécut de 1752 à 1755, puisa son inspiration dans les ruelles du quartier Saint-Nicolas ❷

Le musée du Chanvre dresse un portrait complet de cette plante et de son utilisation.

SPANDAUER STRASSE

MÜHLENDAMM

JÜDENSTRASSE

MOLKEN MARKT

STRALAUER STRASSE

ROLANDUFER

Palais Schwerin et Münze
Sur la façade de l'ancienne Monnaie, une frise néo-classique de l'atelier de Johann Gottfried Schadow retrace l'histoire de la frappe des pièces ❺

À NE PAS MANQUER

★ Ephraim-Palais
─────────────────
★ Rotes Rathaus
─────────────────
★ Nikolaiviertel

LÉGENDE
- - -   Itinéraire conseillé

Écluse sur la Spree

Le Rotes Rathaus, bâti en brique
rouge au siècle dernier

Rotes Rathaus ❶

L'HÔTEL DE VILLE ROUGE

Rathausstr. 15. **Plan** 7 C3. **Tél.** 90
26 0. **U** et **S** Alexanderplatz.
U Klosterstrasse. 🚌 100, 143, 148,
200, 348. 🕐 9 h-18 h lun.-ven.

L'imposant hôtel de ville de la
capitale allemande s'élève à
l'emplacement de celui
qu'édifièrent en commun les
villages de Cölln et de Berlin
après leur union en 1307.

Il doit son surnom aux
briques rouges qui servirent à
sa construction. Elle dura de
1861 à 1869 sur des plans
de Hermann Friedrich
Waesemann. L'architecte s'est
beaucoup inspiré d'édifices
municipaux italiens du Moyen
Âge et la tour, haute de près de
100 m, ressemble au campanile
du Duomo de Florence.
Surnommée la « chronique de
pierre », la frise en terre cuite
qui s'étend le long du bâtiment
au-dessus du rez-de-chaussée
retrace les événements
marquants de l'histoire de
Berlin et du développement de
son économie.

Le Rotes Rathaus subit
d'importants dégâts pendant
la Seconde Guerre mondiale,
et après sa restauration (1951-
1958), il devint le siège des
autorités municipales de
Berlin-Est, celles de l'Ouest
occupant le Rathaus
Schöneberg *(p. 177)*. Depuis la
réunification, il abrite le bureau
du maire et des magistrats.

Œuvres de Fritz Kremer
inaugurées en 1958, les
sculptures de la cour d'entrée
représentent une « volontaire au

déblaiement » et un « volontaire
à la reconstruction ». Elles
rendent hommage aux
anonymes que la chute
du IIIᵉ Reich laissa au milieu
d'un champ de ruines.

Nikolaiviertel ❷

Plan 7 C3, C4. **U** et **S** Alexanderplatz. **U** Klosterstrasse. 🚌 100,
143, 148, 200, 348.

Très fréquentées par les
touristes, ces quelques rues en
bordure de la Spree le sont
aussi par les Berlinois qui
aiment venir s'y promener.
Certaines des plus vieilles
maisons de la ville se serraient
dans ce quartier très
endommagé pendant la
Seconde Guerre mondiale, que
le gouvernement de la RDA
laissa à l'abandon pendant de
longues années avant de
décider de lui redonner un
aspect ancien pour le 750ᵉ
anniversaire de Berlin. Les
travaux durèrent de 1979 à
1987. Malgré son cachet, le
Nikolaiviertel ne renferme que
les répliques modernes
d'édifices historiques, ainsi que
quelques bâtiments restaurés.

Petites boutiques, cafés et
restaurants emplissent les
ruelles reconstituées.
L'enseigne la plus populaire,
Zum Nussbaum, est une
auberge ouverte en 1507
sur la Fischerinsel, qui
n'a pas survécu à la guerre.
Elle a été reconstruite sur
la Propststrasse.

Intérieur de la Nikolaikirche, l'une
des plus vieilles églises de Berlin

Nikolaikirche ❸

Nikolaikirchplatz. **Plan** 7 C3. **Tél.** 24
00 20. **U** et **S** Alexanderplatz.
U Klosterstrasse. 🚌 100, 142, 148,
157, 348. 🕐 10 h-18 h mar. et jeu.-
dim., 12 h-20 h mer. ♿

Le plus ancien édifice sacré de
Berlin a pour origine une église
romane entreprise vers 1230, au
moment où la ville obtint ses
privilèges municipaux. Il ne
reste de ce sanctuaire que
l'assise en granit de la façade,
dominée par les deux flèches.
La construction de l'église-
halle actuelle, à l'aspect
caractéristique du gothique
du Brandebourg, commença en
1380 et dura jusqu'au milieu
du XVᵉ siècle. Le presbytère fut
achevé vers 1400.

Le double clocher date
d'une restauration dirigée
en 1877 par Hermann
Blankenstein. L'intérieur

Au bord de l'eau dans Nikolaiviertel

perdit alors la majeure partie de l'ornementation baroque qu'il avait à l'époque. Une chapelle donne une image de sa richesse.

Ravagée par les bombardements pendant la Seconde Guerre mondiale, la Nikolaikirche ne fut reconstruite qu'en 1987. Elle abrite la collection d'art religieux du Märkisches Museum *(p. 84)* et une exposition sur l'histoire de Berlin qui complète celle de ce musée. Dans la nef sud, le monument à la mémoire de l'orfèvre Daniel Mannlich et de son épouse, dominé par un portrait du couple en relief doré, est d'Andreas Schlüter (v. 1660-1714).

Knoblauchhaus ❹

MAISON KNOBLAUCH

Poststr. 23. **Plan** 7 C3. **Tél.** 24 00 20.
Ⓤ *et* Ⓢ *Alexanderplatz,* Ⓤ *Kloster-strasse.* 🚌 *100, 142, 148, 157, 348.*
◯ *10 h-18 h mar. et jeu.-dim., 12 h-20 h mer.* 🈺

Ce petit immeuble de la Poststrasse, le seul bâtiment baroque du Nikolaiviertel à ne pas avoir subi de dégâts pendant la Seconde Guerre mondiale, appartenait à la famille de l'architecte Eduard Knoblauch, à qui l'on doit, entre autres, la Neue Synagogue *(p. 102)*.

Construit en 1759, il prit son apparence actuelle lors du remaniement qui donna à sa façade un aspect néo-classique. Le rez-de-chaussée abrite aujourd'hui un bar à vin. Le musée qui occupe les étages propose la reconstitution d'un appartement bourgeois du début du xixe siècle comprenant une belle pièce meublée dans le style Biedermeier.

Palais Schwerin and Münze ❺

Molkenmarkt 1-3. **Plan** 7 C4.
Ⓤ *et* Ⓢ *Alexanderplatz.* Ⓤ *Kloster-strasse.* 🚌 *100, 143, 148, 200, 348.*

Ces deux maisons mitoyennes ont des histoires très différentes. Jean de Bodt édifia en 1704 la plus

Un bel exemple d'architecture baroque : l'Ephraim-Palais

ancienne, au n° 3, pour le ministre Otto von Schwerin. Malgré un remaniement ultérieur, le palais a conservé ses fenêtres agrémentées de corniches sculptées, son bel escalier intérieur et le cartouche où apparaissent les armoiries de la famille von Schwerin.

Bâti en 1936 pour abriter le nouvel hôtel de la Monnaie (Münze), l'immeuble voisin porte en façade une frise qui ornait son prédécesseur néo-classique situé sur le Werderscher Markt. L'atelier de Gottfried Schadow en assura l'exécution d'après un dessin de Friedrich Gilly.

Ephraim-Palais ❻

Poststr. 16. **Plan** 7 C3. **Tél.** 24 00 20.
Ⓤ *et* Ⓢ *Alexanderplatz.* Ⓤ *Kloster-strasse.* 🚌 *100, 143, 148, 200, 348.*
◯ *10 h-18 h mar. et jeu.-dim., 12 h-20 h mer.* 🈺

Au croisement de la Poststrasse et du Mühlendamm s'élève le « plus bel angle de Berlin » *(die schönste Ecke Berlins)* : l'Ephraim-Palais. Friedrich Wilhelm Dieterichs construisit en 1776 cette

demeure baroque pour Nathan Veitel Heinrich Ephraim, le joaillier de la cour et le banquier de Frédéric II. La démolition de l'édifice fut décrétée en 1935 pour permettre l'élargissement du pont du Mühlendamm. En pleine période nazie, cette décision avait sans doute aussi pour cause le nom juif qu'il portait. On sauvegarda toutefois des parties de la façade dans un entrepôt qui se retrouva à l'Ouest après la partition de la ville à la fin de la guerre. Les autorités les donnèrent à Berlin-Est en 1983 afin de permettre la reconstruction du palais à quelques mètres de son emplacement d'origine.

L'une des salles du premier étage renferme un magnifique plafond baroque dessiné par Andreas Schlüter. Il provient du palais Wartenberg qui a été démantelé en 1889. L'Ephraim-Palais appartient actuellement au Stadtmuseum Berlin. Le palais propose au rez-de-chaussée une série d'intéressantes expositions temporaires qui retracent l'histoire artistique et culturelle de Berlin.

Frise de la façade de l'hôtel de la Monnaie (Münze)

Gerichtslaube ❼

Poststrasse. 28. **Plan** 7 C3.
🅄 et Ⓢ *Alexanderplatz*. 🅄 *Kloster-strasse*. 🚌 *100, 143, 148, 200, 348.*
Tél. 241 56 97.

Le Gerichtslaube a connu une histoire mouvementée.
Construit vers 1280, il faisait partie de l'hôtel de ville de Berlin qui bordait alors la Spandauer Strasse. Il ne possédait alors qu'un niveau, et la justice était rendue en rez-de-chaussée sous des voûtes qui reposaient sur un pilier central, protégeant un espace ouvert sur trois côtés. En 1485, l'ajout d'un étage permit de doter l'institution d'une salle. Celle-ci reçut ses superbes voûtes à croisillons en 1555.
En 1692, Johann Arnold Nering ne toucha pas au petit tribunal gothique quand il remania l'hôtel de ville dans le style baroque. Au XIXᵉ siècle, ce dernier devint trop exigu et fut démoli pour permettre la construction du Rotes Rathaus (*p. 90*) à partir de 1861. Sa partie baroque a disparu à jamais, mais l'arcade médiévale et la salle de l'étage furent remontées, sous la forme d'un édifice autonome, dans les jardins du palais de Babelsberg (*p. 210-211*).
Le Gerichtslaube qui borde aujourd'hui la Poststrasse n'est qu'une copie datant de la reconstitution du Nikolaiviertel. Elle occupe un site différent du tribunal d'origine, et abrite un restaurant qui sert des spécialités de la cuisine berlinoise.

Marx-Engels-Forum ❽

Plan 7 C3, 16 F2. Ⓢ *Hackescher Markt ou Alexanderplatz*.
🚌 *100, 143, 148, 200, 348.*

Typique des aménagements urbains du socialisme triomphant, cette vaste place nue s'étend de la Fernsehturm (tour de la Télévision) à la Spree. Aucun bâtiment ne justifie son nom de « forum ».
L'esplanade ne renferme en fait que les statues de Karl Marx (assis) et de Friedrich Engels,

Statues de Karl Marx et Friedrich Engels au Marx-Engels-Forum

les auteurs du *Manifeste du parti communiste* (1848). Œuvres de Ludwig Engelhart dévoilées en 1986, les sculptures portent sur leurs socles des bas-reliefs illustrant « l'ordre ancien », à l'arrière, « la révolution mondiale de Marx et Engels à aujourd'hui » sur le devant, et la « dignité et la beauté des hommes libres » sur les côtés.

Neptunbrunnen ❾

FONTAINE DE NEPTUNE

Spandauer Str. (Rathausvorplatz).
Plan 7 C3. Ⓢ *Hackescher Markt ou Alexanderplatz*. 🚌 *100, 143, 148, 200, 348.*

L'exubérante fontaine de Neptune, dont les jets d'eau animent la perspective de l'hôtel de ville au milieu de parterres de fleurs, est une création de Reinhold Begas. Elle se dressait jadis devant le mur sud du Stadtschloss, le palais des Hohenzollern, et n'occupe son emplacement actuel que depuis 1969.
Begas la dessina en 1886 dans le style néo-baroque, et

La fontaine de Neptune néo-baroque de Reinhold Begas

ses statues s'inspirent de celles des fontaines du Bernin, notamment de la place Navone à Rome, et de celles de Versailles. Les allégories féminines entourant le dieu latin de la Mer représentent les quatre plus grands cours d'eau qui traversaient le territoire de l'Empire allemand à la fin du siècle dernier : le Rhin, la Vistule, l'Oder et l'Elbe.
Begas n'a pas le talent du Bernin, mais on remarquera l'attention portée aux détails tels que poissons, crustacés et filets de pêche.

La Heilligeistkapelle gothique vue de la Spandauer Strasse

Heiliggeistkapelle ❿

CHAPELLE DU SAINT-ESPRIT

Spandauer Strasse 1. **Plan** 7 B2, 16 F2. Ⓢ *Hackescher Markt*.
🚌 *100, 143, 148, 200, 348.*

Le dernier vestige de l'hospice du Saint-Esprit, fondé pendant la deuxième moitié du XIIIᵉ siècle à l'intérieur des remparts, est aussi la dernière chapelle d'hôpital qui subsiste à Berlin. Reconstruite au XVᵉ siècle, elle offre un bel exemple d'architecture gothique en brique avec son intérieur dépouillé sous une voûte en étoile, reposant sur les consoles décorées de portraits de saints et de prophètes.
Après la démolition de l'hôpital, en 1825, la chapelle fut intégrée en 1906 à l'École supérieure de commerce dont Cremer et Wolffenstein dessinèrent les bâtiments.

Marienkirche ⓫

ÉGLISE SAINTE-MARIE

Voir p. 94-95.

Fernsehturm ⑫

La tour de la Télévision, que les Berlinois surnomment l'« asperge » (*Telespargel*), mesure 365 m, ce qui en fait le plus haut bâtiment de la capitale allemande et l'un des plus hauts d'Europe. La tour a été construite en 1969, d'après les plans d'architectes tels que Fritz Dieter et Günter Franke, assistés par des experts suédois. Mais la construction de cette tour colossale avait été envisagée par Hermann Henselmann (le responsable du réaménagement de la Karl-Marx-Allee) dès les années 1950.

MODE D'EMPLOI

Panoramastrasse. **Plan** 7 C2. **Tél.** 242 33 33. Ⓢ et Ⓤ Alexanderplatz. 🚌 100, 157, 200, 348. ⏰ mars-oct. : 9 h-minuit t.l.j. ; nov.-fév. : 10 h-minuit t.l.j.

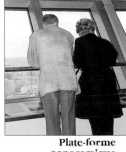

Antenne de télévision

Plate-forme panoramique
Située à l'intérieur de la sphère recouverte d'acier, elle domine le sol de 203 m.

Vue d'ensemble
Il existe peu d'endroits à Berlin d'où on ne voit pas la Fernsehturm. La base de la tour renferme la billetterie et l'accès aux ascenseurs.

Réémetteur

Colonne en béton haute de 250 m

Des plaques d'acier
couvrent la sphère.

Le puits en béton contient deux ascenseurs qui desservent la plate-forme et le café.

Les ascenseurs n'ont qu'une faible capacité et créent de longues files d'attente.

Tele-Café
Ce café de 200 places effectue une rotation complète en environ une demi-heure, le temps de siroter une consommation tout en découvrant l'ensemble de la ville.

Vue depuis la tour
Par temps clair, la plate-forme panoramique offre une vue des environs de Berlin qui porte jusqu'à 40 km.

Marienkirche

L'église Sainte-Marie a pour origine une église paroissiale dont l'édification commença vers 1280. Un incendie imposa sa reconstruction en 1380, et elle prit alors la forme d'une église-halle avec ses trois nefs de même hauteur. Son clocher est un ajout du XVᵉ siècle dont le couronnement, dessiné par Carl Gotthard Langhans, date de 1790. La Marienkirche paraît aujourd'hui étrangement isolée au pied de la Fernsehturm, mais elle se dressait avant la guerre au cœur d'un quartier densément construit. Le contraste entre la sobriété de ses lignes gothiques et une riche décoration intérieure en fait une des églises les plus intéressantes de Berlin.

La tour
Le haut du clocher associe éléments baroques et néo-gothiques.

Crucifixion
Michael Ribestein peignit en 1562 ce tableau maniériste où Moïse et saint Jean-Baptiste encadrent le Christ.

La « danse macabre »
(Totentanz), fresque gothique longue de 22 m, date de 1485.

Retable
L'histoire n'a pas retenu le nom des trois moines figurant sur cette œuvre gothique du XVᵉ siècle.

À NE PAS MANQUER

★ Chaire

★ Fonts baptismaux

Entrée principale

★ Chaire

Sculptée dans l'albâtre par Andreas Schlüter et achevée en 1703, elle se dresse près du quatrième pilier. Les sculptures représentent saint Jean-Baptiste et des allégories des Vertus.

MODE D'EMPLOI

Karl-Liebknecht-Str 8. **Plan** 7 C2.
Tél. 242 44 67. Ⓢ et Ⓤ Alexanderplatz. 🚌 100, 143, 148, 200, 348.
⏲ oct.-mars : 10 h-18 h t.l.j. ; avr.-
sept. : 10 h-21h t.l.j.
📷 13 h lun. et mar.

Tombeau de la famille von Röbel

Le sarcophage richement décoré d'Ehrentreich et d'Anna von Röhel a probablement été réalisé après 1630.

Maître-autel

Christian Bernhard Rode peignit les tableaux qui décorent le maître-autel baroque dessiné par Andreas Krüger vers 1762. Le Christ au mont des Oliviers *et* Thomas doutant *entourent une* Descente de Croix.

★ Fonts baptismaux

Gothiques, ils datent de 1437. Les portraits qui ornent la cuve soutenue par trois dragons représentent le Christ, Marie et les apôtres.

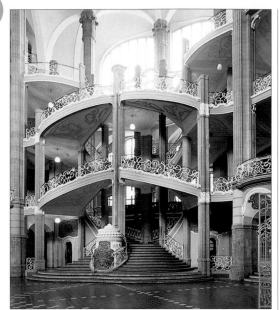

Le magnifique escalier Jugendstil du Stadtgericht

Alexanderplatz ⓭

Plan 8 D2. **U** et **S** *Alexanderplatz.* 🚌 *100, 143, 148, 200, 348.*

L'Alexanderplatz a une riche histoire, mais ne conserve que peu de traces de son passé. Elle a pour origine l'Ochsenmarkt, marché aux bestiaux et aux laines qui prit le nom du tsar Alexandre Ier lorsque celui-ci se rendit à Berlin en 1805. À l'époque, une colonnade baroque dessinée par Carl von Gontard *(p. 176)* ornait l'accès à la place.

Immeubles d'habitation, ateliers et commerces se multiplièrent autour d'un nœud de circulation où convergeaient neuf rues et plusieurs lignes de métro, de tram et d'autobus, et le quartier devint au début du siècle la ruche urbaine fiévreuse et populaire qui inspira à Alfred Döblin (1878-1957) son roman *Berlin Alexanderplatz*.

Un projet d'aménagement décidé en 1929 n'ira pas plus loin que la construction de deux immeubles de bureaux conçus par Peter Behrens : l'Alexanderhaus et le Berolinahaus. Si ces derniers

existent toujours, à la fin de la Seconde Guerre mondiale il ne restait qu'un champ de ruines des autres bâtiments. La tour du Forum Hotel témoigne du manque d'imagination dont firent preuve les autorités de la RDA pour utiliser cet espace. Un projet de réhabilitation devrait bientôt rendre à la place un visage plus agréable.

Stadtgericht ⓮

TRIBUNAL MUNICIPAL

Littenstrasse 13-17. **Plan** 8 D3. **U** et **S** *Alexanderplatz ou* **U** *Klosterstrasse.* 🚌 *148.*

Cet imposant édifice néo-baroque donnant sur la Littenstrasse n'a pas, à première vue, un aspect très engageant, mais il renferme un escalier qui est un véritable chef-d'œuvre du Jugendstil, l'Art nouveau allemand et autrichien.

Entrepris en 1896 sur des plans de Paul Thomer et Rudolph Mönnich, le tribunal prit sa forme définitive en 1905 sous la direction d'Otto Schmalz. C'était alors le plus grand bâtiment de Berlin après le Stadtschloss,

et il renfermait, autour de onze cours intérieures, un labyrinthe de couloirs et de salles. Il connut une démolition partielle en 1969, mais a heureusement conservé son gracieux escalier qui joue de références gothiques et baroques pour composer un décor de conte de fées.

Franziskaner Klosterkirche ⓯

ÉGLISE DU COUVENT FRANCISCAIN

Klosterstrasse 74. **Plan** 8 D3. **U** *Klosterstrasse.* 🚌 *148.*

Les franciscains s'établirent à Berlin dès le début du XIIIe siècle, et ils construisirent près des remparts, entre 1250 et 1265, une église et un couvent qui traversèrent les siècles presque sans changement jusqu'en 1945.

Le sanctuaire avait la forme d'une basilique à triple nef qu'agrandit une section heptagonale ajoutée vers 1300. Le monastère passa aux mains des protestants en 1571, et ceux-ci utilisèrent ses bâtiments pour fonder un lycée renommé qui compta parmi ses élèves Otto von Bismarck, Gottfried Schadow et Karl Friedrich Schinkel.

Il en restait si peu à la fin de la Seconde Guerre mondiale que les derniers vestiges de l'édifice furent rasés, à l'exception des restes de l'église qui ont toutefois été conservés.

Ruine de l'église de l'ancien couvent franciscain de Berlin

Ces hauts pans percés d'ouvertures en ogive ont été consolidés en 1951, et l'église est en cours de reconstruction.

Les deux chapiteaux corinthiens proviennent d'un portail du Stadtschloss *(p. 74)*.

Le palais Podewils abrite un centre culturel

Palais Podewils ⑯

PALAIS PODEWILS

Klosterstrasse 68-70. **Plan** 8 D3. Ⓤ *Klosterstrasse.* 🚌 *148.*

Le conseiller à la cour Caspar Jean de Bodt fit construire entre 1701 et 1704 cette charmante demeure baroque qui se dresse en retrait de la rue, mais elle a gardé le nom du propriétaire qui lui succéda : le ministre von Podewils, qui en prit possession en 1732.

Le bâtiment a connu deux restaurations depuis la fin de la guerre, en 1954 puis en 1966 après un incendie. L'extérieur a conservé sa sobre élégance, mais l'intérieur a été entièrement réaménagé pour remplir de nouvelles fonctions. Le palais Podewils abrite aujourd'hui un centre culturel qui programme des concerts, des ballets et l'Internationales Forum des Jungen Films.

Parochialkirche ⑰

ÉGLISE PAROISSIALE

Klosterstr. 67. **Plan** 8 D3. **Tél.** 247 59 10. Ⓤ *Klosterstrasse.* 🚌 *148.* ⏰ *10 h-16 h lun.-ven.*

Selon le projet initial, dessiné par Johann Arnold Nering, la plus ancienne église baroque de Berlin devait posséder une tour centrale entourée de quatre chapelles. Son architecte eut l'infortune de mourir au moment où la construction débutait en 1695, et Martin Grünberg poursuivit les travaux. Malheureusement, des voûtes s'effondrèrent juste avant leur achèvement et il dut modifier les plans. Il remplaça la tour centrale par une tour frontale et un vestibule, ce qui permit d'achever l'édifice en 1703. Il fallut toutefois agrandir le clocher dès 1714 pour y loger un carillon. Ce remaniement fut confié à Jean de Bodt.

La Seconde Guerre mondiale eut des conséquences dévastatrices pour la Parochialkirche. L'intérieur fut entièrement détruit et la tour s'effondra. Après consolidation de la structure principale, la façade a été restaurée et l'intérieur, simple, a été décoré à l'aide de reproductions d'éléments historiques. L'église accueille aussi des offices religieux en été.

Gaststätte Zur letzten Instanz ⑱

TAVERNE DE LA DERNIÈRE INSTANCE

Waisenstrasse 14-16. **Plan** 8 D3. Ⓤ *Klosterstrasse.* 🚌 *148.*

En prenant la ruelle derrière la Parochialkirche, on débouche directement sur l'un des plus vieux débits de boissons de Berlin. Fondée en 1621, la « Taverne de la Dernière Instance » doit son nom à la proximité du tribunal et à la

Médaillon de la Parochialkirche baroque

clientèle d'avocats que cette situation lui valait.

La maison qu'elle occupe sur la Waisenstrasse forme, avec ses trois voisines, un ensemble pittoresque, dernier vestige du rang d'habitations qui s'adossait jadis aux remparts. Ces demeures existaient déjà au Moyen Âge, mais leur forme actuelle date du XVIIIᵉ siècle. Il fallut les reconstruire presque intégralement après la dernière guerre. L'une d'elles reçut à l'occasion son escalier en colimaçon rococo, provenant d'une maison de la Fischerinsel. « Zur letzten Instanz » a compté des célébrités telles que le dessinateur Heinrich Zille. Les souvenirs qui composent son décor attirent une clientèle cosmopolite autour de son poêle en faïence *(p. 237)*.

Stadtmauer ⑲

MUR D'ENCEINTE

Waisenstrasse **Plan** 8 D3. Ⓤ et Ⓢ *Alexanderplatz ou* Ⓤ *Klosterstrasse.* 🚌 *148.*

Les premières fortifications qui protégeaient les villages de Berlin et de Cölln remontent à la seconde moitié du XIIIᵉ siècle. Au XIVᵉ, les habitants surélevèrent cette enceinte faite de pierre brute et de brique, mais ces rustiques remparts médiévaux avaient perdu tout intérêt militaire au XVIIᵉ siècle, et ils furent presque entièrement démantelés. Il n'en subsiste que quelques pans, autour de la Waisenstrasse, qui échappèrent à la destruction car ils faisaient partie d'autres édifices.

Vestige de l'enceinte médiévale

DU SCHEUNENVIERTEL À L'HAMBURGER BAHNHOF

Le quartier qui s'étend au nord-ouest d'Alexander-platz entre la Karl-Liebknecht-Strasse et la Friedrichstrasse est l'ancien Spandauer Vorstadt, qui se développa autour de la route de Spandau, l'actuelle Oranienburger Strasse. Sa partie la plus orientale prit le nom de Scheunenviertel (« quartier des Granges ») à cause des greniers à foin qu'on y déplaça après que le Grand Électeur, en 1672, les eut interdits dans l'enceinte de la ville pour limiter les risques d'incendie. Au début du XXᵉ siècle, le Scheunenviertel abritait la communauté la plus pauvre de la ville, des juifs venus de Russie et

Détail du Postfuhramt

d'Europe centrale, et tripots et maisons de passe abondaient dans ses ruelles parmi les petites boutiques et les échoppes. Dans les années 1920, la modicité des loyers attira aussi des artistes, des écrivains et des activistes politiques. Tombé en décrépitude après la Seconde Guerre mondiale, le quartier des Granges est à nouveau en vogue aujourd'hui : des maisons rénovées et des restaurants chic voisinent avec des immeubles dégradés, des cours intérieures miteuses et des bâtiments cachés par les échafaudages. Les Berlinois aiment venir s'y promener, en particulier le soir.

LE QUARTIER D'UN COUP D'ŒIL

Rues et parc
Alte et Neue
  Schönhauser Strasse ⑩
Monbijoupark ④
Oranienburger Strasse ③
Sophienstrasse ⑨

Église et synagogue
Neue Synagoge ①
Sophienkirche ⑧

Théâtres
Berliner Ensemble ⑬
Deutsches Theater ⑭
Friedrichstadtpalast ⑫
Volksbühne ⑪

Musées
Brecht-Weigel-Gedenkstätte ⑰
Centrum Judaicum ②

Hamburger Bahnhof
  p. 110-111 ⑲
Museum für Naturkunde ⑱

Cimetières
Alter Jüdischer Friedhof ⑦
Dorotheenstädtischer Friedhof
  p. 106-107 ⑯

Autres
Charité ⑮
Gedenkstätte Grosse
  Hamburger Strasse ⑥
Hackesche Höfe ⑤

COMMENT Y ALLER

Les lignes de S-Bahn 1 et 2 desservent l'Oranienburger Strasse, les lignes 3, 5, 7 et 9 longent le quartier et s'arrêtent à Hauptbahnhof- Lehrter Bahnhof, Friedrichstrasse et Hackescher Markt. La ligne 6 du U-Bahn passe par la station Oranienburger Tor, la 8 par Weinmeisterstrasse et la 2 par Rosa-Luxemburg-Platz.

LÉGENDE

Plan pas à pas
p. 100-101

U Station de U-Bahn

S Station de S-Bahn

Arrêt de tramway

Arrêt d'autobus

Gare ferroviaire

Informations touristiques

◁ **La première cour des Hackesche Höfe**

Le Scheunenviertel pas à pas

Au XIXᵉ siècle, la communauté juive de Berlin connut une période de prospérité dont témoigne la somptuosité de la Neue Synagoge, inaugurée en 1866. Toutefois, la Gestapo vida le quartier d'une grande part de ses habitants, et un mémorial rappelle qu'elle utilisait une maison de retraite comme centre de détention temporaire. Dévasté par les bombes des Alliés, le Scheunenviertel continua de se dégrader pendant près de cinquante ans après la Seconde Guerre mondiale. Depuis la chute du Mur, il est en pleine rénovation, et de nombreux bars en font le soir un des lieux les plus animés de l'ancien Berlin-Est.

★ **Neue Synagoge**
Une récente rénovation a rendu ses dorures à la coupole de la Nouvelle Synagogue ❶

Le Postfuhramt servait à l'origine d'écurie pour les chevaux de la Poste. Il possède une façade néo-Renaissance richement décorée de carreaux vernissés et de reliefs en terre cuite.

Centrum Judaicum
À côté de la Neue Synagoge, le Centre juif conserve des documents sur l'histoire de la communauté juive de Berlin ❷

Heckmann-Höfe
Cette cour somptueusement restaurée, la plus élégante de Berlin, attire les visiteurs avec un restaurant et des boutiques de mode

LÉGENDE

‒ ‒ ‒ Itinéraire conseillé

À NE PAS MANQUER

★ Neue Synagoge

★ Hackesche Höfe

S-Bahn

Sophienkirche
La reine Sophie-Louise fonda cette petite église baroque en 1712 **8**

CARTE DE SITUATION
Voir atlas des rues, plans 1 et 6

Gedenkstätte Grosse Hamburger Strasse
Ce modeste mémorial marque l'emplacement de la première maison de retraite juive de la ville **6**

Dorotheen-
städtischerfriedhof

GROSSE HAMBURGER STRASSE

★ Hackesche Höfe
Cette pittoresque série de cours communicantes abrite des cinémas et des galeries d'art **5**

0   50 m

Alter Jüdischer Friedhof
Un parc arboré occupe le site du premier cimetière juif de Berlin, détruit par la Gestapo en 1943 **7**

HACKESCHER MARKT

Fernsehturm
(tour de la
Télévision)

Monbijoupark
Jadis attaché à un palais royal, ce petit parc renferme un buste du poète Adelbert von Chamisso **4**

Neue Synagoge ❶
NOUVELLE SYNAGOGUE

Oranienburger Strasse 30. **Plan** 7 A1.
Tél. 880 28 316. Ⓢ *Oranienburger
Strasse.* 🚋 *1, 6, 13.* ⏰ *10 h-18 h
dim.-jeu., 10 h-14 h ven.*
🎫 ⬤ *fêtes juives.* 🚫

Entreprise en 1859, la
construction de la Nouvelle
Synagogue dura jusqu'en
1866. Avec ses deux tours
encadrant une façade étroite,
l'édifice, de style néo-
byzantin-mauresque, dessiné
par Eduard Knoblauch,
répondait avec élégance
aux problèmes posés par
un terrain asymétrique. La
coupole protégeait une salle
circulaire qui distribuait
plusieurs petites pièces, dont
une antichambre et deux
salles de prière. Les deux
tours ouvraient sur l'escalier
conduisant aux tribunes. Le
sanctuaire pouvait accueillir
trois mille fidèles. Knoblauch
utilisa les techniques les plus
modernes de l'époque pour
réaliser l'ossature du toit.
    Incendiée par les nazis
le 9 novembre 1938 lors
de la Kristallnacht *(p. 28-29)*,
ravagée par les
bombardements alliés en
1943, la plus grande
synagogue de Berlin fut
finalement démolie en 1958.
La reconstruction de la façade
et de la coupole a commencé
en 1988, mais l'inauguration
n'a eu lieu qu'en 1995. Le
Centrum Judaicum propose,
dans la partie rebâtie, une
exposition sur l'histoire
de la Neue Synagoge et le
rôle culturel et économique
de la communauté juive dans
le développement de Berlin.

Le Centrum Judaicum comprend une bibliothèque et un centre de recherche

Centrum Judaicum ❷
CENTRE JUIF

Oranienburger Strasse 28-30.
Plan 7 A1. **Tél.** 880 28 316.
Ⓢ *Oranienburger Strasse.* 🚋 *1, 6, 13.*
⏰ *10 h-20 h (18 h en hiver) dim.-
lun., 10 h-18 h mar.-jeu., 10 h-14 h
ven.* 🎫 ⬤ *fêtes juives.* 🚫

Les policiers qui montent la
garde en permanence à
l'entrée du Centre juif la
rendent aisée à reconnaître.
Par mesure de sécurité, tous
les visiteurs doivent se plier
à un contrôle au détecteur de
métal effectué par des vigiles,
qui se montrent polis mais
fermes.
    Le Centrum Judaicum
occupe l'ancien siège du
Conseil de la communauté
juive, et il comprend une
bibliothèque, des archives
et un centre de recherche
consacrés à l'histoire et à
l'héritage culturel des juifs
de Berlin. Une exposition
développe ces sujets dans la
partie restaurée de la Neue
Synagogue voisine. Elle évoque
en particulier l'influence
du philosophe Moses
Mendelssohn. À côté du
centre, le restaurant Oren sert
des spécialités juives et
du Moyen-Orient *(p. 238)*.

Oranienburger Strasse ❸

Plan 6 F1, 7 A1 & 7 B2.
Ⓢ *Oranienburger Strasse ou
Hackescher Markt.* 🚋 *1, 6, 13.*

La rue principale du
Scheunenviertel possède de
nombreux bars, cafés et
restaurants qui lui donnent
une vie nocturne très animée.
À l'angle de la Friedrichstrasse
se dresse le Tacheles, un
ancien grand magasin
transformé par des squatters
en centre culturel alternatif.
Malgré la réputation de ses
expositions d'avant-garde, son
avenir est aujourd'hui
compromis par un projet
immobilier. Néanmoins, le
quartier renferme toujours des
galeries d'art à visiter.
Vous y découvrirez aussi
d'intéressants bâtiments, tel

**Façade et dôme restaurés
de la Neue Synagogue**

MOSES MENDELSSOHN (1729-1786)

Arrivé à Berlin en 1743, Moses
Mendelssohn s'imposa comme l'un des
plus grands philosophes allemands du
XVIIIᵉ siècle. Il fut une figure centrale
de la lutte des juifs pour le droit à la
citoyenneté, un combat de longue
haleine puisqu'il fallut attendre 1812
et l'édit d'Émancipation pour qu'ils
deviennent à Berlin des citoyens à part entière. Ami de
l'écrivain Gotthold Ephraim Lessing, qui l'immortalisa sous
les traits du personnage de Nathan le Sage, il eut pour
petit-fils le compositeur Felix Mendelssohn-Bartholdy.

l'immeuble aux n°s 71-72 Oranienburger Strasse, construit en 1789 par Christian Friedrich Becherer pour la Grande Loge maçonnique d'Allemagne.

Monbijoupark ❹

PARC MONBIJOU

Oranienburger Strasse. **Plan** 7 B2. Ⓢ *Oranienburger Strasse ou Hackescher Markt.* 🚊 *1, 6, 13.*

Ce petit parc offre un cadre agréable où se détendre dans une partie de la ville pauvre en espaces verts. Situé entre l'Oranienburger Strasse et la Spree, il renferme une pataugeoire où les enfants peuvent se rafraîchir et un buste du poète Adelbert von Chamisso. Le jardin entourait jadis le palais Monbijou qu'habita la princesse Sophie-Dorothée. Les autorités de la RDA décidèrent en 1960 de démolir la demeure très endommagée pendant la Seconde Guerre mondiale.

Hackesche Höfe ❺

Rosenthaler Strasse 40-41. **Plan** 7 B1 7 B2. Ⓢ *Hackescher Markt.* 🚊 *1, 6, 13.*

L'immense corps de bâtiments des Hackesche Höfe, nommé d'après les neuf cours qui forment un dédale à l'intérieur, s'étend de l'angle de l'Oranienburger Strasse et de la Rosenthaler Strasse jusqu'à la Sophienstrasse. Ce labyrinthe

Façade au décor Sécession dans une cour des Hackesche Höfe

est le plus vaste de ce type en Allemagne. Il s'est formé au gré de constructions anarchiques au cours du XXᵉ siècle, mais plusieurs des immeubles qui dominent les cours ont été rénovés en 1906 par Kurt Berendt et August Endell. Leur décoration en carreaux de céramique s'apparente au style de la Sécession.

Endommagé pendant la guerre, le complexe continua à se délabrer jusqu'à la chute du Mur, et trois ans de travaux ont été nécessaires pour qu'il retrouve sa splendeur d'origine.

Devenu un des lieux branchés de Berlin, il abrite aujourd'hui des cinémas, des restaurants, des cafés, des galeries d'art, des boutiques de design, des studios de photo et même un théâtre : le Hackesche Hoftheater, spécialisé dans le mime. Les anciens locataires ont toutefois pu conserver leurs logements.

Gedenkstätte Grosse Hamburger Strasse ❻

MÉMORIAL GROSSE HAMBURGER STRASSE

Grosse Hamburger Strasse. **Plan** 7 B1. Ⓢ *Hackescher Markt.* 🚊 *1, 6, 13.*

La Grosse Hamburger Strasse est l'un des pôles historiques de l'ancien quartier juif, et elle renfermait plusieurs écoles, une maison de retraite et le premier cimetière juif de Berlin fondé en 1672, qui fut utilisé jusqu'en 1827. En 1941, la Gestapo transforma la maison de retraite en centre de regroupement, et des milliers de juifs berlinois y transitèrent avant de partir pour les camps de concentration d'Auschwitz et de Theresienstadt. Le bâtiment a été démoli, et un groupe sculpté et une plaque commémorative entretiennent sur le site le souvenir de ces victimes.

Non loin, au n° 27, l'école juive fondée en 1778 par Moses Mendelssohn a été rouverte en 1993. Elle occupe un édifice reconstruit en 1906. L'immeuble qui occupait les n°s 15-16 n'a pas survécu aux bombardements de la Seconde Guerre mondiale. L'espace vide est devenu une installation de l'artiste Christian Boltanski : *La Maison manquante.* Des plaques portent les noms et les professions de ses anciens habitants permettant de se souvenir du passé.

Le Gedenkstätte Grosse Hamburger Strasse, groupe sculpté à la mémoire des victimes berlinoises de l'Holocauste

Alter Jüdischer Friedhof ❼

VIEUX CIMETIÈRE JUIF

Grosse Hamburger Strasse. **Plan** 7 B2. Ⓢ *Hackescher Markt.* 🚋 *1, 6, 13.*

Fondé en 1672, le premier cimetière de la communauté juive de Berlin ferma en 1827. Il comptait alors plus de 12 000 sépultures. Les juifs de la ville eurent ensuite pour dernière demeure des cimetières situés sur la Schönhauser Allee et la Herbert-Baum-Strasse *(p. 168).* Les nazis démolirent l'Alter Jüdischer Friedhof en 1943, et le site devint un parc en 1945. Un mur conserve quelques *masebas* (pierres tombales) baroques, derniers et poignants témoins du passé. La pierre tombale érigée sur la tombe du philosophe Moses Mendelssohn *(p. 102)* date de 1990.

Pierre tombale de Moses Mendelssohn

Sophienkirche ❽

Grosse Hamburger Str. 29. **Plan** 7 B1. **Tél.** 308 79 20. Ⓢ *Hackescher Markt.* Ⓤ *Weinmeisterstrasse.* 🚋 *13, 53.* ⏰ *mai-oct. : 15 h-18 h mer., 15 h-17 h sam., 11 h 30-13 h dim.* ⛪ *10 h dim.*

Il faut franchir un pittoresque portail en fer forgé pour atteindre cette petite église baroque, qui s'élève en retrait de la rue au bout d'un passage étroit entre les immeubles. La

Immeubles du xviiie siècle le long de la Sophienstrasse

reine Sophie-Louise, épouse de Frédéric Ier, commanda sa construction en 1712, dotant ainsi de son premier lieu de culte le nouveau faubourg Spandauer Vorstadt *(p. 99).* Johann Friedrich Grael dessina la tour construite entre 1729 et 1735.

En 1892, un presbytère fut ajouté, respectant le caractère baroque du sanctuaire. L'intérieur fut rénové lors de ce remaniement, mais a conservé de nombreux éléments de sa décoration d'origine, en particulier la chaire et les fonts baptismaux. L'orgue date de 1789.

Le petit cimetière qui entoure l'église renferme plusieurs pierres tombales anciennes, dont certaines datent du xviiie siècle.

Sophienstrasse ❾

Plan 7 B1. **Sammlung Hoffmann** Sophienstrasse 21. **Tél.** 284 99 121. Ⓢ *Hackescher Markt.* Ⓤ *Weinmeisterstrasse.* 🚋 *13, 53.* ⏰ *11 h-16 h sam., sur rendez-vous.* 📷

L'urbanisation de cette partie de la ville commença à la fin du xviie siècle, et la Sophienstrasse devint un temps la rue principale du Spandauer Vorstadt. Le quartier fut l'un des premiers de Berlin-Est où les autorités optèrent pour la restauration des immeubles

existants plutôt que de les démolir afin de construire du neuf, et il connut une importante réhabilitation dans les années 1980. Ses modestes mais charmantes maisons néo-Renaissance datent des xviiie et xixe siècles. Elles abritent aujourd'hui des ateliers d'artisanat, des bars accueillants, des boutiques originales et d'intéressantes galeries d'art.

Bâti en 1852, l'immeuble qui occupe le n° 18 reçut son double portail décoré de terre cuite lors d'une rénovation entreprise en 1904 par Joseph Franckel et Theodor Kampfmeyer pour le compte de la Chambre des métiers de Berlin. Cette institution, fondée en 1844, y installa son siège en 1905 et c'est là qu'eut lieu, le 14 novembre 1918, une importante réunion publique de la Ligue spartakiste *(p. 132)* qui venait de se constituer. Deux mois plus tard, le 15 janvier 1919, ses chefs, Karl Liebknecht et Rosa Luxembourg, étaient assassinés lors de la répression sanglante d'émeutes ouvrières.

L'entrée principale du n° 21 donne accès à une longue série de cours intérieures menant jusqu'à la Gipsstrasse. L'une de ces cours renferme la **Sammlung Hoffmann,** une galerie d'art moderne privée. Il faut passer par un conduit brillamment éclairé pour l'atteindre.

La Sophienkirche baroque a conservé sa chaire du xviiie siècle

Alte and Neue Schönhauser Strasse ⑩

Plan 7 B1, 7 C1. Ⓢ *Hackescher Markt.* Ⓤ *Weinmeisterstrasse.* 🚋 *1, 7.*

Comme son nom l'indique, la « Vieille Rue » de Schönhausen est l'une des plus anciennes du Spandauer Vorstadt. Elle reliait le centre de Berlin aux quartiers de Pankow et Schönhausen et devint, aux XVIIIe et XIXe siècles, un lieu de résidence apprécié des riches marchands de la ville. Le prestige du quartier souffrit toutefois au début du XXe siècle de la proximité des taudis du Scheunenviertel *(p. 100-103)*, et il prit un visage plus populaire. De nombreux ateliers, des boutiques et des bars ouvrirent dans les rues et les cours. De petits commerces privés ont survécu ici plus longtemps que dans le reste de l'ancien Berlin-Est, et encore récemment beaucoup de maisons conservaient leur aspect d'avant guerre.

La chute du Mur a bouleversé cette situation. Les bâtiments ont commencé d'être rénovés et des restaurants, des bars et des boutiques de luxe ont remplacé les petits magasins de jadis. Le neuf et l'ancien se côtoient partout. Le n° 14 de la Neue Schönhauser Strasse offre un bon exemple des contrastes créés par l'accélération de l'histoire.

Le Schwarzen Raben, restaurant de la Neue Schönhauser Strasse

La façade clinquante du Friedrichstadtpalast

Construit en 1891 d'après des plans d'Alfred Messel, ce bâtiment de style néo-Renaissance abritait à l'étage la première salle publique de lecture de Berlin et au rez-de-chaussée une *Volkskaffeehaus*, soupe populaire où les pauvres du quartier pouvaient obtenir gratuitement, dans des salles distinctes pour les hommes et les femmes, un bol de soupe et une tasse d'ersatz de café. On vient toujours y manger, mais c'est désormais un restaurant chic, le Schwarzen Raben *(p. 239)*, qui y est installé.

Volksbühne ⑪

THÉÂTRE DU PEUPLE

Rosa-Luxemburg-Platz. **Plan** 8 D1. **Tél.** 24 06 55. Ⓤ *Rosa-Luxemburg Platz.* 🚌 *100, 200, 340, 348.* 🚋 *1, 7, 8.*

Fondée au début du XXe siècle, l'Association libre de théâtre populaire (Freie Volksbühne) compta jusqu'à près de 100 000 membres. Ils contribuèrent financièrement à la construction d'un théâtre au cœur du quartier défavorisé du Scheunenviertel.

Bâti en 1913 par Oskar Kaufmann, ce théâtre eut pour premier directeur Max Reinhardt (1873-1943), mais c'est Erwin Piscator (1893-1966) qui, dans les années 20, établit sa réputation en tant que centre de création. Trop audacieux, Piscator perdra très vite son poste.

Bombardée pendant la Seconde Guerre mondiale, reconstruite en 1954 d'après des plans de Hans Richter, la Volksbühne est redevenue un lieu d'innovation.

Friedrichstadtpalast ⑫

PALAIS FRIEDRICHSTADT

Friedrichstrasse 107. **Plan** 6 F2. **Tél.** 23 26 23 26. Ⓤ *Oranienburger Tor.* Ⓢ *Oranienburger Strasse ou Friedrichstrasse.* 🚌 *147.* 🚋 *1, 53.*

Les néons roses qui scintillent sur la façade en béton du Friedrichstadtpalast, accrochant les regards des passants, évoquent des plumes d'autruche, symbole universel des revues déshabillées dont l'établissement s'est fait une spécialité. Immense, il renferme 2 000 places assises autour d'un vaste podium qui peut se transformer en arène de cirque ou en patinoire. Une autre scène, dotée d'un équipement technique dernier cri, et une salle de cabaret de 240 places complètent le dispositif.

Le bâtiment actuel date des années 1980, et il a remplacé un édifice cher au cœur des Berlinois : le Friedrichstadtpalast. Ce dernier était à l'origine une halle de marché qui servit ultérieurement de cirque d'hiver. Marx Reinhardt *(p. 108)* dirigea à partir de 1918 son aménagement en un extraordinaire lieu de spectacle : le Grosse Schauspielhaus. Sous une coupole centrale soutenue par une forêt de colonnes, 3 000 spectateurs prenaient place sur des gradins entourant sur trois quarts de cercle un plateau sans rideau ni rampe. Pour l'inauguration, le 28 novembre 1919, le metteur en scène présenta l'*Orestie* d'Eschyle.

Dorotheenstädtischer Friedhof ⓰

Depuis la Chaussestrasse, il faut prendre un étroit sentier serré entre les murs du cimetière français (Französischer Friedhof) et de la maison de Bertolt Brecht (*p. 109*) pour atteindre le paisible petit cimetière de Dorotheenstadt. Fondé en 1763, il fut agrandi en 1814 et en 1826, mais perdit une partie de sa surface en 1899 lors du prolongement de la Hannoversche Strasse. Il fallut alors déplacer des tombes. De nombreux Berlinois célèbres reposent au Dorotheenstädtischer Friedhof. Les monuments qui leur rendent hommage proviennent pour certains d'ateliers prestigieux, tels ceux des architectes et sculpteurs Karl Friedrich Schinkel (*p. 187*) et Johann Gottfried Schadow.

Copie du *Martin Luther* de Schadow

★ **Johann Gottfried Schadow** (1764-1850)
Il est l'auteur du célèbre Quadrige *de la porte de Brandebourg.*

Friedrich August Stüler (1800-1865)
Un monument moderne a remplacé la tombe de cet architecte renommé, détruite pendant la dernière guerre.

Heinrich Mann (1871-1950)
Le célèbre écrivain, représenté ici par Gustav Seitz, mourut en Californie mais fut enterré à Berlin.

Bertolt Brecht (1898-1956)
De simples pierres marquent les sépultures du célèbre metteur en scène et de sa femme, l'actrice Helene Weigel.

Hermann Wentzel (1820-1889)
Cet architecte dessina lui-même sa tombe. Le buste est de Fritz Schaper.

BIRKEN ALLEE

BRECHTWEG

Entrée principale

Friedrich Hoffmann
(1818-1900)
La colonnade en briques vernissées rappelle que cet ingénieur inventa le four à brique circulaire.

MODE D'EMPLOI

Chausseestrasse 126. **Plan** 6 F1.
Tél. 461 72 79. 832 51 01.
Zinnowitzerstrasse ou Oranien-burger Tor. 340. 6, 13, 50.
mai-août : 8 h-20 h ; sept.-avr. : 8 h jusqu'au crépuscule.

★ **Karl Friedrich Schinkel**
(1781-1841)
Par ses œuvres et son influence, cet illustre architecte néo-classique et romantique a marqué le visage de Berlin.

Georg Wilhelm Friedrich Hegel
(1770-1831)
Le plus grand philosophe allemand de la période des Lumières enseigna pendant de nombreuses années à l'université de Berlin.

La statue de Luther
est une copie du monument dessiné par Schadow.

Johann Gottlieb Fichte
(1762-1814)
Le premier recteur de l'université de Berlin fut aussi un philosophe des Lumières réputé.

BIRKENALLEE

Chapelle

À NE PAS MANQUER

★ JG Schadow

★ KF Schinkel

0   20 m

Monument à Bertolt Brecht devant le Berliner Ensemble

Berliner Ensemble ⑬

Bertolt-Brecht-Platz 1. **Plan** 6 F2.
Tél. *28 40 81 55.* Ⓢ *et* Ⓤ
Friedrichstrasse. 🚌 *147.* 🚋 *1, 50.*

Construit en 1891 et 1892 par Heinrich Seeling dans le style néo-baroque, ce théâtre a été le cadre d'événements majeurs de l'histoire culturelle de Berlin. Inauguré sous le nom de Neues Theater am Schiffbauerdamm, il acquit très vite une grande renommée, notamment grâce à des créations prestigieuses comme la première des *Tisserands,* drame social écrit en 1893 par Gerhart Hauptmann.

Au début du XXᵉ siècle, les mises en scène de Max Reinhardt révolutionnèrent l'art dramatique européen. En 1905, par exemple, il présenta au Berliner Ensemble *Le Songe d'une nuit d'été* de Shakespeare, en utilisant une scène pivotante et en intégrant au décor de véritables arbres,

mise en scène tout à fait nouvelle. En 1928, c'est au Berliner Ensemble qu'eut lieu la première mondiale de *L'Opéra de quat' sous* de Bertolt Brecht.

Endommagé pendant la Seconde Guerre mondiale, le bâtiment possède, depuis sa reconstruction, un extérieur beaucoup plus sobre, mais il a conservé son intérieur néo-baroque, en particulier les éléments décoratifs exécutés par Ernst Westphal.

Bertolt Brecht en prit la direction en 1954 et fêta l'événement, en novembre, en montant *Le Cercle de craie caucasien,* pièce qu'il avait écrite en 1947 aux États-Unis et qui n'avait jamais été jouée. Après sa mort, son épouse, l'actrice Helene Weigel, poursuivit son œuvre.

Deutsches Theater ⑭

Schumannstrasse 13A. **Plan** 6 E2.
Tél. *28 44 12 25.* **Kammerspiele**
Ⓤ *Oranienburger Tor.* 🚌 *147.*

Le Deutsches Theater occupe un bâtiment construit en 1849 par Eduard Titz pour accueillir le Friedrich-Wilhelm Städtisches Theater. Il prit son nom actuel après un important remaniement achevé en 1883, et proposa au public pour son inauguration la pièce *Intrigue et Amour* de Friedrich Schiller. Le Deutsches Theater acquit sa renommée grâce à son deuxième directeur, Otto Brahm, puis entra dans l'histoire du théâtre moderne

avec Max Reinhardt.

Le célèbre metteur en scène y commença sa carrière en tant qu'acteur, puis en assuma la direction de 1905 à 1933. Pour disposer d'une deuxième scène, plus petite, la **Kammerspiele,** il fit convertir en 1906 le casino adjacent. La frise d'Edvard Munch qui décorait l'auditorium du premier étage se trouve désormais à la Neue Nationalgalerie.

Lorsqu'il accepta l'invitation de la RDA en 1948, Bertolt Brecht installa tout d'abord sa compagnie, le Berliner Ensemble, au Deutsches Theater. La première pièce présentée était *Mère Courage.*

L'élégante façade du Deutsches Theater date du XIXᵉ siècle

Charité ⑮

Schumannstrasse 20–21. **Plan** 6 E1, E2.
Tél. *450 53 61 56.* Ⓤ *Oranienburger Tor.* 🚌 *147.* 🕐 *10 h-17 h mar., jeu.-dim., 10 h-19 h mer.*

Rattaché à l'université Humboldt *(p. 60)* depuis sa fondation en 1810, le plus vieil hôpital universitaire d'Allemagne, créé en 1726, occupe un immense groupe de bâtiments près de la Luisenstrasse. L'édifice le plus ancien du complexe remonte aux années 1830.

De grands scientifiques ont travaillé à la Charité, dont Robert Koch qui découvrit les bacilles de la tuberculose et du choléra. Rudolf Virchow fonda en 1899 le musée de l'Institut de pathologie. Sa collection comprenait environ 23 000 spécimens. Elle a beaucoup souffert de la Seconde Guerre mondiale, mais le bâtiment a survécu et le musée a rouvert en 1999.

MAX REINHARDT (1873-1943)

D'origine autrichienne, Max Reinhardt commença sa carrière à Berlin en tant qu'acteur au Deutsches Theater, institution dont il prit la direction en 1905. Il proposa aussi des créations à la Kammerspiele, au Neues Theater am Schiffbauerdamm (l'actuel Berliner Ensemble) et au cirque Schuman (devenu le Friedrichstadtpalast), qu'il fit aménager selon ses indications par Hans Poelzig. Révolutionnaires, ses mises en scène de textes classiques et contemporains jouaient de tous les arts vivants et de toutes les techniques nouvelles. Elles eurent une profonde influence sur le théâtre européen. Contraint à l'exil en 1933 à cause de ses origines juives, Max Reinhardt s'établit aux États-Unis, où il mourut en 1943.

Dorotheenstädt-ischer Friedhof ⑯

Voir p. 106-107.

Brecht-Weigel-Gedenkstätte ⑰

MÉMORIAL BRECHT-WEIGEL

Chausseestrasse 125. **Tél.** *283 057 044.* **Plan** 6 E1. **U** *Zinnowitzer Strasse or Oranienburger Tor.* 🚋 *340.* 🚌 *6, 13, 50.* ⏰ *10 h-midi mar.-ven., 17 h-19 h jeu., 9 h 30-14 h sam., 11 h-18 h dim.* 📷 *obligatoire. Toutes les demi-heures (toutes les heures le dim.).* ⏺ *lun., vac. scol.* 🖼

Bertolt Brecht, dont l'œuvre a marqué le théâtre contemporain, travailla dans la capitale allemande à partir de 1920, mais dut émigrer en 1933 pour échapper aux nazis. Après avoir vécu un temps aux États Unis, il accepta en 1948 de rentrer à Berlin quand la RDA lui proposa de diriger son propre théâtre. Après sa mort en 1956, son épouse, l'actrice Helene Weigel, continua son œuvre à la tête de leur compagnie : le Berliner Ensemble.

Bertolt Brecht s'installa en 1953 au premier étage de la maison du n° 125 de la Chausseestrasse. Sa femme vécut d'abord au deuxième étage, mais, après le décès de son mari, en 1956, elle descendit au rez-de-chaussée où son appartement ouvrait sur le jardin. Elle l'habita jusqu'à sa mort en 1971. Le couple repose au

Squelette de brachiosaure au Museum für Naturkunde

Dorotheenstädtischer Friedhof *(p. 106-107).*

La demeure est devenue un musée. Elle abrite aussi les archives Bertolt-Brecht et un petit restaurant.

Museum für Naturkunde ⑱

MUSEUM D'HISTOIRE NATURELLE

Invalidenstrasse 43. **Plan** 6 E1. **Tél.** *20 93 85 91.* **U** *Zinnowitzer Strasse.* 🚌 *147, 245.* ⏰ *9 h 30-17 h mar.-ven., 10 h-18 h sam. et dim.* 🖼

Sa collection de plus de 60 millions de pièces fait du Museum für Naturkunde l'un des plus importants musées d'histoire naturelle du monde.

Il occupe un bâtiment néo-Renaissance construit entre 1883 et 1889 pour l'accueillir, et, malgré plusieurs rénovations et agrandissements, il conserve une atmosphère surannée très agréable.

Le musée possède pour fleuron le plus grand squelette de dinosaure du monde. Découvert en Tanzanie en 1909, il appartenait à un brachiosaure. Long de 23 m, il s'élève jusqu'à 12 m de hauteur sous la verrière de la salle centrale. Six autres squelettes de dinosaures et la réplique d'un fossile d'archéoptéryx, un reptile volant, complètent la présentation.

Le musée comprend aussi un département consacré à la zoologie, qui propose une riche exposition de coquillages, d'insectes, d'oiseaux et de mammifères naturalisés. Elle illustre la théorie de l'évolution. Des dioramas de grande qualité replacent les animaux dans leur environnement. Bien qu'empaillé, Bobby le gorille connaît toujours du succès auprès des jeunes enfants. Arrivé au zoo de Berlin à l'âge de deux ans en 1928, il y vécut jusqu'en 1935.

La section de minéralogie abrite, entre autres, des météorites et des pierres précieuses et semi-précieuses.

Bureau de Bertolt Brecht dans son ancien appartement

Hamburger Bahnhof ⑲

La « gare de Hambourg », construite dans le style néo-Renaissance en 1847, perdit sa fonction dès 1884 et abrita un musée des Transports jusqu'à la Seconde Guerre mondiale. Elle fut transformée par Josef Paul Kleihues pour accueillir le musée d'Art contemporain inauguré en 1996. L'installation de néon qui éclaire la façade est de Dan Flavin. Le musée possède des œuvres de Jospeh Beuys que complètent des pièces fournies par la Neue Nationalgalerie et accueille la collection Flick, de renommée mondiale. La gare, éclectique, est l'un des meilleurs musées d'art contemporain d'Europe. Cinéma, vidéo, musique et design ne sont pas oubliés.

★ **Richtkräfte** (1974-1977)
Une salle entière est consacrée au travail de Joseph Beuys.

Sans titre (1983)
Anselm Kiefer s'interroge dans sa peinture sur l'identité des Allemands et leur histoire.

SUIVEZ LE GUIDE !

Le musée dispose de plus de 10 000 m². Les œuvres de Beuys se trouvent dans l'aile ouest, la salle principale sert à accueillir des installations spéciales. Le Rieckhallen montre en alternance des œuvres de la collection Flick.

Premier étage

Rieckhallen

Rez-de-chaussée

Genova (1980)
Sandro Chia appartient au mouvement de la trans-avant-garde marqué par des influences venant du maniérisme italien et de l'expressionnisme allemand.

Entrée principale

Sans titre (1983)
La peinture de Keith Haring puise aux sources du graffiti, mais évoque aussi la gravure sur bois et la bande dessinée.

Sans titre (1990)
Dans ses toiles, Cy Twombly laisse libre sa main dont gribouillis et traînées de couleur enregistrent le parcours.

MODE D'EMPLOI

Invalidenstrasse 50/51. **Plan** 6 D1.
Ⓢ *Lehrter Stadtbahnhof.* 🚌 *245, 340.* **Tél.** *26 60.* ☐ *10 h-18 h mar.-ven., 11 h-18 h sam. et dim.* ● *1ᵉʳ jan., mar. après Pâques et la Pentecôte,, 24, 25 et 31 déc.* 🍴🚻♿👪🅿📷🛍
www.hamburgerbahnhof.de

Bourgeois Bust - Jeff and Ilona (1991)
Délibérément kitsch, cette sculpture en marbre de Jeff Koons le montre avec son épouse de l'époque, Ilona (plus connue sous le nom de La Cicciolina).

Deuxième étage

Not Wanting to Say Anything About Marcel (1969)
La mort de son célèbre ami Marcel Duchamp inspira cette œuvre à John Cage.

★ **Mao** (1973)
Les célèbres portraits d'Andy Warhol nous incitent à nous interroger sur l'évolution de notre rapport à l'image.

First Time Painting (1961)
L'Américain Robert Rauschenberg peignit ce tableau alors qu'il travaillait avec John Cage au Black Mountain College.

LÉGENDE

☐ Expositions

☐ Collection Flick

À NE PAS MANQUER

★ *Mao*

★ *Richtkräfte*

TIERGARTEN

ménagée en parc au XVIIIe siècle, l'ancienne réserve de chasse des princes-électeurs forme aujourd'hui un vaste espace de promenade en plein cœur de Berlin. Le Tiergarten appartenait au secteur occidental pendant la guerre froide, et les autorités de la RFA y firent construire le vaste complexe culturel du Kulturforum et l'ensemble résidentiel de l'Hansaviertel conçu par certains

Le Crieur, Strasse des 17. Juni

des plus grands architectes des années 1950. De l'autre côté du Mur, les bombardements n'avaient laissé que des ruines du quartier densément peuplé qui s'était développé au XIXe siècle autour de la Potsdamer Platz. L'endroit devint un terrain vague. Depuis la réunification, il s'est transformé en un gigantesque chantier : celui du nouveau quartier d'affaires de la capitale allemande.

LE QUARTIER D'UN COUP D'ŒIL

Musées
Bauhaus-Archiv **14**
Bendlerblock (Gedenkstätte Deutscher Widerstand) **12**
Gemäldegalerie p.122-125 **8**
Kunstbibliothek **6**
Kunstgewerbemuseum p. 118-121 **4**
Kupferstichkabinett **5**
Musikinstrumenten-Museum **2**
Neue Nationalgalerie **9**

Quartiers, places et parc
Diplomatenviertel **15**
Grosser Stern **17**
Hansaviertel **19**

Potsdamer Platz (p. 128-131) **10**
Regierungsviertel **22**
Tiergarten **16**

Bâtiments historiques
Haus der Kulturen der Welt **21**

Philharmonie und Kammermusiksaal **3**
Reichstag **23**
Shell-Haus **11**
Schloss Bellevue **20**
Staatsbibliothek **1**
St-Matthäus-Kirche **7**
Villa von der Heydt **13**

Monuments
Siegessäule **18**
Sowjetisches Ehrenmal **24**

LÉGENDE

- ▢ Plan pas à pas p. 114-115
- Ⓤ Station de U-Bahn
- Ⓢ Station de S-Bahn
- 🚌 Arrêt d'autobus

0 ─────── 600 m

◁ Le Tiergarten renferme de nombreux plans d'eau

Autour du Kulturforum pas à pas

Pour compenser la perte des grands musées et théâtres qui se trouvaient de l'autre côté du Mur, l'Allemagne de l'Ouest décida à la fin des années 1950 la construction du Forum de la Culture sur un terrain que les nazis avaient réduit à l'état de friche.

Sculpture de Henry Moore

Hans Scharoun prit la direction du chantier et dessina la Philharmonie, inaugurée en 1963. D'autres grands noms de l'architecture moderne, tel Ludwig Mies Van der Rohe, participèrent au projet. Le Kulturforum et ses musées attirent aujourd'hui des millions de visiteurs chaque année.

★ Kunstgewerbe-museum
Un atelier d'Augsbourg fabriqua vers 1640 cette chope en argent et en ivoire exposée au musée des Arts décoratifs ❹

Kupferstichkabinett
Ce portrait de la mère de Dürer fait partie de la riche collection de gravures et de dessins du cabinet des Estampes ❺

★ Gemäldegalerie
La pinacothèque possède de nombreux chefs-d'œuvre, dont La Madone à l'église, *peinte vers 1425 par Jan Van Eyck* ❽

Kunstbibliothek
La Bibliothèque des beaux-arts est aussi un lieu d'exposition, d'affiches entre autres ❻

À NE PAS MANQUER

★ Gemäldegalerie

★ Kunstgewerbe-museum

★ Philharmonie

REICHPIETSCHUFER

LANDWEHRKANAL

LÉGENDE

 — — — Itinéraire conseillé

Neue Nationalgalerie
Bordée d'un jardin de sculptures, la Nouvelle Galerie nationale occupe un gracieux bâtiment dessiné par Ludwig Mies Van der Rohe ❾

★ Philharmonie
Cette prestigieuse salle de concert, où le public entoure entièrement l'orchestre, possède une acoustique exceptionnelle ❸

CARTE DE SITUATION
Voir atlas des rues, plans 4, 5 et 6

TIERGARTEN
AUTOUR DU KURFÜRSTENDAMM
KREUZBERG

SCHAROUNSTRASSE

POTSDAMER STRASSE

MATTHÄI-KIRCH PLATZ

ISMUNDSTRASSE

POTSDAMER STRASSE

0   50 m

Musikinstrumenten-Museum
Ce clavecin fait partie du musée des Instruments de musique, qui contient des pièces datant des XVIᵉ-XXᵉ siècles ❷

St-Matthäus-Kirche
Une pittoresque église du XIXᵉ siècle tranche sur les édifices modernes du Kulturforum ❼

Staatsbibliothek
La Bibliothèque nationale, achevée en 1978, est une œuvre de Hans Scharoun ❶

Principale salle de lecture de la Staatsbibliothek

Staatsbibliothek ❶

BIBLIOTHÈQUE NATIONALE

Potsdamer Strasse 33. **Plan** 6 D5.
Tél. 266 23 03. Ⓢ & Ⓤ Potsdamer
Platz. 🚌 129, 148, 200, 348. ⏰ 9 h-
21 h lun.-ven., 9 h-19 h sam.

Affectueusement surnommée
Stabi par les Berlinois, la
Staatsbibliothek possède un
aspect inhabituel pour une
bibliothèque avec son dôme
doré orienté vers l'est. Hans
Scharoun et Edgar Wisniewski
l'édifièrent entre 1967 et 1978
pour abriter la partie des
archives nationales restée à
l'Ouest après la Seconde
Guerre mondiale.
Reconstituée après la
réunification, la Bibliothèque
nationale allemande abrite
aujourd'hui l'une des plus
riches collections de livres et
de manuscrits d'Europe.

L'aménagement intérieur du
bâtiment allie fonctionnalisme
et esthétique. Les réserves
installées à l'étage recèlent
environ 5 millions de
volumes. Dans la grande salle
de lecture, très lumineuse,
des ruptures de niveaux
animent l'espace. Des
expositions organisées
régulièrement permettent

de découvrir manuscrits,
documents ou livres rares.
La même administration gère
aujourd'hui la Staatsbibliothek
de Tiergarten, au
Kulturforum, et celle située
sur Unter den Linden *(p. 61)*.

Musikinstrumen-
ten-Museum ❷

MUSÉE DES INSTRUMENTS
DE MUSIQUE

Tiergartenstrasse 1. **Plan** 6 D5.
Tél. 25 48 11 78. Ⓢ et Ⓤ Potsdamer
Platz ou Ⓤ Mendelssohn-Bartholdy-
Park. 🚌 129, 148, 200, 348. ⏰ 9 h-
17 h mar.-ven., 10 h-17 h sam.-dim.
**Démonstrations de l'orgue
Wurlitzer** midi, sam. 🎞 ♿ 👫 🚻

Caché derrière la Philharmonie,
dans un petit édifice bâti entre
1979 et 1984 par Edgar
Wisniewski d'après des plans
de Hans Scharoun, ce
passionnant musée abrite plus
de 750 instruments de
musique. Commencée en 1888,
la collection permet de suivre
l'évolution de certains d'entre
eux, du XVIᵉ siècle à nos jours.
Elle compte parmi ses plus

belles pièces des violons signés
par Amati et Stradivarius, ainsi
qu'un clavecin fabriqué par
Jean Marius et qui appartint à
Frédéric le Grand.

Moins ancien, mais plus
impressionnant, un orgue
Wurlitzer de 1929 reste en
parfait état de marche. Il
servait jadis à l'illustration
sonore de films muets et
possède une gamme assez
large pour permettre d'imiter
le grondement d'une
locomotive. Les
démonstrations proposées le
samedi attirent toujours une
foule de passionnés.

Des enregistrements
permettent d'écouter d'autres
instruments, et le musée
intègre une riche bibliothèque
ouverte au public.

Philharmonie
und Kammer-
musiksaal ❸

PHILHARMONIQUE ET MUSIQUE
DE CHAMBRE

Herbert-von-Karajan-Str. 1. **Plan** 6 D5.
Tél. 25 48 81 32. Ⓢ et Ⓤ Potsdamer
Platz ou Ⓤ Mendelssohn-Bartholdy-
Park. 🚌 129, 148, 200, 348.

Avec la Philharmonie, son
chef-d'œuvre construit entre
1960 et 1963, Hans Scharoun
révolutionna la conception des
salles de concerts. L'orchestre
y joue en effet sur un plateau
situé au centre d'un espace
pentagonal. Le public prend
place sur des gradins qui
l'entourent de tous côtés et
profite d'un son d'une
ampleur exceptionnelle.
L'extérieur du bâtiment
évoque un grand chapiteau.
Des travaux effectués entre
1978 et 1981 lui ont

La Philharmonie et la Kammermusiksaal évoquent de grandes tentes dorées

donné son aspect doré.

Fondé en 1882, le prestigieux Orchestre philharmonique de Berlin *(Berliner Philharmoniker)* a eu à sa tête de grands chefs d'orchestre tels que Hans von Bülow, Wilhelm Furtwängler et le controversé Herbert von Karajan qui le dirigea de 1954 à 1989. Ce dernier avait une si forte personnalité que la Philharmonie prit le surnom de « cirque Karajan ». Claudio Abbado l'a remplacé à sa mort et a laissé la direction en 2002 à sir Simon Rattle.

Edgar Wisniewski s'inspira d'esquisses dessinées par Hans Scharoun pour construire la Kammermusiksaal entre 1984 et 1987. Surnommée la « petite tente », elle développe les mêmes partis pris esthétiques que la Philharmonie : les orchestres de musique de chambre qui s'y produisent jouent aussi au centre d'une salle où le public les entoure de tous côtés.

Kunstgewerbe-museum ❹

MUSÉE DES ARTS DÉCORATIFS

Voir p. 118-121.

Kupferstich-kabinett ❺

CABINET DES ESTAMPES

Matthäikirchplatz 8. **Plan** 5 C5. **Tél.** 20 90 55 66. Ⓢ et Ⓤ *Potsdamer Platz ou* Ⓤ *Mendelssohn-Bartholdy-Park.* 🚌 *129, 148, 200, 348.* **Expositions** *10 h-18 h mar.-ven., 11 h-18 h sam.-dim.* 📷

♿ 🏛 🗄 🎥 🍴 🚫

Commencée par le Grand Électeur en 1652 et accessible au public depuis 1831, cette collection de dessins et de gravures, un temps divisée entre l'Est et l'Ouest, a été réunie au Kulturforum en 1994. Elle compte environ 2 000 planches originales, près de 520 000 tirages et au moins 80 000 dessins et aquarelles. Malheureusement, beaucoup de ces trésors supportent mal les rayonnements lumineux. En conséquence, le Kupferstichkabinett ne

Jeune Fille sur la plage, lithographie d'Edvard Munch

possède pas d'exposition permanente et renouvelle régulièrement les œuvres présentées. Les personnes justifiant d'un intérêt particulier peuvent demander à voir des pièces conservées en dépôt. Elles leur seront montrées, sur rendez-vous, à l'atelier.

Le cabinet des Estampes possède des œuvres de tous les artistes occidentaux de renom du Moyen Âge à nos jours. Parmi les mieux représentés figurent Dürer, Watteau, Goya, Daumier, les peintres du mouvement Die Brücke et les maîtres hollandais, notamment Rembrandt. Les pièces les plus précieuses comptent des illustrations de la *Divine Comédie* de Dante dessinées par Botticelli.

Kunstbibliothek ❻

BIBLIOTHÈQUE DES BEAUX-ARTS

Matthäikirchplatz 6. **Plan** 5 C5. **Tél.** 266 20 29. Ⓢ & Ⓤ *Potsdamer Platz or* Ⓤ *Mendelssohn-Bartoldy-Park.* 🚌 *129, 148, 200, 348.* **Expositions** *10 h-18 h mar.-ven., 11 h-18 h sam., dim.* **Bibliothèque** *14 h-20 h lun., 9 h-16 h mar.-ven.* 📷

La Bibliothèque des beaux-arts occupe un bâtiment moderne, mais existe depuis 1867. Elle possède environ 350 000 volumes et attire 35 000 visiteurs chaque année. Elle expose dans les salles de lecture une partie de son fonds qui comprend la bibliothèque des costumes de Lipperheide, près de

50 000 affiches et une collection d'environ 30 000 plans et dessins exécutés par des architectes tels que Johann Balthasar Neumann, Erich Mendelssohn et Paul Wallot. Elle propose également des expositions temporaires.

St-Matthäus-Kirche ❼

ÉGLISE SAINT-MATTHIEU

Matthäikirchplatz. **Plan** 5 C5. **Tél.** 262 12 02. Ⓢ et Ⓤ *Potsdamer Platz ou* Ⓤ *Mendelssohn-Bartholdy-Park.* 🚌 *129, 148, 200, 348.* ⏰ *midi-18 h mar.-dim., et pour les offices.*

La St-Matthäus-Kirche se dressait jadis au centre d'une petite place entourée de bâtiments, mais l'architecte nazi Albert Speer fit raser une grande partie du quartier dans le cadre d'un projet trop ambitieux qui n'aboutit jamais. Les bombardements alliés achevèrent le travail de démolition. Ce vaste espace en friche servit à la construction du Kulturforum à partir des années 1960.

L'église Saint-Matthieu offre un contraste frappant avec les bâtiments au modernisme affirmé du Forum de la Culture. Achevée en 1846 par Friedrich August Stüler et Herbert Wentzel, elle possède trois nefs dotées chacune d'un toit à double pente, mais s'inspire des sanctuaires romans de l'Italie du Nord avec son parement de brique polychrome qui fait alterner bandes ocre et crème.

La St-Matthäus-Kirche, église néo-romane bâtie au XIXᵉ siècle

Kunstgewerbemuseum ❹

Le musée des Arts décoratifs possède une collection d'une grande richesse qui illustre l'évolution des arts appliqués européens du Moyen Âge à nos jours. Elle comprend des pièces d'orfèvrerie exceptionnelles, telles celles formant le trésor religieux d'Enger et celui des Guelfes de Brunswick. Le trésor municipal de Lüneburg se compose de magnifiques argenteries datant de la fin du gothique et de la Renaissance. L'exposition permet aussi de découvrir de belles majoliques italiennes, des costumes et textiles anciens, de la verrerie, de la porcelaine des manufactures de Meissen et de Berlin, de nombreux meubles et un bel ensemble d'objets Art nouveau. Une section est consacrée aux « chinoiseries » qui connurent une grande vogue à l'époque baroque.

Poupée en porcelaine de Meissen

★ Reliquaire en dôme (1175-1180)
Il fait partie du trésor des Guelfes de Brunswick. Les personnages sont en ivoire de morse.

Entrée principale

Minneteppich (v. 1430)
Les personnages de cette tapisserie, inspirée par les règles de l'amour courtois, échangent des propos sur des sujets comme l'infidélité. Leurs paroles apparaissent sur les bannières qu'ils tiennent.

★ Gobelet gothique (v. 1480)
Des épisodes de la vie d'Adam et Ève décorent ce gobelet en verre de Venise.

Lion de Lüneburg (1540)
Ce hanap en argent doré appartenait au conseil municipal de Lüneburg. Il provient de l'atelier de Joachim Worm.

Sous-sol

MODE D'EMPLOI

Herbert Von Karajan Str 10.
Plan 5 C5. **Tél.** 26 60.
Ⓢ Potsdamer Platz.
Ⓤ Potsdamer Platz ou
Mendelssohn-Bartholdy-Park.
🚌 129, 148, 200 341, 348.
⏰ 10h-18h mar.-ven.,
11h-18h sam.-dim.
🎫 mar. après Pâques, Pentecôte,
24, 25 et 31 déc. ♿
♿ 🅿 📷 🚻 📷

Candélabre (1900)
*Les Belges Egide
Rombaux et Frans
Hoosemans
utilisèrent onyx,
argent et ivoire pour
fabriquer ce chandelier
Art nouveau.*

2ᵉ étage

Robe de noce (v. 1780)
*Eleonor Schuster, de la ville de
Breslau (Wrocław), se maria
dans cette robe de brocart
rococo aux manches et au
col garnis de dentelle.*

1ᵉʳ étage

★ **Groupe à l'Arlequin
(v. 1740)**
*Très décoratifs, ces personnages
comiques en porcelaine de
Meißen sont l'un des trésors
des cabinets de curiosités et
des collections baroques
du second étage.*

Rez-de-chaussée

LÉGENDE

☐ Moyen Âge
☐ Renaissance
☐ Baroque
■ Néo-classique, Art nouveau
☐ xxᵉ siècle
☐ Expositions temporaires

SUIVEZ LE GUIDE !
*L'entrée du musée et
le bureau d'information
se trouvent au premier étage.
Le sous-sol est consacré au
xxᵉ siècle, le rez-de-chaussée
au Moyen Âge et à la
Renaissance, et le deuxième
étage à la période allant
de la Renaissance à l'Art
nouveau.*

À NE PAS MANQUER

★ Reliquaire en dôme

★ Gobelet gothique

★ Groupe
à l'Arlequin

À la découverte du Kunstgewerbemuseum

Fondé en 1867, le plus ancien musée des Arts décoratifs d'Allemagne occupa tout d'abord le Martin-Gropius-Bau *(p. 140)*, puis, à partir de 1919, le Stadtschloss que venait de libérer l'abdication de Guillaume II *(p. 74)*. Il s'installa en 1940 au Schloss Charlottenburg *(p. 160-161)*. Son bâtiment actuel, conçu spécialement pour l'accueillir par Rolf Gutbrod, a été construit entre 1978 et 1985. Présentement, une partie des collections est aussi exposée au Schloss Köpenick *(p. 175)*.

Pendentif de la douleur du Christ

MOYEN ÂGE

Une grande partie de cette collection est composée d'objets sacrés. Ils proviennent souvent de trésors d'églises, tel celui d'Enger, une localité de Westphalie, dont on remarquera un beau reliquaire du VIIIe siècle en forme de bourse des corporaux, le récipient utilisé pendant la messe pour garder les linges servant à poser le calice et l'hostie. Le musée possède aussi plusieurs reliquaires en forme de croix datant du XIe et du XIIe siècle, dont la Heinrichskreuz offerte à la cathédrale de Bâle par l'empereur germanique Henri II, et la Welfenkreuz, qui faisait partie du trésor des Guelfes de Brunswick. Ce dernier comprenait également un magnifique reliquaire en forme d'église à coupole et un retable portable, émaillé vers 1150 par l'artisan Eilbertus de Cologne.

Reliquaire du XIe siècle

La section consacrée à la période gothique (du XIIe au XVIe siècle) abrite le somptueux reliquaire de saint Georges provenant d'Elbing et fabriqué vers 1480. Elle permet aussi de découvrir des objets d'art séculiers, entre autres des coffrets, de la vaisselle, un miroir, une amulette de chevalier et la Minneteppich. Cette tapisserie montre plusieurs scènes d'amour courtois où des animaux mythologiques se mêlent aux humains. Accrochée au-dessus d'un siège, elle servait à protéger des courants d'air.

RENAISSANCE

L'espace consacré à la Renaissance permet de se faire une idée du décor dans lequel vivaient les princes italiens à la fin du Moyen Âge. L'exposition comprend en particulier de superbes majoliques, une forme de faïence importée de Majorque en Toscane au XVe siècle. Les céramiques présentées proviennent de certains des meilleurs ateliers du XVIe siècle, tels ceux de Faenza, de Cafaggiolo et d'Urbino. Les vitrines abritent aussi de la verrerie vénitienne des XVe et XVIe siècles, de la vaisselle émaillée de Limoges, des meubles raffinés et des tapisseries.

Le fleuron de la collection reste néanmoins le trésor municipal de Lüneburg, acquis par le musée en 1874. Il se compose de 32 bols, hanaps et brocs en argent plaqué or. Réalisés par les artisans de cette ville d'Allemagne du Nord, certains ont la forme d'un lion. Les orfèvres de Nuremberg jouissaient aussi d'une grande renommée, en particulier Wenzel Jamnitzer et son neveu Christoph Jamnitzer, dont on peut juger de la qualité du travail.

Au XVIe siècle, la vogue des *Kunstkammern*, les « cabinets de curiosité », explique la présence au musée de créations naturalistes et exotiques issues d'autres cultures. Une salle renferme de nombreux instruments scientifiques, ainsi que des pièces d'horlogerie du XVIIe siècle. Remarquez les quelques éléments provenant du Pommersche Kunstschrank, le cabinet de curiosités d'un prince poméranien du XVIe siècle, Phillipe II.

BAROQUE

Le Kunstgewerbemuseum possède une intéressante collection de verrerie produite en Allemagne et en Bohême à l'époque baroque. Certaines pièces sont faites d'un verre dit « rubis », une technique qui eut pour pionnier Johann Kunckel à la fin du XVIIe siècle.

Particulièrement riche et variée, l'exposition de céramiques du XVIIIe siècle comprend, parmi les faïences allemandes, quelques brocs et chopes aux formes et aux décors pleins de fantaisie. Elle commence par une série d'objets fabriqués par Johann

Tapisserie du XVIe siècle intitulée *Le Triomphe de l'amour*

Cabinet d'art poméranien (v. 1610-1617)

Friedrich Böttger. Cet alchimiste et son assistant Ehrenfried Walther von Tschirnhaus permirent, au début du XVIII siècle, la mise au point à Meissen de la technique de la porcelaine dure. La production de cette ville de Saxe est particulièrement bien représentée. On remarquera notamment quelques créations de Johann Joachim Kaendler.

Par ailleurs, de nombreuses pièces témoignent de la qualité atteinte par la Königliche Porzellan-Manufaktur (Manufacture royale de porcelaine) de Berlin (p. 133), réputée pour ses vues de la ville. De la vaisselle en argent provenant de divers ateliers européens de l'époque complète la présentation.

Une section est consacrée à la mode des « chinoiseries », qui fit fureur en Europe au XVIII siècle. Elle a pour fleuron le Chinesisches Kabinett.

DU NÉO-CLASSICISME À L'ART NOUVEAU

Le néo-classicisme qui a tant marqué l'architecture berlinoise a aussi alimenté l'inspiration des artisans d'art de la fin du XVIII et du début du XIX siècle. Des porcelaines issues de certaines des meilleures manufactures d'Europe, de l'argenterie allemande et française, de la verrerie et des meubles offrent un large panorama de leur travail.

Les arts appliqués connurent un renouveau en Europe centrale pendant la deuxième moitié du XIX siècle, comme en témoignent la sophistication de certains bijoux viennois. Cette section abrite aussi des meubles fabriqués en papier mâché, une technique apparue en Angleterre vers 1850. Des incrustations de nacre rehaussaient parfois le décor peint sur les bandes de papier imbibé de colle appliquées sur une ossature en bois ou en fil de fer.

Au tournant du siècle, les mouvements de la Sécession et de l'Art nouveau ouvrirent de nouvelles voies à la décoration d'intérieur. L'exposition comprend les créations d'artistes tels que Henry Van de Velde et Eugène Gaillard. Beaucoup de pièces ont été acquises lors de l'Exposition universelle de Paris en 1900. On remarquera des œuvres en verre ou en pâte de verre des Français Émile Gallé et René Lalique et de l'Américain Louis Comfort Tiffany, créateur des vases en verre irisé « Favrile » et de magnifiques vitraux.

Deux meubles de 1885 sont particulièrement étonnants. Leur créateur, l'Italien Carlo Bugatti, a puisé dans le répertoire de l'art japonais et islamique et fait un usage spectaculaire d'essence rares et de délicates incrustations.

XX SIÈCLE

Pendant l'entre-deux-guerres, alors que l'académisme tourné vers le passé reste dominant, de nombreux créateurs tentent de nouvelles approches aussi bien au niveau des formes que de la décoration. Cette partie du musée renferme des objets illustrant les deux tendances, mais elle met surtout l'accent sur le style Art déco.

Vase Art nouveau d'Émile Gallé (1900)

Les pièces les plus remarquables comprennent un petit service à thé en porcelaine de Gertrud Kant et un service à café en argent décoré d'incrustations d'ébène dessiné par Jean Puiforcat.

La collection consacrée à la période contemporaine n'a jamais cessé d'être complétée depuis la fin de la Seconde Guerre mondiale. De nombreuses céramiques, des objets d'usage quotidien et des meubles dessinés par de célèbres stylistes illustrent certains des grands courants des arts décoratifs aujourd'hui.

Horloge baroque de Johann Gottlieb Graupner (1739)

Gemäldegalerie ❽

Le fonds de la pinacothèque de Berlin a pour origine les œuvres réunies par le Grand Électeur (1620-1688) et Frédéric le Grand (1712-1786), mais doit son exceptionnelle qualité au fait que l'acquisition de la majorité des tableaux fut confiée à des spécialistes. Ouverte au public en 1830

Femme au bonnet par Rogier Van der Weyden

dans l'Altes Museum *(p. 75)*, la galerie de peintures prit un statut indépendant lors de son

déménagement au Bodemuseum *(p. 79)* en 1904. Ce musée subit de graves dégâts pendant la Seconde Guerre mondiale, et les bombardements détruisirent 400 toiles. La division de Berlin en 1945 entraîna celle de la collection dont la majeure partie trouva un nouveau toit au musée de Dahlem *(p. 178-179)*. La réunification a permis de rendre son intégrité à la Gemäldegalerie, désormais exposée dans un nouveau bâtiment du Kulturforum.

★ **L'Amour vainqueur** (1602)
Le joyeux Cupidon peint par le Caravage se rit des symboles des arts, de la gloire, du savoir et du pouvoir.

Vierge à l'Enfant (v. 1477)
Sandro Botticelli a représenté la Vierge et les anges qui l'entourent vêtus comme ses contemporains de la Renaissance.

Hall circulaire menant aux galeries

Naissance du Christ
(v. 1480)
Cette belle composition est l'une des rares peintures de Martin Schongauer à nous être parvenues.

Portrait de Hieronymus Holzschuher (1529)
L'affection d'Albrecht Dürer pour son ami le maire de Nuremberg transparaît dans ce portrait.

Entrée principale

Le Verre de vin
(v. 1658-1661)
Composition et éclairage contribuent dans ce tableau de Jan Vermeer à évoquer avec délicatesse la relation entre les deux jeunes gens.

MODE D'EMPLOI

Matthäikirchplatz. 4-6.
Plan 5 C5. **Tél.** 26 60.
Ⓢ et Ⓤ Potsdamer Platz.
Ⓤ Mendelssohn-Bartholdy-Park.
🚌 129, 148, 200, 348.
⏰ 10 h-18 h mar.-dim.
(20 h le jeu.). ● 1er mar. après
Pâques et la Pentecôte, 1er mai,
24, 25 et 31 déc. 🖾 🍴 🛍
🚻 ♿ 🚫 📷

L'Amour au Théâtre-Français
Le théâtre et les acteurs attiraient beaucoup Watteau comme le montrent ce tableau et son pendant : L'Amour au Théâtre-Italien (p. 23).

★ Portrait de Hendrickje Stoffels (1656-1657)
Ce portrait de la compagne de Rembrandt est typique de la technique du maître, qui néglige l'arrière-plan pour concentrer l'attention sur le personnage.

LÉGENDE

☐	XIIIe-XVIe siècles : peinture allemande
☐	XIVe-XVIe siècles : peintures néerlandaise et française
☐	XVIIe siècle : peintures flamande et néerlandaise
☐	XVIIIe siècle : peintures française, anglaise et allemande
☐	XVIIe-XVIIIe siècles : peinture italienne – XVIIe siècle : peintures allemande, française et espagnole
☐	XIIIe-XVIe siècles : peinture italienne
☐	XVIe-XVIIIe siècles : miniatures
☐	Galerie numérisée
☐	Circulation et services

SUIVEZ LE GUIDE !
La galerie principale renferme plus de 900 œuvres regroupées par pays d'origine et périodes. La galerie d'étude du niveau inférieur abrite la peinture européenne des XIIIe-XVIIIe siècles et une galerie numérisée.

À NE PAS MANQUER

★ *L'Amour vainqueur*

★ *Portrait de Hendrickje Stoffels*

★ *Proverbes néerlandais*

★ **Proverbes néerlandais** (1559)
Pieter Bruegel réussit à illustrer plus de 100 proverbes dans ce tableau.

À la découverte de la Gemäldegalerie

Dessiné par Heinz Hilmer et Christoph Sattler, le bâtiment moderne qui abrite depuis 1998 la pinacothèque de Berlin offre aux peintures un superbe cadre de présentation. Pour mieux mettre en valeur les tableaux, le revêtement des murs absorbe la lumière naturelle diffuse qui tombe du plafond. Le musée s'organise autour d'une grande salle ornée d'une sculpture par Walter de Maria, installée au centre d'un bassin. Elle permet au cours de la visite de venir à tout moment se reposer ou méditer quelques minutes, avant de repartir admirer une collection riche en chefs-d'œuvre.

Malle Babbe ou Babette la folle (v. 1629-1630) par Frans Hals

Portrait du marchand Georg Gisze (1532) par Hans Holbein

PEINTURE ALLEMANDE

La collection de peintures allemandes est répartie en plusieurs sections. La première est consacrée à la période allant du XIIIᵉ au XVIᵉ siècle. D'un bel ensemble d'œuvres religieuses du Moyen Âge ressortent le retable de Westphalie, datant de la deuxième moitié du XIIIᵉ siècle, et les panneaux latéraux du retable de Wurzach attribué à Hans Multscher (v. 1400-v.1467). Ces derniers montrent la passion du Christ et des scènes de la vie de Marie.

Plusieurs grands artistes ont marqué la période de la Renaissance, dont Martin Schongauer qui reste surtout connu pour ses eaux-fortes, car seules quelques peintures comme *La Naissance du Christ* (v. 1480) nous sont parvenues. Il eut pour admirateur Albrecht Dürer dont la galerie possède plusieurs tableaux, notamment les portraits de Hieronymus Holzschuher et Jakob Muffels, deux patriciens de Nuremberg, et la *Madone au chardonneret* peint pendant un voyage en Italie en 1506. *La Fontaine de jouvence* de Lucas Cranach l'Ancien montre de vieilles femmes retrouvant leur jeunesse pour profiter des plaisirs de la vie. Hans Holbein le Jeune vivait à Londres quand il exécuta le *Portrait du marchand Georg Gisze,* remarquable par l'attention portée aux détails. L'exposition comprend aussi des œuvres de Hans Süss von Kulmbach, de Hans Baldung Grien et d'Albrecht Altdorfer.

Les peintures du XVIIᵉ et du XVIIIᵉ siècle, celles d'Adam Elsheimer et Johann Heinrich Tischbein notamment, se trouvent dans une autre partie de la galerie.

PEINTURES FLAMANDE ET NÉERLANDAISE

L'exposition commence par les tableaux du primitif flamand Jan Van Eyck, aussi à l'aise dans les portraits que dans les scènes religieuses comme *La Madone à l'église*. Rogier Van der Weyden mit une grande douceur dans ses retables, tandis que le modèle songeur du *Portrait de jeune femme* de Petrus Christus est d'une beauté presque irréelle. La gracieuse *Adoration des mages* de Hugo Van der Goes formait jadis la partie centrale d'un triptyque.

La galerie possède quatre toiles de Hans Memling, une petite *Vierge à l'Enfant* d'un de ses élèves, Michel Sittow, et de nombreuses œuvres de Gérard David, Jan Gossaert et Joos Van Cleve. Ne manquez pas la petite toile de Jérôme Bosch représentant *Saint Jean à Patmos*. Pour pleinement apprécier le chef-d'œuvre de Pieter Bruegel l'Ancien, *Les Proverbes néerlandais,* il faut pouvoir lire les explications sur les quelque cent proverbes que le tableau illustre. Ils ont deux thèmes principaux : la folie et la tromperie.

La vitalité et la diversité de la peinture flamande au XVIIᵉ siècle est manifeste dans les toiles d'artistes baroques tels que Rubens, Jacob Jordaens, Jan Bruegel l'Ancien et Frans Snyders. Liés par

Cavaliers et bétail (1656) de Salomon Van Ruysdael

l'amitié, ils collaboraient parfois. Les portraits d'aristocrates exécutés par Anton Van Dyck en Angleterre et à Gênes sont d'une rare profondeur psychologique.

La section consacrée à la peinture néerlandaise du XVIIe siècle abrite sans doute la collection la plus riche du monde. Elle comprend en particulier de splendides portraits par Frans Hals. Deux d'entre eux appartenaient à une série sur les cinq sens. *Le Jeune Chanteur avec une flûte* illustre l'ouïe, *Malle Babbe* (ou *Babette la folle*, une ivrogne en fait) symbolise le goût. Toute la subtilité des recherches sur la lumière de Jan Vermeer apparaît dans *La Femme au collier* et *Le Verre de vin*. Exceptionnelle, la collection de Rembrandt comprend plus de vingt tableaux, dont plusieurs autoportraits et *Le Prédicateur Mennonite Anslo avec sa femme, Samson et Dalila, Suzanne et les vieillards* et *Le Combat de Jacob et l'ange*. *L'Homme au casque d'or* lui a longtemps été attribué, mais une datation au carbone 14 a prouvé que ce portrait plein de gravité provenait plutôt de son atelier. Il témoigne néanmoins de ses qualités de pédagogue.

Vénus et l'organiste (1550-1552) de Titien

parvenues : une *Vierge à l'Enfant* exécutée vers 1410. Vers 1451, Jean Fouquet inscrivit dans un décor inspiré de la Renaissance italienne *Étienne Chevalier avec saint Étienne (p. 32)*, l'un des deux panneaux du Diptyque de Melun commandé par le trésorier de Charles VII puis de Louis XI. L'autre se trouve à Anvers.

Le XVIIe siècle est représenté par deux peintres qui vécurent longtemps à Rome : Nicolas Poussin, maître du classicisme, et Claude Lorrain, célèbre pour ses paysages idéalisés. Grâce et dextérité marquent au siècle suivant les créations de Jean Antoine Watteau, Jean-Baptiste Siméon Chardin et François Boucher.

Beaucoup moins riche en œuvres anglaises et espagnoles, la Gemäldegalerie possède néanmoins d'intéressants portraits de Diego Velázquez, sir Joshua Reynolds et Thomas Gainsborough.

Jeune Dessinateur taillant son crayon (1737), Jean-Baptiste Siméon Chardin

PEINTURES FRANÇAISE, ANGLAISE ET ESPAGNOLE

Exposées près des tableaux néerlandais de la même période, les peintures françaises des XVe et XVIe siècles comprennent une des plus anciennes œuvres d'art sur toile à nous être

Portrait de lady Sunderlin (1786) de sir Joshua Reynolds

PEINTURE ITALIENNE

La rétrospective de l'art italien commence par des peintures de grands maîtres du XIVe siècle, dont *La Dormition de Marie* de Giotto et deux *Scènes de la vie de sainte Humilité* par Pietro Lorenzetti.

Des tableaux de Fra Angelico, Masaccio, Piero della Francesca, Andrea del Verrocchio, Sandro Botticelli et Antonio del Pollaiuolo illustrent la révolution picturale qui eut lieu à Florence et en Toscane au XVe siècle. Venise abrite aussi de grands peintres à cette époque, tels Vittore Carpaccio et Giovanni Bellini.

La pinacothèque possède cinq œuvres de Raphaël, dont la *Madonna di Casa Colonna* et la *Madonna di Terranuova*, peinte après son arrivée à Florence vers 1505. Au XVIe siècle, la richesse de la Sérénissime République permet le développement d'une école vénitienne féconde, comme en témoignent des tableaux tels que le *Portrait de jeune homme* de Giorgione, *La Jeune Fille au plateau de fruits* et *Vénus et l'organiste* de Titien, et *La Vierge et l'Enfant adorés par saint Marc et saint Luc* du Tintoret.

Réprouvant la sensualité rayonnante de *L'Amour vainqueur* du Caravage, le cardinal Giustiani, dont le frère possédait ce tableau, commanda à Giovanni Baglione le plus orthodoxe *Amour céleste et terrestre*.

Giovanni Battista Tiepolo, Francesco Guardi et Antonio Canaletto représentent l'école vénitienne du XVIIIe siècle.

Ferme à Daugart (1910) de Karl Schmidt-Rottluff, Neue Nationalgalerie

Neue Nationalgalerie ❾

NOUVELLE GALERIE NATIONALE

Potsdamer Strasse 50. **Plan** 5 C5.
Tél. 20 90 55 66. 🚇 et
Ⓢ *Potsdamer Platz ou*
🚇 *Mendelssohn-Bartholdy-Park.* 🚌 *129, 148, 200, 341, 348.*
⭕ *10 h-18 h mar.-ven. (22 h jeu.),
11 h-18 h sam. et dim.* 📷 ♿

La magnifique collection d'art moderne qui occupe aujourd'hui la Neue Nationalgalerie a un passé mouvementé. À l'origine, cette collection était composée de 262 peintures qui appartenaient à un banquier, J. H. W. Wagener. À sa mort, peu avant 1870, celui-ci les légua au régent Guillaume, qui installa ces œuvres dans la Nationalgalerie, sur la Museumsinsel.

En 1937, les nazis confisquèrent quantité de pièces de la collection, qui s'était enrichie de peintures de Monet, Manet et Renoir.

Après la Seconde Guerre mondiale, la municipalité de Berlin décida de redonner vie à la collection et commanda la construction d'un bâtiment à Berlin-Ouest pour l'accueillir. La tâche fut confiée au père de l'architecture moderne, Mies Van der Rohe, alors âgé de 75 ans. C'est ainsi que le premier musée du futur Kulturforum vit le jour. La Nouvelle Galerie nationale est un bâtiment minimaliste

saisissant, coiffé d'un toit plat en acier qui semble flotter dans les airs, soutenu seulement par six fins piliers, au-dessus d'une salle vitrée. La collection permanente occupe le sous-sol du musée, tandis que la vaste salle vitrée du rez-de-chaussée accueille les expositions temporaires.

Si la collection de la Neue Nationalgalerie fait la part belle à l'art du XXᵉ siècle, elle réunit aussi des œuvres d'artistes de la fin du XIXᵉ siècle, comme Edvard Munch, Ferdinand Hodler et Oskar Kokoschka. Les courants artistiques allemands, comme Die Brücke, sont bien représentés, avec des œuvres de Ernst Ludwig Kirchner (notamment la *Potsdamer Platz*) et Karl Schmidt-Rottluff.

Outre les créations de maîtres du Bauhaus, comme Paul Klee

La Shell-Haus, un immeuble à l'architecture spectaculaire

et Wassily Kandinsky, le musée présente aussi des œuvres d'un réalisme à couper le souffle, comme celles d'Otto Dix et Georg Grosz. Des artistes célèbres originaires d'autres pays européens, notamment Pablo Picasso, Fernand Léger, ainsi que les surréalistes Giorgio de Chirico, Salvador Dalí, René Magritte et Max Ernst, sont également présents. Quant à l'art de l'après-guerre, il n'a pas été oublié, grâce aux créations de Barnett Newmann et Frank Stella. Le jardin des sculptures abrite plusieurs œuvres magistrales, tant figuratives qu'abstraites.

Après la réunification, diverses pièces sont venues enrichir la collection. Les plus récentes sont présentées dans une annexe du musée, au Hamburger Bahnhof (*p. 110-111*).

Potsdamer Platz ❿

Voir p. 128-131.

Shell-Haus ⓫

Reichpietschufer 60. **Plan** 11 C1.
🚇 *Mendelssohn-Bartholdy-Park.*
🚌 *129, 341.*

Véritable joyau de l'architecture de l'entre-deux-guerres, cet immeuble de bureaux moderniste, construit en 1930 et 1931 par l'architecte Emil Fahrenkamp, fut l'un des premiers bâtiments berlinois à ossature métallique.

L'aile la plus spectaculaire de la Shell-Haus s'étend le long du Landwehrkanal. D'une hauteur de cinq étages dans sa partie la plus basse, elle s'élève progressivement, par paliers, pour en atteindre dix.

Endommagée durant la Seconde Guerre mondiale, la Shell-Haus a été restaurée en plusieurs temps. Elle a abrité successivement le quartier général de la Marine allemande et un hôpital militaire. La beauté de ses proportions et l'originalité de son architecture en font l'un des bâtiments berlinois les plus remarquables de son époque.

**Ancien quartier général
de la Marine, Bendlerblock**

Bendlerblock (Gedenkstätte Deutscher Widerstand) ⑫

Stauffenbergstrasse 13-14.
Plan 5 B5, 5 C5. **Tél.** 26 99 50 00.
Ⓤ Mendelssohn-Bartholdy-Park.
🚌 129, 341. ◯ 9 h-18 h lun.-ven.
(20 h jeu.), 10 h-18 h sam. et dim.
◉ 1er janv., 24, 25 et 31 déc. 🖼

Agrandi pendant le
IIIᵉ Reich, l'ancien quartier
général de la Marine abrita le
ministère de la Défense puis,
à partir de 1935, l'état-major
de la Wehrmacht. C'est là
qu'un groupe d'officiers, avec
à sa tête le comte Claus
Schenk von Stauffenberg,
prépara la célèbre tentative
d'assassinat de Hitler qui
échoua le 20 juillet 1944.
L'arrestation des conspirateurs
et leur condamnation à mort
à la prison de Plötzensee
(p. 186) eurent lieu le jour
même.
Le général Ludwig Beck fut
contraint au suicide, tandis
que Stauffenberg, Friedrich
Olbricht, Werner von Haeften

et Ritter Mertz von Quimheim
furent abattus dans la cour du
Bendlerblock.
Un monument dessiné par
Richard Scheibe en 1953
commémore cet événement
sur le lieu de l'exécution. Au
deuxième étage, une
exposition très documentée
retrace l'histoire de la
résistance en Allemagne et
des multiples formes qu'elle
prit pour lutter contre le
régime nazi.

Villa von der Heydt ⑬

Von-der-Heydt-Strasse 18. **Plan** 11
B1. Ⓤ Nollendorfplatz. 🚌 100,
129, 187, 341.

Construite par Hermann Ende
et G.A. Linke entre 1860 et
1862, cette belle villa néo-
classique est l'un des derniers
témoins de l'époque où
s'étendait au sud du
Tiergarten l'un des quartiers
résidentiels les plus huppés
de Berlin. Œuvres de
Reinhold Begas, les bustes de
Christian Daniel Rauch et
d'Alexander von Humboldt
ornaient à l'origine l'allée de
la Victoire du Tiergarten avant
d'être placés dans le jardin de
la villa.
Depuis sa restauration en
1967, la villa abrite le siège
du Stiftung Preussischer
Kulturbesitz (Fondation du
Patrimoine culturel prussien),
l'une des plus importantes
institutions culturelles
allemandes de l'après-guerre,
car elle eut à gérer la
répartition des collections
nationales restées à l'Ouest.

**La Bauhaus-Archiv dessinée
par Walter Gropius**

Bauhaus-Archiv ⑭

Klingelhöferstrasse 14. **Plan** 11 A1.
Tél. 254 00 20. Ⓤ Nollendorfplatz.
🚌 100, 129, 187, 341.
◯ 10 h-17 h mer.-lun.
🖼 ♿ 🚻 📷 🍴

L'école du Bauhaus, fondée en
1919 par Walter Gropius, avait
pour ambition d'intégrer
toutes les formes d'art et
d'artisanat à l'architecture,
et elle eut une très grande
influence sur l'esthétique
au XXᵉ siècle, en particulier
le design industriel.
Installée tout d'abord à
Weimar, elle déménagea en
1925 à Dessau, puis à Berlin
en 1932. Les nazis la fermèrent
en 1933. Elle eut parmi ses
professeurs certains des plus
grands créateurs du début du
siècle, dont Mies Van der
Rohe, Paul Klee, Wassily
Kandinsky, Theo Van
Doesburg et László Moholy-
Nagy. Les principes et les
réalisations du Bauhaus
jouèrent un rôle majeur dans
l'essor de l'art contemporain,
notamment aux États-Unis.
On commanda en 1964 à
Walter Gropius un bâtiment
destiné à abriter la Bauhaus-
Archiv à Darmstadt, mais le
projet n'aboutit qu'après le
déplacement de la collection à
Berlin. Alexander Tcvijanovic
adapta les plans au nouveau
site entre 1976 et 1979.
Le musée propose des
expositions régulièrement
renouvelées et renferme une
bibliothèque et un centre de
documentation.

Façade néo-classique de l'élégante Villa von der Heydt

Potsdamer Platz ⑩

C'est l'endroit à visiter pour prendre le pouls du nouveau Berlin et de son incroyable dynamisme. Dans les années 1920, la Potsdamer Platz était la place la plus animée d'Europe, et aussi un centre voué aux divertissements. Durant la Seconde Guerre mondiale, les bombardements la réduisirent à néant. Après-guerre, le site resta en l'état, gigantesque *no man's land*, non loin du Mur. Après la réunification, plusieurs grandes entreprises, comme DaimlerChrysler et Sony, s'y installèrent, et la place devint le plus grand chantier de la ville. Aujourd'hui, l'ancien point névralgique de Berlin est redevenu un centre animé doublé d'un chef-d'œuvre de l'architecture moderne, avec des projets conçus par des noms aussi prestigieux que Renzo Piano, Helmut Jahn et Arata Isozaki.

Vue de la Potsdamer Platz aujourd'hui

Beisheim Center

Lennéstrasse, Bellevuestrasse et Ebertstrasse

C'est à Otto Beisheim, le fondateur et propriétaire des magasins Metro, l'un des chefs d'entreprises les plus fortunés d'Europe, que l'on doit le Beisheim Center, de verre et d'acier. Achevées en 2004, les deux élégantes tours sur la face nord de la place abritent des appartements luxueux. Le plus spacieux d'entre eux a été vendu pour environ 5 millions d'euros à une Berlinoise émigrée aux États-Unis, de retour dans sa ville natale. C'est probablement l'appartement le plus cher de Berlin. Le centre accueille aussi des hôtels, un Ritz-Carlton luxueux et un élégant Marriott.

Le bâtiment a été conçu par une équipe d'architectes berlinois, Hilmer, Sattler & Albrecht. Cependant, certaines parties sont dues à l'architecte David Chipperfield. Les tours de 19 étages dont les niveaux supérieurs sont en retrait constituent une réinterprétation moderne du Rockefeller Center de New York.

Filmmuseum Berlin

Potsdamer Strasse 2 (au Sony Center). **Tél.** *30 09 030.*
⬜ 10 h-18 h mar.-dim., 10 h-20 h jeu. 🎫 🚫 📷

Le nouveau musée du cinéma permet aux visiteurs de découvrir les coulisses d'Hollywood et des mythiques studios UFA (Universal Film AG).

Installé dans le Sony Center, le musée, qui est géré par les Freunde der Deutschen Kinemathek, une association de cinéphiles, retrace l'Histoire du cinéma, du premier film muet aux dernières productions de science-fiction. L'accent est mis essentiellement sur les films allemands de la grande époque de l'UFA, dans les années 1920, où le célèbre studio allemand produisait un succès après l'autre à Babelsberg *(p. 205)*. Costumes, dessins des décors, scénarios, maquettes et photos évoquent des films comme *Le Cabinet du Dr Caligari*, de Friedrich Wilhelm Murnau (1888-1931) ainsi que *M le Maudit* et *Metropolis* de Fritz Lang (1890-1976). L'époque du national-socialisme, qui se servit du cinéma comme outil de propagande, est particulièrement intéressante. Le musée illustre aussi la vie et l'œuvre de l'acteur Kurt Gerron, qui trouva la mort à Auschwitz, et présente d'autres expositions, liées à la propagande et au septième art.

L'un des trésors du musée réside dans la collection d'effets personnels de Marlene Dietrich (1901-1992), diva du septième art née à Berlin. Elle réunit ses vêtements, sa correspondance privée et ses bagages. L'une des pièces maîtresses de la collection est l'étui à cigarettes, offert à l'actrice par le réalisateur Josef von Sternberg (1894-1969), avec l'inscription : « À Marlene Dietrich, femme, mère et actrice comme jamais il n'y en eut avant elle. » La collection réunit aussi les effets personnels de plusieurs stars allemandes du grand et du petit écran, comme Heinz Rühmann (1902-1994) et Hans Albers (1891-1960).

Par ailleurs, le musée propose des expositions sur différents thèmes, ainsi qu'un programme de cinéma intéressant.

Façade du Filmmuseum Berlin

Les Arkaden, l'un des centres commerciaux les plus appréciés de la ville

Potsdamer Platz Arkaden

Alte Potsdamer Str. 7. **Tél.** *25 59 270.* 🗌 *10 h-21 h lun.-sam.* **CinemaxX** *Potsdamer Str. 5.* **Tél.** *Infos programme : 25 92 21 11; réservations : (0180) 524 63 62 99.* 📷

Ce centre commercial et de loisirs extrêmement apprécié des visiteurs réunit quelque 140 commerces et restaurants sur trois niveaux. Le sous-sol compte quantité de restaurants bon marché, proposant des spécialités de toutes les régions allemandes, ainsi que plusieurs épiceries. Le plus grand cinéma de Berlin, le **CinemaxX**, n'est pas loin de là. Avec ses 19 salles, il peut accueillir 3 500 spectateurs. Les grandes productions hollywoodiennes y sont présentées, tout comme des films étrangers.

Theater am Postdamer Platz

Marlene-Dietrich-Platz 1. **Tél.** *(018 0) 544 44.* 🗌 *20 h t.l.j.* 📷 **Spielbank Berlin** *Marlene-Dietrich-Platz 1.* **Tél.** *25 59 90.* 🗌 *15 h–3 h t.l.j.* 📷

Situé sur une place portant le nom de Marlene Dietrich, le moderne Theater am Postdamer Platz fut conçu par Renzo Piano comme partie intégrante du Daimler Chrysler Quartier *(p. 130-131).* C'est la plus grande salle de comédies musicales de Berlin. Pendant longtemps, on y joua des versions allemandes des comédies musicales de Broadway. D'autres spectacles à succès sont programmés pour l'avenir.

L'Adagio, une élégante boîte de nuit, occupe le sous-sol du bâtiment, ainsi que le plus célèbre casino de la ville, le **Spielbank Berlin.** Les amateurs de jeux pourront s'y adonner à la roulette et au Black Jack, ou bien préférer l'étage voué aux machines à sous.

Une grande sculpture bleue semblable à une bulle, *Balloon Flower,* de l'Américain Jeff Koons, se dresse sur la place face au bâtiment.

C'est également ici que se trouve le site principal de la Berlinale, le célèbre festival de cinéma qui se tient dans toute la ville au mois de février *(p. 51).*

Balloon Flower, de Jeff Koons

HISTOIRE DE LA POTSDAMER PLATZ

Construite en 1831 à l'emplacement d'un parc, la Potsdamer Platz porte le nom d'une des portes de la ville, la Potsdamer Tor, située à l'est de la place actuelle. Grâce à la construction de la gare du même nom, où le premier train de la ville fut inauguré en 1838, elle devint un point névralgique, à l'intersection de la Potsdamer Strasse et d'autres artères. Plus tard, une ligne de métro ainsi que 31 lignes de bus et de tramways ajoutèrent encore à l'animation. Au début du xxᵉ siècle, la place devint un haut lieu de la célèbre vie nocturne berlinoise, avec des établissements légendaires, comme la Haus Vaterland et le Café Josty (lieu de rendez-vous d'artistes célèbres, comme l'écrivain Theodor Fontane et le peintre Adolph von Menzel), et

plusieurs palaces. La première émission de radio allemande fut diffusée ici en 1923, depuis la Vox Haus. Durant la bataille finale de Berlin, en avril 1945, les bombardements alliés ravagèrent presque entièrement la place. Elle resta en l'état, à l'ombre du Mur. Des plates-formes y permettaient aux touristes occidentaux de regarder au-delà du Mur. La place vide apparaît dans les *Ailes du désir,* le film de Wim Wenders tourné en 1987. Depuis 1992, la Potsdamer Platz est devenue le plus grand chantier d'Europe, avec des investissements d'un montant total d'environ 25 milliards d'euros.

Animation sur la Postdamer Platz, dans les années 1930

Sony Center
Potsdamer Strasse 2. ◯ 24 h/24.

Construit entre 1996 et 2000 par Helmut Jahn, un architecte américano-allemand, le Sony Center est l'un des nouveaux complexes architecturaux les plus passionnants de Berlin. Son incroyable coupole de verre et d'acier s'étend sur 4 013 m².

La place au cœur du Sony Center est devenue l'un des points d'attraction les plus prisés de Berlin. Installée sous un toit semblable à une tente, elle est ornée d'un bassin accueillant des fontaines en perpétuelle évolution, projetant loin au-dessus du bassin l'eau qui retombe ailleurs avant de rejaillir à nouveau. Claire et spacieuse, la place est entourée par les bâtiments du siège européen de Sony, mais aussi par des logements, des restaurants, des cafés et des magasins, comme la boutique Sony. On y trouve aussi le Cinestar (p. 264-265), un immense cinéma multiplex de huit salles, ainsi que le Filmmuseum Berlin (p. 128). À l'arrière du bâtiment, le cinéma IMAX, avec son dôme bleu, présente des films consacrés à la nature et aux sciences sur d'imposants écrans à 360°.

L'intérieur du Sony Center abrite un joyau architectural historique, la **Kaisersaal,** présenté derrière une façade de verre. Cette salle à manger, qui est une des plus belles salles de la ville, mais à usage privé, faisait autrefois partie du Grand Hotel Esplanade, un palace presque

Sous la coupole du Sony Center, conçue par Helmut Jahn

entièrement détruit durant la Seconde Guerre mondiale. Lorsque la municipalité de Berlin céda le site à Sony, au début des années 1990, elle exigea que la Kaisersaal, les escaliers, les salles de bains et plusieurs petites pièces soient restaurés et intégrés au Sony Center. À l'origine, le bâtiment se dressait 46 m plus loin. En 1996, il a été déplacé sur coussins d'air. Entièrement restaurée, la Kaisersaal est dominée par un portrait du Kaiser Wilhelm II, le dernier empereur allemand. Elle doit son nom aux visites fréquentes de l'empereur à l'hôtel, qui toutefois n'y a jamais pris de repas.

Reproduction d'un feu de croisement, DaimlerChrysler Quartier

DaimlerChrysler Quartier
Près d'Alte Potsdamer Strasse.
Plate-forme d'observation
Potsdamer Platz 1.
Tél. 25 29 43 72. ◯ 11h–19 h 30 t.l.j. ⌨

Construit entre 1993 et 1998, ce vaste complexe recouvre 19 bâtiments modernes, chacun conçu dans un style différent dans le cadre d'un projet coordonné par les architectes Renzo Piano et Christoph Kohlbecker. Les bâtiments forment une longue rangée de chefs-d'œuvre de l'architecture moderne, qui s'étend du sud de la Potsdamer Platz jusqu'au Landwehr Kanal.

Installés de part et d'autre de l'Alte Potsdamer Strasse, deux hauts bâtiments en brique rouge, conçus par l'architecte berlinois Werner Kollhoff, marquent l'entrée du quartier. Le gratte-ciel occidental est couronné par une plate-forme d'observation, perchée à 96 m de hauteur, le **Panorama Punkt.** Le site, qui offre une vue magnifique de la ville, est desservi par l'ascenseur le plus rapide d'Europe.

La tour verte du DaimlerChrysler Quartier est une reproduction du premier feu de circulation automatique de Berlin, installé à cet emplacement précis en 1924.

La façade vitrée de la Kaisersaal, dans le Sony Center

Avant-guerre, plusieurs avenues se croisaient sur la Potsdamer Platz, qui était l'intersection la plus animée d'Europe.

À l'extrémité sud du complexe s'élève une autre tour, la **Debis-Haus** (ancienne filiale informatique de Daimler-Chrysler). Couronnée par un cube vert, cette tour vert et jaune de 22 étages, qui se dresse à 90 m de haut, est l'œuvre de Renzo Piano et Hans Kollhoff (p. 45). Une sculpture intéressante de Jean Tinguely, *Meta-Maxi*, orne le vaste hall du bâtiment. La sculpture animée par 16 moteurs symbolise le mouvement perpétuel du temps.

Diverses œuvres d'art spécialement commandées pour ce complexe en ornent les espaces publics.

Immeubles de bureau en brique rouge du bâtiment DaimlerChrysler

Leipziger Platz

Située à l'est de la Potsdamer Platz, cette petite place historique a subi d'importants travaux de rénovation. La place d'origine, octogonale, a vu le jour au XVIIIᵉ siècle, entre 1732 et 1734. Elle fut rebaptisée Leipziger Platz pour commémorer la bataille de Leipzig en 1813 (première défaite décisive de Napoléon). Au XIXᵉ siècle, les architectes Karl-Friedrich Schinkel (1781-1841) et Peter Joseph Lenné (1879-1866) en firent un joyau architectural avec de superbes jardins, bordé de quelques-uns des hôtels particuliers et des demeures les plus élégants de Berlin.

Au début du XXᵉ siècle, plusieurs bâtiments modernes y virent le jour, notamment le Kaufhaus Wertheim, un grand magasin construit en 1905 par Alfred Messel (1853-1909). La place devint alors l'un des quartiers commerçants les plus en vogue du Berlin d'avant-guerre.

Malheureusement, il ne reste aucun bâtiment d'époque. Les nouvelles constructions présentent toutes une physionomie moderne, avec toutefois une hauteur limitée à 35 m, qui était celle des bâtiments d'origine. Elles abritent divers magasins, restaurants et cafés, ainsi que l'ambassade du Canada et le siège de plusieurs grandes entreprises internationales.

Haus Huth

Alte Potsdamer Strasse 5.
***Tel** 25 94 14 20.* ◯ *11 h–18 h t.l.j.*
Sammlung DaimlerChrysler Contemporary ◯ *comme Weinhaus Huth.* 📷 *18 h t.l.j.*

C'est le seul bâtiment historique de la Potsdamer Platz ayant survécu à la Seconde Guerre mondiale. En calcaire gris, il abritait autrefois un restaurant et la boutique d'un marchand de vin. Les architectes Conrad Heldenreich et Paul Michel conçurent en 1912 l'une des premières constructions à ossature métallique, destinée à supporter le poids du vin. Après-guerre, le bâtiment se dressait seul sur la vaste place réduite en poussière.

Riding Bikes, la sculpture de Rauschenberg, se dresse devant la Weinhaus Huth

Aujourd'hui, il abrite les bureaux de DaimlerChrysler, ainsi qu'un restaurant, Diekmann im Haus Huth, un petit café et Hardy's, un marchand de vin haut de gamme.

Le bâtiment recèle aussi la **Sammlung Daimler Chrysler Contemporary,** une petite exposition présentant les nouvelles acquisitions de la collection d'art du XXᵉ siècle appartenant à l'entreprise, essentiellement des peintures abstraites et géométriques d'artistes allemands et internationaux.

La meilleure vue sur le bâtiment s'offre depuis sa face sud, où les visiteurs pourront également admirer une installation jubilatoire de Robert Rauschenberg, *Riding Bikes*.

La Haus Huth, bâtiment ancien de la Leipziger Platz

Diplomaten-viertel ⑮

QUARTIER DIPLOMATIQUE

Plan 4 F5, 5 A5, B5, C5.
Ⓤ *Nollendorfplatz.* 🚌 *100, 129, 187, 341.*

Quelques consulats s'installèrent à proximité du Tiergarten à partir de 1918, mais c'est à l'époque nazie, entre 1933 et 1945, que la lisière sud du parc, entre la Stauffenbergstrasse et la Lichtensteinallee, devint véritablement le quartier diplomatique de Berlin avec la construction, de 1938 à 1943, des ambassades d'Italie et du Japon, les alliés de l'Allemagne.

Ces édifices monumentaux eurent des architectes différents, mais formèrent un ensemble homogène conforme à la vision du néo-classicisme qu'avait Albert Speer, l'inspecteur général des Bâtiments de Berlin. Pour la plupart, ils ne survécurent pas aux bombardements.

Un nouveau quartier diplomatique se développe le long de la Tiergartenstrasse. À l'angle de la Stauffenbergstrasse, l'ambassade autrichienne dessinée par Hans Hollein se dresse à côté des ambassades de Turquie et d'Afrique du Sud, tandis qu'aux nᵒˢ 21-23 l'ambassade italienne d'avant-guerre a pour voisine une copie de la première ambassade du Japon. Entre la Klingelhöferstrasse et la Rauchstrasse, un imposant complexe achevé en 1999 rassemble les ambassades de Norvège, de Suède, du Danemark, de Finlande et d'Islande.

Tiergarten ⑯

Plan 4 E4, 5 A3, 6 D3. Ⓢ *Tiergarten ou Bellevue.* 🚌 *100, 187, 200, 341.*

Le plus grand parc de Berlin occupe le centre géographique de la ville et possède une superficie de plus de 200 ha. Le paysagiste Peter Joseph Lenné l'aménagea dans les années

Dans le Tiergarten

1830 à partir d'une ancienne forêt utilisée comme réserve de chasse par les princes-électeurs.

À la fin du xixᵉ siècle, Guillaume II fit percer une allée de la Victoire qu'encadraient les statues de divers souverains et hommes d'État. Elle ne survécut pas aux dégâts causés par les bombardements, et la plupart des sculptures, que les Berlinois avaient surnommées les « poupées », se trouvent désormais au Lapidarium *(p. 144).* À la fin de la guerre, les survivants utilisèrent les derniers arbres encore debout pour se chauffer, et tous ceux qui ombragent aujourd'hui les pelouses et les allées ont été replantés à partir de 1949.

Près du Landwehrkanal et du lac du Neuer See, des monuments rendent hommage à Karl Liebknecht et Rosa Luxemburg, les chefs spartakistes assassinés en 1919 *(p. 28).* Une collection de lampadaires à gaz est exposée près de la station de S-Bahn Tiergarten.

Grosser Stern ⑰

GRANDE ÉTOILE

Plan 5 A4. Ⓢ *Bellevue.* 🚌 *100, 187, 341.*

Au centre du Tiergarten, cinq larges avenues convergent vers le rond-point où se dresse la colossale Siegessäule (colonne de la Victoire). Cette « grande étoile » prit son aspect actuel à la fin des années 1930 lors de l'élargissement de la

Strasse des 17. Juni dans le prolongement d'Unter den Linden. Les nazis ôtèrent à l'occasion la majeure partie des statues qui décoraient les lieux pour les remplacer par des monuments provenant du Reichstag *(p. 134-135).*

Ils célèbrent les artisans de la victoire sur la France qui permit l'instauration de l'Empire allemand, notamment le chancelier Otto von Bismarck (1815-1898), dont l'effigie se dresse au milieu d'allégories sculptées par Reinhold Begas à la fin du xixᵉ siècle, et le feld-maréchal Helmut von Moltke (1800-1891), chef de l'état-major prussien entre 1858 et 1888 et vainqueur de la guerre de 1870.

Monument à Otto von Bismarck de la Grosser Stern

Siegessäule ⑱

COLONNE DE LA VICTOIRE

Grosser Stern. **Plan** 5 A4. **Tél.** 391 29 61. Ⓢ *Bellevue.* 🚌 *100, 187, 341.* ◯ *avr.-oct. : 9 h 30-18 h 30 t.l.j. ; nov.-mars : 9 h 30-17 h 30 t.l.j.* 🏛

Construite d'après des plans de Johann Heinrich Strack pour célébrer la victoire de la Prusse sur le Danemark en 1864, cette colonne haute de 67 m reçut, après les succès contre l'Autriche en 1866 et la France en 1871, la statue de la Victoire dessinée par Friedrich Drake que les Berlinois appellent *Goldelse* (« Else dorée »).

Le monument se dressait à l'origine devant le Reichstag sur la Königsplatz (l'actuelle Platz der Republik), et fut transféré à son emplacement actuel par les nazis en 1938. Les bas-reliefs du socle commémorent des batailles. Œuvre d'Anton von Wermer, la mosaïque de la rotonde illustre l'établissement de l'Empire allemand en 1871. Le sommet de la colonne offre une vue superbe de Berlin.

Siegessaüle (colonne de la Victoire)

Hansaviertel ⓳

Plan 4 E3, E4, F3. Ⓢ *Bellevue.*
🚌 *123, 341.* **Akademie der Künste** Hanseatenweg 10. ***Tél.*** *20 05 72 00.*
◯ *11 h-20 h mar.-dim.* 🈂

En 1957, pour l'Exposition internationale d'architecture (Internationale Bauausstellung

---

KÖNIGLICHE PORZELLAN-MANUFAKTUR

Créée en 1763 quand Frédéric II réunit deux fabriques antérieures, la Manufacture royale de Porcelaine produisit très vite des objets capables de concurrencer la célèbre porcelaine de Meissen. La Königliche Porzellan-Manufaktur, ou KPM, est surtout réputée pour ses urnes et sa vaisselle néo-classiques décorées de vues de Berlin. On peut en voir de nombreux exemples à l'Ephraim-Palais *(p. 91)*, au Kunstgewerbemuseum *(p. 118-121)* et au Belvedere du parc du Schloss Charlottenburg *(p. 160-161)*. La manufacture, toujours en activité, située au n° 1 Wegelystrasse, mérite aussi une visite. Les visiteurs y ont accès à un magasin de vente et une salle d'exposition.

Vase néo-classique orné d'une vue du Gendarmenmarkt

---

ou IBA 57), 48 architectes originaires de 13 pays transformèrent un champ de ruines situé à l'ouest du Schloss Bellevue en un quartier résidentiel dont les immeubles, qui renferment 1 400 logements, s'inscrivent dans la verdure. Les plus célèbres de ces architectes étaient l'Allemand Walter Gropius (nos 3-9 Händelallee), le Finlandais Alvar Aalto (nos 30-32 Klopstockstrasse) et le Brésilien Oskar Niemeyer (nos 4-14 Altonaer Strasse). Le quartier renferme également une école, un jardin d'enfants, un cinéma, un centre commercial et deux églises.

Au n° 10 Hanseatenweg, Werner Düttmann construisit, en 1960, le nouveau bâtiment de l'**Akademie der Künste** (Académie des beaux-arts), fondée en 1696. Intitulé *Reclining Figure* (1956), le bronze devant l'entrée principale est une œuvre du sculpteur anglais Henry Moore. Depuis 2003, l'Académie des beaux-arts a retrouvé sa place historique au n° 4 de la Pariser Platz (*(p. 67)*.

Schloss Bellevue ⓴

CHÂTEAU BELLEVUE

Spreeweg 1. **Plan** 5 A3. Ⓢ *Bellevue.*
🚌 *100, 187.* 🈂 *au public.*

Palais d'été construit en 1786 par Philipp Daniel Boumann pour le frère de Frédéric le Grand, ce bel édifice néo-classique resta un palais royal jusqu'en 1861. Il connut un remaniement en 1935 pour accueillir le musée d'Ethnologie, puis un deuxième en 1938 quand le régime nazi le transforma en hôtel destiné aux invités de marque.

Une restauration soigneuse après la Seconde Guerre mondiale lui a rendu son aspect d'origine. La reconstitution de la salle de bal ovale a suivi des plans de Carl Gotthard Langhans. Le parc respecte le dessin qu'on lui donna à la fin du XVIIIe siècle, mais les pavillons du jardin n'ont pas survécu aux bombardements.

Le Schloss Bellevue est depuis 1994 la résidence officielle du président de la République fédérale.

Le Schloss Bellevue, résidence officielle du président de la République fédérale allemande

Large Butterfly de Henry Moore devant la Haus der Kulturen der Welt

Haus der Kulturen der Welt ㉑

MAISON DES CULTURES DU MONDE

John-Foster-Dulles-Allee 10. **Plan** 5 C3. **Tél.** 39 78 70. Ⓢ *Unter den Linden*. 🚌 *100*. ⬚ **Expositions** *9 h-20 h mar.-dim.* ▨

À Cause de son toit parabolique, cette ancienne salle de congrès est surnommée l'« huître enceinte ».

Contribution américaine à l'exposition d'architecture « Interbau 1957 », l'édifice dessiné par Hugh Stubbins est contemporain du quartier résidentiel de l'Hansaviertel *(p. 133)*. Avec son bassin orné d'une sculpture de Henry Moore, *Large Butterfly*, le bâtiment devint pendant la guerre froide un symbole de la modernité de Berlin-Ouest, et son audace fut souvent comparée aux lourdeurs du réalisme socialiste de la Karl-Marx-Allee *(p. 172-173)*. Cette audace dépassait toutefois les capacités techniques de l'époque, et le toit s'effondra partiellement en 1980.

L'édifice changea de fonction lors de sa restauration et abrite, depuis sa réouverture en 1989, un centre culturel qui propose des expositions et des manifestations destinées à familiariser les Berlinois avec les cultures non européennes. La Haus der Kulturen der Welt organise, entre autres, des festivals de jazz réputés *(p. 49-50)*.

Érigée en 1987 pour le 750ᵉ anniversaire de la fondation de Berlin, la tour noire qui se dresse à côté renferme le plus grand carillon d'Europe. Il compte 67 cloches qui sonnent tous les jours à midi et à 18 h.

Regierungsviertel ㉒

QUARTIER DU GOUVERNEMENT

Plan 6 D2, E2. Ⓢ *Unter den Linden*. 🚌 *100, 248*.

L'aménagement du vaste complexe qui abritera le gouvernement de la République fédérale allemande dans sa nouvelle capitale a fait l'objet d'un concours remporté en 1992 par un projet d'Axel Schultes et Charlotte Frank. Les travaux ont commencé en 1997 sur un site rectangulaire qui coupe un méandre de la Spree juste au nord du Reichstag. Ils se sont achevés en 2003.

Schultes et Frank ont aussi conçu le futur siège de la chancellerie (Bundeskanzleramt). Située face au Reichstag, elle est la résidence officielle du chancelier allemand. Mais d'autres architectes participent au projet avec des bâtiments tels que les bureaux de Dorotheenblöcke, et ceux de l'Alsenblock et du Luisenblock, dessinés par Stephan Braunfels.

Un autre grand chantier a débuté, celui d'un réseau de transports qui comprendra un tunnel routier sous le Tiergarten et une vaste gare enterrée, la Berlin Hauptbahnhof.

Selon les plans des architectes Mainhard von Gerkan, Oswald Mathias Ungers et Max Dudler, sa structure métallique vitrée permettra à la lumière naturelle d'y pénétrer.

Reichstag ㉓

Platz der Republik. **Plan** 6 D3, E3. Ⓢ *Unter den Linden*. 🚌 *100, 248*. **Tél.** 227 32 152. **Coupole** ⬚ *8 h-minuit t.l.j. (dern. entr. 22 h)*. **Parlement** ⬚ *sur r.-v. seul.* ▨ *midi mar., 10 h sam. (en anglais)*. ● *1ᵉʳ janv., 24, 26 et 31 déc.*

Devenir capitale impériale imposa à Berlin de se doter d'un bâtiment digne d'accueillir le Parlement du Reich, fondé en 1871. Les indemnités de guerre versées par la France le financèrent la construction entre 1884 et 1894, sur des plans de Paul Wallot. L'édifice offre un exemple caractéristique du néo-classicisme monumental qui connut une grande vogue sous l'empire.

La dédicace « Au peuple allemand » (« Dem Deutschen Volke ») qu'il porte au fronton fut dévoilée le 23 décembre 1916. Le 9 novembre 1918, Philipp Scheidemann utilisa un balcon du premier étage pour proclamer l'instauration de la république. Quelques semaines après la

Le Bundeskanzleramt, résidence officielle du chancelier fédéral

Le Reichstag et sa nouvelle coupole dessinée par sir Norman Foster

nomination de Hitler au poste de chancelier, les nazis incendièrent le Reichstag dans la nuit du 28 février 1933 et en accusèrent les communistes. Les arrestations décimèrent l'opposition.

À la fin de la guerre, il ne restait que des ruines du Parlement allemand quand les soldats russes hissèrent sur son toit le drapeau soviétique, image qui fit le tour du monde.

Une reconstruction effectuée entre 1957 et 1972 priva le Reichstag de son dôme et de la majeure partie de son ornementation extérieure. Le bâtiment ne remplit pas de fonction politique importante pendant la guerre froide, mais les grands concerts de rock qui se déroulaient devant exaspéraient les autorités de la RDA autant qu'ils ravissaient les jeunes Berlinois de l'Est à l'écoute de l'autre côté du Mur.

Le Reichstag est revenu sur le devant de l'actualité le 2 octobre 1989 pour la cérémonie officielle de la réunification de l'Allemagne, et le 2 décembre 1990 pour la première séance du Parlement élu après cette réunification.

Le 23 juin 1995, Christo et sa femme l'emballèrent dans un tissu luisant, une action artistique de deux semaines qui invitait à s'interroger sur son usage futur, et donc sur l'avenir du pays. L'architecte britannique sir Norman Foster entreprit ensuite un dernier remaniement qui dura jusqu'en 1999. Son projet a rendu au bâtiment une coupole. Haute de 12 m, elle comporte une plate-forme panoramique.

La première réunion du Bundestag dans l'édifice rénové a eu lieu le 19 avril 1999.

Sowjetisches Ehrenmal ㉔

MÉMORIAL SOVIÉTIQUE

Strasse des 17 Juni. **Plan** 6 D3.
Ⓢ *Unter den Linden.* 🚌 *100, 248.*

L'inauguration de cet imposant monument, proche de la porte de Brandebourg, eut lieu le 7 novembre 1945, jour anniversaire du début de la révolution d'Octobre en Russie. Encadré des deux premiers tanks soviétiques qui entrèrent dans la ville, il rend hommage aux 300 000 soldats de l'Armée rouge qui périrent pendant la conquête de Berlin. Il sert aussi de cimetière à 2 500 d'entre eux.

Le marbre qui servit à l'érection de la colonne dessinée par Nicolaï Sergiejev provient de l'ancienne chancellerie de Hitler qui était alors en cours de démolition. La statue en bronze est l'œuvre de Lew Kerbel. Le monument se retrouva dans le secteur anglais après la partition de Berlin, mais garda un statut particulier et resta accessible aux soldats soviétiques en poste à Berlin-Est.

Monument aux morts de l'Armée rouge du Sowjetisches Ehrenmal

LES PONTS DE BERLIN

Malgré les dégâts causés par les bombardements de la Seconde Guerre mondiale, certains des plus beaux bâtiments de Berlin s'élèvent toujours le long de la Spree et de ses canaux, et nombre des ouvrages d'art qui jalonnent ces voies d'eau sont l'œuvre de grands architectes et sculpteurs. Karl Friedrich Schinkel dessina ainsi le pont qui est probablement le plus connu : le Schlossbrücke (*p. 74*). Plus au sud sur le Kupfergrabenkanal, le Schleusenbrücke date du début de ce siècle et ses reliefs évoquent l'histoire des premiers ponts et écluses de la ville. En continuant toujours vers le sud, on atteint ensuite le Jungfernbrücke, le dernier pont basculant de Berlin. Il date de 1798. Le pont suivant est le Gertraudenbrücke, construit en 1894 (*p. 85*). La Friedrichstrasse franchit la Spree grâce au Weidendammer Brücke, édifié en 1897 et reconstruit par la suite en 1923. Un motif en forme d'aigle anime la balustrade. Le Moltkebrücke (1886-1891) enjambe aussi la Spree. Un immense griffon tenant un écu orné de l'aigle prussien y monte la garde près du Regierungsviertel. Les angelots qui tiennent des lampadaires portent des tenues militaires. Karl Begas exécuta les portraits des personnalités historiques qui décorent les arches.

Tête d'ours ornant le Liebknechtbrücke

KREUZBERG

**Détail de la façade
du Martin-Gropius-Bau**

Le quartier décrit dans ce chapitre ne forme qu'une partie de l'arrondissement du même nom. Le faubourg ouvrier de Kreuzberg se développa à la fin du XIXe siècle, mais le Mur l'enferma de trois côtés et les habitants qui en avaient les moyens déménagèrent pendant la période de la guerre froide. La modicité des loyers et les logements vacants attirèrent une population d'immigrés, de squatters, d'artistes sans le sou et de marginaux qui en fit un des hauts lieux de la culture alternative à Berlin. La réunification a remis le quartier au cœur de la cité et les immeubles décrépits se transforment peu à peu en maisons soigneusement rénovées habitées par des occupants aisés. Kreuzberg conserve néanmoins une importante communauté turque.

LE QUARTIER D'UN COUP D'ŒIL

Musées
Berlinische Galerie ❺
Checkpoint Charlie ❹
Deutsches Technikmuseum
    Berlin ❾
Jüdisches Museum ❻
Lapidarium ❽
Martin-Gropius-Bau ❷
Topographie des Terrors ❸

Bâtiments historiques
Anhalter Bahnhof ❶
Flughafen
    Tempelhof ⓭
Riehmers
    Hofgarten ⓫

Place, parc et cimetière
Friedhöfe vor dem
    Halleschen Tor ❿
Mehringplatz ❼
Viktoriapark ⓬

0   800 m

COMMENT Y ALLER
En U-Bahn, la ligne 6 traverse le quartier du nord au sud (stations Kochstrasse, Hallesches Tor, Mehringdamm et Platz der Luftbrücke), tandis que les lignes 1, 7 et 15 vont d'est en ouest.

LÉGENDE
▢ Plan pas à pas
    p. 138-139

Ⓤ Station de U-Bahn

Ⓢ Station de S-Bahn

▭ Arrêt d'autobus

◁ **Victoriapark, Kreuzberg**

Mehringplatz et Friedrichstrasse pas à pas

Aménagée en même temps que l'Oktogon (Leipziger Platz) et le Quarré (Pariser Platz) lors de l'agrandissement en 1734 de Friedrichstadt, la Mehringplatz portait à l'origine le nom de Rondell. Au nord s'étend la partie la plus ancienne de Kreuzberg. Elle conserve quelques bâtiments historiques, mais la Seconde Guerre mondiale a profondément bouleversé l'aspect du quartier, et des constructions modernes comme les Friedrichstadt Passagen, un immense complexe regroupant bureaux, appartements, boutiques et restaurants, continuent d'en transformer l'atmosphère.

★ **Checkpoint Charlie**
Ce petit abri marque l'emplacement de l'ancien poste frontière entre l'Est et l'Ouest ❹

Topographie des Terrors
Une exposition évoque les crimes des nazis à l'endroit où la Gestapo et les SS avaient leurs sièges ❸

Martin-Gropius-Bau
Ce bel édifice néo-Renaissance à la façade polychrome abrita jadis le Kunstgewerbemuseum (p. 118-121) ❷

0 _____ 150 m

Deutsches Technikmuseum ◄

Haus am Checkpoint Charlie
Ces papillons posés sur un fragment du Mur marquent l'entrée du musée.

À NE PAS MANQUER

★ Checkpoint Charlie

★ Jüdisches Museum

Springerhaus
Ce complexe récent de boutiques et de restaurants est situé près de la Springer Hochhaus. Cet édifice, élevé fut édifié dans les années 1960 comme un défi à côté du mur de Berlin **5**

CARTE DE SITUATION
Voir atlas des rues, plans 12 et 13

Märkisches Museum

★ Jüdisches Museum
Pour accueillir le nouveau Musée juif, l'architecte Daniel Libeskind a dessiné un immeuble conceptuel où les fenêtres évoquent des blessures **6**

Mehringplatz
L'ancienne Rondell, longtemps appelée Belle-Alliance-Platz, ne survécut pas à la Seconde Guerre mondiale. Hans Scharoun l'a reconstruite en suivant les plans originaux **7**

KOCHSTRASSE
CHARLOTTENSTRASSE
MARKGRAFENSTRASSE
BESSELSTRASSE
...RIEDRICHSTRASSE
...ANZ-KLUHS-STRASSE

LÉGENDE
--- Itinéraire conseillé

Anhalter Bahnhof ❶

Askanischer Platz 6-7. **Plan** 12 E1.
Ⓢ *Anhalter Bahnhof.* 🚌 *129, 248, 341.*

Aujourd'hui, il ne reste plus qu'un fragment de l'Anhalter Bahnhof d'antan, qui fut la plus grande gare de Berlin et la deuxième d'Europe.

L'imposant bâtiment dû à Franz Schwechten fut construit en 1880 pour devenir la plus grande gare d'Europe, et aussi la plus élégante, destinée à impressionner les visiteurs officiels de la capitale de l'empire allemand. Parmi ses voyageurs les plus célèbres, citons le tsar Nicolas de Russie, et le roi d'Italie Umberto, qui fut accueilli par le Kaiser Guillaume II en personne. D'ici, des trains partaient pour Dresde, Vienne, Rome et Athènes. Après la destruction de son toit par les bombardements alliés, la gare fut fermée en 1943.

Seuls subsistent des fragments de la magnifique façade d'antan et le portique, dominé par des sculptures endommagées, ainsi que l'orifice qui abritait autrefois une grande horloge électrique. Sur le vaste terrain derrière la gare s'étend le Tempodrom *(p. 269),* un espace de loisirs dont la silhouette rappelle une tente.

Martin-Gropius-Bau ❷

Stresemannstrasse 110. **Plan** 12 E1.
Tél. 25 48 60. ⏰ *10 h-20 h mer.-lun.* Ⓢ *et* Ⓤ *Potsdamer Platz.* 🚌 *129, 248, 341.*

À l'origine, ce bâtiment novateur construit en 1881 par Martin Gropius, avec la participation de Heino Schmieden, était destiné à abriter un musée des arts décoratifs. Son style rappelle celui des palais italiens de la Renaissance. Il est doté d'une magnifique cour intérieure couronnée d'une verrière, d'un atrium majestueux et de façades présentant des décorations d'une richesse inhabituelle. Entre les fenêtres

Expositions sur les crimes nazis de la Topographie des Terrors

se trouvent des armoiries de villes allemandes. Quant aux reliefs des frises, ils illustrent les arts et les artisanats. Entre les fenêtres des étages supérieurs, de belles mosaïques figurent des personnages allégoriques représentant les cultures de différentes époques et de différents pays.

À partir de 1922, le Martin-Gropius-Bau accueillit le musée d'Ethnologie. Après la Seconde Guerre mondiale, le bâtiment abandonné resta en ruine. Jusque dans les années 1970, il fut menacé de destruction par des projets de construction d'une autoroute urbaine. Finalement, les travaux de reconstruction commencèrent en 1981, sous la houlette des architectes Winnetou Kampmann et Ute Westroem. Une seconde rénovation suivit en 1999. Depuis, le bâtiment a accueilli diverses expositions d'art, de photographie et d'architecture.

Mosaïque allégorique au Martin-Gropius-Bau

Topographie des Terrors ❸

Stresemannstrasse 110 (entrée par la Niederkirchner Strasse). **Plan** 6 F5, 12 F1. **Tél.** 25 48 67 03. Ⓢ *et* Ⓤ *Potsdamer Platz.* Ⓤ *Potsdamer Platz.* 🚌 *129, 248, 341.* ⏰ *mai-sept. : 10 h-20 h t.l.j.; oct.-avr. : 10 h-18 h t.l.j.* 🖾

Sous le Troisième Reich, la Prinz-Albrecht-Strasse était incontestablement la rue la plus terrifiante de Berlin. En 1934, trois des plus sinistres services politiques national-socialistes installèrent leur quartier général dans un même pâté d'immeubles, entre la Stresemann Strasse, la Wilhelm Strasse, l'Anhalter Strasse et la Prinz-Albrecht-Strasse (actuelle Niederkirchner Strasse), où étaient concentrées les instances dirigeantes de l'Allemagne nazie.

Au n° 102 de la Wilhelm-Strasse, le palais Prinz-Albrecht, de style néo-classique, devint le quartier général de Reinhard Heydrich et du Service de sécurité (SD) du Troisième Reich. Le chef de la Gestapo, Heinrich Müller, lui, s'installa dans l'école des Arts décoratifs au n° 8 de la Prinz-Albrecht-Strasse, tandis que l'hôtel Prinz Albrecht, au n° 9, devint le quartier général de la Schutzstaffel (SS), dirigée par Heinrich Himmler. C'est dans ces murs que furent décidés la germanisation des régions occupées et le génocide des

des Juifs d'Europe.

Après la Seconde Guerre mondiale, les bâtiments furent détruits. Cependant, en 1987, une exposition sur les crimes nazis fut montée dans des caves ayant servi de salles de torture. Elle était déconseillée aux âmes sensibles.

Un important tronçon préservé du mur de Berlin longe le terrain de la Topographie des Terrors, sur la Niederkirchner Strasse.

Checkpoint Charlie ❹

Friedrichstrasse 43-45. **Plan** 7 A5. **Tél.** 253 72 50. Ⓤ *Kochstrasse.* 🚌 **129. Haus am Checkpoint Charlie** ◯ *9 h-22 h t.l.j.* 🖼

A Alpha, B Bravo, C Charlie : peu de gens se souviennent que ce célèbre point de passage entre le secteur américain et le secteur soviétique doit son nom au mot symbolisant la lettre C dans la signalisation phonétique internationale.

De 1961 à 1990, Checkpoint Charlie fut le seul point de passage pour les étrangers entre Berlin-Est et Berlin-Ouest. Le site était un symbole de liberté, mais aussi de division pour les nombreux Allemands de l'Est qui tentèrent d'échapper au régime communiste de RDA.

Aujourd'hui, il ne reste pas grand-chose du point de passage, où divers événements dramatiques se déroulèrent pendant la guerre froide, comme le face-à-face extrêmement tendu entre chars russes et américains qui dura deux jours en 1961.

En 1990, Checkpoint Charlie fut officiellement fermé en présence des ministres des Affaires étrangères américain, britannique, français et soviétique.

Désormais, il ne reste plus de portes, de barrières ni de barbelés. Seule une réplique de guérite, avec ses sacs de sable, et le célèbre signe installé du côté occidental, indiquant « Vous sortez du secteur américain », rappelle le passé.

Réplique d'une guérite de Checkpoint Charlie

Sur la Friedrichstrasse, deux grandes photographies d'un soldat américain et d'un soldat russe font partie d'une série de clichés bien connus, du photographe berlinois Frank Thiel. Ses portraits de quatre soldats commémorent le départ des Alliés.

Le musée non loin de là, la **Haus am Checkpoint Charlie,** témoigne des conflits frontaliers durant la guerre froide et illustre la construction du Mur. L'un des anciens miradors se visite. On remarquera les objets liés aux tentatives de passage à l'Ouest des citoyens de RDA, faisant preuve d'une ingéniosité et d'un courage sans limite : compartiments secrets de voitures, valises spécialement construites à cette fin, etc.

Une exposition séparée est consacrée aux campagnes pacifiques menées au nom de la démocratie dans divers pays totalitaires.

Berlinische Galerie ❺

Alte Jakobstrasse 124-28. **Plan** 7 C5. **Tél.** 78 90 26 00. Ⓤ *Kochstrasse.* 🚌 *129, 143, 240, 341.* ◯ *10 h-20 h t.l.j.* 🖼

Récemment rouvert, le musée d'art moderne, de design et d'architecture de Berlin est l'un des plus intéressants musées du pays

Des expositions thématiques qui changent régulièrement puisent dans sa vaste collection de peintures, photos ou objets d'artistes d'Allemagne, d'Europe de l'Est ou de Russie.

L'un des points forts du musée est la collection riche de 5 000 pièces qui retrace tous les mouvements artistiques majeurs de la fin du XIXᵉ siècle à nos jours. Elles comprend des œuvres de Max Liebermann, d'Otto Dix, de Georg Baselitz, d'Alexander Rodtschenko, d'Ivan Puni et de Via Lewandowsky.

Vous y verrez aussi des affiches des dadaïstes allemands George Grosz, Hanna Höch et Werner Heldt ainsi que des œuvres d'Ernst Ludwig Kirchner et de Hanns Schimansky.

La section architecturale du musée comprend des dessins et des maquettes de bâtiments qui n'ont jamais été construits, offrant un fascinant voyage dans un Berlin qui n'existera jamais. Un des plus beaux exemples de ces immeubles virtuels est la Sternkirche. Le projet de cette église qui devait ressembler à un coquillage a été conçu par l'architecte Otto Bartning en 1922.

***Letter Field** de **Kühn Malvessi** en face de la Berlinische Galerie*

Jüdisches Museum Berlin ❻

Conçu par Daniel Libeskind, un architecte américain d'origine juive polonaise, le Musée juif est un chef-d'œuvre d'innovation de l'architecture de la fin du xxe siècle. Tout, dans la structure, le plan, la disposition et l'aménagement intérieur et extérieur de ce bâtiment passionnant conceptuel a été conçu pour évoquer l'histoire et la culture de la communauté juive d'Allemagne, ainsi que les répercussions de l'Holocauste. Le musée présente quantité d'objets, notamment des livres et des photographies destinés à faire revivre les souvenirs et l'histoire de la communauté juive. Avec leurs sols en pente et leurs angles vifs, les longues galeries étroites en zigzag du bâtiment évoquent un sentiment de perte et de dislocation. Quant aux espaces vides entrecoupant les galeries, ils figurent le vide laissé par l'anéantissement de la communauté juive.

★ **Lunettes de Moses Mendelssohn**
Ces lunettes sont exposées dans la partie « Moses Mendelssohn et les Lumières », qui illustre le combat du philosophe pour la tolérance religieuse, à une époque où les juifs étaient privés de droits.

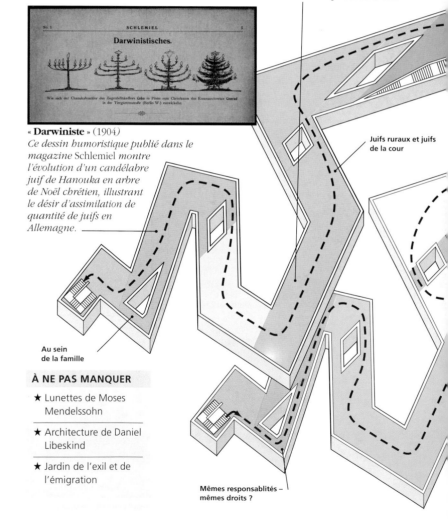

« Darwiniste » (1904)
Ce dessin humoristique publié dans le magazine Schlemiel *montre l'évolution d'un candélabre juif de Hanouka en arbre de Noël chrétien, illustrant le désir d'assimilation de quantité de juifs en Allemagne.*

Juifs ruraux et juifs de la cour

Au sein de la famille

Mêmes responsablités – mêmes droits ?

À NE PAS MANQUER

- ★ Lunettes de Moses Mendelssohn

- ★ Architecture de Daniel Libeskind

- ★ Jardin de l'exil et de l'émigration

SUIVEZ LE GUIDE !

L'accès au musée s'effectue par un passage souterrain, depuis l'ancien Berlin-Museum. Des marches montent vers le début de l'exposition, divisée en 14 sections. Les visiteurs y découvrent l'histoire et la culture des juifs d'Allemagne, des temps les plus reculés jusqu'à nos jours en passant par le Moyen Âge.

MODE D'EMPLOI

Lindenstrasse 9-14. **Plan** 13 A2.
Tél. 25 99 33 00. **U** *Hallesches Tor ou Kochstrasse.* 143, 240, 248. 10 h-22 h lun., 10 h-20 h mar.-dim. *fêtes juives et 24 déc.* *en allemand : 11 h, 14 h (aussi en anglais), 15 h sam. et dim.* **www**.jmberlin.de

Entrée du musée par un passage souterrain

Première Guerre mondiale et République de Weimar

Persécution – Résistance – Extermination

Sortie

Est et Ouest

★ Architecture de Daniel Libeskind

Dans les deux années précédant l'ouverture du musée, l'extraordinaire structure couverte de zinc, qui évoque une étoile de David brisée, a attiré plus de 350 000 visiteurs.

Fer à repasser électrique AEG

Un fer à repasser produit par AEG, l'une des plus grandes entreprises électriques allemandes, fondée par Emil Rathenau, est présenté dans la collection rendant hommage à la position prépondérante des juifs dans le commerce et l'industrie à Berlin.

LÉGENDE

☐	Débuts
■	Moyen Âge
☐	1500-1800
■	Tradition et changement
■	1850-1933
■	Judaïsme moderne et vie urbaine
☐	1914-1933
■	1933-1945
■	Présent
■	Circulations et services
--	Itinéraire conseillé

★ Jardin de l'exil et de l'émigration

Composé de 49 colonnes représentant la fondation de l'État d'Israël en 1948, plus une pour Berlin, le Jardin symbolise aussi l'exil auquel furent contraints les juifs allemands.

Allégorie de la Paix par Albert Wolff sur la Mehringplatz

Mehringplatz ●

Plan 13 A2. [U] *Mehringplatz.*
🚌 *248, 341.*

L'ancienne Rondell, aménagée en 1734 par Philipp Gerlach, devait son nom à sa forme circulaire. Les trois grandes artères de Friedrichstadt, la Wilhelmstrasse, la Friedrichstrasse et la Lindenstrasse, y convergeaient. Peter Joseph Lenné remodela la place dans les années 1840.

Au centre, la colonne de la Paix, dessinée par Christian Gottlieb Cantian, commémore la victoire sur Napoléon en 1815. La statue est de Christian Daniel Rauch.

Deux sculptures ajoutées dans les années 1870 représentent la Paix (due à Albert Wolff) et Clio, la Muse de l'histoire (par Ferdinand Hartzer). Apprécié au tournant du siècle par les diplomates et les aristocrates, le quartier dut être reconstruit après la Seconde Guerre mondiale. Hans Scharoun dirigea la rénovation de la place, et les immeubles qui l'entourent datent des années 1970.

Lapidarium ●

Halleches Ufer 78. **Plan** 12 E2.
Tel 25 48 63 05. ⬤ *sur r.-v. seul.*
[U] *Mendelssohn-Bartholdy-Park.*

Cet intéressant bâtiment, décoré d'une étonnante cheminée orientalisante, était jadis la station de pompage de Berlin. Construit entre 1873 et 1876 par Hermann Blankenstein, il a conservé ses machines à vapeur. Il

renferme aussi de nombreuses sculptures. Certaines sont des copies exécutées pour mieux assurer la conservation des originaux.

C'est au Lapidarium qu'ont abouti la plupart des statues qui ornaient l'allée de la Victoire du Tiergarten, celles que les Berlinois avaient surnommées les « poupées ». La perte, qui d'un bras, qui d'une tête, qui d'une autre partie du corps, diminue quelque peu la prestance de ces fiers chefs de guerre et souverains dressés côte à côte.

Deutsches Technikmuseum Berlin ●

Trebbiner Strasse 9. **Plan** 12 E2.
Tél. 90 25 40. [U] *Gleisdreieck.*
🚌 *129, 341.* ⬤ *9 h-17 h 30 mar.-ven., 10 h-18 h sam.-dim.* ♿ 🅿

Ce musée, fondé en 1982, réunit en un même lieu plus de 100 collections spécialisées. Il occupe un site industriel et ferroviaire, dont les dimensions ont permis la conservation de vieux châteaux d'eau et entrepôts.

La section des locomotives et des wagons et celle des automobiles anciennes sont les plus spectaculaires, mais le Deutsches Technikmuseum possède aussi des départements consacrés à l'aéronautique, à la fabrication du papier, à l'imprimerie, au tissage, à l'électromécanique et à l'informatique. Presque tous proposent des démonstrations et des activités.

Au Spectrum, plus de

250 expériences rendent la science accessible, notamment aux enfants. Le parc renferme aussi deux moulins à vent, une brasserie et une forge.

Friedhöfe vor dem Halleschen Tor ❿

Mehringdamm, Blücher-, Baruther et Zossener Strasse. **Plan** 13 A3.
[U] *Mehringdamm.* 🚌 *140, 341.*
⬤ *10 h-17 h t.l.j.*

Les quatre cimetières établis en 1735 sur un terrain hors des murs près des Hallesches Tor renferment les tombes de certains des plus grands créateurs de Berlin, notamment le compositeur Felix Mendelssohn-Bartholdy, les architectes Georg Wenzeslaus von Knobelsdorff, David Gilly et Carl Ferdinand Langhans, le portraitiste Antoine Pesne et l'écrivain et compositeur E.T.A. Hoffmann.

Riehmers Hofgarten ⓫

Yorckstr. 83-86, Grossbeerenstr. 56-57 et Hagelberger Strasse 9-12. **Plan** 12 F4. [U] *Mehringdamm.* 🚌 *119, 140.*

Baptisé d'après le maître-maçon Wilhelm Riehmer, qui en assura la construction entre 1881 et 1892, cet ensemble résidentiel occupe une grande part du pâté de maisons

Pierre tombale dans un des **Friedhöfe vor dem Halleschen Tor**

Balcon d'un des immeubles du Riehmers Hofgarten

défini par la Yorckstrasse, la Hagelberger Strasse et la Grossbeerenstrasse. Otto Mrosk participa à l'élaboration des plans.

Une vingtaine d'immeubles d'habitation soigneusement restaurés composent le Riehmers Hofgarten. Ils entourent une jolie cour arborée que dominent des façades néo-Renaissance aussi élaborées que celles du côté rue. Le complexe abrite plusieurs cafés, à l'instar de la Yorckstrasse.

À côté du Riehmers Hofgarten s'élève l'église Saint-Boniface, œuvre néo-gothique de Max Hasak. Un ensemble résidentiel du même style la borde.

Pour avoir une image du Kreuzberg d'antan, il suffit de rejoindre la Bergmannstrasse, bordée de bâtiments du XIXᵉ siècle rénovés. Des lampadaires anciens, une rue piétonne, des bars et des galeries d'art renforcent son atmosphère élégante. La Marheinekeplazt, où se tient un marché couvert animé, a aussi beaucoup de charme.

Viktoriapark ⑫

Plan 12 E4, E5, F5 Ⓤ *Platz der Luftbrücke.* 🚌 *104, 140.*

Aménagé entre 1884 et 1894 par Hermann Machtig, cet agréable parc agrémenté de cascades artificielles s'étend au sommet de la plus haute colline de Berlin. Il entoure le Monument national des Guerres de libération, érigé entre 1817 et 1821 par Karl Friedrich Schinkel pour célébrer les victoires de la Prusse sur Napoléon. La croix de fer installée au sommet de la flèche néo-gothique en fonte a donné son nom au quartier. Christian Daniel Rauch, Friedrich Tieck et Ludwig Wichmann sculptèrent les douze figures allégoriques qui occupent les niches au bas du monument. Le point de vue ménage un superbe panorama de la ville.

Flughafen Tempelhof ⑬

Platz der Luftbrücke. **Plan** 12 F5. Ⓤ *Platz der Luftbrücke.* 🚌 *104, 119, 184, 341.*

Ernst Sagebiel agrandit pour les nazis le premier aéroport de Berlin, construit en 1923. Achevé en 1939, l'édifice est caractéristique de l'architecture du IIIᵉ Reich, même si les aigles qui servent de décoration datent d'avant l'arrivée au pouvoir de Hitler.

Érigé en 1951, le monument qui se dresse devant le Flughafen Tempelhof commémore le pont aérien mis en œuvre pendant le blocus de Berlin. Dessiné par Edward Ludwig, il porte à son sommet trois pointes qui symbolisent les trois couloirs utilisés par les avions alliés. Sur le socle figurent les noms des pilotes et des membres du personnel au sol qui périrent pendant l'opération.

LE BLOCUS DE BERLIN (1948-1949)

Le 24 juin 1948, dans l'espoir de prendre le contrôle complet de Berlin, les autorités soviétiques décident de fermer tous les accès terrestres et fluviaux aux secteurs sous contrôle occidental. Le général américain Lucius Clay réplique en organisant un pont aérien pour approvisionner la ville. Les avions américains et anglais assureront un total de 212 612 vols, transportant près de 2,3 millions de tonnes de marchandises : du charbon, des vivres, mais aussi une centrale électrique en pièces détachées. En avril 1949, ils atterrissent toutes les 63 secondes. Les Soviétiques lèvent le blocus le 12 mai suivant. L'opération aura coûté la vie à 70 aviateurs et 8 membres du personnel au sol.

Avion du pont aérien assuré pendant le blocus

AUTOUR DU KURFÜRSTENDAMM

Urbanisée à partir de 1886, la partie orientale de Charlottenbourg devint au début du XXe siècle un des quartiers résidentiels les plus recherchés de la capitale impériale. De luxueux immeubles d'habitation s'élevèrent le long de l'avenue du Kurfürstendamm (appelé le Ku'damm), tandis que les environs de la Breitscheidplatz et de la Wittenbergplatz s'imposaient comme l'un des principaux pôles de la

Sculpture du Jüdisches Gemeindehaus

vie mondaine avec l'ouverture de grands magasins, de cafés et de théâtres. Après la Seconde Guerre mondiale et l'édification du Mur, le Ku'Damm devint le cœur de Berlin-Ouest. Avec ses cinémas, ses restaurants et ses boutiques chic, il reste un lieu très animé, y compris la nuit, bien qu'il ait retrouvé depuis la réunification une position excentrée par rapport à l'arrondissement historique de Mitte.

LE QUARTIER D'UN COUP D'ŒIL

Musée
Käthe-Kollwitz-Museum ❿
Newton-Sammlung ❻

Rues et place
Fasanenstrasse ❾
Kurfürstendamm ❹
Savignyplatz ⓫
Tauentzien-
strasse ⓮

Parc
Zoologischer
Garten ❶

Bâtiments historiques
Europa-Center ❷
Jüdisches Gemeindehaus ❽
KaDeWe ⓯
Kaiser-Wilhelm-Gedächtnis-
Kirche p. 152-153 ❸
Ludwig-Erhard-Haus ❺
Technische Universität ⓭
Theater des Westens ❼
Universität der Künste ⓬

LÉGENDE

▢ Plan pas à pas
p. 148-149

🚉 Gare ferroviaire

Ⓢ Station de S-Bahn

Ⓤ Station de U-Bahn

🚌 Station de bus

ℹ Informations touristiques

COMMENT Y ALLER
Les lignes de S-Bahn 3, 5, 7, 9 et 75
(Savignyplatz et Zoologischer Garten)
et les lignes 2, 9 et 15 du U Bahnn
desservent le quartier. Un terminus d'autobus
se trouve près de la station Zoo.

0 _____ 400 m

◁ **Mosaïque de la Kaiser-Wilhelm-Gedächtnis-kirche**

La Breitscheidplatz et le Ku'damm pas à pas

Le centre de Berlin-Ouest était l'extrémité est du Ku'Damm, en particulier la Tauentzienstrasse et la Breitscheidplatz. Vitrine de l'Occident au cœur de l'Europe communiste, le quartier prit il y a trente ans un visage ultramoderne, et ses cinémas et ses centres commerciaux attiraient des visiteurs du monde entier. S'il n'a rien perdu de son atmosphère, il subit la concurrence de la Potsdamer Platz et des Friedrichstadtpassagen (p. 65). Il n'existe toutefois pas à Berlin de lieu plus animé que la Breitscheidplatz, de grand magasin plus élégant que le KaDeWe ou de rue plus chic que la Fasanenstrasse.

Kantdreieck
La « voile » de son toit fait de cet immeuble dessiné par Josef Paul Kleihues un point de repère aisément reconnaissable.

Jüdisches Gemeindehaus
La façade du Centre de la communauté juive incorpore les vestiges d'une ancienne synagogue **8**

La Literaturhaus
abrite un café agréable et une bonne librairie.

KANTSTRA

KURFÜRSTENDAMM

FASANENSTRASSE

MEINEKESTRASSE

JOACHIMSTALER STRASSE

AUGSBURGER STRASSE

Käthe-Kollwitz-Museum
Ce musée occupe une charmante villa de la Fasanenstrasse **10**

Fasanenstrasse
Cette rue tranquille abrite certaines des boutiques les plus chères de Berlin **9**

Ku'damm
Une visite de Berlin ne saurait être complète sans une balade sur cette artère toujours animée **4**

À NE PAS MANQUER

★ Kaiser-Wilhelm-Gedächtniskirche

★ Zoologischer Garten

LÉGENDE

━ ━ ━ Itinéraire conseillé

Ludwig-Erhard-Haus
*Des arcs paraboliques forment
la structure de la nouvelle
Bourse de Berlin* ❺

CARTE DE SITUATION
*Voir atlas des rues, plans 4, 9, 10
et 11.*

Theater des Westens
*Comme le suggère la décoration
de sa façade, ce théâtre propose
des spectacles musicaux et légers* ❼

Bahnhof Zoo

Europa-Center
*Ce centre de boutiques et de bureaux
s'organise autour d'un atrium orné
d'une fontaine* ❷

★ Zoologischer Garten
*Cette porte des
Éléphants exotique
est une des entrées
du zoo de Berlin* ❶

★ Kaiser-Wilhelm-
Gedächtnis-Kirche
*Les mosaïques de Hermann
Schaper qui parent les murs
de la sacristie ont survécu
aux bombardements* ❸

0   400 m

Bao-Bao, le panda géant du Zoologischer Garten

Zoologischer Garten ❶

JARDIN ZOOLOGIQUE

Hardenbergplatz 8 ou Budapester Strasse 34. **Plan** 4 E5, 10 E1. **Tél.** 25 40 10. Ⓢ et Ⓤ *Zoologischer Garten.* 🚌 *100, 109, 110, 145, 146, 149, 200, 204, 245, 249, X-10, X-34.* ⬜ *avr.-sept. : 9 h-18 h 30 t.l.j. ; oct. : 9 h-18 h t.l.j. ; nov.-mars : 9 h-17 h t.l.j.* 🖼

Fondé en 1844 dans le Tiergarten grâce au don de la ménagerie royale par Frédéric-Guillaume, le zoo de Berlin fait partie des plus riches du monde avec plus de 12 000 animaux appartenant à près de 1 000 espèces. Il possède deux entrées : la porte des Lions sur Hardenbergerplatz et la porte des Éléphants donnant sur Budapester Strasse.

Les attractions les plus populaires comprennent les pandas géants baptisés Bao-Bao et Yan-Yan, l'aire réservée aux singes, où vit notamment une famille de gorilles, un pavillon obscur permettant l'observation de mammifères nocturnes et le bassin aux hippopotames,

doté d'une paroi vitrée qui permet de contempler les ébats de ses occupants.

L'aquarium, l'un des plus importants d'Europe, abrite entre autres des requins, des piranhas et de curieuses espèces marines qui ne peuplent que les récifs de corail. Des crocodiles hantent la jungle du vaste terrarium.

Europa-Center ❷

Breitscheidplatz. **Plan** 10 E1. Ⓢ et Ⓤ *Zoologischer Garten.* 🚌 *100, 109, 119, 146, 200, 219, X-9.*

Construit en 1965 par Helmut Hentrich et Hubert Petschnigg, l'Europa-Center occupe l'emplacement du légendaire Romanisches Café où se retrouvaient les artistes du mouvement Dada dans les années 1920. Il regroupe plusieurs bâtiments qui renferment le plus grand centre d'information touristique de Berlin, une centaine de boutiques, de nombreux restaurants et bars, un casino et un cinéma multisalles. Le complexe incorpore aussi le Palace Hotel *(p. 226)* et un immeuble de bureaux.

Les fontaines de l'Europa-Center n'ont pas échappé à l'ironie des Berlinois, toujours prêts à rebaptiser leurs monuments. Celle de l'escalier menant à l'entrée, censée représenter la Terre, est ainsi devenue la « quenelle », tandis que l'*Horloge du temps qui coule* du Français Bernard Gitton porte le surnom de « distributeur de jus de fruit ». Le centre abrite aussi le cabaret politique Die Stachelschweine (« Les Hérissons »).

Kaiser-Wilhelm-Gedächtnis-Kirche ❸

Voir p. 152-153.

Kurfürstendamm ❹

Plan 9 A2, B2, C3, 10 D1. Ⓤ *Kurfürstendamm.* 🚌 *109, 119, 129, 219.*

Cette large avenue suit le tracé d'une route percée au XVIᵉ siècle pour rejoindre la forêt de Grunewald, et c'est le chancelier Bismarck qui donna l'impulsion de son développement urbain à la fin du XIXᵉ siècle. Pendant l'entre-deux-guerres, de grands cinémas ouvrirent sur le Ku'Damm, où abondaient déjà cafés et théâtres, et il devint le cadre d'une intense vie culturelle et nocturne où se croisaient artistes, écrivains et réalisateurs célèbres.

Des bâtiments modernes ont remplacé beaucoup d'immeubles bourgeois, mais ils n'ont pas changé l'ambiance des « Champs-Élysées » berlinois.

Ludwig-Erhard-Haus ❺

Fasanenstrasse 83-84. **Plan** 4 D5. Ⓢ et Ⓤ *Zoologischer Garten.* 🚌 *145, 149, 245, X-9, X-39.*

Cet élégant immeuble moderne abrite la Bourse et la chambre de commerce et d'industrie de Berlin. Œuvre de l'architecte britannique Nicholas Grimshaw achevée en 1998, il a été comparé à un squelette géant ou à un coquillage, mais s'inspire en fait de la carapace du tatou.

Quinze arches elliptiques, qui s'élèvent au-dessus du toit et traversent les parois vitrées, forment l'ossature de la Ludwig-Erhard-Haus. Elles laissent ainsi l'espace intérieur libre de tout support ou mur de soutien.

Le bâtiment possède un système de jalousies qui s'ouvrent ou se ferment automatiquement en fonction des conditions climatiques. Le mouvement des lattes, quand un nuage cache le soleil, donne l'impression que tout l'édifice se met à clignoter.

Fontaine représentant la sphère terrestre devant l'Europa-Center

Newton-Sammlung ❻

Jebensstrasse 2. **Plan** 4 D5. **Tél.** 20 90 55 66. Ⓢ et Ⓤ *Zoologischer Garten.* ◯ 10 h-18 h mar.-mer. ven.-dim., 10 h-22 h jeu. 🖼

Le photographe Helmut Newton (1931-2004) légua le travail de sa vie à la ville de Berlin. Newton est né à Berlin et commença son travail de photographe dans cette ville. Il devint l'un des photographes les plus célèbres du XXᵉ siècle grâce à ses nus et et à ses portraits de personnalités riches et célèbres

Le musée a l'ambition d'élargir sa collection pour devenir le musée de la photo de Berlin.

Actuellement, vous pouvez y admirer une sélection du travail de Newton, notamment ses premières photos de mode, ses nus ainsi que des autoportraits et des paysages.

Façade du Theater des Westens sur la Kantstrasse

Theater des Westens ❼

Kantstrasse 9-12. **Plan** 10 D1. **Tél.** (0180) 44 44. Ⓢ et Ⓤ *Zoologischer Garten.* 🚌 149, X-34.

Avec le « Théâtre de l'Ouest », Bernhard Sehring construisit en 1896 l'un des théâtres les plus pittoresques de Berlin, n'hésitant pas à associer sur sa façade des éléments néo-classiques, Renaissance et Art nouveau, tout en lui donnant un somptueux intérieur néo-baroque. Pour compléter cette riche palette d'influences, l'arrière et la partie qui renferme la scène ont été remaniés dans le style néo-gothique et incorporent des éléments décoratifs inspirés du jeu d'échecs.

Dès l'origine, le Theater des Westens se spécialisa dans des spectacles légers et populaires : opérettes et vaudevilles, puis revues, comédies musicales telles que *Les Misérables*. De nombreuses célébrités s'y produisirent, dont Joséphine Baker qui y interpréta sa célèbre danse des bananes en 1926. Non loin se trouvent un cinéma réputé, le Delphi, et le club de jazz Quasimodo.

Jüdisches Gemeindehaus ❽

CENTRE DE LA COMMUNAUTÉ JUIVE

Fasanenstrasse 79/80. **Plan** 10 D1. Ⓤ *Uhlandstrasse ou Kurfürstendamm.* 🚌 109, 119, 129, 149, 219, X-10, X-34.

Devant le Jüdisches Gemeindehaus, une émouvante sculpture représente un rouleau de la Torah brisé. Elle rappelle qu'à cet emplacement s'élevait jadis une synagogue.

Édifié en 1912 dans le style néo-roman-byzantin d'après des plans d'Ehenfried Hessel, le sanctuaire fut incendié le 9 novembre 1938 pendant la Kristallnacht *(p. 29).*

Portail d'une ancienne synagogue à l'entrée du Jüdisches Gemeindehaus

Les ruines restèrent en l'état jusqu'au milieu des années 1950, quand se concrétisa la construction du bâtiment actuel. Dessiné par Dieter Knoblauch et Heinz Heise, il fut achevé en 1959. Les architectes ne conservèrent de l'ancienne synagogue que son portail et des fragments décoratifs de la façade.

Le Centre de la communauté juive réunit des bureaux, une école, un restaurant kasher appelé Arche Noah et une salle de prière éclairée par trois coupoles vitrées. Une cour à l'arrière renferme un lieu de souvenir.

LE CINÉMA ALLEMAND

Le cinéma allemand connut un âge d'or pendant les années 1920. En absorbant les sociétés indépendantes qui avaient produit les premiers films influencés par l'expressionnisme, comme *Le Cabinet du docteur Caligari* (1920) de Robert Wiene, l'UFA (Universum Film Aktiengesellschaft, *p. 205*) réembaucha l'élite allemand du cinéma de l'époque, et ses studios de Babelsberg permirent

Marlene Dietrich dans L'Ange bleu de Sternberg

le tournage – à côté d'innombrables navets – de chefs-d'œuvre tels que *Nosferatu* (1922) de Friedrich Murnau ou *Le Docteur Mabuse* (1922) et *Metropolis* (1927) de Fritz Lang. C'est là que Joseph von Sternberg tourna *L'Ange bleu* (1930), qui rendit célèbre Marlene Dietrich. L'arrivée au pouvoir de Hitler incita de nombreux réalisateurs et acteurs à quitter l'Allemagne. Certains avaient déjà cédé aux sirènes de Hollywood, tel Ernst Lubitsch, dont *Madame Dubarry* (1919) avait pourtant connu le succès sur le Ku'Damm.

Kaiser-Wilhelm-Gedächtnis-Kirche ❸

L'église commémorative de l'empereur Guillaume Ier
est devenue un des symboles les plus représentatifs
de Berlin. Ce sanctuaire néo-roman dessiné par Franz
Schwechten fut consacré en 1895 et détruit par les
bombes en 1943. Après la guerre, on décida de laisser
debout le clocher au toit éventré (rebaptisé la « dent
creuse » par les Berlinois) et de créer à sa base une salle
du souvenir : la Gedenkhalle. Elle retrace l'histoire du
monument et contient ce qui reste des mosaïques, des
reliefs en marbre et des objets liturgiques qui l'ornaient.
Egon Eiermann construisit en 1961 l'église octogonale
qui se dresse à côté. Vingt mille blocs de verre bleu
fabriqués à Chartres lui donnent un très bel éclairage.

**Mosaïque de
l'Empereur**
*Elle montre Henri Ier
tenant les attributs du
pouvoir.*

Clocher
*La tour moderne
hexagonale s'élève
à l'emplacement
de la nef détruite.*

Rosace

Mosaïques
*Des vestiges des
mosaïques
originelles subsistent
près de l'escalier.
Le duc de Prusse
apparaît en
médaillon au-dessus
de la fenêtre.*

Maître-autel
*Le grand Christ en croix
doré est de Karl Hemmeter.*

Un quadrillage
en béton armé
maintient les pavés
en verre bleu.

Tour en ruine
Le clocher au toit effondré dresse haut dans le ciel un symbole des ravages de la guerre.

MODE D'EMPLOI

Breitscheidplatz. **Plan** 10 D1.
Tél. 218 50 23. Ⓢ et Ⓤ
Zoologischer Garten ou
Ⓤ *Kurfürstendamm.* 🚌 100,
119, 129, 146, 200, 219, X-9.
◯ **Église** 9 h-19 h t.l.j.
Gedenkhalle 10 h-16 h
lun.-sam. 🔔 10 h et 18 h dim.
♿

Horloge
L'horloge de l'ancien clocher reprend un motif traditionnel.

★ La mosaïque des Hohenzollern
La mosaïque du vestibule montre les Hohenzollern en procession. La reine Louise ouvre la marche et l'empereur Guillaume Ier domine le centre.

Croix orthodoxe
Les évêques russes orthodoxes de Volokolamsk et de Youroueev l'offrirent en souvenir des victimes du nazisme.

Christ
Cette grande sculpture par Hermann Schaper a survécu aux bombardements. Elle ornait le maître-autel.

**Entrée
principale**

★ Crucifix de Coventry
Cette humble croix est faite de clous retrouvés dans les cendres de la cathédrale de Coventry, détruite par des bombardements allemands.

À NE PAS MANQUER

★ Mosaïque des Hohenzollern

★ Crucifix de Coventry

La Fasanenstrasse, rue des boutiques de luxe

Fasanenstrasse **❾**

Plan 9 C2, 10 D1, 10 D3.
U *Uhlandstrasse.* 🚌 *109, 119, 129, 219, 249, X-10.*

Les grands noms du luxe ont succombé au charme discret de la Fasanenstrasse, en particulier entre la Lietzenburger Strasse et le Kurfürstendamm ; les vitrines de bijouteries, de galeries d'art et de boutiques de mode, ainsi que des immeubles bourgeois bien conservés et d'élégantes villas fin de siècle en font un agréable lieu de promenade.
   Les maisons des nᵒˢ 23-25 forment le Wintergarten-Ensemble. La première, au n° 23, date de 1889 et abrite au sein d'un beau jardin la Literaturhaus, réputée pour sa librairie et les expositions et lectures qu'elle organise. Elle possède aussi un excellent café prolongé par une véranda. Le n° 24 est devenu le musée Käthe-Kollwitz. Une galerie d'art et une salle des ventes occupent la villa du n° 25, construite en 1892 par Hans Grisebach.

Käthe-Kollwitz-Museum **❿**

Fasanenstrasse 24. **Plan** 9 C2.
Tél. 882 52 10. **U** *Uhlandstrasse or Kurfürstendamm.* 🚌 *109, 119, 129, 219, 249, X-10.* ⭘ *11 h-18 h mer.-lun.* 📷🎧🔊

Née à Königsberg en 1867, Käthe Schmidt épousa en 1891 le docteur Karl Kollwitz qui avait un cabinet dans un quartier ouvrier de

Berlin : Prenzlauer Berg *(p. 170).* Les souffrances des classes populaires, décrites avec une sincérité sans concession, devinrent le principal sujet de ses dessins, de ses lithographies et de ses sculptures. Après qu'elle eut perdu un fils en 1914, les thèmes de la maternité, de la guerre et de la mort passèrent au premier plan dans son œuvre. Le musée expose son œuvre, à savoir sculptures, affiches et dessins. Il présente aussi des documents tels que lettres et photos.

Mère et enfant, *dessin conservé au Käthe-Kollwitz-Museum*

Savignyplatz **⓫**

Plan 9 C1. **Ⓢ** *Savignyplatz.* 🚌 *149.*

Fermée au sud par le viaduc ferroviaire qui apparaît dans *Cabaret,* le film de Bob Fosse, cette esplanade aux parterres de fleurs soigneusement entretenus ne renferme pas d'édifice historique remarquable et ne semble pas

présenter d'intérêt particulier pendant la journée, hormis pour les étudiants de l'université technique et de l'École des beaux-arts qui s'y retrouvent. Le quartier prend son vrai visage la nuit, quand ses cafés et ses restaurants font le plein. En été, la place et les rues voisines se transforment en un jardin empli de tables et de parasols. Les clients viennent de loin passer la soirée dans des établissements tels que le Zwiebelfisch, le Dicke Wirtin ou le XII Apostel *(p. 240).* L'arcade du viaduc abrite des bars et des librairies, dont une succursale de Bücherbogen *(p. 254).*

Universität der Künste **⓬**

UNIVERSITÉ DES BEAUX-ARTS

Hardenbergstrasse 32-33 et Fasanenstrasse 1b. **Plan** 4 D5. **Ⓢ** *Zoologischer Garten ou* **U** *Ernst-Reuter-Platz.* 🚌 *145, 245, X-9.*

L'Universität der Künste est la descendante de la Preussische Akademie der Künste (Académie prussienne des beaux-arts), fondée en 1696. L'institution eut pour directeurs des artistes de renom tels que Gottfried Schadow et Anton von Werner. Une réforme menée entre 1875 et 1882 la divisa en deux écoles supérieures qui s'installèrent dans des corps de bâtiments néo-baroques, construits de 1897 à 1902 par Heinrich Keyser et Karl von Grossheim sur la Hardenbergstrasse et la Fasanenstrasse.
   À la fin de la Seconde Guerre mondiale, il ne subsistait de ces édifices que deux grands bâtiments et leurs façades. La Hochschule für Bildende Künste (École des beaux-arts) bordait la Hardenbergstrasse, tandis que sur la Fasanenstrasse se dressait la Hochschule für Musik und Darstellende Kunst (École de musique et des arts de la scène). Cette dernière ayant perdu sa salle de concerts, Paul Baumgarten en édifia une nouvelle en 1955. Une troisième école, spécialisée dans la musique

Fronton néo-baroque, Universität der Künste

religieuse, occupe le petit
immeuble fin de siècle qui
ressemble à un château au
n° 36 Hardenbergstrasse.

Technische Universität ⑬

UNIVERSITÉ TECHNIQUE

Strasse des 17 Juni 135.
Plan 3 C4. Ⓤ *Ernst-Reuter-Platz.*
🚌 145, 245, X-9.

Le vaste campus de la
Technische Universität s'étend
à l'est de l'Ernst-Reuter-Platz
le long de la Strasse des 17.
Juni. Établie en 1879 par la
réunion de l'École des arts et
métiers et de la Bauakademie
(Académie d'architecture),
l'université technique,
officiellement appelée
Technische Hochschule Berlin
(TUB), possède depuis
l'origine cinq départements.
Ils occupèrent à partir de 1884
un édifice néo-Renaissance
dessiné par Richard Lucae,
Friedrich Hitzig et Julius
Raschdorff. À la fin de la
Seconde Guerre mondiale,
seules les ailes arrière et trois
cours intérieures conservèrent
leur aspect original.
En continuant sur la
Strasse des 17. Juni on
atteint la colonnade de la
Charlottenburger Tor (porte
de Charlottenburg), élevée
en 1908. Son décor montre
Frédéric III et son épouse
Sophie-Charlotte tenant dans
leurs mains une maquette du
château de Charlottenburg
(p. 160-161). Sur l'île située
après la porte, un bâtiment
peint en vert et un énorme
tuyau rose créent un curieux
décor. Il s'agit du centre de
régulation du débit des voies
d'eau. Il est entre autres
chargé de répondre aux
besoins de la navigation
fluviale.

Tauentzienstrasse ⑭

Plan 10 E1. Ⓤ *Wittenbergplatz.*
🚌 119, 129, 146, 219.

Cette artère commerçante et
animée prolonge le
Kurfürstendamm. Moins
luxueuses, les boutiques de la
Tauentzienstrasse attirent une
clientèle plus nombreuse. La
façade du grand magasin Peek
und Clopenburg mérite un
coup d'œil. Gottfried Böhm a
recouvert les murs du bâtiment
de « tabliers » ondulés,
transparents et légèrement
inclinés.
L'esplanade centrale
agrémentée de parterres de
fleurs offre une belle vue
de la Kaiser-Wilhelm-
Gedächtniskirche. Près de
la Marburger Strasse s'élève
la sculpture de Brigitte et
Martin Matschinsky-
Denninghoff intitulée *Berlin*.
Elle fut dévoilée en 1987 pour
le 750ᵉ anniversaire de la ville.

KaDeWe ⑮

Tauentzienstrasse 21-24. **Plan** 10 E2.
Tél. *21 21 00.* Ⓤ *Wittenbergplatz.*
🚌 *119, 129, 146, 185, 219.* ◯ *10 h-
20 h lun.-jeu., 10 h-22 h ven., 9 h 30-
minuit sam.*

Le Kaufhaus des Westens (« le
magasin de l'Ouest ») est le
plus grand en taille, en
Europe. Il ouvrit en 1912 dans
un bâtiment entrepris en 1907
par Emil Schaudt. Le KaDeWe
connut très vite un tel succès
qu'il put bientôt revendiquer
le slogan : « Chez nous, le
client est un roi et le roi est
un client. » Le magasin fut
agrandi plusieurs fois .
À la fin de la Seconde Guerre
mondiale, la reconstruction de
ce temple de la consommation
ne connut aucun retard, et il
devint le symbole de la réussite
économique de Berlin-Ouest.
Le KaDeWe prétend posséder
une surface de vente de
60 000 m², lui permettant de
proposer près de 400 000
articles. Le sixième étage,
consacré à l'alimentation, se
révèle le plus intéressant.
Le gourmet y a le choix entre
100 variétés de thé, 2 400 vins
et autant de sortes de
charcuterie ! Sous la verrière du
dernier étage, un restaurant, le
Wintergarten, offre un large
panorama de la ville.

La sculpture *Berlin*, érigée alors que la ville était encore divisée

CHARLOTTENBURG

Riche en bâtiments de la fin du XIXe siècle, l'arrondissement qui entoure le château de Charlottenburg est un des plus agréables de Berlin. À la fin du XVIIe siècle le site n'abritait qu'un village : Lützow. L'électeur Frédéric III (le futur roi de Prusse Frédéric Ier) y fit construire un palais d'été en 1695, le Schloss Lietzenburg, qui prit son nom actuel à la mort de la reine Sophie-Charlotte en 1705. Entourée d'un vaste parc, cette élégante demeure baroque a connu

Urne du Schloss Charlottenburg

plusieurs agrandissements. Sa visite permet de découvrir les anciens appartements royaux, ainsi que plusieurs musées. La ville de Charlottenburg se développa autour du château à partir du XVIIIe siècle. Faubourg résidentiel où s'élevaient d'élégantes villas, elle conserva son autonomie jusqu'en 1920. Elle comptait alors 335 000 habitants. Malgré les destructions de la Seconde Guerre mondiale, sa partie centrale a gardé son caractère historique.

LE QUARTIER D'UN COUP D'ŒIL

Musées
Museum Scharf-gerstenberg **9**
Bröhan-Museum **11**
Neuer Flügel **3**
Museum für Vor-
    und Frühgeschichte **5**
Sammlung Berggruen **10**

Bâtiments historiques
Belvedere **8**
Luisenkirche **13**
Mausoleum **7**

Neuer Pavillon
    (Schinkel-Pavillon) **4**
Schloss Charlottenburg
    p. 160-161 **1**
Schlossstrasse Villas **12**

Parc
Schlosspark **6**

COMMENT Y ALLER
Pour rejoindre le château emprunter les lignes de bus 109, 110, 145, X-21 et X-26, les lignes de U-Bahn 7 (station Richard Wagner-Platz), 2 et 12 (Sophie-Charlotte-Platz) et les lignes de S-Bahn 45 et 46.

Monument
Reiterdenkmal des Grossen
    Kurfürsten **2**

LÉGENDE
Plan pas à pas
p.158-159

U Station de U-Bahn

S Station de S-Bahn

Terminus de bus

0   600 m

◁ Façade du Schloss Charlottenburg, palais d'été entrepris par Frédéric III

Charlottenburg pas à pas

Une restauration méticuleuse a rendu, après la Seconde Guerre mondiale, sa splendeur baroque au château de Charlottenburg, et il attire de nombreux visiteurs qui viennent admirer les somptueux appartements des anciens maîtres de la Prusse et les collections exposées. Après une promenade dans le parc, qui renferme un jardin à la française et un autre à l'anglaise, la Kleine Orangerie permet de prendre un rafraîchissement avant de découvrir le cœur historique de l'arrondissement de Charlottenburg.

Détail du portail principal

★ **Schloss Charlottenburg**
La partie centrale du palais a pris le nom de Nering-Eosanderbau, en l'honneur de ses architectes ❶

Museum für Vor- und Frühgeschichte
Ce musée archéologique occupe l'ancien théâtre de la cour, un pavillon dessiné par Gotthard Langhans ❺

Monument au Grand Électeur
Frédéric Ier commanda cette statue équestre de son père à Andreas Schlüter ❷

Kleine
Orangerie

Neuer Flügel
La nouvelle aile du palais qui abritait la collection artistique royale accueille aujourd'hui des expositions temporaires ❸

LÉGENDE

– – – Itinéraire conseillé

Mausoleum
Le mausolée de la reine Louise abrite les tombes d'autres membres de la famille royale ❼

CARTE DE SITUATION
Voir atlas des rues, plan 2.

CHARLOTTENBURG

Belvedere
Exécutée en 1960 par Karl Bobeck, la sculpture au sommet du Belvédère est une imitation de l'œuvre d'origine dessinée par Johann Eckstein ❽

Parc
Un beau jardin à la française s'étend derrière le palais ❻

★ **Neuer Pavillon**
Devant la façade ouest de cette villa néo-classique, deux colonnes en granit (1820) portent des statues de la Victoire par Christian Daniel Rauch ❹

À NE PAS MANQUER

★ Schloss Charlottenburg

★ Neuer Pavillon

0   150 m

Schloss Charlottenburg ❶

Près du village de Lützow, Johann Arnold Nering entreprit en 1695 un palais d'été destiné à Sophie-Charlotte de Hanovre, l'épouse de l'électeur Frédéric III. Quand en 1701 celui-ci devint le roi de Prusse Frédéric Ier, il fit agrandir la demeure par Johann Eosander qui dota le bâtiment de sa cour d'honneur, de son orangerie et de sa coupole. À la mort de Sophie-Charlotte en 1705, le château de Lietzenburg prit le nom de Charlottenburg. Frédéric II commanda à Georg Wenzeslaus von Knobelsdorff la construction, entre 1740 et 1746, de la Nueur Flügel. Soigneusement restauré après la Seconde Guerre mondiale, le château est un superbe exemple d'architecture baroque.

SUIVEZ LE GUIDE !
Les visiteurs peuvent découvrir à leur guise le premier étage et la Neuer Flügel, mais doivent suivre un guide au rez-de-chaussée du bâtiment principal.

Premier étage

Rez-de-chaussée

★ **Porzellankabinett**
Porcelaines chinoises et japonaises couvrent du sol au plafond les murs de cette pièce aménagée en 1706 pour Frédéric Ier.

Schlosskapelle
Hormis la chaire, il a fallu reconstituer tout le mobilier de cette chapelle, appelée aussi chapelle Eosander, notamment sa splendide loge royale.

Entrée principale

Façade
Le portail et l'entrée du Schloss Charlottenburg possèdent une élégance typique de l'époque baroque.

Coupole
La coupole ajoutée par Johann Eosander donne son aspect caractéristique au palais.

Fortuna
Au sommet de la coupole, une sculpture par Richard Scheibe a remplacé celle d'origine détruite pendant la guerre.

MODE D'EMPLOI

Luisenplatz. **Plan** 2 E2.
Altes Schloss (Nering-Eosanderbau) Tél. *32 09 12 75.*
U *Richard-Wagner-Platz et Sophie-Charlotte- Platz.*
S *Westend.* 🚌 *109, 145, 210, X-21.* ◯ *9 h-17 h mar.-dim.* 📷
obligatoire au rez-de-chaussée. 📷
Neuer Flügel (Knobelsdorff-Flügel) Tél. *32 09 12 02.*
◯ *avr.-oct. : 10 h-17 h mar.-dim. ; nov.-mars : 11 h-17 h sam. et dim.* 📷

LÉGENDE

☐	Salles de réception
☐	Appartements de Sophie-Charlotte
☐	Neuer Flügel ou Knobelsdorff Flügel
▨	Appartements d'été de Frédéric-Guillaume II
☐	Appartements mecklembourgeois
☐	Appartements de Frédéric-Guillaume IV
▨	Appartements d'hiver de Frédéric-Guillaume II
☐	Appartements de Frédéric le Grand

Ahnengalerie
Achevée en 1713, la longue « galerie de Chêne » accueillait des concerts de musique de chambre.

Weisser Saal

Goldene Galerie

Entrée de la Neuer Flügel

À NE PAS MANQUER

★ Porzellankabinett

★ L'Enseigne de Gersaint

Neuer Flügel
L'« aile neuve » abrite les appartements somptueusement meublés de Frédéric le Grand.

★ **L'Enseigne de Gersaint** (1720)
Frédéric le Grand réunit une riche collection de peintures françaises. Il acquit en particulier huit Watteau, dont ce célèbre tableau.

Le monument au Grand Électeur se dresse en face du Schloss Charlottenburg

Reiterdenkmal des Grossen Kurfürsten ❷

MONUMENT AU
GRAND ÉLECTEUR

Luisenplatz. **Plan** 2 E2. Ⓤ *Richard-Wagner-Platz et Sophie-Charlotte-Platz.* Ⓢ *Westend.* 🚌 *109, 145, 210, X-21.*

La statue équestre du Grand Électeur (Frédéric-Guillaume) qui accueille le visiteur au milieu de la cour du château de Charlottenburg est la plus belle effigie de ce prince visible à Berlin. Son fils, Frédéric III (le futur Frédéric Iᵉʳ), la commanda en 1696 à Andreas Schlüter. Le sculpteur voulait la couler d'une seule pièce et il ne l'acheva qu'en 1703. Elle se dressait à l'origine près du Stadtschloss, à côté du Lange Brücke (l'actuel Rathausbrücke), et cette situation exposée incita à la mettre en sécurité pendant la Seconde Guerre mondiale. Ironie du destin, la péniche qui la rapportait à la fin du conflit coula dans le port de Tegel.
     La statue en bronze sortit de l'eau intacte en 1949, mais elle avait perdu son socle, resté à Berlin-Est. On l'installa sur une copie dans la cour du château de Charlottenburg, tandis que le socle originel aboutissait au Bodemuseum sous une réplique de la sculpture. Des scènes allégoriques décorent ce socle. L'une montre le Royaume entouré de l'Histoire, de la Paix et de la Spree, une autre le Royaume protégé par la Foi, la Force (sous les traits d'Hercule) et le Courage (personnifié par Mucius Scaevola, un soldat romain qui mit sa main dans un brasier pour se punir d'un échec). Dominant des prisonniers de guerre enchaînés, le Grand Électeur porte une perruque du XVIIᵉ siècle, mais une armure beaucoup plus ancienne.

Neuer Flügel ❸

Luisenplatz (Schloss Charlottenburg–Neuer Flügel). **Plan** 2 E2. **Tél.** 20 90 55 66. Ⓤ *Richard-Wagner-Platz et Sophie-Charlotte-Platz.* Ⓢ *Westend.* 🚌 *109, 145, 210.* ⬜ *les horaires d'ouverture varient en fonction des expositions temporaires.*

Construite entre 1740 et 1746, la nouvelle aile du Schloss Charlottenburg abritait autrefois la célèbre Galerie der Romantik. L'essentiel de cette collection de peintures romantiques est revenu à l'Alte Nationalgalerie (p. 78), les autres œuvres occupant désormais le Neuer Pavillon (voir ci-dessous). À la place, la nouvelle aile abrite les appartements privés de Frédéric le Grand. On peut y les tableaux qu'il acheta et différents objets comme ses tabatières. L'aile accueille aussi des expositions temporaires.

Neuer Pavillon (Schinkel-Pavillon) ❹

Luisenplatz (Schlosspark Charlottenburg). **Plan** 2 F2. **Tél.** 32 09 11. Ⓤ *Richard-Wagner-Platz et Sophie-Charlotte-Platz.* Ⓢ *Westend.* 🚌 *109, 210, X-21.* ⬜ *appeler pour les horaires (la rénovation peut entraîner la fermeture.* 📷

Œuvre de Karl Friedrich Schinkel, cette résidence d'été de Frédéric-Guillaume III et sa seconde épouse, la princesse Auguste von Liegnitz, s'inspire de la Villa Reale de Chiamonte, où le roi avait séjourné lors d'une visite à Naples. Achevé pour l'anniversaire du souverain le 3 août 1825, le pavillon possède deux niveaux où l'organisation des pièces respecte une parfaite symétrie autour d'une cage d'escalier centrale. Des loggias animent les façades latérales.
     Une fidèle reconstitution a rendu à l'intérieur sa décoration d'origine, ravagée par un incendie en 1943. Le mobilier, les peintures et les sculptures recréent l'atmosphère des demeures

Le Neuer Pavillon inspiré d'une villa napolitaine

aristocratiques de l'époque romantique. L'un des tableaux les plus intéressants, peint en 1834 par Eduard Gärtner, est un *Panorama de Berlin* vu du toit de la Friedrichswerdersche Kirche *(p. 63)*. La collection de peintures a été récemment enrichie par l'arrivée d'œuvres provenant de l'ancienne Galerie der Romantik, parmi lesquelles des paysages de Caspar David Friedrich. On peut également admirer des toiles de Kark Friedrich Schinkel, qui ne fut pas seulement un grand architecte, mais également un excellent peintre.

Urne (v. 800 av. J.-C.), Museum für Vor- und Frühgeschichte

Museum für Vor- und Frühgeschichte ❺

MUSÉE DE PRÉHISTOIRE ET DE PROTOHISTOIRE

Luisenplatz (Schloss Charlottenburg–Theater). **Plan** 2 E2. **Tél.** 20 90 55 66. **U** *Richard-Wagner-Platz et Sophie-Charlotte-Platz.* ⓢ *Westend.* 🚌 *109, 145, 210, X-21.* ⏰ *9 h-18 h mar.-ven., 10 h-18 h sam. et dim.* 📷 ♿

Le théâtre du château de Charlottenburg occupait un pavillon néo-classique ajouté à l'aile de l'orangerie par Carl Gotthard Langhans entre 1787 et 1791. Il abrite aujourd'hui un musée qui illustre l'évolution de l'humanité depuis le paléolithique jusqu'au Moyen Âge. Des dioramas restituent les moments clés d'une histoire qui vit les hommes passer des outils de pierre au travail du bronze puis du fer, se sédentariser pour pratiquer

l'agriculture et finir par créer des villes. De nombreux objets archéologiques les complètent. Ils proviennent de cultures très diverses, celte, germanique, slave, balte et même sumérienne.

Le fleuron du musée est le « trésor de Priam », rapporté de Troie par Heinrich Schliemann (1822-1890). Cette magnifique collection de bijoux en or comprend quelques répliques car le trésor disparut à la fin de la guerre. Il fallut attendre cinquante ans pour apprendre que les Soviétiques l'avaient en fait emporté. Certaines des plus belles pièces restent aujourd'hui encore au musée Pouchkine de Moscou.

Schlosspark ❻

PARC DU CHÂTEAU

Luisenplatz (Schloss Charlottenburg). **Plan** 2 D1. **U** *Richard-Wagner-Platz et Sophie-Charlotte-Platz.* ⓢ *Westend.* 🚌 *109, 145, 210, X-21.*

Lieu de promenade très apprécié des Berlinois avec ses allées gravillonnées soigneusement entretenues, le vaste espace vert qui entoure le Schloss Charlottenburg dut être presque entièrement reconstruit à la fin de la Seconde Guerre mondiale. Des gravures du XVIIIe siècle ont permis de retrouver la disposition du jardin baroque à la française qui s'étend juste derrière le château. Le dessin géométrique des parterres de fleurs, agrémentés d'arbustes soigneusement taillés et de fontaines ornées de répliques de sculptures antiques, s'inspire des créations de Le Nôtre, l'architecte paysagiste de Louis XIV, dont la princesse

Sophie-Charlotte connaissait le travail.

Peter Joseph Lenné dirigea entre 1819 et 1828 l'aménagement du parc à l'anglaise qui se trouve de l'autre côté de l'étang aux carpes. Il donna au plan d'eau ses rives sinueuses.

Mausoleum ❼

Luisenplatz (Schlosspark Charlottenburg) **Plan** 2 D2. **Tél.** 32 09 14 46. **U** *Richard-Wagner-Platz et Sophie-Charlotte-Platz.* ⓢ *Westend.* 🚌 *109, 145, 210.* ⏰ *avr.-oct. : 10 h-17 h mar.-dim.* 📷

Très affecté par la mort de sa première épouse, la reine Louise, Frédéric-Guillaume III fit édifier en 1810 ce petit temple dorique par Heinrich Gentz et Friedrich Wilhelm Schinkel afin qu'elle puisse reposer dans un parc qu'elle avait apprécié de son vivant.

Le tombeau de la souveraine se trouvait à l'origine dans la crypte, tandis que son splendide cénotaphe, sculpté par Christian Daniel Rauch, se dressait au centre du mausolée. À la mort de Frédéric-Guillaume en 1840, la construction d'une abside permit de déplacer le sarcophage de la reine Louise pour faire de la place à celui de son mari, sculpté également par Rauch. La seconde épouse du roi, la princesse Auguste von Liegnitz, repose également dans la crypte mais n'eut pas droit à un tombeau.

Ajoutés entre 1890 et 1894, les sarcophages de Guillaume Ier et de sa femme, Auguste von Sachsen-Weimar, sont des œuvres d'Erdmann Encke.

Jardin à la française, Schloss Charlottenburg

Le Belvédère associe les styles baroque et néo-classique

Belvedere ❽

Spandauer Damm (Schlosspark Charlottenburg). **Plan** 2 E1.
Tél. 32 09 14 45. Ⓤ *Richard-Wagner-Platz et Sophie-Charlotte-Platz.* Ⓢ *Westend.* 🚌 *109, 145, 210.* ⭘ *avr.-oct. : 10h-17h mar.-dim. ; nov.-mars : midi-16h mar.-ven., midi-17h sam. et dim.* 📷

Le pavillon d'été du Belvédère accueillait les réunions qu'organisait Guillaume III avec ses amis rosicruciens. Il servit en temps de guerre de tour de guet. Carl Gotthard Langhans entreprit sa construction en 1788, et le bâtiment associe une rigueur néo-classique à des éléments baroques tels qu'une avancée ovale couronnée d'un dôme. Au sommet de ce dernier, trois enfants dorés portent une corbeille de fleurs.

Dévasté pendant la Seconde Guerre mondiale et transformé, lors de sa restauration entre 1956 et 1960, en un lieu d'exposition, le Belvédère abrite désormais un musée consacré à la Berlin Königliche Porzellan-Manufaktur *(p. 133)*. L'exposition réunit des porcelaines, pour certaines exceptionnelles, allant de la période rococo à la fin du Biedermeier.

Museum Scharf-Gerstenberg ❾

Schlossstrasse 70. **Plan** 2 E3.
Tél. 34 35 73 15. Ⓤ *Richard-Wagner- Platz et Sophie-Charlotte-Platz.* Ⓢ *Westend.* 🚌 *109, 145, 210, X-21.* ⭘ *Téléphoner pour les heures d'ouverture et les expositions temporaires.* 📷

Les deux pavillons de chaque côté du Schlossstrasse abritaient les casernes des officiers de la garde royale. Construits entre 1851 et 1859 par Friedrich August Stüler, ils étaient inspirés de dessins du roi Guillaume IV. Le pavillon

Pastel d'Odilon Redon, Museum Scharf-Gerstenberg

de l'est abritait l'Ägyptisches Museum (Egyptian Museum), qui s'est installé sur Museuminsel *(p. 75)* avant de retourner dans son lieu d'origine le Neues Museum.

Depuis le départ de l'Egyptian Museum, le Marstall (écurie) abrite le Museum Scharf-Gerstenberg. Surnommé le « monde surréaliste », le musée présente des tableaux, des sculptures et des dessins d'artistes surréalistes comme Goya, Piranesi et Redon, mais aussi des œuvres plus modernes de Dalí, Magritte, Max Ernst et Dubuffet. Plus de 250 pièces sont présentées sur trois étages, dessinant une histoire complète du mouvement surréaliste. Une salle de projection diffuse des films classiques du surréalisme comme les œuvres de Luis Bunuel – *Un chien andalou* – et de Salvador Dalí.

Sammlung Berggruen ❿

Schlossstrasse 1. **Plan** 2 E3.
Tél. 20 90 55 60. Ⓤ *Richard-Wagner-Platz et Sophie-Charlotte-Platz.* Ⓢ *Westend.* 🚌 *109, 145, 210, X-21.* ⭘ *10h-18h mar.-dim.* ♿🅿📷

Né à Berlin en 1914, Heinz Berggruen dut s'exiler en 1936 à cause de ses origines juives. Après avoir séjourné aux États-Unis et travaillé pour l'Unesco, il ouvrit une galerie d'art à Paris dans l'île de la Cité. Elle lui permit de réunir une riche collection d'art moderne qu'il confia en 1996 à sa ville natale. Aménagé par Hilmer et Sattler, les architectes de la Gemäldegalerie *(p. 122-125)*, le musée occupe le pavillon de l'aile occidentale (auparavant quartiers de soldats), à la place de l'Antikensammlung transférée à l'Altes Museum *(p. 75)*. Il est surtout réputé pour sa section consacrée à Pablo Picasso – peintures, gravures, dessins et sculptures. La collection comprend aussi plus de 60 Paul Klee et plus de

Femme au chapeau (1939) de Pablo Picasso, Sammlung Berggruen

20 tableaux de Matisse. Vous y verrez également des œuvres d'artistes majeurs de la même époque et des sculptures d'Henri Laurens et d'Alberto Giacometti.

Bröhan-Museum ⓫

Schlossstrasse 1a. **Plan** 2 E3. **Tél.** 32 69 06 00. Ⓤ *Richard-Wagner-Platz et Sophie-Charlotte-Platz.* Ⓢ *Westend.* 🚌 *109, 145, 210, X-21.* ☐ *10h-18h mar.-dim.* ● *24 et 31 déc.* ▨

Installé dans un bâtiment néo-classique qui, comme celui de la Sammlung Berggruen, servait au logement de soldats, ce petit musée présente une très intéressante collection d'arts décoratifs rassemblée à partir de 1966 par un particulier : Karl H. Bröhan. Elle couvre une période allant de la fin du XIX siècle au début de la Seconde Guerre mondiale, et est particulièrement fournie en objets Art nouveau et Art déco. Ils proviennent de toute l'Europe avec des meubles d'Hector Guimard, Eugène Gaillard, Henry Van de Velde et Joseph Hoffman, de la verrerie d'Émile Gallé et des porcelaines de Sèvres, de Berlin et du Danemark. Les pièces exposées comprennent aussi de l'argenterie et des objets en métal, ainsi que

Vase Art déco, Bröhan-Museum

LE GRAND ÉLECTEUR (1620-1688)

Frédéric-Guillaume de Hohenzollern hérita en 1640 des titres d'électeur du Brandebourg et de duc de Prusse. Dès la fin de la guerre de Trente Ans en 1648 *(p. 19)*, il entreprit de redresser ses États ravagés par le conflit et de renforcer son armée. En 1660, sa puissance militaire lui permit d'obtenir de la Pologne la souveraineté du duché de Prusse. Pour développer l'économie, il favorisa l'immigration. Des marchands hollandais, des juifs chassés de Vienne et des huguenots fuyant la France après la révocation de l'édit de Nantes s'installèrent à Berlin et contribuèrent à l'essor de la ville. Il prit le surnom de Grand Électeur après sa victoire sur les Suédois en 1675.

des peintures, notamment des tableaux des membres de la Sécession berlinoise Karl Hagermeister et Hans Baluschek.

Schlossstrasse Villas ⓬

Schlossstrasse 65-67. **Plan** 2 E3. Ⓤ *Sophie-Charlotte-Platz.* 🚌 *210.*

La Schlossstrasse devint résidentielle au cours du XIX siècle, mais la majorité des demeures qui la bordaient ont aujourd'hui disparu. Soigneusement restaurées, les rares à avoir survécu offrent un aperçu de l'atmosphère d'un quartier bourgeois de Berlin au tournant du siècle. Il en existe trois aux nos 65, 66 et 67. La dernière, bâtie en 1873 dans le style néo-classique par G. Töbelmann, fut rénovée peu après la Seconde Guerre mondiale. Elle a conservé son jardin, caractéristique des villas de l'époque, qui a retrouvé son aspect originel en 1986.

Si vous prenez la première rue à gauche en vous éloignant du Schloss Charlottenburg, la Schustehrusstrasse, vous découvrirez aux nos 39-43 une belle école de la fin du XIX siècle.

Le parc voisin appartenait jadis à la villa Oppenheim. Un immeuble moderne dessiné par Inken et Heinrich Baller se dresse à l'angle de la Nithackstrasse, rue qui renferme une autre école intéressante. Elle date de 1913-1914, et des terres cuites décorent ses murs.

Luisenkirche ⓭

ÉGLISE DE LA REINE-LOUISE

Gierkeplatz. **Plan** 2 F3. **Tél.** 341 90 61. Ⓤ *Richard-Wagner-Platz et Sophie-Charlotte-Platz.* 🚌 *109, 145, X-9.* ☐ *pendant l'office du dimanche (10 h et 11 h 30).*

Cette petite église en croix grecque, qui s'élève au bout de la Schustehrusstrasse, a connu son premier remaniement avant même sa construction, entreprise en 1713 et achevée en 1716, car l'architecte Martin Böhme adapta des plans de Philipp Gerlach. Elle perdit ensuite son style baroque et fut rebaptisée en l'honneur de la reine Louise décédée en 1810 lors de la rénovation dirigée par Karl Friedrich Schinkel de 1823 à 1826. L'architecte lui donna alors sa tour.

La plus importante restauration date d'après la Seconde Guerre mondiale. La Luisenkirche reçut ses vitraux en 1956 seulement. Le mobilier intérieur n'est pas d'origine.

EN DEHORS DU CENTRE

À l'échelle de l'histoire européenne, Berlin n'est une grande métropole que depuis relativement peu de temps. Elle ne devint capitale royale qu'en 1701, sept siècles après Paris, et sa population ne s'accrut réellement qu'au XIXe siècle, grâce à la révolution industrielle et la fondation de l'Empire allemand. Entourée de localités autonomes, elle se composait alors de ce qui correspond aux arrondissements actuels de Mitte, Tiergarten, Wedding, Prenzlauer Berg, Friedrichshain et Kreuzberg.

Armoiries sur l'Oberbaumbrücke

La capitale allemande prit ses dimensions actuelles en 1920, quand une réforme administrative l'unit à 7 villes de banlieue, 59 communes rurales et 27 domaines appartenant à des particuliers. Le *Gross Berlin* ainsi créé couvrait une superficie d'environ 900 km² et possédait quelque 3,8 millions d'habitants. Il incorporait des bourgs d'origine médiévale tels que Spandau, de vieux villages comme Marienfelde, dont l'église date du XIIIe siècle, et des châteaux devenus pour certains des musées, tels ceux de Britz et de Niederschönhausen. Au cours des 80 dernières années, le développement économique et la construction de centres résidentiels modernes ont changé l'aspect de beaucoup de ces quartiers, mais ils gardent chacun une personnalité propre et donnent une grande diversité à Berlin. Depuis le centre d'une métropole tournée vers l'avenir, quelques minutes en S-Bahn suffisent pour rejoindre la vaste forêt de Grunewald, les plages du lac de Wannsee, le superbe jardin botanique et les rues bordées de villas de Dahlem, le cœur historique de Köpenick ou la citadelle Renaissance et la grande église gothique de Spandau.

PLAN DU GRAND BERLIN

Voir p.186-187
Voir p.168-169
Voir p.184-185
Voir p.170-171
Voir p.172-173
Voir p.182-183
Voir p.178-179
Voir p.176-177
Voir p.174-175
Voir p.180-181

LÉGENDE

■ Quartiers du centre
□ Périphérie
✈ Aéroport
≡ Autoroute
≡ Route principale
≡ Route secondaire
— Voie ferrée

0   3 km

◁ Le paisible jardin botanique dans le sud-ouest de Berlin

Les quartiers nord-est

Au nord-est du centre, mais encore dans les limites de Mitte, un pan du Mur décrété monument historique entretient le souvenir d'une période noire de l'histoire allemande. Plus à l'est, le quartier de Prenzlauer Berg *(p. 170-171)* a remplacé Kreuzberg en tant que pôle de la scène alternative berlinoise. Dans la partie sud de Pankow, un beau parc entoure le château baroque de Niederschönhausen. L'arrondissement de Weissensee renferme le plus vaste cimetière juif d'Europe.

LES SITES D'UN COUP D'ŒIL

Gedenkstätte Berliner Mauer ❹
Jüdischer Friedhof Weissensee ❷
Sachsenhausen Museum ❺
Schloss Niederschönhausen ❶
Zeiss-Grossplanetarium ❸

LÉGENDE

- Centre-ville
- Route principale
- Route secondaire
- Ⓢ S-Bahn
- Ⓤ U-Bahn
- Voie ferrée

Une autre épouse royale s'y réfugia au milieu du siècle suivant : la princesse Auguste von Liegnitz, veuve de Frédéric-Guillaume III.

Le château de Niederschönhausen devint après la dernière guerre la résidence du président de la République démocratique allemande Wilhelm Pieck. Il accueillit en 1990 les négociations qui aboutirent à la réunification de l'Allemagne, le 3 octobre de la même année.

Prenez le temps de faire un tour à travers le vaste parc à l'anglaise qui a conservé la disposition que lui donna Peter Joseph Lenné dans les années 1820.

Jüdischer Friedhof Weissensee ❷

Herbert-Baum-Strasse 45. ☎ 925 08 33. ☐ 8 h-16 h (17 h en été) dim.-jeu., 8 h-15 h ven. Ⓢ Greifswalder Strasse, puis 🚋 2, 3, 4, 13, 23, 24.

Plus de 115 000 Berlinois reposent dans le plus vaste cimetière juif d'Europe, aménagé en 1880 d'après des plans de Hugo Licht. Beaucoup périrent à cause des persécutions nazies, et un mémorial aux victimes de l'Holocauste se trouve près de l'entrée principale.

Des plaques portent les noms des camps de concentration. De nombreuses personnalités de la communauté juive de Berlin ont leur sépulture ici, dont l'éditeur Samuel Fischer et le restaurateur Berthold Kempinski.

Certaines tombes sont de véritables œuvres d'art, comme celles de la famille Panowsky et de Ludwig Hoffman, et le monument de style cubiste conçu pour Albert Mendel par Walter Gropius, le fondateur du Bauhaus.

En 1999, le cimetière de Weissensee fut profané par un acte de vandalisme antisémite. Plus d'une centaine de stèles furent renversées et d'autres furent couvertes de croix gammées.

Schloss Niederschönhausen ❶

Ossietzkystrasse Ⓢ *Pankow.* 🚋 52. 🚌 107, 155, 250, 255, X-33. **Schloss** ⬛ *au public.* **Park** ☐ *8 h-20 h t.l.j.*

Le domaine de Niederschönhausen appartenait au XVIIᵉ siècle à la famille Dohna qui le céda en 1691 à l'électeur Frédéric III. Celui-ci confia à Johann Arnold Nering la construction d'un palais que Johann Friedrich Eosander von Göthe agrandit en 1704 en édifiant les ailes.

Frédéric le Grand en fit don en 1740 à son épouse, la reine Élisabeth-Christine avec laquelle il ne désirait pas vivre. Johann Boumann entreprit pour elle en 1763 un important remaniement, et elle habita la propriété jusqu'à sa mort en 1797.

Le Schloss Niederschönhausen vu du jardin

Le Zeiss-Grossplanetarium, Ernst-Thälmann-Park

Zeiss-Gross-planetarium ❸

Prenzlauer Allee 80 (Ernst-Thälmann-Park) *Tél.* 42 18 45 12 (réservations). Ⓢ *Prenzlauer Allee, puis* 🚋 1. 🕐 *Appeler pour infos.* 📷

Ce dôme argenté que l'on voit de loin abrite un gigantesque planétarium, installé dans un parc dédié à Ernst Thälmann. Ce dirigeant communiste de l'entre-deux-guerres mourut dans le camp de concentration de Buchenwald. Le hall du planétarium présente une exposition d'accessoires et d'instruments d'optique fabriqués dans la célèbre usine de Carl-Zeiss-Jena.

Gedenkstätte Berliner Mauer ❹

Bernauer Strasse 111. Ⓢ *Nordbahnhof.* 🚇 *Bernauer Strasse.* 🚌 *147, 245.* **Wall Documentation Center** *Tél.* 464 10 30. 🕐 *10 h-18 h mar.-dim.* 📷 *14 h sam. et dim.*

Après que le gouvernement de la RDA eut décidé entre le 12 et le 13 août 1961 de fermer tous les accès à Berlin-Ouest, le Mur *(die Mauer),* destiné à empêcher les Allemands de l'Est de passer en RFA, prit d'abord la forme de rouleaux de fil de fer barbelé. Un rempart en béton commença à les remplacer deux jours plus tard. Haut de 4 m, il fut bientôt doublé par une deuxième enceinte. Les habitants des maisons qui se dressaient à proximité durent partir, et les fenêtres donnant à l'ouest furent murées. Les bulldozers dégagèrent un espace nu, le « couloir de la mort », où patrouillaient des gardes armés et des chiens. Le Mur finit par compter 293 miradors et 57 casemates. Par la suite, on installa également des systèmes d'alarme.

Il perdit tout son sens à l'été 1989 quand la Hongrie ouvrit ses frontières, et il « tomba » le 9 novembre. Son démantèlement a demandé l'évacuation de plus d'un million de tonnes de déblais.

Il ne reste aujourd'hui que de petits fragments. Long de 300 m, le pan qui borde la Bernauer Strasse, entre l'Ackerstrasse et la Bergstrasse, est devenu un mémorial.

Pendant toute la durée de vie du Mur (28 ans), environ 5 000 personnes tentèrent de franchir cet obstacle pour passer à l'Ouest ; 192 d'entre elles furent abattues par les gardes-frontière est-allemands.

Sachsenhausen Museum ❺

Strasse der Nationen 22, Oranienburg. *Tél.* 03301/2000. Ⓢ *Oranienburg, puis* 🚌 *804.* 🕐 *15 mars-14 oct. : 8 h 30-18 h mar.-dim. ; 15 oct.-14 nov. : 8 h 30-18 h mar.-dim.* 📷 www. sachsenhausen.brandenburg.de

Construit en 1936 par les nazis, le camp de concentration de Sachsenhausen a été libéré en 1945 par les Russes. Durant ces neuf années, plus de 200 000 personnes y furent incarcérées. Lorsque l'armée soviétique y entra, le camp ne comptait plus que 3 000 détenus, essentiellement des femmes et des malades.

Au-dessus du portail de fer, on peut lire « *Arbeit macht frei* » (« Le travail rend libre »). Dans un premier temps, de nombreux prisonniers furent libérés après avoir démontré qu'ils étaient devenus « de bons citoyens allemands ». À partir de 1939, les libérations se firent plus rares. On estime que plus de 30 000 personnes y ont péri, de faim, de froid, de maladie ou furent exterminées.

Aujourd'hui, Sachsenhausen est un musée. Chaque zone du camp abrite ainsi une exposition : ainsi, l'ancienne infirmerie est consacrée à la médecine et au racisme sous les nazis. D'autres expositions illustrent la vie quotidienne des prisonniers, ou la période entre 1945 et 1950, où Sachsenhausen servit de camp d'internement soviétique pour des fonctionnaires nazis et des opposants politiques.

L'ancienne entrée du camp de Sachsenhausen

Prenzlauer Berg

Prenzlauer Berg fut l'un des quartiers populaires les plus pauvres et les plus peuplés de la ville. Aujourd'hui, les immeubles du XIXᵉ siècle sont habités par des étudiants, des jeunes familles, des artistes et un nombre croissant de Berlinois de l'Ouest, attirés par les loyers abordables. À l'époque communiste, le quartier était déjà renommé pour l'animation de sa vie artistique et nocturne, restée vivace autour de la Kollwitzplatz, sur la Husemannstrasse et la Kastanienallee, joliment rénovées, et dans d'anciennes usines du quartier.

LES SITES D'UN COUP D'ŒIL

Gethsemanekirche ❽
Jüdischer Friedhof ❹
Kollwitzplatz ❶
Kulturbrauerei ❺
Der Prater ❻
Synagogue Rykestrasse ❷
Wasserturm ❸
Zionkirche ❼

LÉGENDE

▬ Route principale
— Route secondaire
Ⓢ S-Bahn
Ⓤ U-Bahn
— Voie ferrée

0   750 m

Kollwitzplatz ❶

Ⓤ *Senefelderplatz.*

Cette place verdoyante porte le nom de Käthe Kollwitz (1867-1945), peintre et sculpteur allemande, qui vécut non loin. Cette artiste engagée observa et peignit la dure vie de la classe ouvrière, installée dans des logements surpeuplés. L'une de ses sculptures orne la place où bat le pouls de la vie nocturne du quartier. Les nombreux bars, restaurants et magasins à la mode s'étendent aux rues voisines et notamment à la Käthe-Kollwitzstrasse. Diverses œuvres de l'artiste sont présentées au Käthe-Kollwitz-Museum *(p. 154).*

Synagogue Rykestrasse ❷

Rykestrasse 53. ***Tél.*** *88 02 80 sur r.-v. seulement.* Ⓤ *Senefelderplatz.*

Cette petite synagogue est l'un des rares vestiges de l'ancienne communauté juive de Berlin. C'est aussi l'une des seules ayant survécu quasiment intacte au national-socialisme. Construit en 1904, le bâtiment en brique rouge présente un plan basilical à trois travées et certains éléments mauresques. La maison du culte, au cœur d'un quartier résidentiel, fut épargnée par les SA lors de la nuit de Cristal, le 9 novembre 1938, où des centaines de synagogues furent incendiées. Endommagée par les

bombardements, la synagogue restaurée a retrouvé sa splendeur d'antan. Elle se visite sur rendez-vous.

Wasserturm ❸

Knaackstrasse/Belforter Strasse.
Ⓤ *Senefelderplatz.*

Ce château d'eau de 30 m de haut trône au cœur du quartier de Prenzlauer Berg, dont il est le symbole officieux. C'est ici, sur cette colline, que les moulins à vent produisaient la farine pour la ville de Berlin. Ce bâtiment en brique rouge, construit en 1874 par Wilhelm Vollhering, fut le réservoir du premier système d'eau courante du pays. Plus tard, le château fut transformé en habitations. Dans les années 1930, le rez-de-chaussée servit de *wildes Konzentrationslager*, une prison de fortune où les soldats de la SA incarcérèrent et torturèrent des opposants communistes. Une plaque commémorative évoque ce sombre chapitre de l'Histoire.

Le Wasserturm domine la Knaackstrasse de toute sa hauteur

Jüdischer Friedhof ❹

Schönhauser Allee 22-25. ***Tél.*** *925 08 33.* Ⓤ *Senefelderplatz.* ⬜ *8 h-16 h lun.-jeu., 8 h-13 h ven.* ● *veille de fêtes juives à partir de 13 h et fêtes juives.*

Bien que caché derrière d'épaisses murailles, ce petit cimetière juif, sur la Schönhauser Allee, attire des visiteurs qui apprécient son

Tombes du paisible Jüdischer Friedhof

atmosphère sereine, avec ses hauts arbres et sa végétation touffue. Le cimetière fut aménagé en 1827, mais la tombe la plus ancienne remonte au XIVᵉ siècle. Il fut le deuxième cimetière juif de Berlin par la taille, après le Jüdischer Friedhof Weissensee *(p. 168)*. Parmi les Berlinois célèbres qui y reposent, citons le peintre Max Liebermann (1847-1935), le compositeur Giacomo Meyerbeer (1791-1864), qui fut aussi directeur musical du Staatsoper Unter den Linden, et l'écrivain David Friedländer (1750-1834).

Kulturbrauerei ❺

Schönhauser Allee 36-39. **Tél.** *44 31 51 00.* Ⓤ *Eberswalder Strasse.* 🚋 *20, 50, 53.* **Sammlung Industrielle Gestaltung** ◯ *horaires variables selon l'exposition. Appeler avant.*

L'ancienne brasserie Schultheiss, construite entre 1889 et 1892 par Franz Schwechten, est un grand bâtiment néo-gothique en briques rouges et jaunes. Accueillant désormais la Kulturbrauerei, le vaste complexe qui compte plusieurs cours est voué à la culture et aux loisirs, avec des théâtres, des restaurants et des cafés, ainsi qu'un cinéma et des ateliers d'artistes. À l'intérieur, la **Sammlung Industrielle Gestaltung** (Collection de design industriel) présente des expositions temporaires consacrées au design des produits d'Allemagne de l'Est.

Tour de la Kulturbrauerei

Der Prater ❻

Kastanienallee 7-9. **Tél.** *448 56 88.* Ⓤ *Eberswalder Strasse.* 🚋 *50, 53.*

C'est l'une des plus célèbres institutions de loisirs berlinoises, et ce depuis plus d'un siècle. Le bâtiment et sa cour paisible ont été construits vers 1840, pour devenir le plus grand Biergarten de la ville *(p. 249)*. Aujourd'hui, le Prater compte un restaurant et accueille quantité de concerts pop, rock et folk.

Zionskirche ❼

Zionskirchplatz. **Tél.** *449 21 91.* Ⓤ *Senefelderplatz, Rosenthaler Platz.* 🚌 *13, 50, 53.* ◯ *avr.-oct : 8 h-18 h mer., 11 h-19 h jeu., midi-16 h dim., nov.-mars : 8 h-16 h mer., 8 h-16 h dim.*

Véritable havre de paix au cœur de ce quartier animé, la Zionskirche, installée sur une place éponyme, est une église protestante, construite entre 1866 et 1873. La place et l'église ont été des hauts lieux de l'opposition politique. Sous le Troisième Reich, les résistants au régime national-socialiste se retrouvaient dans cette maison du culte. À l'époque communiste, la « bibliothèque de l'environnement » (un centre de documentation et d'information alternatif) y vit le jour. L'Église et d'autres groupes d'opposition basés ici ont joué un rôle décisif dans les changements survenus en RDA en 1989 et 1990.

Gethsemanekirche ❽

Stargader Strasse 77. **Tél.** *44 57 745.* Ⓤ et Ⓢ *Schönhauser Allee.* 🏛 *11 h dim.*

Le pittoresque petit quartier entourant cette église néo-gothique en brique rouge est l'une des communautés originelles les mieux préservées de Berlin. Il est dominé par la Gethsemanekirche, l'une des nombreuses églises protestantes construites par l'empereur Guillaume II pour accroître le sentiment religieux des classes ouvrières, essentiellement sociales-démocrates, de Prenzlauer Berg et d'autres quartiers. Les plans sont d'August Orth (1828-1911), un célèbre architecte auquel on doit quantité d'églises et de gares.

Cette communauté protestante s'enorgueillit d'être l'instigatrice des mouvements de défense des droits des citoyens, et d'avoir accueilli des réunions anti-nazies entre 1933 et 1945. Après la Seconde Guerre mondiale, la congrégation critiqua également le régime socialiste. En octobre 1989, l'église servit de lieu de réunion aux opposants pacifiques. Le 2 octobre, le passage à tabac des fidèles par la police secrète est-allemande à l'heure de la prière déclencha des manifestations, sonnant le glas du régime communiste.

Aujourd'hui, la place est entourée de jolis bâtiments restaurés abritant de nombreux restaurants, cafés et petits magasins.

Entrée de la Gethsemanekirche, une église néo-gothique en brique rouge

Friedrichshain et Treptow

Ces deux arrondissements situés au sud-est de Mitte abritent de vastes parcs propices aux promenades à pied et conservent d'intéressants témoignages de l'histoire récente de Berlin. La Karl-Marx-Allee témoigne de la vision du progrès prônée par les régimes communistes à l'époque stalinienne, tandis que le mémorial du Treptower Park rappelle les sacrifices consentis par les Soviétiques pendant la guerre. Un ancien mirador et le pan du Mur devenu l'East Side Gallery évoquent un aspect plus noir du passé.

LES SITES D'UN COUP D'ŒIL

East Side Gallery ❸
Karl-Marx-Allee ❷
Museum der Verbotenen Kunst ❺
Oberbaumbrücke ❹
Treptower Park ❻
Volkspark Friedrichshain ❶

LÉGENDE

▬ Route principale

— Route secondaire

Ⓢ S-Bahn

Ⓤ U-Bahn

— Voie ferrée

Volkspark Friedrichshain ❶

Am Friedrichshain/Friedenstrasse.
Plan 8 F1. 🚌 *142, 200, 348.*

Riche en coins et recoins, le vaste parc boisé de Friedrichshain fut l'un des premiers espaces verts publics de Berlin. Aménagé en 1840 par un élève de Peter Joseph Lenné, il devait offrir aux quartiers populaires situés à l'est de la ville un équivalent du Tiergarten.

Sa principale attraction, la Märchenbrunnen (« fontaine des Contes de fées »), fut construite dans le style néo-baroque entre 1902 et 1913 par Ludwig Hoffmann. Des personnages des récits des frères Grimm entourent ses bassins en pierre de Tivoli où l'eau coule en cascade.

Le parc a connu de nombreux remaniements. Les deux collines qu'il renferme

La Märchenbrunnen néo-baroque du Volkspark Friedrichshain

sont artificielles. Elles recouvrent les ruines de deux abris de défense antiaérienne bâtis par l'armée allemande pendant la dernière guerre.

Ouvert en 1973, le Freizeitpark permet de nombreuses activités pour les adultes et les enfants telles que le bowling, l'escalade, le minigolf et le croquet.

Bas-relief réaliste-socialiste sur la Karl-Marx-Allee

Karl-Marx-Allee ❷

Plan 8 F3. Ⓤ *Strausberger Platz ou Weberwiese.*

La section de la Karl-Marx-Allee qui s'étend entre la Strausberger Platz et la Frankfurter Tor constitue un immense musée en plein air d'architecture réaliste-socialiste.

Baptisée Stalinallee de 1949 à 1961, l'avenue qui menait à l'est vers la Pologne et Moscou occupait une position de choix pour devenir la vitrine de la nouvelle République démocratique allemande. Le régime porta sa largeur à 90 m et éleva de part et d'autre de grands immeubles d'habitation qui dominaient un rang de boutiques. Sous l'autorité de Hermann Henselmann, les architectes s'efforcèrent de créer des édifices « nationalistes dans la forme, mais socialistes dans le contenu », et le résultat associe le style dit « confiseur » typique du stalinisme, avec des éléments traditionnels allemands, notamment des motifs ornementaux inspirés des décors de la porcelaine de Meissen et des créations néo-classiques de Schinkel et de von Gontard.

Classés monuments historiques, les bâtiments de la Karl-Marx-Allee sont en cours de restauration.

East Side Gallery ❸

Mühlenstrasse. Ⓢ *et* Ⓤ *Warschauer Strasse.* Ⓢ *Hauptbahnhof.* 🚌 *142.*

En 1990, sur l'initiative de l'artiste écossais Chris MacLean, 118 artistes originaires de 21 pays ont recouvert de graffitis le pan du Mur qui borde la Mühlenstrasse entre la Hauptbahnhof et l'Oberbaumbrücke, créant une fresque longue de 1 300 m. Cette « galerie de l'Est » est aussi appelée Mauer-Galerie (galerie du Mur).

Oberbaumbrücke ❹

Ⓢ *et* Ⓤ *Warschauer Strasse*
Ⓤ *Schlesisches Tor.* 🚌 *265.*

Construit entre 1894 et 1896 par Otto Stahn, ce joli pont sur la Spree cache une structure en béton armé derrière la brique rouge qui pare ses arches. Il doit son cachet à la ligne de U-Bahn surélevée qui le franchit et aux deux tours néo-gothiques qui encadrent sa partie centrale.

L'Oberbaumbrücke resta fermé au trafic pendant de longues années avant la chute du Mur, car il reliait deux secteurs appartenant respectivement à Berlin-Est et Berlin Ouest. Seuls les piétons munis des autorisations adéquates pouvaient l'emprunter. Depuis la réunification, il est redevenu pleinement opérationnel. Il offre une vue superbe.

Tours et arches néo-gothiques de l'Oberbaumbrücke

Museum der Verbotenen Kunst ❺

MUSÉE DE L'ART INTERDIT

Im Schlesischen Busch (Puschkinallee/ Schlesische Strasse). Ⓤ *Schlesisches Tor.* Ⓢ *Treptower Park.* 🚌 *265.*
Parc ⬜ *avr.-oct. : midi-18 h sam., dim.*

Un parc négligé, proche de l'ancien Mur, renferme le dernier des 293 miradors du système de surveillance de la frontière dressée en 1961 entre les Berlinois.

L'étage reste tel qu'il était à l'époque où le bâtiment était utilisé par les gardes en poste le long du Mur.

S'il est possible de visiter le parc, il est préférable d'appeler avant pour savoir si le mirador est ouvert au public.

Le dernier mirador du Mur abrite le Museum der Verbotenen Kunst

Treptower Park ❻

Archenhold-Sternwarte, Alt-Treptow 1. Ⓢ *Treptower Park.* 🚌 *166, 167, 265.* **Archenhold Sternwarte Tél.** *53 48 080.* 📷 *14 h-16 h 30 mer.-dim.*

Dans ce vaste espace vert aménagé à Treptow dans les années 1860 par Johann Gustav Meyer, les spartakistes Karl Liebknecht, Wilhelm Pieck et Rosa Luxemburg rassemblèrent en 1919 150 000 ouvriers en grève.

Le parc reste toutefois plus connu pour le Sowjetisches Erhenmal élevé entre 1946 et 1949 par l'architecte Jakow Bielopolski et le sculpteur Jewgien Wuczeticz.

Couronne monumentale du mémorial du Treptower Park

L'imposant monument rend hommage aux combattants de l'Armée rouge qui périrent pendant la guerre. Près de 5 000 d'entre eux, tombés pendant la dernière phase de la conquête de Berlin, reposent ici. À l'entrée, une statue en granit représente la Mère Patrie entre des soldats agenouillés. L'allée centrale conduit au mausolée. Un soldat de 11 m de haut le domine. Il porte un enfant dans un bras et appuie son glaive baissé sur une croix gammée brisée.

Derrière le Mémorial, l'**Archenhold Sternwarte** (observatoire Archenhold), bâti en 1896 pour une exposition d'arts appliqués, accueillit en 1915 une conférence d'Albert Einstein sur la théorie de la relativité. Il abrite un télescope long de 21 m et un petit planétarium.

Au début du XIXᵉ siècle, les Berlinois aimaient venir se détendre dans les nombreuses auberges ouvertes au bord de la Spree. La seule à avoir subsisté, Zenner, occupe un bâtiment de 1822, mais ses origines remontent au XVIIᵉ siècle. Vous pourrez louer à proximité une barque pour canoter sur la rivière.

Un autre parc, le Plänterwald, s'étend à l'est le long du cours d'eau. Il renferme un parc d'attractions.

Des prisonniers de guerre français construisirent en 1916 le pont qui mène à la petite Insel der Jugend (« île de la Jeunesse »). Elle abritait jadis une abbaye. On y trouve aujourd'hui un complexe culturel et un night-club.

Les quartiers sud-est

Dans les faubourgs situés à l'extrême sud-est de Berlin, Lichtenberg et Hohenschönhausen, les locaux de la Stasi, l'ancien service de sûreté de la RDA, sont devenus des lieux de mémoire et de visite. Mais cela permet aussi de se promener dans le parc zoologique aménagé dans le jardin du château baroque de Friedrichsfelde ou de découvrir l'arrondissement de Köpenick, qui a conservé l'atmosphère d'une petite ville.

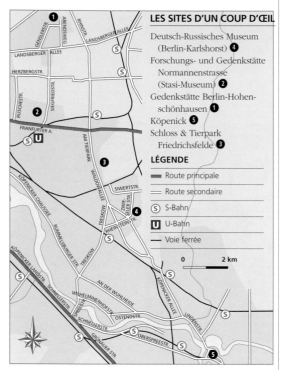

LES SITES D'UN COUP D'ŒIL

Deutsch-Russisches Museum (Berlin-Karlshorst) **4**

Forschungs- und Gedenkstätte Normannenstrasse (Stasi-Museum) **2**

Gedenkstätte Berlin-Hohenschönhausen **1**

Köpenick **5**

Schloss & Tierpark Friedrichsfelde **3**

LÉGENDE

▬▬ Route principale

═══ Route secondaire

Ⓢ S-Bahn

Ⓤ U-Bahn

─── Voie ferrée

0   2 km

Gedenkstätte Berlin-Hohenschönhausen **1**

Genslerstrasse 66. *Tél.* 9860 82 30. Ⓢ Landsberger Allee, puis 🚋 5, 6, 7, 17. 🚌 256. 🕐 9am–6pm daily. 💬 (en allemand) 11 h, 13 h t.l.j. (également 15 h sam. et dim.). 📷

Ce musée occupe depuis 1995 l'ancien centre de détention de la Stasi, le redouté service secret de la République démocratique allemande. L'édifice faisait partie d'un vaste complexe construit en 1938. Utilisé comme camp de transit par les autorités soviétiques à partir de mai 1945, il servit d'abord à

l'internement de criminels de guerre en partance pour la Sibérie, puis, très vite, à celui de prisonniers arrêtés pour des raisons politiques. En quelques mois, plus de 20 000 personnes passèrent par le camp de Hohenschönhausen.

Le corps de bâtiments devint en 1946 un lieu de détention du KGB, les services secrets de l'URSS, puis il passa sous l'autorité de la Stasi en 1951.

La visite permet de découvrir les cellules et les salles d'interrogatoire. Le sous-sol abritait le « sous-marin », une série de cachots où la lumière du jour ne parvenait jamais. On y enfermait les « suspects » considérés comme les plus dangereux.

Forschungs- und Gedenkstätte Normannenstrasse (Stasi-Museum) **2**

Ruschestrasse 103 (Haus 1). *Tél.* 553 68 54. Ⓤ Magdalenenstrasse. 🕐 11 h-18 h lun.-ven., 14 h -18 h sam. et dim. 📷

Jusqu'à la réunification, cet immense corps de bâtiments situé sur la Ruchestrasse abritait le ministère de l'Intérieur de la République démocratique allemande, et la Stasi y avait son quartier général.

Depuis 1990, un musée occupe un des immeubles. Photos et documents retracent les activités d'un service secret qui avait fiché près d'un Allemand de l'Est sur trois, une efficacité sans équivalent dans aucun autre pays communiste. L'exposition comprend une maquette de son quartier général et du matériel utilisé pour espionner les citoyens soupçonnés d'opposition au régime. La visite permet de découvrir le bureau d'Erich Mielke, son directeur à partir de 1957, un homme dont l'ombre pesa sur la vie de millions de personnes.

Bureau du directeur de la Stasi Erich Mielke au Stasi-Museum

Schloss & Tierpark Friedrichsfelde **3**

Am Tierpark 125. Ⓤ Tierpark. *Tél.* 66 63 50 35. 🚌 296, 396. **Schloss** 🕐 avr.-oct. : 10 h-18 h mar.-dim. ; nov.-mars : midi-16 h sam. et dim. **Tierpark** *Tél.* 51 53 10. 🕐 9 h-18 h t.l.j. (jusqu'à la tombée de la nuit en hiver). 📷

Construit vers 1695 par Johann Arnold Nering pour le Néerlandais Benjamin von

Façade du Schloss Friedrichsfelde

Raule, l'élégant château baroque de Friedrichsfelde connut d'importants remaniements. Le premier par Martin Heinrich Böhme, en 1719. Le second, entrepris en 1786 par Peter Biron lui a donné son aspect actuel. Il possède un équilibre caractéristique de la période de transition du baroque au néo-classicisme. Transformé en musée, le palais abrite du mobilier et des objets d'art datant principalement des XVIIIe et XIXe siècles.

Le Tierpark Friedrichsfelde est l'ancien parc zoologique de Berlin-Est, fondé en 1957.

Deutsch-Russisches Museum (Berlin-Karlshorst) ❹

Zwieseler Strasse 4/Rheinsteinstrasse **Tél.** 50 15 08 10. Ⓢ Karlshorst. 🚋 26, 27, 28. 🚌 396. ⏱ 10 h-18 h mar.-dim.

Le 8 mai 1945, c'est dans un ancien casino de la Wehrmacht, bâti dans les années 1930, que l'amiral Karl Dönitz, qui avait pris la succession de Hitler, accompagné par le maréchal Wilhelm Keitel, l'amiral Hans Georg von Friedeburg et le général Hans Jürgen Stumpff, signa la capitulation sans condition de l'Allemagne. La salle de la signature est restée en l'état, à l'instar du bureau du maréchal russe Zukov. Une exposition consacrée au conflit entre l'Allemagne et l'Union soviétique détaille les exactions commises en URSS.

Köpenick ❺

Kunstgewerbemuseum Tél. 20 90 55 60. Ⓢ Spindlersfeld, puis 🚌 167, 169 ou Ⓢ Köpenick, puis 🚌 169, 360, 369. 🚋 60, 61, 62, 63, 68.

Le bourg de Köpenick a une histoire beaucoup plus ancienne que celle de Berlin car il tire ses origines d'une colonie fortifiée du IXe siècle appelée Kopanica. Ses habitants, des Slaves originaires de la région de la rivière Laban, avaient pour chef au XIIe siècle le duc Jaksa qui disputait le Brandebourg à l'Ascanien Albrecht l'Ours (p. 19). Ce dernier l'emporta et Köpenick passa sous l'autorité de ses descendants. Un château, entrepris vers 1240, permit l'essor d'une ville où s'installèrent des artisans, et elle accueillit à la fin du XVIIIe siècle une importante colonie de huguenots.

Bien que des constructions dans le style de Schinkel aient remplacé entre 1838 et 1841 ses

Partie de l'hôtel de ville de Köpenick

églises médiévales, et malgré les dégâts subis pendant la Seconde Guerre mondiale, la vieille ville a gardé des traces de son histoire. Autour de l'Alter Markt (« Vieux Marché ») et dans des rues telles que l'Alt Köpenick et la Grünstrasse, de modestes maisons du XVIIIe siècle voisinent avec des édifices de la fin du XIXe.

Au n° 21 Alt Köpenick s'élève le bel hôtel de ville paré de briques vernissées, construit entre 1901 et 1904 par Hans Schütte et Hugo Kinzer. Le 16 octobre 1906, il fut le théâtre d'une escroquerie restée dans l'histoire. Vêtu d'un uniforme d'officier, Wilhelm Voigt, un repris de justice de 56 ans, ordonna à deux pelotons de soldats de l'accompagner en train de Berlin à Köpenick où il arrêta le maire et « saisit » les caisses de la municipalité. En 1931, l'auteur dramatique Carl Zuckmayer s'inspira de cet incident pour dénoncer dans une comédie, *Der Hauptmann von Köpenick (Le Capitaine de Köpenick)*, la soumission excessive des Prussiens face à l'autorité.

La principale attraction de la ville est l'élégant château construit entre 1677 et 1681 sur une île de la Dahme pour le prince héritier Frédéric, le futur Frédéric Ier. Le palais baroque dessiné par Rutger Van Langfeld reçut un agrandissement, achevé en 1693 d'après les plans de Johann Arnold Nering. Ce dernier dota, entre autres, la demeure de sa chapelle et de son portail d'entrée. Depuis 2004, le Schloss Köpenick abrite une annexe du musée des Arts décoratifs, **Kunstgewerbemuseum** (p. 118-121), qui présente des salles consacrées à la Renaissance et au Baroque. On peut également y admirer de magnifiques pièces de mobilier.

Reconstitution d'un bureau de 1548 au Kunstgewerbemuseum du château de Köpenick

Le sud-ouest de Berlin

Au sud-ouest de Berlin, l'arrondissement de Britz recèle une des rares demeures seigneuriales à avoir survécu en périphérie, le Schloss Britz. Schöneberg a gardé de l'époque de son autonomie municipale l'imposant hôtel de ville, où le président Kennedy prononça un discours resté dans l'histoire. L'actrice Marlene Dietrich repose dans le cimetière de ce quartier où elle grandit. À Dahlem, le jardin botanique mérite qu'on lui consacre une demi-journée.

La Königskolonnaden à l'entrée du Kleistpark

LES SITES D'UN COUP D'ŒIL

Botanischer Garten ❻
Friedhof Stubenrauchstrasse ❹
Königskolonnaden
  (Kleistkolonnaden) ❷
Rathaus Schöneberg ❸
Schloss Britz ❶
Wrangel-Schlösschen ❺

LÉGENDE

═══ Autoroute
▬▬ Route principale
─── Route secondaire
Ⓢ S-Bahn
Ⓤ U-Bahn
─── Voie ferrée

0   2 km

Schloss Britz ❶

CHÂTEAU DE BRITZ

Alt-Britz 73. **Tél.** 60 97 92 30.
Ⓤ Parchimer Allee. 🚌 144, 174, 181.
🕐 10 h-16 h mar.-ven... 🔲 obligatoire.

Le Schloss Britz n'était à l'origine qu'un petit manoir bâti en 1706 pour Sigismund von Erlach. Un remaniement néo-classique, sous la houlette de Carl Busse entre 1880 et 1883, lui conféra sa taille actuelle en préservant des éléments baroques tels que les statues de la façade et la tour qui domine le jardin. Le château accueille des concerts et des expositions temporaires, et abrite une collection permanente de meubles datant de la période dite de « fondation » *(Gründerzeit)*, qui suivit la création de l'Empire allemand en 1871.

Le parc se prête à une agréable promenade. Il renferme un buste d'un ancien propriétaire du domaine : Rüdiger von Ilgen. La sculpture ornait jadis l'allée de la Victoire du Tiergarten *(p. 132)*.

À côté du domaine s'étend la Hufeisensiedlung (« cité du Fer à cheval »), remarquable lotissement de logements sociaux qui doit son nom à la forme que lui donnèrent, à la fin des années 20, les architectes Bruno Taut et Bruno Schneidereit.

Königskolonnaden (Kleistkolonnaden) ❷

Potsdamer Strasse **Plan** 11 B4.
Ⓤ Kleistpark. 🚌 148, 187, 348.

À quelques pas de la station du U-Bahn, l'élégante colonnade royale dotée de sculptures baroques, qui sert d'entrée au Kleistpark, tranche sur les immeubles de la Potsdamer Strasse. Dessinée par Carl von Gontard et exécutée entre 1777 et 1780, elle ornait la route entre la Königstrasse et l'Alexanderplatz. On la déplaça en 1911 pour la protéger de la circulation.

Ancien jardin potager du Grand Électeur, le Kleistpark renferme l'imposant Kammergericht, édifié entre 1909 et 1913 par Carl Vohl, Rudolf Mönnich et Paul Thoemer. Cette cour de justice devint le tristement célèbre Volksgericht (tribunal du Peuple) nazi, puis, jusqu'en 1990, le siège du commandement des forces alliées à Berlin.

Façade néo-classique du Schloss Britz

Rathaus Schöneberg ❸

HÔTEL DE VILLE
DE SCHÖNEBERG

John-F-Kennedy-Platz.
Ⓤ *Rathaus Schöneberg.*

Dans le Botanischer Garten

Construit entre 1911 et 1914, avant le réaménagement urbain qui intégra en 1920 la commune de Schöneberg au Grand Berlin, cet imposant bâtiment, dont la tour mesure 70 m de hauteur, fut, de 1948 à 1990, le siège du Sénat et le principal centre administratif de Berlin-Ouest. Le 26 juin 1963, c'est de son balcon que le président des États-Unis J.F. Kennedy prononça devant une foule de plus de 300 000 personnes la célèbre phrase : « *Ich bin ein Berliner* » (« *Je suis un Berlinois* »). Deux ans après la construction du Mur, il affirmait ainsi la solidarité des pays occidentaux avec Berlin-Ouest.

Le Rathaus Schöneberg, rendu célèbre par le président Kennedy

Friedhof Stubenrauchstrasse ❹

CIMETIÈRE DE
STUBENRAUCHSTRASSE

Stubenrauchstrasse/Südwestkorso.
Ⓢ et Ⓤ *Bundesplatz.* 🚌 *348.*

Ce petit cimetière dans l'ombre de l'autoroute est devenu un lieu de pèlerinage pour les admirateurs de Marlene Dietrich. Née en 1901, de son vrai nom Maria Magdalena von Losch, l'actrice grandit à Schöneberg au n° 65 Leberstrasse. Elle connut le succès en 1930 grâce à un rôle de chanteuse de cabaret dans

le film *L'Ange bleu* réalisé par Josef von Sternberg, d'après un roman de Heinrich Mann intitulé *Professor Unrat.* Cette même année, elle suivit à Hollywood le réalisateur américain d'origine autrichienne, et elle ne monta plus sur scène à Berlin que pour un concert au Titania-Palast en 1960. Elle mourut le 6 mai 1992 à Paris, mais repose dans sa ville natale.

Wrangel-Schlösschen ❺

Schlossstrasse 48. **Tél.** *63 21 39 24.*
Ⓤ *Rathaus Steglitz.* 🚌 *148, 170, 185, 277, 280, 283, 285.*

La construction de ce petit palais, d'après des plans de Heinrich Gentz, remonte à 1804, mais il porte le nom du maréchal Wrangel qui en fut le propriétaire au milieu du XIXe siècle. Sa simplicité jusque dans les détails en fait une superbe réussite des débuts du néo-classicisme.
Le Wrangel-Schlösschen abrite le centre culturel de l'arrondissement de Steglitz.

Botanischer Garten ❻

JARDIN BOTANIQUE

Unter den Eichen 5-10 et Königin-Luise-Strasse 6-8. **Tél.** *83 85 01 00.*
Ⓤ *Dahlem-Dorf.* Ⓢ *Botanischer Garten.* 🚌 *101, 148.* 🕐 *t.l.j. ; nov.-janv. : 9 h-16 h ; fév. : 9 h-17 h ; mars et oct. : 9 h-18 h ; avr. et août : 9 h-20 h ; mai-juil. : 9 h-21 h ; sept. : 9 h-19 h.* **Musée** 🕐 *10 h-18 h t.l.j.* 📷

Aménagé à la fin du XIXe siècle sur un terrain vallonné agrémenté de lacs, le jardin botanique de Dahlem possède une superficie de 42 ha et offre un cadre très romantique à une promenade. Regroupées par continents d'origine, 18 000 variétés de plantes y poussent. La grande serre dessinée par Alfred Koerner date de 1906. Les serres plus récentes, construites entre 1984 et 1987, sont d'Engelbert Kremser. Près de l'entrée sur la Königin-Luise-Platz, le Botanisches Museum propose d'instructives expositions et abrite une riche bibliothèque.

LES ÉGLISES RURALES

Le réaménagement urbain de 1920 intégra au Grand Berlin près de 60 villages, pour certains fondés avant la ville elle-même. Ils se sont transformés en quartiers résidentiels, et ont souvent gardé leurs églises paroissiales. Plus de 50 de ces églises ont survécu. Les plus anciennes datent du XIIIe siècle et se trouvent dans le sud de l'agglomération, notamment à Britz (près de la Backbergstrasse), à Buckow (Alt-Buckow) et à Mariendorf (Alt Mariendorf). La doyenne dresse son clocher de granit à Marienfelde (Alt-Marienfelde).

Ste-Anne de Dahlem | Wittenau | Marienfelde

Dahlem

Mentionné pour la première fois en 1275, Dahlem resta un petit village entouré de grands domaines privés jusqu'au XIXᵉ siècle. Le développement de Berlin le transforma en un faubourg résidentiel aisé où ont subsisté l'église paroissiale gothique et un manoir baroque. À partir de 1914, la construction d'un ensemble de musées a donné à Dahlem une vocation culturelle que confirma, après la Seconde Guerre mondiale, l'agrandissement des musées et la création de la Freie Universität. Le Botanischer Garten *(p. 177),* qui s'étend un peu à l'écart, ajoute à l'attrait du quartier.

LES SITES D'UN COUP D'ŒIL

Brücke-Museum **5**
Domäne Dahlem **3**
Freie Universität **6**
Museumszentrum Dahlem **1**
Museum Europäischer Kulturen **2**
St-Annen-Kirche **4**

LÉGENDE

■ Route principale
= Route secondaire
Ⓢ S-Bahn
Ⓤ U-Bahn
— Voie ferrée

Museumszentrum Dahlem **1**

Lansstrasse 8. **Tél.** 20 90 55 66. Ⓤ *Dahlem Dorf.* 📷 *110, 183, X-11, X-83.* **Museum für Indische Kunst, Museum für Ostasiatische Kunst, Ethnologisches Museum** *(ancien Museum für Völkerkunde),* **Museum für Kunst Afrikas & Nordamerika Ausstellung** ⬜ *10 h-18 h mar.-ven., 11 h-18 h sam. et dim.* 📷

Les musées construits à Dahlem entre 1914 et 1923 prirent à la fin de la Seconde Guerre mondiale une importance que n'avaient pas prévue leurs fondateurs, car ils accueillirent les collections d'art restées à l'Ouest. Après un agrandissement effectué dans les années 1960, le Museumszentrum put rivaliser avec le complexe de la Museumsinsel de Berlin-Est.

Depuis la réorganisation des expositions, entraînée par la réunification, les peintures de la Gemäldegalerie se trouvent au Kulturforum *(p. 122-125)* et les sculptures au Bodemuseum *(p. 79),* mais Dahlem a conservé cinq musées spécialisés dans les cultures non européennes : l'Ethnologisches Museum (musée d'Ethnologie) ; le Museum für Indische Kunst (musée d'Art indien) ; le

Estampe japonaise du Museum ür Ostasiatische Kunst

Museum für Ostasiatische Kunst (musée d'Art d'Extrême-Orient) ; le Museum für Kunst Afrikas (musée d'Art africain) et la Nord-Amerika Austellung (Exposition nord-américaine), ouverte en 1999.

Ils possèdent pour fleurons des bronzes du Bénin (musée d'Art africain), des bijoux en or incas (musée d'Ethnologie), des estampes japonaises et des peintures troglodytiques bouddhistes du Turkestan chinois (musée d'Art d'Extrême-Orient).

Tapis de la Prusse orientale au Museum Europäischer Kulturen

Museum Europäischer Kulturen **2**

MUSÉE DES CULTURES EUROPÉENNES

Arnimalee 25. **Tél.** 83 90 12 87. Ⓤ *Dahlem Dorf.* 📷 *110, 183, X-11, X-83.* ⬜ *10 h-18 h mar.-ven., 11 h-18 h sam. et dim.* 📷

Ce musée, consacré aux traditions et aux folklores européens, accueille des expositions de longue durée, mais temporaires, généralement organisées en collaboration avec des institutions d'autres pays. Elles comprennent des poteries, des costumes, des bijoux, des outils et des jouets.

Domäne Dahlem **3**

FERME DE DAHLEM

Königin-Luise-Str. 49. **Tél.** 66 63 000. Ⓤ *Dahlem Dorf.* 📷 *110, 183, X-11, X-83.* ⬜ *10 h-18 h mer.-lun.* 📷 *(musée seulement).*

Le Domäne Dahlem offre, en pleine zone urbaine, le dépaysement d'un petit espace de vie paysanne. Construit vers 1680 pour Cuno Johann von Wilmersdorff, son manoir

Une association garde en activité la ferme du Dömane Dahlem

baroque appartient au Stadtmuseum Berlin *(p. 91)* et abrite du mobilier d'époque.

Les bâtiments agricoles, datant du xixᵉ siècle, renferment une collection d'outils que complète une riche exposition de ruches. Le domaine comprend aussi un jardin, des ateliers et des enclos à animaux. Il accueille des fêtes et des marchés qui donnent lieu à des démonstrations de techniques traditionnelles. Les visiteurs peuvent ainsi voir ferrer un cheval, apprendre à traire une vache ou simplement se détendre devant un verre de bière.

De style gothique, la St-Annen-Kirche date du xivᵉ siècle

St-Annen-Kirche ❹

ÉGLISE SAINTE-ANNE

Königin-Luise-Strasse/Pacelliallee. *Tél.* 841 70 50. Ⓤ *Dahlem Dorf.* 🚌 *110, 183, X-11, X-83.* ⏰ *11 h-13 sam.-dim.*

Ce sanctuaire gothique du xivᵉ siècle se dresse au centre d'un petit cimetière verdoyant. L'édifice actuel a vu le jour en plusieurs étapes : le chœur date du xviᵉ siècle, les voûtes du xviiᵉ et la tour du xviiiᵉ.

L'intérieur conserve des peintures murales du xivᵉ siècle représentant des épisodes de la vie de sainte Anne, ainsi qu'une *Crucifixion* du xvᵉ siècle, 11 effigies de saints datant de la fin du gothique et une chaire baroque du xviiᵉ siècle.

Brücke-Museum ❺

Bussardsteig 9. *Tél.* 831 20 29. 🚌 *115.* ⏰ *11 h-17 h mer.-lun.*

Dans une rue paisible bordée de villas en lisière de forêt, ce petit musée occupe un élégant édifice fonctionnel construit par Werner Düttmann en 1967 Il est consacré au mouvement expressionniste Die Brücke (« le Pont »), fondé en 1905 à Dresden par Fritz Bleych, Erich Heckel, Ernst Ludwig Kirchner et Karl Schmidt-Rottluff. Emil Nolde et Max Pechstein les rejoignirent en 1906 et le groupe s'installa à Berlin en 1911. Il décida de se séparer en 1913. La collection permanente a pour origine 74 peintures offertes à la ville par Schmidt-Rottluff en 1964. Dons et acquisitions ont rapidement enrichi le fonds. Les pièces présentées, tableaux, dessins, sculptures et gravures, ainsi que les expositions temporaires qui les complètent permettent de se faire une meilleure idée des recherches de l'avant-garde allemande au début de ce siècle. Elles permettent aussi de découvrir des œuvres plus tardives des membres de Die Brücke.

Le siège de la fondation occupe non loin, au n° 8 Käuzchensteig, l'ancien atelier du sculpteur Bernhard Heliger. Le jardin qui borde le Brücke-Museum abrite plusieurs de ses créations.

Sculpture de Bernhard Heliger près du Brücke-Museum

Freie Universität ❻

Henry-Ford-Bau Garystrasse 35–39. Ⓤ *Thielplatz.* 🚌 *111.*

L'Université libre de Berlin fut fondée le 4 décembre 1948, en plein blocus, sur l'initiative d'intellectuels conduits par Ernst Reuter. Ils réagissaient aux restrictions d'accès à la Humboldt Universität imposées par les Soviétiques. La nouvelle université occupa tout d'abord des immeubles loués, et c'est grâce au soutien des Américains qu'elle put s'installer dans ses locaux actuels. La fondation Ford finança ainsi la construction, entre 1951 et 1954, du Henry-Ford-Bau qui abrite le bureau du recteur, l'auditorium et la bibliothèque. Franz Heinrich Sobotka et Gustav Müller lui ont donné d'harmonieuses proportions.

Le Henry-Ford-Bau, bureau du recteur et bibliothèque de la Freie Universität

Zehlendorf

Avec près de la moitié de sa surface couverte de forêts, de lacs et de rivières, l'arrondissement de Zehlendorf possède une atmosphère rustique qui paraît très éloignée de l'animation d'une grande métropole. Vingt minutes seulement, pourtant, le séparent du centre de Berlin. De belles villas ajoutent à l'intérêt des nombreuses promenades à pied possibles autour de Wannsee. Les plus intéressantes, détaillées en pages 208-211, parcourent les domaines royaux de la Pfaueninsel, de Klein Glienicke et de Babelsberg.

Reconstruction d'un bâtiment médiéval au Museumdorf Düppel

LES SITES D'UN COUP D'ŒIL

Alliierten Museum ❷
Grabstätte von Heinrich
  von Kleist ❺
Haus der Wannsee-Konferenz ❼
Museumsdorf Düppel ❸
Siedlung Onkel-Tom ❶
Strandbad Wannsee ❹
Villenkolonie Alsen ❻

Grosser Wannsee

LÉGENDE

 Autoroute
 Route principale
 Route secondaire
Ⓢ S-Bahn
🅄 U-Bahn
 Voie ferrée

0   1 km

Siedlung Onkel-Tom ❶

Argentinische Allee. 🅄 *Onkel-Toms-Hütte.*

De tous les programmes de logements sociaux entrepris sous la république de Weimar, le Siedlung Onkel-Tom est peut-être le plus réussi. Bruno Taut, Hugo Häring et Otto Rudolf Salvisberg

Maison du Siedlung Onkel-Tom, construit entre 1926 et 1932

aménagèrent cet immense lotissement en bordure de la forêt de Grunewald entre 1926 et 1932. S'inspirant du concept anglais de cité-jardin, ils inscrivirent les maisons dans la verdure et leur donnèrent des proportions harmonieuses et des dimensions humaines, qu'elles soient individuelles ou destinées à plusieurs familles. Près de 15 000 personnes vivent dans la « cité de l'Oncle Tom ».

Alliierten- museum ❷

Clayallee 135. **Tél.** *818 19 90.* Ⓢ *Zehlendorf, then* *115.* 🅄 *Oskar-Helene-Heim.* ⏰ *10 h-18 h jeu.-mar.* 📷 *sur r.-v.*

Le musée des Alliés, qui associe zones d'exposition et espaces à ciel ouvert, se trouve au cœur de l'ancien secteur militaire américain. Une fascinante exposition d'objets

quotidiens, de photographies et de films illustre la vie à Berlin pendant la guerre froide et dépeint l'histoire de la ville et de ses habitants entre 1945 et 1994.

Museumsdorf Düppel ❸

Clauerstrasse 11. **Tél.** *802 66 71.* Ⓢ *Mexikoplatz ou* 🅄 *Krumme Lanke, puis* *211, 629.* ⏰ *3 avr.-3 oct. : 15 h-18 h jeu, 10 h-16 h dim.* 📷

Les maisons à toit de chaume qui font partie de cette reconstitution d'un village médiéval de la Marche du Brandebourg occupent l'emplacement d'une implantation germanique du XIIIe siècle. Des passionnés y vivent comme des paysans du Moyen Âge et élèvent des races traditionnelles de porcs et de moutons.

Le dimanche, ils proposent des promenades en char à

bœufs et des démonstrations de méthodes anciennes de vannerie, de poterie, de travail du métal, de filage, de tissage et de teinturerie.

Strandbad Wannsee ❹

Wannseebadweg. Ⓢ *Nikolassee.* 🚌 *218.*

Le lac de Wannsee s'étend à la lisière de la forêt de Grunewald et constitue une aire de loisirs appréciée des Berlinois. Ils peuvent s'y baigner, faire une croisère, pratiquer des sports nautiques ou simplement se reposer au bord de l'eau. La partie la plus aménagée se trouve dans l'angle sud-est du plan d'eau où la station de S-Bahn Wannsee dessert plusieurs ports de plaisance. Plus au nord, la Strandbad Wannsee est la plus grande plage intérieure d'Europe. Utilisée depuis le début du XXᵉ siècle, elle a pris son visage actuel en 1929-1930 lors de la construction de cabines, de boutiques et de cafés sur des terrasses artificielles.

En été, le sable se couvre d'amateurs de bains de soleil, tandis que bateaux de plaisance et planches à voile sillonnent le lac. Une promenade sur l'île de Schwanenwerder permet de découvrir d'élégantes villas. Le magnat de la presse Axel Springer fit bâtir celle des nᵒˢ 24-26 Inselstrasse.

Grabstätte von Heinrich von Kleist ❺

TOMBE DE HEINRICH VON KLEIST

Bismarckstrasse (près du nᵒ.3). Ⓢ *Wannsee.* 🚌 *114, 116, 211, 216, 316, 318.*

Une rue étroite part de la Königstrasse, au niveau du viaduc de la station du S-Bahn Wannsee. Elle conduit à l'endroit où, le 21 novembre 1811, le poète romantique Heinrich von Kleist se suicida à l'âge de 34 ans en entraînant dans la mort sa compagne Henriette Vogel. Ils reposent tous les deux ici, et les fleurs et bougies déposées sur leur tombe indiquent que leur tragédie continue d'émouvoir.

Villenkolonie Alsen ❻

Am Grossen Wannsee. Ⓢ *Wannsee, then* 🚌 *114.*

Cette charmante station balnéaire, au bord du lac est la plus ancienne de Berlin. Ses belles villas participent à son élégance un peu désuète.

Aux nᵒˢ 39-41 Am Grossen Wannsee, la Haus Springer date de 1901. Alfred Messel la couvrit de bardeaux à la mode américaine. Le peintre Max Liebermann passa de nombreux étés au nᵒ 42, dans la villa dessinée pour lui en 1909 par Paul Baumgarten. Bâtie en 1891 d'après des plans

Sculptures dressées devant la Haus der Wannsee-Konferenz

de Wilhelm Mertens, la luxueuse maison en forme de château médiéval du nᵒ 52 est caractéristique de l'éclectisme du XIXᵉ siècle.

Haus der Wannsee-Konferenz ❼

Am Grossen Wannsee 56/58. **Tél.** 805 00 10. Ⓢ *Wannsee, puis* 🚌 *114.* ⭕ *10 h-18 h t.l.j.*

L'une des plus belles villas d'Alsen fut édifiée par Paul Baumgarten entre 1914 et 1915. Il lui donna la forme d'un petit palais néo-baroque avec un gracieux portique. En 1940, le propriétaire suivant, Friedrich Minou, vendit la maison aux SS, la police militaire du régime hitlérien. Le 20 janvier 1942, Richard Heydrich et quatorze autres officiers des services secrets et des SS, dont Adolf Eichmann, s'y réunirent pour décider de « la solution finale de la question juive ». Au cours de cette conférence, ils planifièrent l'extermination de 11 millions de personnes sur tout le territoire de l'Europe, y compris celui de la Grande-Bretagne et des pays neutres.

Depuis 1992, la villa abrite un musée et un mémorial. Une exposition retrace l'histoire de l'Holocauste avec, notamment, des documents et des photographies sur les ghettos et les camps de concentration.

Pour des raisons de sécurité, le portail d'entrée reste verrouillé en permanence. Pour pénétrer dans le parc, il faut se présenter à l'interphone.

Embarcadère de bateaux de croisière sur le lac de Wannsee

L'ouest de Berlin

Les grandes manifestations commerciales ou culturelles donnent souvent l'occasion aux Berlinois de franchir le boulevard périphérique pour se rendre à l'ouest de Charlottenburg au Centre international des congrès et au Parc des expositions que domine la Funkturm. La maison de la radio voisine possède un splendide intérieur Art déco. Dans un domaine résidentiel aménagé après la Seconde Guerre mondiale, la villa qu'habitait le sculpteur Georg Kolbe est devenue un musée.

Extérieur futuriste de l'Internationales Congress Centrum

LÉGENDE

▬▬	Autoroute
▬▬	Route principale
───	Route secondaire
Ⓢ	S-Bahn
Ⓤ	U-Bahn
───	Voie ferrée

LES SITES D'UN COUP D'ŒIL

Funkturm ❹
Georg-Kolbe-Museum ❻
Grunewaldturm ❶
Haus des Rundfunks ❺
Internationales Congress
    Centrum ❷
Messegelände ❸

Grunewaldturm ❶

Havelchaussee. 🚌 *218*.

Cette tour néo-gothique en brique rouge, parée d'éléments décoratifs en stuc, domine toute la région depuis le sommet de la colline du Karlsberg au bord de la Havel. Construite en 1899 par Franz Schwechten pour commémorer le centième anniversaire de la naissance de Guillaume Iᵉʳ, devenu empereur d'Allemagne en 1871, elle s'appelait à l'origine Kaiser-Wilhelm-Turm. Une salle renferme sous un plafond en coupole une statue en marbre du souverain sculptée par Ludwig Mansel.

La tour de Grunewald mesure 56 m de hauteur, et il faut gravir 204 marches pour atteindre sa plate-forme panoramique. Une vue exceptionnelle du réseau de lacs et de cours d'eau de la Havel récompense de l'effort. Par temps clair, le regard porte jusqu'à Spandau au nord et Potsdam au sud. Un restaurant très apprécié des Berlinois occupe la base du monument.

La Grunewaldturm, tour néo-gothique élevée en 1899

Internationales Congress Centrum ❷

Messedamm 19. Ⓢ *Witzleben.*
Ⓤ *Kaiserdamm.* 🚌 *104, 149, 218, X-34, X-49.*

L'immeuble futuriste du Centre international des congrès se dresse sur une péninsule isolée de deux côtés par un flot de voitures.

Cette ambitieuse réalisation vit le jour dans le cadre de la rivalité entre les deux Berlin : il s'agissait ici de répliquer à l'ouverture du chantier du Palast der Republik *(p. 74)* sur la Schlossplatz.

Construit par Ralf Schüler et Ursulina Schüler-Witte entre 1973 et 1979, l'International Congress Centrum (ICC) se présente comme un assemblage de volumes en aluminium et possède une organisation mûrement réfléchie. Ainsi, la zone réservée aux conférences est séparée des salles de concert pour améliorer l'insonorisation. Un système perfectionné de sécurité électronique et de gestion des circulations permet à des milliers de personnes de participer en même temps à des événements très variés. Plus de 80 salles permettent l'organisation de manifestations aussi diverses qu'un séminaire en petit comité et un concert de rock devant 5 000 spectateurs. Un jardin a été aménagé sur le toit.

Une sculpture du Français Jean Ipoustéguy (né en 1920) se dresse à l'entrée : *Alexandre le Grand devant Ectabane.*

Façade monumentale de l'Ehrenhalle du Messegelände

Messegelände ❸

Hammarskjöldplatz. Ⓢ *Witzleben.* Ⓤ *Kaiserdamm.* 🚌 *104, 149, 204, 219.*

Constamment rénovés et agrandis, les pavillons du vaste Parc des expositions qui s'étend au sud de la Hammarskjöldplatz couvrent une superficie de plus de 160 000 m². Les foires internationales qu'ils accueillent, telle la Grüne Woche *(p. 51),* « Semaine verte » consacrée à l'agriculture et la gastronomie, font partie des plus importantes d'Europe.

Il ne reste rien des premières halles érigées sur le site au début du XXᵉ siècle, et la partie la plus ancienne du Messegelände entoure la **Funkturm.** L'imposant bâtiment qui s'élève devant, l'Ehrenhalle, date de 1936. Dessiné par Richard Ermisch, il offre un des rares exemples d'architecture nazie à avoir survécu à Berlin.

L'autoroute rectiligne qui file derrière le Parc des expositions en direction du Nikolassee est la célèbre Avus, la première autoroute d'Allemagne, construite en 1921. Elle servit de circuit de course automobile. En 1937, un pilote de légende, Berndt Rosemeyer, y établit le record du tour à une vitesse de 276,4 km/h.

Funkturm ❹

Hammarskjöldplatz. ***Tél.*** *30 38 0.* Ⓢ *Messe Nord.* Ⓤ *Kaiserdamm.* 🚌 *104, 139, 149, 218, X-21.* **Plateforme d'observation**
◯ *10 h-21 h t.l.j.*

Entreprise en 1924, la Funkturm, dessinée par Heinrich Straumer, haute de 150 m, ressemble à la tour Eiffel. Elle garde une fonction d'antenne émettrice, notamment pour le contrôle du trafic aérien. Sa plateforme d'observation (125 m) offre un splendide panorama. Un restaurant occupe le premier étage, à 55 m du sol.

Haus des Rundfunks ❺

Masurenallee 8-14. Ⓢ *Witzleben.* Ⓤ *Theodor-Heuss-Platz.* 🚌 *104, 149, 218, X-34, X-49.*

La maison de la radio, vaste édifice construit entre 1929 et 1931 par Hans Poelzig, cache derrière une triste façade en brique un intérieur Art déco d'une rare beauté.

Le bâtiment obéit à un plan triangulaire. Les trois ailes qui abritent les studios rayonnent depuis un hall central éclairé par une verrière. L'harmonie des proportions et la maîtrise des couleurs et des matières, qui ôtent toute rigueur aux formes géométriques, en font une des plus belles réussites

Hall Art déco de la Haus des Rundfunks, achevée en 1931

architecturales de cette époque à Berlin.

Au pied des coursives se dresse une statue de Georg Kolb : *Grosse Nacht* (« Grande nuit »). L'auditorium accueille des concerts retransmis par la station de radio SFB.

Fontaine du jardin de la villa du sculpteur Georg Kolbe

Georg-Kolbe-Museum ❻

Sensburger Allee 25. ***Tél.*** *304 21 44.* Ⓢ *Heerstrasse.* 🚌 *149, X-34, X-49.* ◯ *10 h-17 h mar.-dim.*

Le sculpteur Georg Kolbe (1877-1947) vécut et travailla jusqu'à sa mort dans cette villa, construite en 1929 à son intention par l'architecte suisse Ernst Reutsch et agrandie quelques années plus tard par Paul Lindner. Il la légua à la ville de Berlin avec 180 de ces œuvres et sa collection d'art qui comprend des peintures de l'expressionniste Ernst Ludwig Kirchner, l'un des fondateurs du mouvement Die Brücke *(p. 171).*

L'exposition a pour thème principal la sculpture figurative du XXᵉ siècle. De nombreuses œuvres de Kolbe décorent aussi le jardin, tandis que l'atelier renferme toujours le matériel qu'utilisait l'artiste, notamment les instruments de levage qui lui permettaient de déplacer les pièces les plus lourdes ou les plus volumineuses.

Du stade olympique à Spandau

Au nord-ouest du centre, une unité d'habitation de Le Corbusier, type d'immeuble toujours considéré comme un modèle d'habitat collectif, s'élève près du monumental Olympiastadion, conçu pour célébrer l'idéologie du national-socialisme. Au confluent de la Spree et de la Havel, la ville historique de Spandau a gardé de belles rues médiévales et une forteresse Renaissance bien conservée. Au cœur du quartier ancien s'élève une église gothique : la St-Nikolai-Kirche.

autonome possédant ses propres commerces et des services tels qu'un bureau de poste, une salle de sport et un jardin d'enfants. Toutefois, des contraintes financières l'obligèrent à réduire ses ambitions et à modifier les proportions du bâtiment par rapport aux plans initiaux.

LES SITES D'UN COUP D'ŒIL

Le Corbusier Haus ❶
Olympiastadion ❷
Spandau ❸

LÉGENDE

▬ Route principale
═ Route secondaire
Ⓢ S-Bahn
Ⓤ U-Bahn
— Voie ferrée

0   1 km

Sculptures décorant l'Olympiastadion

Olympiastadion ❷

Olympischer Platz. **Tél.** 25 00 23 22. Ⓢ et Ⓤ Olympia-Stadion. 🚌 218. ☐ pour les visites : 10 h-19 h en été, 10 h-18 h en hiver. **Exposition** ☐ 10 h-18 h mer., dim.

Construit pour accueillir les Jeux olympiques de 1936, qu'Hitler transforma en une opération de propagande, le Reichssportfeld, selon son nom d'origine, témoigne du goût des dignitaires nazis pour l'architecture monumentale inspirée de Rome.

L'Olympiastadion fut immortalisé dans le film d'Istvan Szabó *Mephisto*. À l'ouest s'étendent le champ de Mai (Maifeld) et la Waldbühne. Le premier est une vaste esplanade entourée de tribunes et dominée par la tour du Carillon (Glockenturm), haute de 77 m ; la seconde est un théâtre de verdure. Au nord se trouvent les piscines et les installations sportives qui constituaient l'infrastructure des Jeux olympiques de Berlin.

Le stade, qui a rouvert en 2004, a été modernisé pour un coût de 236 millions d'euros.

Le Corbusier Haus ❶

Reichssportfeldstrasse 16. Ⓢ Olympiastadion. 🚌 218.

Contribution de Le Corbusier à l'Exposition internationale d'architecture de 1957 *(p. 133),* cet immeuble bâti sur une colline près de l'Olympiastadion renferme 527 appartements, dont 345 en duplex, prévus pour loger 1 500 personnes.

C'est la troisième « unité d'habitation » réalisée par le célèbre architecte, la plus connue, édifiée au lendemain de la Seconde Guerre mondiale, se trouvant à Marseille. Comme pour les autres, Le Corbusier voulait faire de celle de Berlin l'équivalent d'une ville

La Le Corbusier Haus, construite pour l'exposition de 1957

Intérieur de la St-Nikolai-Kirche de Spandau

Spandau ❸

Zitadelle Spandau Am Juliusturm. **Tél.** *354 94 42 00.* 🚇 *Zitadelle.* ◯ *9h-17h mar.-ven., 10h-17h sam. et dim.* 📷

Relativement épargné par les bombardements alliés de la Seconde Guerre mondiale, Spandau a gardé son cachet historique. Ce bourg, né sur un site au confluent de la Havel et la Spree, où des Slaves s'installèrent dès le VIIIᵉ siècle, a une riche histoire. Il reçut sa charte municipale en 1232, et resta indépendant jusqu'en 1920 et son intégration au Grand Berlin.

Au cœur du quartier ancien, quelques maisons à colombage bordent toujours les ruelles médiévales qui entourent une pittoresque place de marché. Au nord subsistent des pans de l'enceinte fortifiée qui protégeait la cité au XVᵉ siècle. Datant également du XVᵉ siècle, la St-Nikolai-Kirche domine la Reformationsplatz. Comme le rappelle le nom de la place, c'est là que l'électeur Joachim II se convertit à la foi protestante en 1639. De style gothique, l'église abrite des fonts baptismaux exécutés en 1398, un bel autel Renaissance en pierre de 1592 et une chaire baroque (v. 1700) qui provient d'un palais royal de Potsdam.

Aigle héraldique prussien

La **Zitadelle Spandau** occupe l'emplacement d'un château des margraves ascaniens *(p. 17)*, dont n'a survécu que la Juliusturm, tour massive haute de 36 m bâtie au XIIᵉ siècle. La construction de la citadelle commença en 1560 d'après des plans du Vénitien Francesco Chiaramella da Gandino, mais elle dura plus de trente ans, et c'est Rochus Guerrini, comte de Lynar, qui dirigea la majeure partie des travaux. La prison militaire où Rudolf Hess, l'adjoint de Hitler, resta enfermé jusqu'à son suicide en 1987 a laissé place à un centre commercial.

Armoiries des Hohenzollern au fronton de l'entrée principale de la citadelle

ZITADELLE SPANDAU

La citadelle de Spandau servit dès l'origine de chambre forte puisque les premiers margraves du Brandebourg gardaient leur trésor dans la Juliusturm. Le chancelier Otto von Bismarck les imita en y déposant, en 1874, l'or du Reichskriegsschatz, les indemnités de guerre versées par la France. Jusqu'en 1876, la citadelle abrita également une prison. Elle renferme désormais des musées consacrés à l'histoire locale. Le sommet de la tour offre un large panorama.

LÉGENDE

Bastion Kronprinz ①
Bastion Brandenburg ②
Palais ③
Entrée principale ④
Bastion König ⑤
Bastion Königin ⑥
Juliusturm ⑦
Ravelin Schweinekopf ⑧

Le nord de Berlin

Au nord du Tiergarten subsiste l'AEG-Turbinenhalle, dessinée par Peter Behrens, un édifice qui eut une grande influence sur l'architecture industrielle. Le site de la prison nazie de Plötzensee abrite un mémorial. En continuant au-delà de l'aéroport, les alentours du lac de Tegel renferment un beau château remanié par Schinkel, une pittoresque villa néo-baroque et un quartier résidentiel hors du commun aménagé en 1987. Ces dernières visites peuvent être liées à une croisière sur la Havel et la découverte de Spandau.

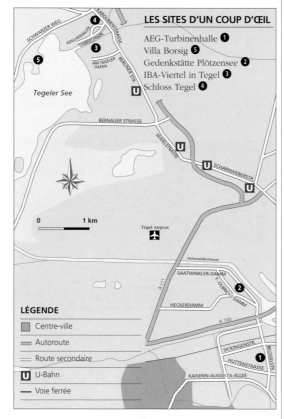

LES SITES D'UN COUP D'ŒIL

AEG-Turbinenhalle ❶
Villa Borsig ❺
Gedenkstätte Plötzensee ❷
IBA-Viertel in Tegel ❸
Schloss Tegel ❹

LÉGENDE

◼ Centre-ville
═ Autoroute
─ Route secondaire
Ⓤ U-Bahn
── Voie ferrée

AEG-Turbinen-halle ❶

Huttenstrasse 12-16.
Ⓤ *Turmstrasse, puis* 🚌 *227.*

Peu de bâtiments modernes du début du XXᵉ siècle sont autant donnés en exemple que celui-ci. Commandé par AEG, la Compagnie générale d'électricité, et achevé en 1909 d'après des plans de Peter Behrens et Karl Bernhardt, il fait partie des premières constructions dépourvues de tout élément, décoratif ou non, faisant référence à un style architectural antérieur.

Ses concepteurs ont pris pour parti de ne pas tenter de déguiser leurs matériaux de construction : béton, fer et verre. Agrandi en 1939, l'immense hangar borde sur 123 m la Berlichingenstrasse. Ses hautes fenêtres s'inclinaient vers l'intérieur.

Gedenkstätte Plötzensee ❷

LE MÉMORIAL DE PLÖTZENSEE

Hüttigpfad. ***Tél.** 344 32 26.*
Ⓤ *Jakob-Kaiser-Platz, puis* 🚌 *123.*
🕐 *mars-oct. : 9 h-17 h ; nov.-fév. : 9 h-16 h.*

Depuis le Saatwinkler Damm, une petite rue conduit au site de la prison de Plötzensee, où les nazis pendirent près de 2 500 personnes accusées de crime contre le IIIᵉ Reich. À l'exception des chefs du complot, exécutés dans la cour du Bendlerblock *(p. 127)*, c'est ici que périrent les conjurés qui tentèrent d'assassiner Hitler le 22 juin 1944. Le comte Helmut James von Moltke fut aussi exécuté à Plötzensee. Il animait un des mouvements de la résistance allemande : le Kreisauer Kreis (cercle Kreisauer) qui, entre autres, fournit des renseignements aux Alliés. Les crochets conservés dans le mémorial rappellent la vocation sinistre du lieu.

Mémorial aux victimes des nazis exécutées à Plötzensee

IBA-Viertel in Tegel ❸

Karolinenstrasse et Am Tegeler Hafen. Ⓤ *Alt Tegel.*

D'une superficie de 4 km², le lac de Tegel est, au sein d'une région boisée, un but d'excursion apprécié des

L'élégante façade néo-classique du Schloss Tegel

Berlinois. Depuis la Berliner Strasse, une rue piétonnière, l'Alt-Tegel, conduit à la Greenwichpromenade et à l'embarcadère d'où partent les vedettes proposant des croisières.

Le quartier situé au sud du port de Tegel est un lotissement aménagé lors de l'Exposition internationale d'architecture de 1987 (IBA 87). Il ravira les amateurs d'architecture contemporaine, en particulier post moderne. Plus de 30 architectes ont participé au projet sous la direction de Charles Moore, John Ruble et Buzz Yudell, et les bâtiments possèdent tous leur propre caractère. Par exemple, la maison du n° 8 Am Tegeler Hafen, œuvre de Stanley Tigerman, évoque un style traditionnellement associé aux villes de la Hanse, tandis que celle du n° 10, dessinée par Paolo Portoghesi, semble avoir été brisée en deux. Partie intégrante du projet, la Humboldt-Bibliothek joue de thèmes néo-classiques. Au nord de l'IBA-Viertel, le moderne Hotel Sorat incorpore la partie préservée d'un ancien moulin à vent qui appartenait jadis au domaine Humboldt.

Schloss Tegel ❹

Adelheidallee 19-21. **Tél.** *434 31 56.* Ⓤ *Alt Tegel.* 🚌 *124, 133, 222.* ⚫ *pour rénovation. Appeler pour confirmer.*

Ce petit palais, l'un des plus intéressants de Berlin, tire ses origines d'un manoir bâti au XVIe siècle et transformé au siècle suivant en pavillon de chasse à la demande de l'électeur Frédéric-Guillaume. La famille Humboldt acquit le domaine en 1766, et commanda à Karl Friedrich Schinkel un remaniement entrepris entre 1820 et 1824. L'architecte agrandit la demeure en la dotant de quatre tours d'angle, ornées au dernier étage de bas-reliefs par Christian Daniel Rauch. Ils représentent les divinités antiques du Vent. Schinkel conçut aussi la gracieuse décoration intérieure qui compose un cadre parfaitement adapté à une collection d'antiquités aujourd'hui principalement constituée de copies.

Le Schloss Tegel reste la propriété de la famille Humboldt, et on ne peut le découvrir que lors des visites guidées organisées le lundi. Un parc agréable l'entoure. Une allée de tilleuls conduit à l'ouest au tombeau familial dessiné lui aussi par Schinkel. La sculpture qui le décore par Bertel Thorwaldsen est une réplique. L'original se trouve dans le château.

Villa Borsig ❺

Reiherwerder. Ⓤ *Alt Tegel.* 🚌 *124, 133, 222, 224, puis 15 minutes à pied.*

Cette villa bâtie sur une péninsule du Tegeler See possède un air de famille avec le Schloss Sanssouci de Potsdam, mais elle est de construction beaucoup plus récente. Alfred Salinger et Eugen Schmohl l'édifièrent entre 1911 et 1913 pour les Borsig, dynastie industrielle berlinoise connue dans le monde entier pour ses locomotives et ses machines à vapeur. Elle présente un visage particulièrement pittoresque vue du lac depuis un bateau de promenade.

Façade de la Villa Borsig donnant sur le jardin

KARL FRIEDRICH SCHINKEL (1781-1841)

Diplômé de la Bauakademie de Berlin, Karl Friedrich Schinkel compléta ses études d'architecture par un séjour de deux ans en Italie. Il remplit de nombreuses commandes de l'État prussien, à Berlin et à Potsdam, tout en travaillant pour des particuliers. Les palais, édifices publics et églises qu'il construisit se comptent par dizaines, et beaucoup existent toujours. Surtout connu pour ses réalisations néo-classiques, Schinkel fut pourtant l'un des premiers, en Europe, à se tourner vers le néo-gothique. Cet attrait pour le Moyen Âge influença notamment sa peinture, comme le montrent les tableaux exposés au Neuer Pavillon du Schloss Charlottenburg *(p. 162-163).* Schinkel créa également des décors d'opéra, entre autres pour le Staatsoper Unter den Linden *(p. 63).*

LES ENVIRONS DE BERLIN

POTSDAM

Commune autonome située à la périphérie de Berlin, Potsdam est la capitale du Brandebourg et possède une population de près de 140 000 habitants. Mentionnée dès 993, la ville se développa à partir du XVIIe siècle quand le Grand Électeur y établit une résidence princière. Elle souffrit beaucoup de la Seconde Guerre mondiale, en particulier des bombardements du centre historique qui eurent lieu dans les nuits du 14 et du 15 avril 1945. Aujourd'hui restaurée, elle séduit chaque année des milliers de visiteurs attirés par le quartier ancien dominé par la Nikolaikirche, les châteaux rococo édifiés par Frédéric II dans le Park Sanssouci et plusieurs autres demeures des Hohenzollern comme le Marmorpalais néo-classique du Neuer Garten ou le Schloss Cecilienhof de style anglais. Mais Potsdam a davantage encore à offrir : des datchas qui semblent tout droit sorties de Russie, un quartier hollandais, les plus vastes studios de cinéma d'Europe et le parc de Babelsberg *(p. 210-211)*.

Sculpture du Park Sanssouci

LES SITES D'UN COUP D'ŒIL

Bâtiments historiques
Altes Rathaus ㉑
Bildergalerie ⑪
Chinesisches Teehaus ⑥
Communs ③
Historische Mühle ⑫
Marmorpalais ⑯
Neue Kammern ⑨
Neues Palais p. 194-195 ❶
Orangerie ❼
Römische Bäder ❺
Schloss Cecilienhof ⑮
Schloss Charlottenhof ❹

Schloss Sanssouci p. 200-201 ⑩
Wasserwerk Sanssouci ㉔

Quartiers historiques
Alexandrowka ⑬
Holländisches Viertel ⑰

Églises
Französische Kirche ⑲
Friedenskirche ❽
Nikolaikirche ⑳
Peter und Paul Kirche ⑱

Parcs et parcs à thème
Filmpark Babelsberg ㉖
Neuer Garten ⑭
Park Sanssouci ❷
Telegrafenberg ㉕

Musées
Marstall (Filmmuseum) ㉒
Potsdam-Museum ㉓

LÉGENDE

▪ Plan pas à pas *p. 192-193*

🚉 Gare ferroviaire

Ⓢ Station de S-Bahn

0 _____ 750 m

COMMENT Y ALLER

La ligne 7 de S-Bahn relie Berlin à Potsdam. De la gare, le bus 606 conduit au Neues Palais et les trams 94, 96 et X-98 mènent au centreville. Le bus 695 circule entre le Park Sanssouci et le Neuer Garten.

◁ **Galerie du cloître de la Friedenskirche**

Le Park Sanssouci pas à pas

Ce vaste espace paysagé de 287 ha, l'un des plus beaux domaines royaux d'Europe, a pour origine un verger où Frédéric le Grand fit construire à partir de 1747 une splendide demeure rococo : le Schloss Sanssouci. Il commanda quelques années plus tard l'imposant Neues Palais, puis ses successeurs continuèrent à agrandir le parc et à y bâtir de nombreux édifices d'agrément. Le résultat est d'une grande variété et riche en surprises. Mieux vaut s'accorder au moins une journée entière pour en profiter pleinement.

Urne fleurie du Park Sanssouci

Communs
Les quartiers des serviteurs du Neues Palais sont d'une élégance rare pour ce genre de bâtiment ❸

★ Neues Palais
La construction du majestueux « Nouveau Palais » rococo dura de 1763 à 1769 ❶

Römische Bäder
Attenants à un pastiche de villa Renaissance, ces bains avaient une fonction décorative ❺

0   200 m

À NE PAS MANQUER

★ Neues Palais

★ Schloss Sanssouci

Schloss Charlottenhof
Ce palais néo-classique doit son nom à Charlotte von Gentzkow, l'ancienne propriétaire du terrain où il se dresse ❹

Park Sanssouci
Ce vaste parc est composé de plusieurs jardins de styles différents, dont le Lustgarten (jardin d'agrément) près de l'Orangerie ❷

Orangerie
La plus grande demeure du parc, destinée aux hôtes et souverains étrangers, évoque la Renaissance, mais date du milieu du XIXᵉ siècle ❼

Neue Kammern
Remaniée, l'ancienne Orangerie rococo du Schloss Sanssouci servit à l'accueil des invités ❾

★ **Le Schloss Sanssouci**
Sur un site choisi par Frédéric II pour sa vue, le premier palais bâti dans le parc domine six terrasses plantées de vigne ❿

Bildergalerie
Lu « galerie de tableaux », achevée en 1764, fut le premier édifice d'Allemagne conçu pour abriter un musée ⓫

Chinesisches Teehaus
La ravissante « maison de thé chinoise » abrite une collection de porcelaines du XVIIIᵉ siècle ❻

Friedenskirche
L'« église de la Paix » est inspirée de la basilique San Clemente de Rome ❽

Neues Palais ❶

À la demande de Frédéric le Grand, Georg Wenzeslaus von Knobelsdorff dessina en 1750 les plans initiaux de l'imposant Nouveau Palais qui domine l'allée principale du Park Sanssouci. Toutefois la construction ne commença qu'en 1763, après la guerre de Sept Ans *(p. 21),* sous la direction de Johann Gottfried Büring, Jean Laurent Le Geay et Carl von Gontard. Le résultat devait montrer au monde que le conflit n'avait pas ruiné la Prusse, et des centaines de sculptures ornent la vaste demeure royale qui comptait plus de 200 pièces richement décorées. Guillaume II l'appréciait beaucoup et y fit installer l'électricité.

**Cabinet
du bureau**

Le Schlosstheater, achevé en 1768, est de J.C. Hoppenhaupt.

Façade
Deux guérites en pierre encadrent le portail d'entrée qui précède la façade principale du Neues Palais, qui fait face à l'ouest.

Bureau
Cette pièce au décor très rococo fait partie des appartements privés de Frédéric le Grand.

Galerie supérieure
Parquet en marqueterie et peintures italiennes créent une atmosphère raffinée.

À NE PAS MANQUER

★ Marmorsaal

★ Grottensaal

Les bas-reliefs du fronton s'inspirent de la mythologie et représentent, entre autres, Minerve, les Muses et Pégase.

Statues du dôme
Au sommet du dôme, trois nymphes portent la couronne de Prusse.

MODE D'EMPLOI

Am Neuen Palais.
Tél. (0331) 969 42 55. 🚌 606, 695. 🕐 avr.-oct. : 9 h-17 h sam.-jeu. ; nov.-mars : 9 h-16 h sam.-jeu.
📷 🎫 obligatoire.

★ **Marmorsaal**
Cette grande salle de bal doit son nom au marbre qui pare le sol et les murs. Une belle fresque orne le plafond. L'orchestre s'installait sur la tribune.

Entrée principale

Commode
La Chambre rouge des appartements du duc abrite ce meuble rococo fabriqué par J.F. Spindler vers 1765.

★ **Grottensaal**
Des coquillages, du corail, des pierres semi-précieuses et des stalactites artificielles composent un décor marin dans la « salle de la Grotte ».

Le vestibule supérieur
Carl von Gontard donna à cette salle élégante ses murs parés de marbre de Silésie et son plafond où trônent Vénus et les Grâces.

Park Sanssouci ❷

Schopenhauerstrasse/ Zur Historischen Mühle. 🚌 *612, 614, 695.*

Aménagé de manière à mettre en valeur les palais et les édifices pittoresques qu'il renferme, le parc Sanssouci occupe une superficie de 287 ha. Ses créateurs l'ont paré de nombreuses sculptures, de monuments inspirés de l'Antiquité et de curiosités comme la grotte de Neptune. Ils s'offrent à la découverte au détour d'un sentier ou s'inscrivent dans d'harmonieuses perspectives, rendant la promenade particulièrement plaisante.

Le parc a pour origine un verger dont la vigne plantée sur les terrasses du Schloss Sanssouci *(p. 200-201)* entretient le souvenir. Il se compose de plusieurs jardins de styles variés, créés à des époques différentes et qui ont conservé ou retrouvé leur personnalité initiale.

La partie la plus ancienne s'étend au pied du château de Sanssouci. Agrémentée de fontaines, elle comprend le Jardin hollandais et le Lustgarten (jardin d'agrément) à la française dont les splendides parterres de roses suivent un dessin géométrique. Œuvre de Ludwig Persius, le Marlygarten qui entoure la Friedenskirche date du milieu du XIXᵉ siècle.

Dans la partie orientale du parc, Peter Josef Lenné (1789-1866) transforma une ancienne réserve de chasse en « jardin du Chevreuil », l'élégant Rehgarten de style anglais qui s'étend jusqu'au Neues Palais. Il dessina également le parc qui entoure le petit château néo-classique de Charlottenhof. Au nord, près de l'Orangerie, se trouvent le Nordischer Garten (« Jardin nordique ») et le Paradiesgarten (« jardin du Paradis »).

Communs ❸

Am Neuen Palais. 🚌 *606, 695.*

Carl von Gontard édifia entre 1766 et 1769, d'après des plans de Jean Laurent Le Geay, ces pavillons de deux étages attachés au Neues Palais. Le bâtiment nord abritait les logements des domestiques, celui du sud les cuisines. Avec la colonnade en hémicycle qui les relie et ferme une jolie cour, ils possèdent une élégance inhabituelle pour ce genre de dépendance, mais ils servaient aussi à cacher aux

Façade rococo des Communs du Neues Palais

hôtes du palais des champs cultivés situés en bordure du parc. Un passage souterrain permettait de relier la cuisine à la demeure royale.

Les Communs renferment aujourd'hui les bureaux du recteur de l'université de Potsdam.

Schloss Charlottenhof ❹

CHÂTEAU DE CHARLOTTENHOF

Geschwister-Scholl-Strasse (Park Charlottenhof). **Tél.** *(0331) 969 42 28.* 🚌 *605, 606, 610, X-5.* 🚊 *94, 96.* ⏰ *mai-31 oct. : 10 h-17 h mar.-dim.*

Sur un domaine portant le nom de sa propriétaire antérieure, le prince héritier, le futur Frédéric-Guillaume IV, commanda à Friedrich Schinkel un petit palais néo-classique, dans le style d'une villa romaine. La construction de cette résidence d'été s'acheva en 1829. Peter Josef Lenné aménagea le jardin.

À l'arrière de la demeure, un portique dorique s'ouvre sur une terrasse au bord d'un bassin. L'intérieur a conservé certaines des peintures murales inspirées de Pompéi que lui donna Schinkel. L'architecte dessina aussi une partie du mobilier. Destinée aux dames d'honneur de la princesse, la pièce la plus intéressante, la chambre Humboldt, est aussi appelée chambre de la Tente à cause de ses rayures blanches et bleues. Le Schloss Charlottenhof abrite également une collection de gravures italiennes.

Une des nombreuses sculptures du Park Sanssouci

Römische Bäder ❺

BAINS ROMAINS

Lenné-Strasse (Park Charlottenhof).
Tel (0331) 969 42 24. 🚌 606.
🚊 94, 96. ◯ mai-31 oct. :
10 h-17 h mar.-dim.

Bâti entre 1829 et 1840 par Karl Friedrich Schinkel et Ludwig Persius, ce groupe de pavillons situé au bord d'un lac servait au logement des invités du roi. Inspirée d'une villa de la Renaissance italienne et flanquée d'une tour basse asymétrique, l'ancienne maison du jardinier de la cour *(Hofgärtnerhaus)* offre depuis sa terrasse une belle vue du Schloss Charlottenhof. Pastiche raffiné de thermes antiques, les bains n'avaient d'autre fonction que d'offrir une retraite pittoresque et romantique. Ils accueillent désormais des expositions temporaires.

Les bâtiments entourent un jardin intérieur aux plantations multicolores. En regardant de plus près, on s'aperçoit qu'il s'agit souvent de légumes.

Fontaine des Römische Bäder

Chinesisches Teehaus ❻

MAISON DE THÉ CHINOISE

Ökonomieweg (Rehgarten).
Tél. (0331) 969 42 22. 🚌 606.
🚊 94, 96. ◯ mai-31 oct. :
10 h-17 h mar.-dim.

Ce pavillon, dont on voit scintiller de loin le mandarin doré perché sur la toiture,

La Chinesisches Teehaus abrite une collection de porcelaines

est caractéristique des chinoiseries dont s'enticha l'Europe pendant la période rococo, qu'il s'agisse de soieries, de meubles, de tentures murales, de vaisselle ou de folies construites pour agrémenter les jardins.

Bâtie entre 1754 et 1756 par Johann Gottfried Büring pour servir de maison de thé et de salle à manger d'été, la Chinesisches Teehaus possède une salle centrale circulaire qu'entourent trois cabinets séparés par de jolis portiques en trompe-l'œil. Elle abrite aujourd'hui une collection de porcelaines du XVIIIe siècle.

Des statues dorées de personnages grandeur nature ornent l'extérieur. À l'entrée, les groupes mis en situation au pied des colonnes en forme de palmier ont un aspect étrangement vivant.

Orangerie ❼

Maulbeerallee (Nordischer Garten).
Tél. (0331) 96 94 280. 🚌 695.
◯ mai-31 oct. : 10 h-17 h
mar.-dim. **Terrasse panoramique**
1er avr.-14 mai : 10 h-17 h sam.-dim. ;
15 mai-15 oct. : 10 h-17 h mar.-dim.

Frédéric-Guillaume IV participa personnellement à la conception de cette vaste demeure inspirée des villas Renaissance de Rome. Friedrich August Stüler l'édifia entre 1851 et 1860 sur une hauteur dominant le parc. Il suivit, en partie, des plans de Ludwig Persius.

Malgré son nom, l'Orangerie ne servait pas de serre, mais abritait les somptueux appartements de

Charlotte, sœur du roi de Prusse, et de son époux le tsar Nicolas Ier. Les pièces s'organisent autour de la Raffaelsaal qui renferme 47 copies de peintures de Raphaël datant du XIXe siècle. La terrasse panoramique de la tour offre une vue qui porte jusqu'à Potsdam.

Friedenskirche ❽

ÉGLISE DE LA PAIX

Allee nach Sanssouci (Marlygarten).
Tél. (0331) 97 40 09. 🚌 695. 🚊 94,
96. ◯ mai-oct. : 10 h-18 h t.l.j. ;
nov.-avr. : 10 h-midi dim.

Cette église, commandée pour le 100e anniversaire de Sanssouci, fut conçue par Ludwig Persius, Friedrich August Stüler et Ludwig Hesse, qui s'inspirèrent de la basilique San Clemente de Rome. Frédéric-Guillaume IV posa la première pierre en 1845 et les travaux s'achevèrent en 1848.

À l'intérieur, une splendide mosaïque byzantine du XIIe siècle orne la voûte de l'abside. Elle provient de l'église San Capriano située sur l'île de Murano dans la lagune vénitienne.

La Friedenskirche se mire dans un étang et son clocher domine au bord de l'eau un atrium entoure d'une colonnade et un mausolée qui contient les tombeaux de Frédéric-Guillaume Ier, de Frédéric-Guillaume IV et de l'empereur Frédéric III.

L'Orangerie s'inspire des villas romaines de la Renaissance

Neue Kammern ❾

NOUVELLES CHAMBRES

Zur Historischen Mühle (Lustgarten). *Tél. (0331) 969 42 06.* 🚌 *612, 614, 695.* ⭕ *mi-mai-mi-oct. : 10 h-17 h mar.-dim. ; avr.-mi-mai : 10 h-17 h sam.-dim.* 🎫 📷

Cette ancienne orangerie, bâtie en 1747 par Georg Wenzeslaus von Knobelsdorff, fait pendant à la Bildergalerie. En 1777, à la demande de Frédéric II, Georg Christian Unger la convertit en appartements pour les invités de la cour, mais toucha peu à son élégant extérieur baroque. Le roi choisit personnellement les vues de Potsdam qui ornent les chambres.

   Les suites ont conservé leur luxueuse décoration rococo, cadre idéal à l'exposition d'une collection de figurines en porcelaine de Meissen. Quatre grandes salles permettaient aux hôtes de se retrouver. La plus belle, l'Ovidsaal au sol dallé de marbre, possède des boiseries dorées illustrant les *Métamorphoses* d'Ovide.

Schloss Sanssouci ❿

CHÂTEAU DE SANSSOUCI

Voir p. 200-201.

Détail du *Thomas doutant* du Caravage à la Bildergalerie

Bildergalerie ⓫

Zur Historischen Mühle. *Tel (0331) 969 42 02.* 🚌 *695.* ⭕ *mi-mai-mi-oct. : 10 h-17 h mar.-dim.* 📷

Frédéric II commanda ce bâtiment, édifié entre 1755 et 1764 par Johann Gottfried Büring, afin d'y installer sa collection de peintures. La façade qui donne sur le jardin porte une scène allégorique où figurent l'Art, l'Éducation et les Métiers. Les bustes d'artistes réputés décorent les fenêtres.

   Bien qu'une partie de la collection se trouve désormais à la Gemäldegalerie (*p. 122-125*), la galerie abrite toujours plus de 100 tableaux de maîtres italiens, flamands et hollandais, dont Rubens et Van Dyck. Parmi ses fleurons figurent un *Thomas doutant*

du Caravage et *La Mort de Cléopâtre* de Guido Reni.

Historische Mühle ⓬

MOULIN HISTORIQUE

Zur Historischen Mühle. *Tél. (0331) 969 42 84.* 🚌 *695.* ⭕ *avr.-oct. : 10 h-18 h t.l.j. ; nov.-mars : 10 h-16 h sam. et dim.* 📷

Selon la légende, le moulin installé ici depuis le début du XVIIIᵉ siècle faisait un tel bruit que Frédéric II décida qu'il devait s'arrêter. Toutefois, son propriétaire ne céda ni aux promesses ni aux pressions et l'affaire finit au tribunal. La cour donna raison au meunier et le roi s'inclina devant la justice. En 1790, ce premier moulin céda la place à un nouveau qui ne changea pas d'aspect jusqu'en 1945. Celui d'aujourd'hui est une reconstruction de 1993. Il abrite un petit musée de moulins à vent mécaniques.

Alexandrowka ⓭

COLONIE RUSSE ALEXANDROWKA

Russische Kolonie Allee/ Puschkinallee. 🚊 *90, 92, 95, X-91.* 🚌 *604, 609, 650, 692, 697.*

Des milliers de kilomètres pourraient séparer ce lotissement résidentiel du Park

Datcha sculptée de la colonie russe Alexandrowka

Sanssouci, tant ses maisons en rondins ornées de sculptures sur bois paraissent appartenir au monde de Pouchkine plutôt qu'à celui de Frédéric le Grand. Bien qu'elles semblent sorties tout droit de la steppe russe, c'est un architecte militaire allemand, le capitaine Snethlage, qui dirigea leur construction en 1826.

Frédéric-Guillaume III commanda ce domaine pour loger les chanteurs d'un chœur russe, fondé en 1812 pour distraire la troupe. Ses membres avaient été recrutés parmi plus de 500 prisonniers russes qui avaient combattu aux côtés de Napoléon. Au retour de la paix en 1815, après la bataille de Waterloo, le tsar Nicolas Ier les laissa à son allié le roi de Prusse.

Peter Joseph Lenné donna sa disposition générale au domaine, en prenant pour forme de base une croix de saint André inscrite dans un ovale. Les douze datchas de la colonie russe restent pour certaines la propriété des descendants des chanteurs du chœur. Un treizième bâtiment abrite un petit musée. Il s'agit de l'ancien presbytère de l'église orthodoxe Alexandre-Nevski (1829) qui s'élève au nord sur le Kapellenberg.

Le Schloss Cecilienhof où résida la famille des Hohenzollern

Lenné lui donna en 1816 son aspect actuel. Il renferme de nombreux édifices de tailles et de styles variés : des résidences de la famille royale comme le charmant Marmorpalais qui se mire dans le lac, et le Schloss Cecilienhof bâti pendant la Première Guerre mondiale, mais aussi des maisons de jardiniers, une glacière en forme de pyramide et une bibliothèque néo-gothique, datant de 1794.

Schloss Cecilienhof 15

Am Neuen Garten. *Tél.* (0331) 969 42 44. 692, 695. avr.-oct. : 9 h-17 h ; nov.-mars : 9 h-16 h mar.-dim.

Construite entre 1914 et 1917 d'après des plans de Paul Schultze-Naumburg, la plus récente des demeures royales allemandes a l'aspect d'un manoir rural anglais avec ses colombages en arête de poisson, même si des reliefs baroques ornent le portail conduisant aux cours intérieures. Destiné au prince héritier Frédéric-Guillaume et à son épouse, la princesse Cécile, le château de Cecilienhof compte plus de 100 pièces ; et il devint la résidence des Hohenzollern après l'abdication de Guillaume II en 1918. La famille habita Potsdam jusqu'en février 1945.

Mais le bâtiment est entré dans l'histoire pour une autre raison : c'est là qu'eut lieu en juillet 1945 la conférence de Potsdam. La partie ouverte à la visite permet de découvrir les salles où travaillèrent les délégations russe, anglaise et américaine. L'édifice abrite aussi un hôtel de luxe.

Orange cultivée au Marmorpalais du Neuer Garten

Neuer Garten 14

NOUVEAU JARDIN

Am Neuen Garten. 692, 695.

Ce parc, d'une superficie de 74 ha, s'étend le long du Heiliger See à l'emplacement d'anciens vignobles. Johann August Eyserbeck le Jeune l'aménagea à l'anglaise entre 1787 et 1791 à la demande de Frédéric-Guillaume II. Un remaniement par Peter Joseph

LA CONFÉRENCE DE POTSDAM

Le 17 juillet 1945, les chefs de gouvernement du Royaume-Uni (Winston Churchill, puis Clement Attlee), des États-Unis (Harry Truman) et de l'Union soviétique (Joseph Staline) se réunirent au Schloss Cecilienhof pour confirmer les décisions prises cinq mois plus tôt à Yalta, afin de résoudre les problèmes qui se posaient à la fin de la Seconde Guerre mondiale. Les Alliés réussirent à s'entendre sur l'interdiction du parti nazi, le contrôle du réarmement de l'Allemagne, la question des réparations et le jugement des criminels de guerre. Ils fixèrent aussi la frontière germano-polonaise à la ligne Oder-Neisse, rendant la Silésie à la Pologne. Les traités laissaient toutefois de nombreuses zones d'ombre. Elles furent des sources potentielles de conflits pendant la guerre froide.

Attlee, Truman et Staline au Cecilienhof

Schloss Sanssouci ⑩

Le nom que le francophile Frédéric le Grand donna à son château de Sanssouci indique bien la place qu'il comptait y réserver aux plaisirs malgré la charge de l'État. Il dessina lui-même les plans de ce charmant palais rococo et confia la construction à Georg Wenzeslaus von Knobelsdorff. L'architecte conçut aussi la splendide décoration intérieure en collaboration avec Johann August Nahl. Le roi adora cette demeure où il faisait donner des concerts de flûte dans la Konzertzimmer et soupait dans la Marmorsaal en compagnie de philosophes tels que Voltaire. Il avait prévu d'y être enterré à côté de ses chiens, sur la terrasse la plus élevée. Son vœu ne fut exaucé qu'en 1991.

Bacchantes
Les bacchantes et les satyres qui animent les pilastres de la façade sont de Friedrich Christian Glume.

La colonnade
encadre la vue du Ruinenberg.

Les ailes
datent de 1841 et 1842.

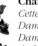

Chambre de Voltaire
Cette pièce de la Damenflügel (« aile des Dames »), au décor plein de fraîcheur, abrite un buste du philosophe.

Dôme
Des sculptures baroques ornent le dôme oxydé qui couvre la Marmorsaal.

Marmorsaal
Les colonnes en marbre de Carrare qui l'entourent reflètent les desiderata de Frédéric II. Il voulait que la salle de Marbre où il donnait ses « soupers philosophiques » rappelât le Panthéon de Rome.

À NE PAS MANQUER

★ *Fêtes galantes*
D'Antoine Watteau

★ Konzertzimmer

Pergola
*Des tonnelles
ornées de
motifs solaires
agrémentent
les terrasses.*

★ **Les Fêtes galantes** (v. 1715)
*Frédéric II était un fervent admirateur
du peintre français Antoine Watteau
dont il acheta plusieurs tableaux.*

Urne de Weimar
(1785)
*Cette porcelaine
néo-classique
fabriquée à la KPM
(p. 133) est une copie de
l'urne originale offerte à
la duchesse de Weimar.*

Bibliothèque
*Ses boiseries de
cèdre donnent
une atmosphère
chaleureuse à
la bibliothèque
de Frédéric II. Elle
contient environ
2 100 volumes.*

★ **Konzertzimmer**
*Antoine Pesne s'inspira des
Métamorphoses d'Ovide pour les
peintures de ce salon rococo.*

Marmorpalais

PALAIS DE MARBRE

Am Ufer des Heiligen Sees (Neuer Garten). **Tél.** (0331) 969 42 46.
🚌 692, 695. ⬤ 1er avr.-31 oct. : 10 h-17 h mar.-dim. ; 1er nov-31 mars : 10 h-16 h sam.-dim.

Résidence d'été commandée par Frédéric-Guillaume II, le palais de Marbre qui borde le Heiliger See du Neuer Garten *(p. 199)* doit son nom aux éléments ornementaux qui animent sa façade en brique.

Achevée en 1791 par Carl von Gontard, la partie centrale est un des premiers exemples d'architecture néoclassique à Berlin. Carl Gotthard Langhans en assura la décoration intérieure.

La demeure abritait de petites pièces disposées autour d'un escalier central et elle se révéla rapidement de dimensions trop modestes. L'ajout de deux ailes à colonnade lui donna en 1797 le caractère d'une villa palladienne.

Le principal corps de bâtiment contient des meubles datant de la fin du XVIIIe siècle, dont certains furent fabriqués dans les ateliers de Roentgen. Certaines des porcelaines proviennent de la célèbre fabrique anglaise de Wedgwood. L'aménagement intérieur des ailes est plus récent puisque Ludwig Persius le dessina en 1845. La salle de musique de l'aile droite est particulièrement réussie. Guillaume-Frédéric II mourut au Marmorpalais en 1797.

Façade rehaussée de marbre du Marmorpalais

Maisons de style hollandais du Holländisches Viertel

Holländisches Viertel

QUARTIER HOLLANDAIS

Friedrich-Ebert-/Kurfürsten-/Hebbel-/Gutenbergstr. 🚌 138, 604, 606, 638, 639, 692, 695. 🚊 92, 95, X-91.

Ce quartier au cachet aussi original que celui de la colonie russe d'Alexandrowka *(p. 198-199)* connaît un grand succès auprès des visiteurs, et des boutiques, des cafés et des bars à bière bordent la Mittelstrasse, l'une des rues les plus pittoresques.

Il n'a rien d'une fantaisie. C'est dans l'espoir d'accélérer le drainage des environs de Potsdam par des spécialistes des Pays-Bas que Frédéric-Guillaume Ier commanda à Johann Boumann l'Ancien la construction, entre 1733 et 1742, de 134 maisons à pignon réparties en quatre blocs. Elles ont gardé leur aspect caractéristique mais ont perdu leurs jardins, sacrifiés lors d'un élargissement de la rue.

Peter und Paul Kirche

ÉGLISE SAINT-PIERRE-ET-SAINT-PAUL

Bassinplatz. **Tél.** (0331) 230 79 90.
🚌 618, 750, 780. 🚊 90, 92, 93, 96, X-91, X-98. ⬤ 10 h- 16 h mar.-sam. ✝ 10 h dim.

Construite à l'initiative de Frédéric-Guillaume IV, la première grande église catholique de Potsdam date de 1870. Wilhelm Salzenberg acheva les travaux entrepris d'après des plans de Friedrich August Stüler. Le sanctuaire en forme de croix romane abrite des peintures d'Antoine Pesne. Son clocher est une copie du campanile de San Zeno Maggiore de Vérone.

Portique de la Französische Kirche, dessinée par Boumann

Französische Kirche

ÉGLISE FRANÇAISE

Bassinplatz. **Tél.** (0331) 29 12 19.
🚌 618, 750, 780. 🚊 90, 92, 93, 96, X-91, X-98. ⬤ midi-17 h t.l.j.

Les nombreux huguenots qui répondirent à l'invitation de s'installer en Prusse lancée en 1685 par le Grand Électeur, en réponse à l'abrogation de l'édit de Nantes par Louis XIV *(p. 21)* dépendirent, après leur arrivée, de l'hospitalité des églises existantes pour assister aux offices religieux. La communauté française de Potsdam ne disposa de son propre lieu de culte qu'en 1752.

Johann Boumann l'Ancien donna à la Französisches Kirche une forme elliptique et un haut portique dont le fronton triangulaire tranche sur la courbe du toit en coupole.

Des allégories de la Foi et de la Connaissance décorent les niches latérales qui servent d'entrées au sanctuaire. L'intérieur, basé sur des dessins de Karl Friedrich Schinkel, date des années 1830.

Nikolaikirche ⑳

ÉGLISE SAINT-NICOLAS

Am Alten Markt. *Tel* (0331) 270 86 02. 🚌 604, 609, 692. 🚋 90, 92, 93, 96, X-90, X-91, X-98. 🕐 10 h-17 h t.l.j..

Imposant monument de style néo-classique tardif, la plus belle église de Potsdam est une œuvre de Karl Friedrich Schinkel dessinée en 1830. Son élève Ludwig Persius en dirigea la construction. De plan carré, elle possède un presbytère en hémicycle.

Schinkel avait envisagé dès le début de doter l'édifice d'un dôme supporté par un tambour à colonnade, mais la commande de Frédéric-Guillaume III ne prévoyait pas un tel élément, et il ne fut ajouté qu'après la mort de l'architecte survenue en 1841. La coupole et son tambour devaient reposer à l'origine sur une structure en bois, mais Persius et Friedrich August Stüler utilisèrent finalement l'acier. Lors de ce remaniement, ils élevèrent aussi les quatre tours d'angles. Les travaux durèrent de 1843 à 1848.

Le mobilier et la décoration intérieure remontent aux années 1850. Le sanctuaire garde néanmoins dans sa partie principale l'aspect que lui avait donné Schinkel.

Sur l'Alter Markt, devant

L'imposante Nikolaikirche sur l'Alter Markt

l'église, se dresse un obélisque dessiné par l'architecte prussien Georg Wenzeslaus von Knobelsdorff entre 1753 et 1755. Lors de sa restauration après la Seconde Guerre mondiale, les portraits de célèbres architectes ont remplacé les effigies de souverains prussiens qui le décoraient initialement.

Altes Rathaus ㉑

ANCIEN HÔTEL DE VILLE

Am Alten Markt. 🚌 604, 609, 692, 694. 🚋 90, 92, 93, 96, X-90, X-91, X-98.

Édifié en 1753 par Johann Boumann l'Ancien, cet élégant bâtiment à colonnade qui domine le côté oriental de l'Alter Markt (« place du Vieux-Marché ») occupe l'emplacement d'un hôtel de ville antérieur. La façade porte au dernier étage les armoiries de la ville et des sculptures allégoriques. Au sommet de la petite tour, deux Atlas dorés ploient sous le poids de globes

Atlas de l'Altes Rathaus

terrestres. Un passage vitré relie l'Altes Rathaus à l'immeuble voisin : la Knobelsdorff-Haus, qui fut également bâti au milieu du XVIIIᵉ siècle. Les deux édifices abritent un centre culturel qui comprend, entre autres, une salle d'exposition, un bar et une cave à vin.

De l'autre côté de l'Alter Markt s'élevait jadis le superbe portail surmonté d'une tour qui ouvrait sur la cour du château royal de Potsdam. Construit en 1662 à l'initiative du Grand Électeur, ce bâtiment massif de deux étages possédait trois ailes et avait connu plusieurs agrandissements et modernisations. Frédéric II s'en servit pour loger des invités, et Voltaire y aurait habité quand il séjourna à la cour prussienne de 1750 à 1753.

Bombardé en 1945, le château resta en ruine pendant de nombreuses années, et le gouvernement de l'Allemagne de l'Est finit par décider de le démolir en 1960. Un théâtre occupe le site de manière temporaire.

LES PORTES DE POTSDAM

En 1722, Frédéric-Guillaume Iᵉʳ, le Roi-Sergent, enferma Potsdam dans un rempart. L'enceinte n'avait pas de fonction défensive : elle devait servir à tenir les criminels à l'écart et à empêcher les soldats de déserter. La muraille grandit avec la ville et entoura en 1733 de nouveaux quartiers. Des cinq portes qui la perçaient, trois ont survécu. La seule à avoir gardé son aspect initial, la Jägertor (« porte des Chasseurs »), date de 1733. La sculpture à son sommet montre un cerf aux prises avec des chiens. Œuvre de Johann Gottfried Bühring élevée en 1755, la Nauener Tor (« porte de Nauen ») est l'un des premiers exemples d'architecture néo-gothique hors de Grande-Bretagne. Le plus imposant de ces trois monuments, l'arc de triomphe de la Brandenburger Tor (« porte de Brandebourg ») néo-classique bâtie en 1770, commémore la victoire de la Prusse lors de la guerre de Sept Ans *(p. 21)*. Ses architectes, von Gontard et Unger, l'ont couronné de plusieurs groupes sculptés où figurent des personnages héroïques et guerriers de la mythologie antique comme Hercule et Mars.

Nauener Tor

Jägertor

Brandenburger Tor

Façade baroque des anciennes écuries abritant le musée du Cinéma

Marstall (Filmmuseum) ㉒

Am Lustgarten. **Tél.** *(0331) 27 18 10.* ☐ *10 h-18 h t.l.j.* 🚗 🚌 *601, 603, 692, 694.* 🚊 *90, 92, 93, 96, X-91, X-98.*

Ce pavillon baroque est le seul bâtiment d'une ancienne résidence royale à avoir survécu. Il a pour origine une orangerie, construite en 1685 par Johann Nering et aménagée en écurie en 1714. Georg Wenzeslaus von Knobbelsdorff l'agrandit en 1746. Très endommagé pendant la Seconde Guerre mondiale, l'édifice fut transformé en musée du Cinéma après une importante restauration en 1977. La collection permanente illustre l'histoire des studios de Babelsberg, et comprend de vieux projecteurs, des caméras et des accessoires utilisés pour le tournage de certains des plus grands films allemands. Le Filmmuseum accueille aussi des expositions temporaires.

Potsdam-Museum ㉓

Benkert Strasse 8-12. **Tél.** *(0331) 289 68 03.* ☐ *10 h-17 h mar.-dim.* 🚗 🚌 *695, X-5.*

Ce musée consacré à l'histoire et à l'écologie de Potsdam et de ses environs illustre, entre autres, l'environnement du bassin de la Havel. Les documents historiques du bâtiment principal ne concernent que la période antérieure au xxᵉ siècle, mais l'exposition se poursuit dans les Hiller-Brandt Häuser. Georg Christian Unger édifia en 1769 ces deux copies de la

Banqueting House (1622) du palais londonien de Whitehall.

Fenêtre ouvragée de la façade du Potsdam-Museum

Wasserwerk Sanssouci ㉔

Breite Strasse. **Tél.** *(0331) 969 42 02.* ☐ *15 mai-15 oct. : 10 h-17 h sam.-dim.* 🚌 *606, 695.* 🚊 *94, 96, X-98.* 🚗

Pour alimenter les fontaines du Park Sanssouci, ce que Frédéric II n'avait pas réussi à faire, Frédéric-Guillaume IV commanda à la compagnie Borsig une pompe à vapeur, que Ludwig Persius dissimula en 1842 dans un bâtiment construit à l'image d'une mosquée. Sa coupole n'avait qu'une fonction strictement décorative, mais le minaret cache une cheminée. L'intérieur mérite une visite car il possède un décor aussi soigné que l'extérieur : carrelages polychromes et arcs trilobés offrent un curieux contraste avec la machinerie restée en place.

Telegrafenberg ㉕

Albert-Einstein-Strasse. Ⓢ *Potsdam Hauptbahnhof.* **Einsteinturm** 🄵 *(0331) 29 17 41.* ☐ *sur r.d.v. seul.* 📷 *obligatoire.*

Les édifices du Telegrafenberg intéresseront surtout les amateurs d'architecture moderne.

Un relais de télégraphe optique, sur la ligne servant aux communications entre Berlin et Koblenz, donna en 1832 son nom à la colline où plusieurs organismes d'enseignement s'établirent à la fin du xixᵉ siècle. L'Institut d'astrophysique en faisait partie. Ses bâtiments en brique jaune existent encore aujourd'hui.

Les rues qui serpentent sur le Telegrafenberg conduisent à une pittoresque clairière où la petite Einsteinturm (« tour Einstein ») apparaît au milieu des arbres qui l'entourent. Construite entre 1920 et 1924 afin de permettre des observations du système solaire, destinées à vérifier la théorie de la relativité d'Albert Einstein, elle est considérée comme l'une des plus belles réussites de l'architecture expressionniste.

La forme élaborée que lui donna Erich Mendelsohn devait démontrer les possibilités offertes par le béton armé, mais des problèmes de coût imposèrent de finir la construction, au-dessus du premier étage, en briques enduites.

La Wasserwerk Sanssouci, pastiche de mosquée

Filmpark Babelsberg 🟢

Pour les cinéphiles, le nom de Babelsberg évoque immédiatement les studios de l'Universum-Film-AG (UFA), qui produisirent à partir de 1917 certains des plus grands chefs-d'œuvre du muet, dont *Metropolis* de Fritz Lang (*p. 151*). S'ils sont encore en activité aujourd'hui, une partie du complexe est toutefois devenue un parc à thème qui propose aux visiteurs de se promener parmi d'anciens décors, de voir la mise en scène des effets spéciaux et d'assister à des numéros de cascadeurs.

MODE D'EMPLOI

August-Bebel Strasse 26-53 (entrance in Grossbeeren Strasse). **Tél.** (0331) 721 27 50. 🚏 690, 696. Ⓢ *Griebnitzsee.* ⬜ *mi-mars-début nov. : 10 h-18 h t.l.j.* 🖥 www.filmpark.de

Sandmann
Héros de dessins animés de télévision, Sandmann distrait les enfants d'Allemagne de l'Est depuis 1959.

Simulateur

Maison des horreurs
La visite de cet univers donnera la chair de poule aux amateurs de sensations fortes.

Panama – l'univers merveilleux de Janosch
Une rapide promenade en bateau vous fera découvrir le monde enchanté de Janosch, illustrateur de livres pour enfants, en compagnie de Petit Tigre et Petit Ours.

Sous-marin U-Boot Boomer

Cascadeurs
Le spectacle quotidien des cascadeurs de Babelsberg, au Vulkan, permet à ceux-ci de donner toute la mesure de leur talent.

Adventure Restaurant
Dans un château fort construit pour le tournage du film Prinz Eisenherz *(Prince Vaillant).*

Entrée principale

TROIS PROMENADES À PIED

La périphérie de Berlin renferme de nombreux espaces verts agrémentés de lacs et de bâtiments pittoresques qui offrent des décors variés à découvrir à pied. Les trois itinéraires que nous vous proposons dans ce chapitre vous permettront d'échapper pendant quelques heures au bruit et à l'animation du centre-ville. Le premier parcourt la Pfaueninsel (« île aux Paons »), transformée à la fin du XVIIIᵉ siècle en un parc à l'anglaise qui recèle un charmant petit palais néogothique et plusieurs pavillons. En quittant l'île, vous pourrez faire une pause à la datcha de Nikolsoïe, maison de style russe construite pour le futur tsar Nicolas Iᵉʳ et son épouse, la fille de Frédéric-Guillaume III.

Statue de Klein Glienicke

La deuxième promenade commence à Berlin dans le Klein Glienicke Park, commandé à Peter Joseph Lenné par le prince Charles de Prusse. Elle franchit ensuite l'ancienne frontière avec l'Allemagne de l'Est pour rejoindre, sur la commune de Potsdam, le parc romantique de Babelsberg aménagé autour d'un château néo-gothique bâti par Karl Friedrich Schinkel pour le futur Guillaume Iᵉʳ.

Dans la forêt de Grunewald, la troisième promenade débute dans un quartier résidentiel recelant de belles villas du tournant du siècle, puis elle suit la rive du Grunewaldsee où se dresse un pavillon de chasse d'origine Renaissance. Elle mène ensuite au Brücke-Museum consacré à l'avant-garde picturale allemande du début du siècle.

LES ENVIRONS DE BERLIN

Grunewald
(p. 212-213)

Pfaueninsel
et Nikolskoe
(p. 208-209)

Grosser
Wannsee

KÖNIGSTRASSE

POTSDAMER CHAUSEE

UNTER DEN EICHEN

Klein Glienicke et
Babelsberg
(p. 210-211)

Havel

LÉGENDE

..... Itinéraire

━━ Autoroute

━━ Route principale

═══ Route secondaire

━━ Voie ferrée

0   2 km

◁ **Recoin pittoresque du château néo-gothique de Babelsberg**

Pfaueninsel et Nikolskoïe

Protégée aujourd'hui par le statut de réserve naturelle, la Pfaueninsel devint un pittoresque parc à l'anglaise en 1795 lors de son aménagement par Johann August Eyserbeck à l'initiative de Frédéric-Guillaume II. Elle prit son visage actuel lors d'un remaniement par Peter Joseph Lenné. L'itinéraire de la promenade passe par les édifices et les sites les plus intéressants. En quittant l'île, vous pourrez prendre un rafraîchissement au bord du lac ou continuer directement jusqu'à Nikolskoïe, datcha russe qui abrite un restaurant.

Statue du petit palais

La Jacobsbrunnen ressemble volontairement à une ruine

Des paons continuent de se promener en liberté sur la Pfaueninsel

Sur la Pfaueninsel

Depuis l'embarcadère ①, une petite vedette met quelques minutes à effectuer le trajet jusqu'à l'île. À terre, prenez le chemin qui part à gauche. Il longe le bord de l'eau et monte en pente douce jusqu'à la maison du Conservateur ②, puis au Chalet suisse, construit en 1830, où logeait le jardinier. Continuez jusqu'au vaste espace dégagé planté de fleurs derrière lequel s'élève le romantique Schloss Pfaueninsel ③. Frédéric-Guillaume II commanda ce pastiche de ruine médiévale,

bâti entièrement en bois en 1794 par Johann Gottlieb Brendel, pour y abriter ses amours avec sa maîtresse, Wilhelmine Encke (la future comtesse de Lichtenau). La façade, dissimulée aux regards, pouvait toutefois être aperçue depuis le Neuer Garten de Potsdam. Le pont en fonte qui relie les tours date de 1807. On peut visiter le château en été. Son mobilier date des XVIIIe et XIXe siècles.

Après le palais, restez sur le chemin qui suit la rive, dépassez le pavillon des cuisines ④, niché à gauche dans la verdure, et prenez à droite au premier croisement pour vous diriger vers l'intérieur de l'île. Après la Jacobsbrunnen ⑤, fontaine ressemblant à une ruine antique, vous traverserez un pré en direction du petit bois qui renferme la Kavalierhaus ⑥, maison de la Cour où logeait la suite du roi. C'est une œuvre de Karl Friedrich Schinkel. L'architecte remploya la façade

d'une maison de la fin du gothique qui s'élevait à Dantzig (aujourd'hui Gdańsk), ville de la Hanse annexée par la Prusse en 1793 et rattachée à la Pologne en 1945. Poursuivez dans la même direction jusqu'à déboucher à nouveau sur

Le Schloss Pfaueninsel néo-gothique dessiné par Johann Brendel

LÉGENDE

... Itinéraire
-- Trajet en bac
Embarcadère

un vaste espace dégagé.
À gauche, au loin, s'étend la
baie de Parschenkessel ⑦
dont les arbres morts servent
de perchoirs à des cormorans.
Prenez à gauche le chemin
qui mène à la Laiterie ⑧ néo-
gothique et à la Maison

**Sur la terrasse du Blockhaus
Nikolskoïe un jour d'été**

(p. 163). Le chemin continue
de longer le lac. À droite,
parmi les arbres, se trouve
une stèle à la mémoire
de Johannes Kunckel,
un alchimiste qui habita
sur la Pfaueninsel au
XVIIe siècle. Malgré tous
ses efforts, il ne réussit
pas à changer du
plomb en or, mais il
découvrit la méthode
de fabrication d'un
verre couleur rubis.
Poursuivez à travers la
forêt, franchissez le Pont
gothique ⑪, puis prenez
à droite le chemin qui
monte vers la colline
de la Volière ⑫. Celle-ci
abrite des perroquets et
des faisans aux plumes
multicolores. De là,
continuez vers la haute
colonne de la fontaine ⑬
dessinée par Martin Friedrich
Rabe en 1824. Rejoignez
ensuite le quai
d'embarquement, longeant au
passage des exploitations
maraîchères et leurs serres.

De l'embarcadère
à Nikolskoïe
En descendant de la petite
vedette qui permet de traverser
la Havel, dirigez-vous à droite

Havel

hollandaise ⑨,
ancienne étable
construite en 1802.
Fausse ruine d'abbaye
médiévale, la laiterie date de
1795. De là, suivez vers le sud
le chemin qui court
parallèlement à la rive, offrant
des vues magnifiques. À droite,
à l'orée de la forêt, se dresse le
Luisentempel ⑩ en forme de
temple grec. Déplacé en 1829,
son portique en grès provient
du mausolée de la reine Louise
du Schlosspark Charlottenburg

CARNET DE ROUTE

Départ : embarcadère du bac
pour la Pfaueninsel.
Longueur : 4,4 km.
Durée : 2 h 30-3 h.
Comment y aller ? En bus (216
ou 316) depuis la gare de S-Bahn
Wannsee, ou en bateau depuis
Wannsee ou Potsdam.
Où faire une pause ? Il n'y a
pas de cafés ou de restaurants
sur l'île. Mais près du quai le
Wirtshaus zur Pfaueninsel est une
petite brasserie qui sert à manger.
Le restaurant du Blockhaus
Nikolskoïe est réputé.

vers le sud. Vous arriverez alors
à une fourche. Prenez le
chemin à gauche qui monte en
pente douce à flanc de colline.
Il conduit à l'église Saint-Pierre-
et-Saint-Paul ⑭. Construit entre
1834 et 1837 d'après des plans
de Friedrich August Stüler, le
petit sanctuaire domine une
large terrasse qui offre un beau
panorama de la Pfaueninsel.
Devant l'église s'élève une tour
couronnée d'un dôme en
bulbe qui ne déparerait pas
une église orthodoxe.
Non loin, le Blockhaus
Nikolskoïe ⑮ évoque aussi la
Russie. Frédéric-Guillaume III
fit construire cette datcha en
bois en 1819 pour l'offrir à son
gendre, le futur tsar Nicolas Ier
(Nikolskoïe signifie « à
Nicolas »). Il choisit comme
architecte le capitaine
Snethlage qui réalisa
plus tard la colonie
Alexandrowka de Potsdam.
Restauré après un incendie
en 1985, le bâtiment abrite
désormais un restaurant très
fréquenté. Vous trouverez non
loin un arrêt de bus qui vous
permettra de rejoindre la gare
de S-Bahn Wannsee.

Vedette assurant le service de bac de la Pfaueninsel

Klein Glienicke et Babelsberg

L'itinéraire que nous vous proposons parcourt deux domaines aménagés pour des membres de la famille royale au milieu du XIXᵉ siècle. Œuvres de Karl Friedrich Schinkel, Ludwig Persius et von Arnim, les bâtiments néo-classiques de Klein Glienicke s'inscrivent dans une des créations

Griffon de Klein Glienicke

les plus réussies du célèbre paysagiste Joseph Peter Lenné. Babelsberg possède une atmosphère très différente. Hermann von Pückler-Muskau a donné au parc un visage beaucoup plus romantique, bien adapté au style néo-gothique des édifices qui s'y dressent non loin de la Havel.

Mosaïque du Klosterhof, dans les jardins de Klein Glienicke

Dans le parc de Klein Glienicke

La promenade commence à l'entrée principale du parc, dont toute la partie sud évoque l'Italie. Peu après le portail, à gauche, un pavillon dessiné par Ludwig Persius, le Stibadium ①, s'élève à côté des fauves en bronze doré de la fontaine des Lions ②. Celle-ci prolonge l'axe de symétrie du château de Glienicke ③. Construit en 1825 d'après les plans de Karl Friedrich Schinkel pour le prince Charles de Prusse, le

frère de Frédéric-Guillaume III, ce palais néo-classique n'est ouvert aux visites qu'en été de 10 h à 17 h. Derrière la demeure, un groupe de bâtiments, dont une pergola et des pavillons destinés aux domestiques, entoure une cour. Dépassez le palais pour atteindre l'ancienne remise des voitures à chevaux ④, une œuvre de Schinkel maintes fois remaniée. Elle abrite désormais un restaurant, le Remise (p. 243). Au-delà, on découvre l'orangerie et les serres construites par Persius ⑤. Un sentier prend la direction du lac. Faites un détour à droite pour voir le Klosterhof ⑥, pastiche de monastère conçu lui aussi par Persius. Les murs de tous ces bâtiments incorporent des fragments architecturaux byzantins et romans provenant d'Italie. Peter Joseph Lenné donna à la partie nord du parc, le long de la Havel, un aspect plus « sauvage » et plus alpin avec ses cascades artificielles, ses ponts en bois et ses pavillons de chasse. Prenez la direction du lac, et montez vers le Casino ⑦ bâti

par Schinkel. Cet édifice élégant servit autrefois au logement des hôtes. De là, un chemin longe la rive jusqu'à la Grosse Neugierde (« Grosse Curiosité ») ⑧, un pavillon circulaire au toit supporté par des colonnes corinthiennes. Il a pour modèle le monument de Lysicrates d'Athènes (334 av. J.-C.), et offre un beau point de vue de la Havel et du Glienicker Brücke ⑨, que le régime de la RDA baptisa paradoxalement « pont de l'Unité ». La frontière entre Berlin-Ouest et l'Allemagne de l'Est passait par ce pont, devenu célèbre car il servait pendant la

Le Gerichtslaube, galerie de tribunal médiévale

De Klein Glienicke à Babelsberg

En sortant du parc, vous devez traverser la Potsdamer Chaussee et prendre la Mövenstrasse. Vous verrez à droite la silhouette massive du Jagdschloss Glienicke ⑪. Il occupe l'emplacement d'un ancien pavillon de chasse, et doit son aspect néo-maniériste à un important remaniement entrepris en 1889 par Albert Geyer pour le compte du prince Frédéric-Léopold. Il abrite désormais un centre international de rencontres et une académie d'art populaire. Après avoir dépassé le Jagdschloss, vous tournerez à droite dans la Waldmüllerstrasse, puis à droite encore dans la Lankestrasse, qui mène au pont reliant Glienicke et Babelsberg.

Autour du Schloss Babelsberg

Après le pont, dirigez-vous à droite vers le bâtiment des machines ⑫ auquel Persius donna l'aspect d'un château médiéval, et dont la haute tour dissimule une cheminée. De là, prenez la direction du Schloss Babelsberg ⑬ dessiné par Karl Friedrich Schinkel pour le futur empereur Guillaume Ier. Construit entre 1833 et 1835, le château possède un style néo-gothique influencé par l'architecture anglaise de l'époque. Un remaniement effectué en 1854 a accentué l'irrégularité que lui

guerre froide aux échanges d'espions. Le chemin du retour suit le mur du portail principal et passe par la Kleine Neugierde (« Petite Curiosité ») ⑩. Ce pavillon de thé, élevé en 1825, possède la forme d'un temple antique et ses murs incorporent des fragments architecturaux romains et byzantins.

```
0              300 m
```

LEGENDE

••• Itinéraire conseillé

⛴ Embarcadère

La Flatowturm néo-gothique (1853-1856), parc de Babelsberg

donnent ses nombreuses tours. Il est ouvert aux visites. Continuez sur le chemin qui mène au bord de la Havel jusqu'au Kleines Schloss ⑭. Les dames de la cour résidaient jadis dans ce palais néo-gothique, de taille plus modeste que celui de Babelsberg. Un café l'occupe aujourd'hui. Poursuivez le long du lac et prenez à gauche vers l'écurie néo-gothique ⑮. Tournez ensuite à droite vers le Gerichtslaube ⑯, galerie d'un tribunal qui siégeait au Moyen Âge à Berlin. Le dernier monument sur le parcours, la Flatowturm ⑰, élevée de 1853 à 1857, offre depuis son sommet une vue splendide des environs. Rejoignez ensuite la sortie du parc située sur la Grenzstrasse. En tournant à gauche, vous atteindrez un arrêt de bus. Le 690 et le 691 desservent la station de S-Bahn Babelsberg.

CARNET DE ROUTE

Départ : arrêt de bus de Klein Glienicke. *Longueur :* 4,2 km. *Durée :* 3 h. *Comment y aller ?* Bus 116 depuis la gare de S-Bahn Wannsee, ou bateau depuis Wannsee ou Potsdam. *Où faire une pause ?* Café du Park Babelsberg. Le Remise à Klein Glienicke. *Schloss Babelsberg* 🏛 mai-oct. : 10 h-16 h mar.-dim.. *Tél.* (0331) 969 42 50 pour plus d'informations.

Le Schloss Babelsberg, dessiné par Karl Friedrich Schinkel

Grunewald

Cette promenade traverse tout d'abord l'un des quartiers
résidentiels les plus huppés de Berlin où les grands noms
de l'industrie, de la politique et de la culture firent
construire, à partir de 1889, de somptueuses villas.
Beaucoup servent aujourd'hui de siège à des
institutions universitaires. Elle s'enfonce ensuite dans
la forêt jusqu'à un pavillon de chasse qui abrite
une intéressante collection d'art, puis s'achève, à
la lisière de Grunewald, au Brücke-Museum.

Élégante villa, n° 11 Winklerstrasse

De la station de S-Bahn Grunewald à la Hagenstrasse

Depuis la station de S-Bahn
Grunewald ①, suivez les
panneaux « Grunewald (Ort) ».
Édifice à structure en bois
datant de 1899, la gare elle-
même est pittoresque. Elle a
connu des heures sombres, car
c'est d'ici que partaient les
trains qui transportaient les Juifs
de Berlin vers les camps de
concentration. De la place
qui s'étend devant, prenez la
Winklerstrasse et suivez-la
quand elle tourne à gauche.
Elle vous fera passer devant
de magnifiques villas. Celle du
n° 15 ②, bâtie dans le style
néo-classique en 1899, fut la
résidence de l'architecte Ewald
Becher. Un peu plus loin du
même côté, la demeure du
n° 11 ③ date de 1906. À droite
s'élève au n° 12 ④ la Villa
Maren (1897) néo-Renaissance.
Avec sa décoration en
sgraffite, elle évoque
un palais florentin.
Construite en
1902, la villa des
nos 8-10 associe
en façade un
luxueux parement
en pierre et une
ornementation
inspirée de la
Renaissance allemande
⑤. Prenez ensuite le

Hasensprung à droite, qui
mène à un pont décoré
de lièvres en plein bond,
qui enjambe le bras d'eau
reliant deux petits lacs :
le Dianasee et le
Königssee. En atteignant
la Königsallee, tournez
à gauche, puis tout de
suite à droite dans la
Lassenstrasse et encore
à droite dans la
Bismarckstrasse. Cette
rue conduit à la petite
place où s'élève la
Grunewald-Kirche ⑥,
église néo-gothique
asymétrique édifiée entre
1902 et 1904. De là, engagez-
vous à gauche dans la
Furtwänglerstrasse. Elle
renferme au n° 15 ⑦ une
magnifique villa inspirée des
maisons rurales de l'Allemagne
méridionale. Tournez ensuite à
droite dans la Hubertusbader
Strasse. La villa du n° 25
⑧ a conservé des
motifs néo-
classiques. Arnold
Hartmann en
dirigea la
construction en
1896. Il est aussi
l'auteur de la
maison du n° 23
Seebergsteig ⑨, petit
château néo-gothique
dont le style de la

**Rosace,
Grunewald-Kirche**

Sécession influença la
décoration. Continuez ensuite
sur la Hubertusbader Strasse
jusqu'à la Hagenstrasse.

De la Hagenstrasse au Brücke-Museum

Traversez la Hagenstrasse et
prenez le Wildpfad qui part en
face de vous. Vous y tournerez
à gauche dans la
Waldmeisterstrasse qui longe la
clôture d'un terrain appartenant
à des clubs privés. Prenez à
droite dans l'Eichhörnchensteig.
L'atmosphère change.
Les arbres deviennent
progressivement plus serrés,

Grunewald ⑤

TRABENER STRASSE

AM BAHNHOF GRUNEWALD ①

WINKLERSTR. ②③④

Diana

KÖNIGSALLEE

HAGEN-PLATZ

MENZE

Hundekehlesee

HAGENSTRASSE

GRIEGSTR.

KÖNIGSALLEE

Grunewaldsee

⑩

⑪

la rue se transforme en piste forestière. Après avoir dépassé le domaine des clubs privés, suivez une route qui s'incurve doucement à droite et descend jusqu'au bord du pittoresque Grunewaldsee. Longez ensuite la rive à gauche jusqu'au Jagdschloss Grunewald (pavillon de chasse de Grunewald) ⑩. Bâti en 1452 pour l'électeur Joachim II, c'est l'un des plus anciens bâtiments séculiers à avoir survécu à Berlin. Il a connu un remaniement dans le style baroque vers 1700. Le portail ouvre sur une cour entourée de trois côtés par des bâtiments à usage domestique. Le petit palais conserve la seule salle Renaissance subsistant à Berlin. Elle abrite une collection de peintures comprenant plusieurs Lucas Cranach l'Ancien et des tableaux de Rubens et Van Dyck. Le petit Waldmuseum, installé dans l'aile gauche, est consacré à l'écologie de la forêt et à l'histoire de l'exploitation forestière. En raison d'un incendie qui a détruit la toiture et une partie du bâtiment, le Jagdschloss est fermé pour rénovation jusqu'en 2009.

Depuis le palais, continuez sur la rive jusqu'au Forsthaus Paulsborn ⑪. Ce restaurant (p. 243) occupe un bâtiment construit en 1905 d'après des plans de Friedrich Wilhelm

Dans la cour du Jagdschloss Grunewald

Détail décoratif du n° 23 Toni-Lessler-Strasse

Göhre. En été, les tables installées dans le jardin permettent de se détendre ou de se restaurer en plein air.

Revenez sur vos pas jusqu'au Jagdschloss Grunewald : au carrefour, prenez l'avenue centrale marquée « Wilmersdorf », qui vous fera traverser la forêt et déboucher sur la Pücklerstrasse. Continuez tout droit en passant devant de luxueuses villas modernes et tournez à droite dans le Fohlenweg, puis encore à droite dans le Bussardsteig. Au bout se trouve le Brücke Museum (p. 179) ⑫. Ne manquez pas les sculptures de Bernhard Heliger exposées dans le jardin du n° 8 Käuzchensteig. Poursuivez jusqu'à la Clayallee qu'empruntent les bus de la ligne 115.

CARNET DE ROUTE

Départ : station de S-Bahn Grunewald. *Longueur :* 3 km.
Durée : 2 h 30-3 h.
Comment y aller ? Ligne 3 ou 7 du S-Bahn ; U-Bahn Oskar-Helene-Heim ; bus 115.
Musée : Jagdschloss Grunewald.
Tél. 813 35 97.
⬛ pour rénovation jusqu'en 2009.
Où faire une pause ? Il existe de nombreux cafés et restaurants dans la zone résidentielle. Forsthaus Paulsborn est une adresse réputée.

Le restaurant Forsthaus Paulsborn près du Jagdschloss Grunewald

LES BONNES ADRESSES

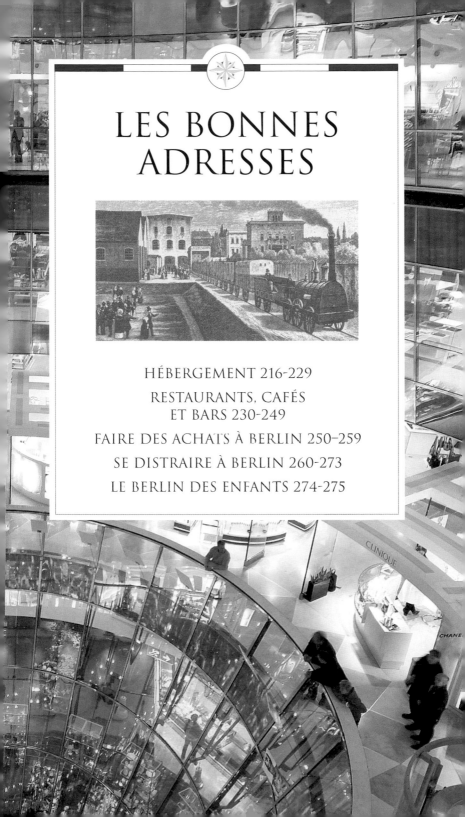

HÉBERGEMENT

Se loger à Berlin est relativement coûteux, mais le choix est vaste et devrait permettre à chacun de trouver un hébergement selon ses moyens. Le centre, notamment, renferme aussi bien des pensions aux tarifs raisonnables que des hôtels de luxe appartenant souvent à des chaînes internationales. Berlin-Est abrite de nombreux établissements de milieu de gamme, neufs ou rénovés, ainsi que quelques palaces autour d'Unter den Linden. À l'ouest,

nombre des hôtels les plus abordables ont un besoin urgent de réparations. Les alentours de la forêt de Grunewald forment une oasis de paix qui garantit un sommeil paisible. Dans ce chapitre, nous avons sélectionné plus de 80 hôtels parmi les meilleurs : ils sont classés par quartier et par ordre de prix. Les pages 220-229 les présentent brièvement en indiquant les prestations fournies. Pour d'autres formes d'hébergement, lisez les pages 218-219.

L'élégant hall de l' Hotel Adlon (p. 220)

TROUVER UN HÔTEL

Plusieurs quartiers de Berlin regroupent dans un faible périmètre un ou plusieurs hôtels de luxe et des établissements meilleur marché. Ainsi, vous trouverez à Charlottenburg, autour du Kurfürstendamm et de la Tauentzienstrasse, des pensions aux tarifs accessibles proches d'adresses prestigieuses comme le Kempinski, le Savoy, le Palace Berlin et le Steigenberger. Pour éviter une déception, n'oubliez pas que cette partie de la ville a terriblement souffert des bombardements pendant la Seconde Guerre mondiale, et que les hôtels, sauf rares exceptions comme le Brandenburger Hof, occupent des bâtiments modernes. Les établissements les moins chers sont généralement situés dans des rues latérales. Demandez à voir les chambres avant de vous décider. L'est de

Tiergarten, autour de Lützowufer, abrite aussi de bons hôtels.

Les conditions d'hébergement ont beaucoup changé dans l'ancien Berlin-Est. Privatisés, la majorité des hôtels existants ont été rénovés, tandis que s'ouvraient de nombreux chantiers. Les établissements les plus luxueux, notamment l'Adlon, le Regent et l'Hotel de Rome, se trouvent dans la partie occidentale de Mitte, sur Unter den Linden. Plus à l'est, autour d'Alexanderplatz, vous trouverez le luxueux Schlosshotel Berlin ainsi que des pensions et des petits hôtels dans des villas du XIXe siècle.

Même quand tout est plein ailleurs, l'Estrel, le plus grand hôtel d'Allemagne, laisse toujours une chance de trouver de la place. Il faut toutefois se résigner à loger hors du centre, à Neukölln, près du Treptower Park.

TARIFS

Les chambres d'hôtel sont chères comparées aux tarifs français, et les prix varient peu selon la saison. Certains augmentent lors de grandes manifestations. Les établissements de standing proposent souvent des forfaits le week-end, et il arrive qu'on fasse de bonnes affaires en se présentant sans réservation. Pour un long séjour, essayez toujours de négocier une réduction.

SUPPLÉMENTS-SURPRISE

Dans toute l'Allemagne, le prix d'une chambre d'hôtel comprend les taxes, mais, comme partout ailleurs, un pourboire est attendu par le personnel qui porte vos bagages à votre chambre ou s'occupe de vous trouver une place à l'opéra. Toutefois, les succursales de la chaîne Dorint proposent sans

Piscine de l'Hotel de Rome (p. 222)

Une des chambres au décor personnalisé du Kuenstlerheim Luise *(p. 222)*

La piscine d'eau froide est réservée à ceux qui ont une bonne condition physique. Reposez-vous et reprenez le cycle une ou deux fois. Ne buvez pas d'alcool et hydratez-vous régulièrement (eau et tranches de citron). De nombreux spa privés ou appartenant à des salles des sports, comme Aspiria, Ars Vitalis ou le Meridien Spa offre de meilleures prestations que les spas aménagés dans les hôtels de luxe. Nous vous recommandons cependant les spa du Grand Hyatt, de l'Hotel de Rome et de l'Hotel Intercontinental

supplément des services comme la mise à disposition de bicyclettes.

Il n'existe pas de règle stricte en ce qui concerne le petit déjeuner, mieux vaut donc demander s'il est inclus au moment de la réservation.

La plupart des hôtels de Berlin possèdent leur propre parc de stationnement, mais ils louent les emplacements à des tarifs parfois exorbitants. Les communications téléphoniques depuis la chambre, la télévision à péage et les consommations du minibar peuvent également réserver de mauvaises surprises.

SERVICES

Il n'existe pas en Allemagne de système standardisé de classification des hôtels par étoiles, mais les prix demandés reflètent le plus souvent la catégorie des établissements. Les plus modestes incluent généralement le petit déjeuner dans le coût de la nuitée, mais ne possèdent pas toujours un restaurant. Pour un séjour prolongé, envisagez la solution de l'Aparthotel qui vous permettra de disposer d'une cuisine entièrement équipée.

SAUNAS ET SPAS

La plupart des hôtels les plus chers possèdent des spa et des saunas. La plupart sont unisexes (même si certains spa proposent des jours réservés aux femmes), aussi n'est-il pas habituel de porter un maillot de bain, considéré comme non hygiénique. Sachez donc que pour accéder au sauna ou au spa, vous n'aurez qu'une serviette pour vous couvrir et serez sinon nu.

Les règles exigent également de garder le silence. Dans le sauna, la phrase « Aufgass » indique qu'on va rajouter sur la source de chaleur de l'eau additionnée d'huiles essentielles pour provoquer un nuage de vapeur.

En entrant dans le sauna, nettoyez l'endroit où vous allez vous asseoir ; il y a généralement un broc d'eau à cet usage dans l'entrée de la pièce. Restez 8 à 15 minutes dans le sauna, puis rincez-vous à l'eau fraîche (douche).

Salle de conférences de la Villa Kastania *(p. 228)*

RÉSERVATION

Vous pouvez réserver une chambre à Berlin par courrier, par téléphone ou par fax et, de plus en plus, par Internet. Vous pouvez aussi passer par l'office du tourisme municipal **Berlin Tourismus Marketing** *(p. 219)*, joignable par fax, par téléphone et par Internet. Elle assure des réservations dans toute la ville. Que vous utilisiez ou non les services d'un intermédiaire, il vous faudra le plus souvent donner un numéro de carte bancaire.

Si vous êtes déjà sur place, le plus simple consiste à vous rendre dans un des grands bureaux de l'office du tourisme. Les plus importants se trouvent au **Neues Kranzler-Eck**, à la **porte de Brandebourg** sur **Haupterbahnhof** et l'**Alexanderplatz** *(p. 219)*.

CHAMBRES CHEZ L'HABITANT

Les formes d'hébergement du type chambres d'hôte ou bed-and-breakfast sont peu répandues à Berlin, et se limitent à des quartiers résidentiels situés loin du centre. Vous pouvez vous renseigner auprès des bureaux de l'office de tourisme et des autres organismes de réservation indiqués dans le carnet d'adresses, page 219.

Luxueux salon du Kempinski Hotel *(p. 226)*

VOYAGER AVEC DES ENFANTS

La majorité des hôtels de Berlin disposent de berceaux et acceptent que les jeunes enfants partagent la chambre des parents sans surcoût. Au-delà d'un certain âge, la fourniture d'un lit supplémentaire devient parfois payante. Les établissements haut de gamme ont un service de baby-sitting. Les chaises hautes font partie de l'équipement habituel des restaurants d'hôtel.

L'élégant hall du Marriot Hotel *(p. 222)*

VOYAGEURS HANDICAPÉS

Presque tous les hôtels haut de gamme et de luxe sont équipés pour recevoir des personnes handicapées : au moins une entrée permet l'accès en fauteuil roulant et certaines chambres possèdent une salle de bains adaptée. La situation s'avère malheureusement moins

brillante dans les établissements de milieu ou de bas de gamme : rares sont ceux qui disposent d'un équipement approprié et beaucoup ne se trouvent pas en rez-de-chaussée. Dans les plus anciens, il n'existe même pas d'ascenseur. Nous recommandons l'**Hotel Mondial** *(p. 226)* situé près du Kurfürstendamm. L'aménagement des pièces communes les rend toutes pratiques en fauteuil roulant, et 22 chambres répondent aux besoins des personnes ayant des difficultés motrices.

ACOMPTES

Beaucoup d'établissements demandent un acompte ou une caution à la réservation d'une chambre. Par téléphone, il faut généralement donner son numéro de carte bancaire. Si vous n'en avez pas, il vous faudra alors envoyer un chèque d'un montant de 20 à 40 % du prix d'une nuitée.

Certains petits hôtels et pensions réclament le paiement de la première nuit à la réservation.

AUBERGES DE JEUNESSE

Berlin renferme plusieurs auberges de jeunesse. Les moins chères sont affiliées à la fédération internationale, et il vous faudra obligatoirement une carte de membre. Vous pourrez l'obtenir auprès du **Landesverband Berlin-Brandenburg**. Il existe aussi des hôtels pour étudiants et des auberges de jeunesse indépendants. Ils sont un peu plus onéreux, mais certains offrent l'avantage d'une situation plus centrale. Quel que soit votre choix, mieux vaut toujours réserver vos places à l'avance.

Tous ces établissements permettent principalement de dormir en dortoirs à lits superposés, une salle de bains commune équipant chaque étage. Certaines auberges ferment pendant la journée, interdisant l'accès aux chambres, pensez à vous renseigner. La plupart possèdent une salle à manger et servent des petits déjeuners et des plats chauds le soir. Sauf exception, les hôtes disposent tout de même d'une cuisine où préparer leurs propres repas.

CAMPINGS

Le **Deutscher Camping Club (DCC)** offre la meilleure source d'informations sur les terrains de camping de la capitale allemande et de ses alentours.

Façade illuminée du Westin Grand *(p. 221)*

Tous ferment pendant l'hiver, en général de début novembre à fin mars, à l'exception du **Berlin-Kladow** de Spandau et de l'Am Krossinsee de Köpenick qui restent ouverts toute l'année. Attention, ce sont en général des jeunes qui se logent à Berlin en camping, et ils peuvent se révéler très bruyants, en particulier pendant l'Oktoberfest et le week-end de juillet où a lieu la célèbre Love Parade *(p. 49)*.

SÉJOURS ORGANISÉS POUR LES JEUNES

Le spacieux hall de l'Hotel Palace *(p. 226)*

Berlin offre de nombreuses possibilités d'hébergement pour les groupes, en particulier dans des institutions situées en périphérie, souvent en pleine nature, et proposant un accueil en dortoirs. Leur création n'avait pas pour seul but de permettre de recevoir des groupes scolaires d'Allemagne en visite. En fait, elles servaient avant tout à l'accueil de jeunes Berlinois de l'Ouest. En effet, jusqu'en 1990, pour sortir de la ville, ils ne pouvaient guère aller que dans la forêt de Grunewald, la partition de l'Allemagne leur interdisant les zones rurales proches de Berlin. **Le Berlin Tourismus Marketing** et les grands bureaux d'information, notamment celui de l'Europa-Center, permettent de prendre renseignements et réservations.

ADRESSES

Choisir un hôtel

Les hôtels de ce guide ont été sélectionnés pour la qualité de leurs prestations et pour leur emplacement dans une large gamme de tarifs et dans tous les quartiers. Ils sont classés par quartier et par ordre alphabétique dans chaque catégorie de prix. Diverses informations vous aideront à trouver l'établissement adapté à vos besoins.

CATÉGORIES DE PRIX
pour une nuit en chambre double, toutes taxes comprises.

€ moins de 80 €
€€ de 81 à 130 €
€€€ de 131 à 180 €
€€€€ de 181 à 230 €
€€€€€ plus de 230 €

UNTER DEN LINDEN ET LES ALENTOURS

Mandala Suites
€€
Friedrichstrasse 185-190, 10117 **Tél.** *202 920* **Fax** *202 929 20* **Chambres** *81* **Plan** *6 F4, 15 C4*

Cet hôtel composé uniquement de suites à des prix variant selon leur taille et la durée du séjour propose la location de voitures et de vélos, des commerces, une boutique de retouche et un lecteur de CD dans chaque chambre. Idéal pour un séjour d'une semaine, bien que le prix par nuit soit meilleur marché que dans bien des hôtels. **www.themandala.de**

NH Heinrich Heine
€€
Heinrich-Heine-Platz 11, 10179 **Tél.** *278 040* **Fax** *278 047 80* **Chambres** *38* **Plan** *14 D1*

Très bien situé près d'Unter den Linden et du vieux quartier de Nikolaiviertel, cet hôtel qui ne propose que des suites reste néanmoins peu connu. Les chambres modernes sont toutes dotées d'une cuisine équipée, d'un petit espace bureau, d'un magnétoscope, d'un lecteur de CD et du wifi. **www.nh-hotels.com**

Berlin Hilton
€€€
Mohrenstrasse 30, 10117 **Tél.** *202 30* **Fax** *202 342 69* **Chambres** *589* **Plan** *7 A4, 16 D4*

L'hôtel est situé près de Gendarmenmarkt. Les chambres donnant sur l'avant offrent une vue splendide sur la Konzerthaus et les églises jumelles. Les chambres sont spacieuses et merveilleusement meublées. L'hôtel propose deux somptueux restaurants. **www.hilton.com**

Hotel Gendarm
€€€
Charlottenstrasse 61, 10117 **Tél.** *206 06 60* **Fax** *206 066 66* **Chambres** *27* **Plan** *7 A4*

Réputé à juste titre comme l'un des meilleurs et des plus populaires de tous les petits hôtels de Berlin, le *Gendarm* se distingue par la qualité de son service, un emplacement idéal à deux pas de Gendarmenmarkt et des chambres au mobilier empire qui en font un sérieux rival des cinq-étoiles du quartier. **www.hotel-gendarm-berlin.de**

Maritim ProArte Hotel Berlin
€€€
Friedrichstrasse 151, 10117 **Tél.** *203 35* **Fax** *203 342 09* **Chambres** *403* **Plan** *6 F3, 15 C2*

Si cet hôtel est avant tout un centre de conférences, sa situation centrale et la qualité de ses infrastructures en font l'un des plus prisés de Berlin. Le mobilier et les œuvres d'art exposées vont de pair avec son architecture ultramoderne. Les chambres des trois catégories sont luxueuses, avec une salle de bains en marbre et en granit. **www.maritim.de**

Dorint Sofitel am Gendarmenmarkt
€€€€
Charlottenstrasse 50-52, 10117 **Tél.** *203 750* **Fax** *203 751 00* **Chambres** *92* **Plan** *7 A4, 16 D4*

Cet établissement aux chambres joliment meublées et au service excellent a l'avantage d'être situé à deux pas de Gendarmenmarkt et à proximité d'Unter den Linden. Le restaurant Aigner, au rez-de-chaussée, est spécialisé dans la cuisine autrichienne. **www.dorint.de**

Westin Grand
€€€€
Friedrichstrasse 158-164, 10117 **Tél.** *202 70* **Fax** *202 733 62* **Chambres** *358* **Plan** *6 F3, 15 C3*

Ce palace construit à la fin du XIXe siècle dans les styles Empire et Sécession s'enorgueillit d'un hall particulièrement impressionnant, avec un immense atrium et un escalier à vous couper le souffle. Proche de la plupart des sites touristiques, il est entouré de cafés et de bons restaurants. **www.westin-grand.com**

Hotel Adlon
€€€€€
Unter den Linden 77, 10117 **Tél.** *226 10* **Fax** *226 122 22* **Chambres** *401* **Plan** *6 E3, 15 A3*

Situé près de la porte de Brandebourg, ce palace a ouvert ses portes en 1997, perpétuant la tradition de son illustre prédécesseur bombardé durant la dernière guerre. Marbre, cuir et bois exotiques agrémentent l'intérieur. Le service est excellent et l'hôtel dispose de chambres spéciales pour les clients souffrant d'allergies. **www.hotel-adlon.com**

Hotel de Rome
€€€€€
Behrenstrasse 37, 10117 **Tél.** *460 60 90* **Fax** *460 60 92 000* **Chambres** *146* **Plan** *7 A4*

C'est un des petits bijoux appartenant à Sir Rocco. Ce grand hôtel de Berlin se cache derrière la façade d'une ancienne banque, près d'Unter den Linden, de Friedrichstrasse et de bien d'autres sites. Les chambres sont spacieuses. Certaines offrent une superbe vue sur l'ancienne Opernplatz. Service impeccable. **www.hotelderome.com**

Légende des symboles *sur le rabat de couverture*

Regent Hotel

🖬🅿️⑪✠🎦🗐   €€€€€

Charlottenstrasse 49, 10117 **Tél.** *203 38* **Fax** *203 361 19* **Chambres** *195*   **Plan** *7 A4, 16 D3*

Classé parmi les meilleurs hôtels de Berlin, le *Regent Hotel,* situé près de Gendarmenmarkt arbore une façade impressionnante et d'opulents intérieurs néo-baroques. Ses chambres luxueuses sont classées en trois catégories. Le service est irréprochable. Le restaurant propose une délicieuse cuisine légère. **www.theregentberlin.com**

MUSEUMSINSEL

Derag Residenz Hotel Henriette

🖬🅿️⑪🗂️   €€

Neue Roßstrasse 13, 10179 **Tél.** *246 009 00* **Fax** *246 009 40* **Chambres** *54*   **Plan** *8 C5*

Petit et intime, l'*Henriette* est le plus charmant et le plus méconnu des hôtels Derag de la ville. Pourtant construit récemment, il exhale un parfum d'histoire et une incroyable élégance avec ses meubles en chêne, ses lits et ses tapis précieux. Le service est de grande qualité. **www.deraghotels.de**

DeragHotel Grosser Kurfürst

🖬🅿️⑪🗂️🗐   €€

Neue Ross Strasse 11-12, 10179 **Tél.** *246 000* **Fax** *246 003 00* **Chambres** *144*   **Plan** *7 C4*

Bon hôtel de milieu de gamme aux installations modernes, bien situé près de la station de U-Bahn Märkisches Museum. L'entrée impressionnante est ornée d'une statue du Grand Électeur. Service impeccable. Le prix de l'hôtel inclut l'accès aux transports en commun ou la location de vélos. **www.deraghotels.de**

Art'otel Berlin Mitte

🖬🅿️⑪🏃   €€€

Wallstrasse 70-73, 10179 **Tél.** *240 620 22* **Fax** *240 622 22* **Chambres** *109*   **Plan** *7 C4*

Donnant sur la Spree, cet hôtel haut de gamme pratique des tarifs raisonnables et son emplacement en fait l'un des endroits les plus populaires de Mitte. À l'intérieur, le mobilier conjugue simplicité et élégance. En été, son café s'installe sur une péniche au bord de la Spree. L'hôtel est apprécié d'une clientèle jeune, tournée vers la culture.**www.artotel.de**

Radisson SAS Hotel Berlin

🖬🅿️⑪≈✠🎦🗐   €€€€

Karl-Liebknecht-Strasse 3, 10178 **Tél.** *238 280* **Fax** *238 28 10* **Chambres** *427*   **Plan** *16 F2, 7 B3*

Ouvert en 2004, le *Radisson* est l'une des vedettes du groupe. Il s'organise autour de l'AquaDom, un immense aquarium cylindrique situé dans le hall. Les chambres Standard donnent sur l'aquarium, les chambres de catégorie supérieure et les suites sur la Berliner Dom et Alexanderplatz. Toutes possèdent des installations cinq-étoiles. **www.radissonsas.com**

NIKOLAIVIERTEL ET ALEXANDERPLATZ

Alexander Plaza Berlin

🖬🅿️⑪🗂️🗐   €€€

Rosenstrasse 1, 10178 **Tél.** *240 010* **Fax** *240 017 77* **Chambres** *92*   **Plan** *7 B2, 16 F1*

Ouvert depuis 1997, cet hôtel haut de gamme est situé près de la station de S-Bahn Hackescher Markt. Nichées dans un immeuble de la fin du xixᵉ siècle offrant un curieux mélange de plafonds en stuc, de verre et d'acier, les chambres sont grandes, confortables, très lumineuses, et insonorisées. Joli bar et café dans le hall d'accueil. **www.alexander-plaza.de**

Park Inn Berlin Alexanderplatz

🖬🅿️⑪🗂️🗐   €€€

Alexanderplatz 8, 10178 **Tél.** *238 90* **Fax** *238 943 05* **Chambres** *1012*   **Plan** *8 D2*

Malgré sa modernisation, cet immeuble de 37 étages qui date de la RDA n'a rien de séduisant vu de l'extérieur. Entièrement rénové, il propose cependant des chambres standard aux lits très confortables et de jolies vues sur le centre de Berlin. On profitera de son casino sur le toit et de ses restaurants. **www.parkinn.de**

DU SCHEUNENVIERTEL À L'HAMBURGER BAHNHOF

Boardinghouse Berlin

🖬🅿️   €

Mulackstrasse 1, 10119 **Tél.** *283 884 88* **Fax** *283 884 89* **Chambres** *21*   **Plan** *7 C1*

L'établissement est constitué d'appartements lumineux et élégants, simples ou doubles, dotés de toutes les installations modernes d'une bonne chambre d'hôtel standard et d'une cuisine. Le séjour est de deux nuitées minimum, petit déjeuner inclus. L'endroit est idéal pour un long séjour. **www.boarding-house-berlin.de**

Hotel am Scheunenviertel

€

Oranienburgerstrasse 38, 10117 **Tél.** *282 21 25* **Fax** *282 11 15* **Chambres** *18*   **Plan** *16 E1, 7 A1*

Ce petit hôtel privé est situé en plein cœur du vieux quartier juif, près de la nouvelle synagogue. Point de départ idéal pour visiter Mitte et Prenzlauer Berg, il propose des chambres standard petites mais propres, et attire principalement une jeune clientèle internationale tournée vers l'art. **www.hotelas.com**

Märkischer Hof

Linienstrasse 133, 10115 **Tél.** *282 71 55* **Fax** *282 43 31* **Chambres** *20*   **Plan** *6 F1*

Petit hôtel douillet à l'atmosphère familiale. Si le bâtiment date du xixe siècle, les chambres redécorées récemment sont d'un standing étonnamment élevé compte tenu des prix pratiqués. Toutes sont dotées d'une salle de bains privée et d'un téléviseur. Les chambres à trois lits sont les plus intéressantes. **www.maerkischer-hof-berlin.de**

Artist Riverside Hotel & Spa

Friedrichstrasse 106, 10117 **Tél.** *284 900* **Fax** *284 90 49* **Chambres** *40*   **Plan** *6 F3*

Se qualifiant fièrement de *tolles* Hotel (grand hôtel), voici un établissement délicieux aux chambres fin xixe regorgeant d'objets Art nouveau. Lors de votre réservation, vous serez peut-être tenté par la plus jolie et la plus spacieuse des chambres (Nuptiale) qui possède même un lit à eau. **www.great-hotel.com**

MitArt Pension

Linienstrasse 139, 10115 **Tél.** *283 904 3 0* **Fax** *283 904 32* **Chambres** *30*   **Plan** *6 F1*

Cet hôtel branché est situé près du Tacheles, le centre culturel alternatif. Petites mais calmes, les chambres sont toutes ornées de tableaux originaux. L'hôtel possède également sa propre galerie d'art au rez-de-chaussée. Le petit déjeuner, à base de produits bio, est un régal. La vie nocturne de Mitte est à deux pas. **www.mitart.de**

Hackescher Markt

Grosse Präsidentenstrasse 8, 10178 **Tél.** *280 030* **Fax** *280 031 11* **Chambres** *32*   **Plan** *7 B2, 16 F1*

Construit en 1998, ce charmant hôtel est idéalement situé, en face du Hackesche Höfe. Les chambres meublées avec goût sont dotées de salles de bains élégantes avec chauffage au sol. Son restaurant, le *Mags,* sert une délicieuse cuisine française, mais le clou de l'établissement demeure sa jolie cour où l'on sert le petit déjeuner. **www.hackescher-markt.com**

Hotel Albrechtshof

Albrechtstrasse 8, 10117 **Tél.** *308 860* **Fax** *308 861 00* **Chambres** *100*   **Plan** *6 F2, 15 B1*

Ce charmant hôtel est situé au bord de la Spree, dans un immeuble rénové du début du xixe siècle. Il possède non seulement un bar, un restaurant et une salle de réception, mais aussi une chapelle. Toutes les chambres spacieuses disposent d'un accès Internet. Tarifs forfaitaires pour le week-end. Service personnalisé et chaleureux. **www.hotel-albrechtshof.de**

Hotel Künstlerheim Luise

Luisenstrasse 19, 10117 **Tél.** *284 480* **Fax** *284 484 48* **Chambres** *50*   **Plan** *6 E2*

Authentique hôtel d'art de Berlin, le Künstlerheim Luise (littéralement « maison des artistes ») accueille une clientèle « bohème » dans des chambres au décor personnalisé par des artistes allemands. Ce bâtiment du xixe siècle se situe à deux pas du Scheunenviertel. Excellent service personnalisé. **www.luise-berlin.com**

Jolly Hotel Vivaldi

Friedrichstrasse 96, 10117 **Tél.** *206 26 60* **Fax** *206 266 999* **Chambres** *254*   **Plan** *6 F3*

Ce superbe hôtel design est situé à l'extrémité nord de Friedrichstrasse, à deux pas du quartier branché de Hackescher Markt et d'Unter den Linden. Les chambres sont grandes et les lits remarquablement confortables. L'hôtel dispose aussi d'un centre de bien-être avec hammam et d'un restaurant italien. **www.jollyhotels.it**

Sol Meliá Hotel Berlin

Friedrichstrasse 103, 10117 **Tél.** *206 079 00* **Fax** *206 790 444* **Chambres** *364*   **Plan** *6 F2*

Situé au cœur du quartier animé sur Friedrichstrasse, ce nouvel hôtel de la chaîne espagnole est le point de départ idéal pour visiter Museumsinsel, Unter den Linden et Hackescher Markt. Ses chambres modernes et lumineuses disposent d'équipements de première catégorie. **www.meliaberlin.com**

TIERGARTEN

Hotel Berlin, Berlin

Lützowplatz 17, 10785 **Tél.** *260 50* **Fax** *260 527 16* **Chambres** *701*   **Plan** *11 A1*

Comptant parmi les plus grands de la ville, l'hôtel *Berlin, Berlin* est aussi l'un des préférés des agences de voyage américaines. Situé au calme près du Tiergarten Park, il jouit de grandes chambres modernes, d'un spa avec sauna et d'un superbe Sports Bar. Seul inconvénient : l'absence d'un restaurant digne de ce nom. **www.hotel-berlin-berlin.com**

Berlin Marriott Hotel

Inge-Beisheim-Platz 1, 10785 **Tél.** *220 000* **Fax** *220 001 000* **Chambres** *379*   **Plan** *6 D5*

Intégré au Beisheim Center, sur la Potsdamer Platz, le Mariott est un quatre-étoiles élégant construit autour d'un lobby d'une hauteur impressionnante. Les chambres spacieuses offrent une superbe vue sur le Tiergarten et le quartier du gouvernement. Vous bénéficierez à moitié prix des mêmes installations que son voisin, le Ritz-Carlton. **www.marriott.de**

Grand Hotel Esplanade Berlin

Lützowufer 15, 10785 **Tél.** *254 780* **Fax** *254 788 222* **Chambres** *390*   **Plan** *11 A1*

Moderne et luxueux, l'hôtel qui donne sur le Landwehrkanal propose des chambres joliment meublées attirant des hôtes de marque. Son Harry's New York Bar est célébrissime, quant au restaurant Harlekin c'est l'un des meilleurs de Berlin. Le bateau de l'hôtel vous promènera au fil des canaux et des cours d'eau de la ville. **www.esplanade.de**

Catégories de prix *p. 220* **Légende des symboles** *sur le rabat de couverture*

Inter-Continental Berlin

€€€€

Budapester Strasse 2, 10787 **Tél.** *260 20* **Fax** *260 226 00* **Chambres** *584* **Plan** 10 F1

Rénové depuis peu, l'Inter-Continental est situé en bordure du Zoologischer Garten ; il est difficile de manquer ce bâtiment imposant dont le hall est couronné d'une coupole en verre. L'hôtel propose des chambres spacieuses, dans plusieurs catégories. La piscine et l'espace bien-être sont une invitation à la détente. **www.interconti.com**

Mandala Potsdamer Platz

€€€€

Potsdamer Strasse 3, 10785 **Tél.** *590 050 000* **Fax** *590 052 000* **Chambres** *165* **Plan** 6 D5

Cet hôtel quatre-étoiles possède uniquement des suites. Jouxtant le Sony Centre, c'est le point de départ idéal pour visiter le centre est et ouest. Les suites meublées avec élégance disposent de bureaux design, d'équipements audio high-tech, d'immenses écrans TV, ainsi que d'une kitchenette. Service irréprochable. **www.madison-berlin.de**

Sofitel Berlin Schweizerhof

€€€€

Budapester Strasse 25, 10787 **Tél.** *269 60* **Fax** *296 610 00* **Chambres** *384* **Plan** 10 F1

Cet hôtel luxueux a ouvert ses portes en 1999. Derrière son élégante façade en grès, il propose des chambres joliment meublées, deux restaurants, une salle de bal et un centre de conférences. La piscine et le centre de remise en forme sur le toit comptent parmi les plus beaux de Berlin. **www.schweizerhof.com**

Grand Hyatt Berlin

€€€€€

Marlene-Dietrich-Platz 2, 10785 **Tél.** *255 312 34* **Fax** *255 312 35* **Chambres** *342* **Plan** 6 D5

Le Hyatt, près de la Potsdamer Platz et du Kulturforum, est l'un des plus modernes et plus somptueux hôtels de Berlin. Le *Vox restaurant* propose un bar à sushi et le *Vox bar*, un large éventail de cocktails. En février, l'hôtel accueille officiellement le festival du film de Berlin, attirant les stars et leurs fans. **www.hyatt.com**

The Ritz-Carlton Berlin

€€€€€

Potsdamer Platz 3, 10785 **Tél.** *337 777* **Fax** *337 775 555* **Chambres** *264* **Plan** 6 E5

La façade moderne de cet hôtel ultra-luxueux rappelle le Rockefeller Centre. Avec ses colonnes de marbre et ses dorures à la feuille d'or, le lobby est aussi étonnant que le bar, le *Curtain Club* et la *Brasserie Desbrosses*. Les chambres dans le style prussien néo-classique sont meublées confortablement. **www.ritzcarlton.com**

KREUZBERG

Hotel am Anhalter Bahnhof

P €

Stresemannstrasse 36, 10963 **Tél.** *251 03 42* **Fax** *251 48 97* **Chambres** *42* **Plan** 12 E1

Ce petit hôtel accueillant est situé dans un ancien immeuble de logements. Ses tarifs bon marché ne s'appliquent qu'aux chambres sans salle de bains. Les chambres avec salle de bains et celles qui donnent sur cour coûtent plus cher. **www.hotel-anhalter-bahnhof.de**

Hotel Transit

€

Hagelberger Strasse 53-54, 10965 **Tél.** *789 04 70* **Fax** *789 047 77* **Chambres** *52* **Plan** 12 E4

L'homonyme berlinois de son célèbre homologue parisien est un petit hôtel de Kreuzberg ressemblant à une auberge de jeunesse privée, installé dans deux lofts. Chaque chambre possède une salle de bains moderne, les meilleurs tarifs s'appliquant aux chambres-dortoir. Les chambres sont grandes et lumineuses. **www.hotel-transit.de**

Jugendgästehaus der DSJ

P €

Franz-Künstler-Strasse 10, 10969 **Tél.** *615 10 07* **Fax** *614 011 50* **Chambres** *100* **Plan** 13 B2

Cette auberge de jeunesse agréable est très bien située, dans le centre de Kreuzberg. Les chambres, qui accueillent de trois à cinq personnes, n'ont pas de salle de bains, mais il y a des douches dans le couloir. Les lits les moins chers sont ceux des chambres-dortoir. L'endroit est apprécié des groupes d'étudiants. **www.schreberjugend-berlin.de**

Pension Kreuzberg

P €

Grossbeerenstrasse 64, 10963 **Tél.** *251 13 62* **Fax** *251 06 38* **Chambres** *12* **Plan** 12 F3

Ce minuscule hôtel est l'une des rares *pensionen* haut de gamme de Kreuzberg. Sa propriétaire, Angelika Dehner vous réserve un service chaleureux et personnalisé et fournit des informations touristiques. Le petit déjeuner est aussi appétissant que copieux. La vie nocturne du quartier est à quelques minutes. **www.pension-kreuzber.de**

Relexa Hotel Stuttgarter Hof

€€

Anhalter Strasse 9, 10963 **Tél.** *264 830* **Fax** *264 839 00* **Chambres** *206* **Plan** 12 F1

Cet établissement haut de gamme très bien conservé date de 1907. Situé derrière la Potsdamer Platz, il propose des chambres modernes de taille respectable, un restaurant, le Boulevard, et une jolie cour verdoyante. L'emplacement est idéal pour visiter Kreuzberg et Mitte. **www.relexa-hotels.de**

Hotel Riehmers Hofgarten

€€€

Yorckstrasse 83, 10965 **Tél.** *780 988 00* **Fax** *780 988 08* **Chambres** *23* **Plan** 12 F4

Niché dans un complexe gothique de briques rouges du xixe siècle, le *Riehmers Hofgarten* est l'un des plus beaux hôtels de la ville. Assez peu meublées, les chambres n'en sont pas moins confortables et élégantes. Les meilleures donnent sur la cour. Ne ratez pas la cuisine allemande servie dans son restaurant *E.T.A Hoffman*. **www.hotel-riehmers-hogarten.de**

Mövenpick Hotel Berlin 🛰️🅿️🍴♿📺🗐   €€€
Schöneberger Strasse 3, 10963 **Tél.** *230 060* **Fax** *230 061 99* **Chambres** *243*   **Plan** *12 E1*

Le nouveau Mövenpick est un hôtel étonnamment joli de Kreuzberg, un quartier rude mais fascinant. Les chambres spacieuses au mobilier contemporain disposent toutes des équipements de bureau et de divertissement modernes. Les chambres Deluxe situées sous les toits sont particulièrement confortables. **www.moevenpick-berlin.com**

AUTOUR DU KURFÜRSTENDAMM

A & O Hostel am Zoo 🛰️   €
Joachimsthaler Strasse 1-3, 10623 **Tél.** *297 78 10* **Fax** *297 781 20* **Chambres** *113*   **Plan** *10 D1*

Aménagée dans les locaux d'une ancienne épicerie Aldi, cette auberge de jeunesse vient en tête de liste des voyageurs à petit budget. Elle est très bien située en face de la gare ferroviaire du Zoo. Ses forfaits pour le week-end incluent l'hébergement et le night-club attire une clientèle jeune. **www.aohostels.com**

Hotel Boulevard 🛰️   €
Kurfürstendamm 12, 10719 **Tél.** *884 250* **Fax** *884 254 50* **Chambres** *57*   **Plan** *10 D1*

Situé dans le centre, sur le Kurfürstendamm, cet hôtel sans caractère est bien connu des initiés qui souhaitent séjourner au cœur d'une ville animée. Tous les sites touristiques du centre ouest sont à proximité. Le petit déjeuner est servi sur terrasse sur le toit qui donne sur le célèbre boulevard. **www.ahc-hotels.com**

Hotel Charlot 🛰️   €
Giesebrechtstrasse 17, 10629 **Tél.** *327 96 60* **Fax** *327 966 66* **Chambres** *42*   **Plan** *9 A2*

Ce petit hôtel, situé dans une rue élégante donnant sur le Kurfürstendamm, est une aubaine pour les groupes et les jeunes voyageurs. Les chambres sont petites mais confortables, et le petit déjeuner buffet est servi dans une salle à manger à l'atmosphère surannée du Berlin d'autrefois. **www.hotel-charlot.de**

Hotel Pension Korfu II 🛰️🅿️   €
Rankestrasse 35, 10789 **Tél.** *212 47 90* **Fax** *212 479 60* **Chambres** *42*   **Plan** *10 E1*

Portant un nom étonnant qui va de pair avec sa façade jaune vif, objet de tous les regards, le *Korfu* est voisin de la célèbre église commémorative de Guillaume Ier. Ces chambres bon marché et confortables accueillent les jeunes touristes du monde entier. Les chambres doubles sont meublées avec plus de soin que les simples. **www.hp-korfu.de**

Hotel-Pension Elite 🛰️   €
Rankestrasse 9, 10789 **Tél.** *881 53 08* **Fax** *882 54 22* **Chambres** *14*   **Plan** *10 E1*

Cette petite *pension* implantée dans une rue tranquille, non loin de l'effervescence de Breitscheidplatz, propose des chambres au mobilier classique fin XIXe, début XXe dans une atmosphère élégante. Certaines sont dotées d'une salle de bains privée ; pour les moins chères, la salle de bains sera commune. **www.hotel-pension-elite-berlin.de**

Hotel-Pension Funk 🛰️🅿️♿   €
Fasanenstrasse 69, 10719 **Tél.** *882 71 93* **Fax** *883 33 29* **Chambres** *14*   **Plan** *10 D2*

Comptant parmi les dernières *pensionen* de Berlin, cette pension dévoile son héritage jusque dans le décor et le mobilier avec ses épais rideaux et tapis et ses meubles anciens mêlant toutes les époques. Les cinéphiles n'en reviendront pas de dormir dans un appartement ayant autrefois appartenu à la légende du cinéma Asta Nielsen. **www.hotel-pensionfunk.de**

Art Nouveau Hotel 🛰️🅿️♿   €€
Leibnizstrasse 59, 10629 **Tél.** *327 74 40* **Fax** *327 744 40* **Chambres** *14*   **Plan** *9 B1*

Aménagé dans une demeure du XIXe siècle, cet hôtel typiquement berlinois propose des chambres très hautes de plafond. Si les stucs d'origine ont été conservés, chaque chambre décline un thème propre, ne concédant que quelques meubles à la modernité tels les lits futon. **www.hotelartnouveau.de**

Hotel Askanischer Hof 🛰️♿   €€
Kurfürstendamm 53, 10707 **Tél.** *881 80 33* **Fax** *881 72 06* **Chambres** *16*   **Plan** *9 B2*

C'est l'un des rares hôtels à avoir survécu à la dernière guerre. L'intérieur est décoré dans le style des années 1920. Les chambres sont douillettes et confortables. Des écrivains comme Franz Kafka et Arthur Miller aimaient y séjourner. L'hôtel possède aussi d'un petit bar intime. **www.askanischer-hof.de**

Hotel Astoria 🛰️🅿️♿   €€
Fasanenstrasse 2, 10623 **Tél.** *312 40 67* **Fax** *312 50 27* **Chambres** *32*   **Plan** *4 D5*

Géré par la même famille depuis trois générations, cet hôtel intime qui occupe un immeuble du XIXe siècle est considéré comme l'un des meilleurs de sa catégorie. Les chambres sont confortables et l'absence d'un restaurant est compensée par la proximité de la Savignyplatz. **www.hotelastoria.de**

Hotel Frühling am Zoo 🛰️   €€
Kurfürstendamm 17, 10719 **Tél.** *889 110* **Fax** *889 111 50* **Chambres** *75*   **Plan** *10 D1*

Situé dans le centre, sur le Kurfürstendamm, à l'un des carrefours les plus animés de Berlin, l'hôtel fait impression avec son somptueux lobby, mais ses chambres sont légèrement décevantes. Il n'en reste pas moins une bonne alternative aux grands hôtels plus coûteux. **www.ahc-hotels.com**

Catégories de prix *p. 220* **Légende des symboles** *sur le rabat de couverture*

Hotel Garni Hardenberg Berlin

Joachimstaler Strasse 39-40, 10623 **Tél.** *882 30 71* **Fax** *881 51 70* **Chambres** *42*   **Plan** *10 D1*

Ce petit hôtel familial est un bon choix si l'on souhaite séjourner dans le centre ouest un peu bruyant. Les chambres sont spacieuses mais un peu défraîchies. Le buffet du petit déjeuner et l'amabilité du personnel compenseront ce désagrément, sans parler des tarifs imbattables pour l'emplacement. **www.hotel-hardenberg.com**

Hotel Gates

Knesebeckstrasse 8-10, 10623 **Tél.** *311 060* **Fax** *312 20 60* **Chambres** *104*   **Plan** *3 C5*

Offrant une gamme de prix et de catégories variée, cet hôtel d'art expose des œuvres contemporaines ; toutes les chambres sont équipées d'une élégante salle de bains privée, d'un mini-bar et d'une télévision. À deux pas du Ku'damm. **www.hotel-gates.com**

Hotel Pension Augusta

Fasanenstrasse 22, 10719 **Tél.** *883 50 28* **Fax** *882 47 79* **Chambres** *48*   **Plan** *10 D1*

Cette pension de famille relativement bon marché est située en plein cœur de Berlin. Le bâtiment date du xixe siècle et les chambres sont spacieuses et calmes. Certaines, sans salles de bains, sont beaucoup moins chères. Il n'y a pas de restaurant dans l'hôtel mais les bonnes tables ne manquent pas aux alentours. **www.hotel-augusta.de**

Hotel Pension Dittberner

Wielandstrasse 26, 10707 **Tél.** *881 64 85* **Fax** *885 40 46* **Chambres** *22*   **Plan** *3 B5*

Cet hôtel au charme suranné vous réserve un service personnalisé, un peu désorganisé, dans un cadre du xixe siècle. Ses grandes chambres arborent un mobilier légèrement défraîchi, mais son emplacement de choix, à deux pas du Ku'damm, et son atmosphère compensent largement ce désagrément. **www.hotel-dittberner.de**

Ku'Damm 101 Hotel

Kurfürstendamm 101, 10711 **Tél.** *520 05 50* **Fax** *520 055 555* **Chambres** *170*   **Plan** *9 A2*

Sur la partie la plus chic du Kurfürstendamm, cet hôtel étonne par ses formes épurées, son mobilier minimaliste, ses toiles abstraites, et l'usage du verre, de l'acier et de bois rares. Chaque chambre possède un accès internet et un grand bureau. Le petit déjeuner est servi au salon ou dans la salle à manger panoramique au dernier étage. **www.kudamm101.com**

Propeller Island City Lodge

Albrecht-Achilles Strasse 58, 10709 **Tél.** *891 90 16* **Fax** *891 87 21* **Chambres** *31*

Installé dans un immeuble de logements dans une rue calme donnant sur le Kurfürstendamm, le Propeller a la réputation d'un hôtel d'art. Chaque chambre décorée – parfois outrageusement – sur un thème unique expose des œuvres originales. L'endroit est idéal pour tous ceux qui souhaitent un séjour mémorable. **www.propeller-island.de**

Remter

Marburger Strasse 17, 10789 **Tél.** *235 08 80* **Fax** *213 86 12* **Chambres** *31*   **Plan** *10 E1*

Voici un hôtel calme et agréable, bien situé pour les touristes, à deux pas de la Kaiser-Wilhelm-Gedächtniskirche. Si ses chambres ne sont pas les moins chères de Berlin, le *Remter* offre l'un des meilleurs rapports qualité-prix pour un emplacement central. **www.hotel-remter-berlin.de**

Alsterhof

Augsburger Strasse 5, 10789 **Tél.** *212 420* **Fax** *278 39 49* **Chambres** *200*   **Plan** *10 E2*

Cet hôtel est idéal pour tous ceux qui souhaitent une chambre non-fumeur et qui pourront prendre leur petit déjeuner dans une salle à manger sans tabac. En été, le café est servi dans la cour, sous un beau châtaignier. L'hôtel propose également un petit centre de bien-être et de remise en forme, et bien d'autres prestations. **www.alsterhof.com**

Bleibtreu Hotel

Bleibtreustrasse 31, 10707 **Tél.** *884 740* **Fax** *884 744 44* **Chambres** *60*   **Plan** *9 B2*

Cet hôtel occupe un immeuble rénové du xixe siècle, dans une rue tranquille. L'intérieur raffiné joue la carte des matériaux naturels. Le restaurant sert une cuisine à base de produits bio provenant des fermes aux alentours de Berlin. Le jardin intérieur situé dans une charmante cour atteint son apogée en été. **www.bleibtreu.com**

Crowne Plaza Berlin City

Nürnberger Strasse 65, 10787 **Tél.** *210 070* **Fax** *213 20 09* **Chambres** *423*   **Plan** *10 E2*

Cet établissement luxueux se situe près de la Kaiser-Wilhelm-Gedächtniskirche et de la Tauentzienstrasse. Il possède une piscine, un bon restaurant, de vastes chambres dotées de toutes les prestations attendues et une atmosphère agréable. Il propose des forfaits pour le week-end incluant des visites guidées de la ville. **www.cp-berlin.com**

Ellington Hotel Berlin

Nürnberger Strasse 50–55, 10789 **Tél.** *683 150* **Fax** *683 155 555* **Chambres** *285*   **Plan** *10 E2*

L'*Ellington* est un nouvel hôtel pratiquant des tarifs abordables. Il est implanté dans un immeuble du Bauhaus des années 1920, à deux pas de l'animation de Tauentzienstrasse et du Kurfürstendamm. Son emplacement idéal et la qualité du service compensent la petite taille de ses chambres . **www.ellingtonhotel.de**

Hecker's Hotel

Grolmannstrasse 35, 10623 **Tél.** *889 000* **Fax** *889 02 60* **Chambres** *69*   **Plan** *9 C1*

En plein cœur de la ville, cet hôtel privé discret a choisi de devancer les attentes de sa clientèle par une approche personnalisée. Sa façade sans caractère masque un intérieur plus raffiné au mobilier simple dans le style de Frank Lloyd Wright, qui sert de cadre à des expositions d'art contemporain. **www.heckers-hotel.com**

Hotel am Zoo   🖼️ P   €€€
Kurfürstendamm 25, 10719 **Tél.** *884 370* **Fax** *884 377 14* **Chambres** *136*   **Plan** *10 D1*

Petit mais élégant, l'*Hotel am Zoo* allie avec charme, dans une ambiance intime, le luxe et la modernité. Très calmes, ses vastes chambres au mobilier intemporel se cachent dans l'un des rares hôtels particuliers ayant survécu sur le Kurfürstendamm. Idéal pour une flânerie sur le boulevard. **www.hotel-am-zoo.de**

Hotel Ambassador Berlin Patner of Sorat Hotels   🖼️ P 🍴 🏃   €€€
Bayreuther Strasse 42-43, 10787 **Tél.** *219 020* **Fax** *219 023 80* **Chambres** *198*   **Plan** *10 F1*

Cet hôtel haut de gamme se situe près de la Wittenbergplatz. Grandes et fonctionnelles, ses chambres confortables au mobilier classique sont insonorisées. Le restaurant propose dans un cadre rustique un menu à la carte ou un buffet. **www.sorat-hotels.com**

Hotel Mondial   🖼️ P 🍴 ♨️ 🏃 📺   €€€
Kurfürstendamm 47, 10707 **Tél.** *884 110* **Fax** *884 111 50* **Chambres** *75*   **Plan** *9 B2*

Très bien situé à proximité de la George-Grosz Platz et de nombreux restaurants, cet hôtel accueillant offre un service de très grande qualité. Il est muni d'une rampe d'accès pour fauteuils roulants, et un quart de ses chambres sont aménagées pour les personnes handicapées. **www.hotel-mondial.com**

Hotel Residenz Berlin   🖼️ 🍴 🏃 📺   €€€
Meinekestrasse 9, 10719 **Tél.** *884 430* **Fax** *882 47 26* **Chambres** *77*   **Plan** *10 D2*

Logé dans un immeuble du XIXᵉ siècle récemment rénové, cet établissement plein de charme borde une petite rue près du Kurfürstendamm. Il propose des suites de catégorie supérieure et des appartements avec cuisine. Le prix des chambres comprend le petit déjeuner buffet. Des forfaits sont étudiés pour les séjours longue durée. **www.hotel-residenz.com**

NH Berlin   🖼️ P 🏃 📧   €€€
Grolmannstrasse 41-43, 10623 **Tél.** *884 260* **Fax** *884 265 00* **Chambres** *153*   **Plan** *9 C1*

Voici un hôtel accueillant implanté dans un immeuble moderne. Certaines chambres sont équipées de lits extra-longs pour les plus grands. L'hôtel possède une terrasse sur le toit et l'été, le dîner est servi dans la cour intérieure. Essayez de réserver une chambre côté calme ou donnant sur la cour. **www.nh-hotels.com**

Sorat Art'otel Berlin   🖼️ P 🏃 📧   €€€
Joachimstaler Strasse 29, 10719 **Tél.** *884 470* **Fax** *884 477 00* **Chambres** *133*   **Plan** *10 D2*

On reconnaît facilement le *Sorat Art'otel* de loin grâce au discobole qui orne sa façade. L'intérieur est décoré dans un style coloré original, ultramoderne. Le cadre peut provoquer des réactions mitigées mais la qualité du service séduit tous les clients. **www.sorat.hotels.com**

Swissôtel Berlin   🖼️ P 🍴 🏃 📺 📧   €€€
Augsburgerstrasse 44, 10789 **Tél.** *220 100* **Fax** *220 102 222* **Chambres** *316*   **Plan** *10 D1*

C'est l'un des rares hôtels haut de gamme sur le Ku'damm. Le bâtiment imposant domine un carrefour animé du boulevard. Les chambres au mobilier contemporain se déclinent dans une palette de brun et disposent de fauteuils confortables et d'épais rideaux et moquettes. **www.berlin.swissotel.com**

Art'otel City Center West   🖼️ P 🍴   €€€€
Lietzenburger Strasse 85, 10719 **Tél.** *887 77 70* **Fax** *887 777 777* **Chambres** *91*   **Plan** *10 D2*

À deux pas du Kurfürstendamm, c'est l'un des meilleurs hôtels d'Allemagne en matière d'art et de design – nombreuses reproductions d'œuvres d'Andy Warrhol, notamment. Les chambres à thème possèdent un mobilier ultra-contemporain. Le lieu rêvé pour les amateurs de design qui souhaitent se loger dans les quartiers ouest de la ville. **www.artotels.com**

Hotel Brandenburger Hof   🖼️ 🍴 🏃   €€€€
Eislebener Strasse 14, 10789 **Tél.** *214 050* **Fax** *214 051 00* **Chambres** *72*   **Plan** *10 E2*

Atmosphère familiale et chaleureuse, service impeccable, calme, chambres luxueuses : autant d'atouts qui font de cet établissement un hôtel de premier ordre. Ce superbe bâtiment a été rénové avec goût et les chambres meublées dans le style Bauhaus. Son restaurant étoilé au Michelin est un *must*. **www.brandenburger-hof.com**

Hotel Palace Berlin   🖼️ P 🍴 ♨️ 🏃 📺 📧   €€€
Budapester Strasse 45, 10789 **Tél.** *250 20* **Fax** *250 21 161* **Chambres** *282*   **Plan** *10 E1*

Sans caractère à l'extérieur, cet hôtel cache un intérieur plein de charme, discret et élégant. Il se distingue par son atmosphère intime qui lui a valu des hôtes de marque comme Julia Roberts et Isabella Rossellini. Les chambres vont de la catégorie double à la suite présidentielle. **www.palace.de**

Hotel Steigenberger Berlin   🖼️ P 🍴 ♨️ 🏃 📺 📧   €€€
Los-Angeles-Platz, 10789 **Tél.** *212 70* **Fax** *212 71 17* **Chambres** *397*   **Plan** *10 E2*

Très bien situé, l'hôtel propose des chambres confortables récemment rénovées et des appartements de plusieurs catégories. Il dispose également d'une piscine, d'un sauna, d'un centre de massage, d'un bar et d'un restaurant, le *Berliner Stube*, qui sert une bonne cuisine berlinoise. **www.steigenberger.de**

Kempinski Hotel Bristol Berlin   🖼️ P 🍴 ♨️ 🏃 📺 📧   €€€€
Kurfürstendamm 27, 10719 **Tél.** *884 340* **Fax** *883 60 75* **Chambres** *302*   **Plan** *10 D1*

Rénové dans les années 1990, ce palace est l'un des plus célèbres de Berlin. L'intérieur est classique et les chambres, luxueuses, sont très confortables. Dix-huit d'entre elles comportent un accès pour fauteuils roulants. Son célèbre restaurant, le *Kempinski-Grill*, propose une carte internationale. **www.kempinskiberlin.de**

Catégories de prix *p. 220* **Légende des symboles** *sur le rabat de couverture*

Savoy Hotel

⌨️🅿️🍴🎿📺📋 €€€€

Fasanenstrasse 9-10, 10623 **Tél.** *311 030* **Fax** *310 33 33* **Chambres** *125* **Plan** *10 D1*

C'est l'un des plus beaux hôtels de Berlin. Les chambres confortables et son atmosphère chaleureuse attirent une clientèle triée sur le volet. Les suites du 6e étage offrent de jolies vues sur la ville. Service de babysitting, billetterie de spectacles et excellent bar à cigares. **www.hotel-savoy.com**

Hotel Concorde Berlin

⌨️🅿️🍴🎿📺📋 €€€€€

Augsburgerstrasse 41, 10789 **Tél.** *800 99 90* **Fax** *800 999 99* **Chambres** *311* **Plan** *10 D1*

Ce nouvel hôtel au cœur de Berlin ouest accueille une clientèle sophistiquée qui aime le savoir-vivre « à la française ». L'architecture est sobre et minimaliste mais les chambres sont grandes et confortables. L'hôtel offre un restaurant français, un service irréprochable et de superbes vues sur le très animé Kurfürstendamm. **www.hotelconcordeberlin.com**

CHARLOTTENBURG

Art Hotel Charlottenburger Hof

🍴 €€

Stuttgarter Platz 14, 10627 **Tél.** *329 070* **Fax** *323 37 23* **Chambres** *46* **Plan** *9 A1*

Un *must* pour tout voyageur en quête d'une authentique expérience berlinoise, le *Charlottenburger Hof* est une version réussie de l'Hotel pensieon traditionnel pour jeunes touristes. Les chambres, personnalisées, sont ornées d'œuvres de Mondrian. Le personnel est très serviable. **www.charlottenburger-hof.de**

Hotel an der Oper

⌨️🅿️ €€

Bismarckstrasse 100, 10625 **Tél.** *315 830* **Fax** *315 831 09* **Chambres** *49* **Plan** *3 A4*

L'hôtel est situé près de l'opéra dans Charlottenburg. Certaines chambres donnent sur la Bismarckstrasse, très bruyante, mais les fenêtres sont insonorisées. Toutes sont spacieuses, au mobilier basique, dans un cadre pastel. Restaurant italien avec une carte méditerranéenne. **www.hotel-an-der-oper.de**

Hotel Econtel Berlin

⌨️🅿️🍴🎿 €€€

Sömmeringstr. 24-26, 10589 **Tél.** *346 810* **Fax** *346 811 63* **Chambres** *205* **Plan** *3 A2*

Cet hôtel immense manque peut-être de caractère, mais c'est le plus intéressant en ville pour les familles. Nombreuses prestations pour les nourrissons et les plus petits, chambres conçues pour les enfants et grands appartements familiaux, fonctionnels et décorés avec goût. **www.econtel.de**

Schlossparkhotel

⌨️🅿️🍴🏊🎿 €€€

Heubnerweg 2a, 14059 **Tél.** *326 90 30* **Fax** *326 903 600* **Chambres** *39* **Plan** *2 D2*

Petit par sa taille, cet établissement moderne jouxtant une clinique privée a la réputation d'un hôtel de premier ordre. Situé près des superbes jardins du Schlosspark Charlottenburg, c'est le seul hôtel du centre entouré de verdure. La station de S-Bahn Westend est à deux pas. Demandez une chambre avec un balcon donnant sur les jardins. **www.schlossparkhotel.de**

EN DEHORS DU CENTRE

Die Fabrik

📄 €

Schlesische Strasse 18, 10997 **Tél.** *611 71 16* **Fax** *618 29 74* **Chambres** *45*

Logé dans une ancienne usine au cœur du Kreuzberg alternatif, cet hôtel-auberge de jeunesse a des salles de bains communes et un mobilier simple, mais son atmosphère détendue séduit toutes les catégories de clients. Simples, doubles, ou dortoir, les chambres sont très bien tenues. **www.diefabrik.com**

Holiday Inn Berlin City Center East

⌨️🅿️🍴🎿📺📋 €

Prenzlauer Allee 169, 10409 **Tél.** *446 610* **Fax** *446 616 61* **Chambres** *123*

S'il se qualifie lui-même d'hôtel d'art et expose effectivement des œuvres originales dans les parties communes et dans les chambres, cet *Holiday Inn* est avant tout un hôtel d'affaires classique aux tarifs compétitifs. La propreté et le confort des chambres sont satisfaisants, mais la décoration manque d'originalité. **www.hi-berlin.com**

Artemisia

€€

Brandenburgische Strasse 18, 10707 **Tél.** *873 89 05* **Fax** *861 86 53* **Chambres** *12*

L'*Artemisia* se distingue par sa clientèle exclusivement féminine, dont beaucoup de femmes d'affaires, les hommes étant acceptés en salle de conférences. Les jolies chambres n'ont pas toutes une salle de bains. L'hôtel a sa propre galerie d'art. Le petit déjeuner est servi dans une salle avec une charmante terrasse. **www.artemisia-berlin.com**

Berlin Excelsior Hotel S.A.

⌨️🅿️🍴🎿📋 €€

Hardenbergstrasse 14, 10623 **Tél.** *315 50* **Fax** *315 510 02* **Chambres** *316* **Plan** *3 C5*

Cet ancien hôtel de première catégorie possède une élégance internationale, mais n'offre pas les services et installations d'un grand hôtel. Ses vastes chambres décorées avec goût qui donnent sur la pittoresque Steinplatz sont cependant séduisantes. Les bars et cafés estudiantins sont à deux pas. **www.hotel-excelsior.de**

Dolce Berlin Müggelsee
Am Grossen Müggelsee, 12559 **Tél.** *658 820* **Fax** *658 822 63* **Chambres** *176*

Voici un hôtel haut de gamme, loin de l'effervescence de la ville. Niché dans la verdure sur le Müggelsee, à Köpenick, c'est l'endroit idéal pour un séjour de détente. Les chambres, spacieuses, sont réparties sur trois étages respectivement décorés dans le style italien, allemand et asiatique. **www.dolceberlin.de**

Eastern Comfort
Mühlenstrasse 73–77, 10243 **Tél.** *667 63 806* **Fax** *667 63 805* **Chambres** *32*

L'*Eastern Comfort* est peut-être le plus inattendu des hôtels de Berlin, car il est aménagé dans un vieux bateau en bois soigneusement restauré, amarré sur la rive de la Spree, à Friedrichshain. Il y a trois catégories de cabines, les plus belles étant celles du pont supérieur. La plupart offrent une très jolie vue du Warschauer Brücke. **www.eastern-comfort.com**

East-Side Hotel
Mühlenstrasse 6, 10243 **Tél.** *293 833* **Fax** *293 835 55* **Chambres** *36*   **Plan** *8 F5*

L'*East Side Hotel* se trouve en face de l'East Side Gallery, dans un immeuble où logeaient autrefois les ouvriers. L'hôtel a ouvert ses portes en 1996. Vastes et lumineuses, les chambres sont équipées de toutes les installations modernes et de grandes salles de bains. L'atmosphère est familiale et conviviale. **www.eastsidecityhotel.de**

Forsthaus Paulsborn
Am Grunewaldsee/Hüttenweg 90, 14193 **Tél.** *818 19 10* **Fax** *818 191 50* **Chambres** *10*

L'emplacement paisible, au cœur du Grunewald, convient plutôt aux visiteurs possédant une voiture. Les vitraux et la cheminée du hall ajoutent au charme de cet ancien pavillon de chasse qui possède aussi un joli restaurant où la viande est grillée au charbon de bois. Les chambres sont joliment décorées dans le style rustique. **www.forsthaus-paulsborn.de**

Hotel-Pension Kastanienhof
Kastanienallee 65, 10119 **Tél.** *44 30 50* **Fax** *443 051 11* **Chambres** *35*   **Plan** *1 B3*

Le *Kastanienhof* est une *pension* pour les voyageurs à petit budget nichée dans un vieil immeuble typiquement berlinois entièrement rénové. L'emplacement est idéal pour faire la tournée des night-clubs de Prenzlauer Berg. Les chambres sont étonnamment jolies, équipées d'un sèche-cheveux, d'un mini-bar et d'un coffre. **www.hotel-kastanienhof-berlin.de**

Hotel Schöneberg
Hauptstrasse 135, 10827 **Tél.** *780 96 60* **Fax** *780 966 20* **Chambres** *31*

Bien qu'il soit à l'écart de nombreux sites touristiques, cet hôtel trois-étoiles demeure un bon choix pour ses prix imbattables et son cadre agréable. Occupant un immeuble Art nouveau, le *Schöneberg* propose trois catégories de chambres. Toutes sont grandes et meublées dans le style des années 1990. Personnel accueillant. **www.hotelschoeneberg.de**

Hotel Sylter Hof Berlin
Kurfürstenstrasse 114-116, 10787 **Tél.** *212 00* **Fax** *212 02 00* **Chambres** *178*   **Plan** *10 F1*

Le *Sylter Hof* figurait autrefois parmi les hôtels de premier ordre de Berlin. Il reste une bonne alternative. La décoration de l'entrée date des années 1960, mais une fois dans les chambres, vous serez agréablement surpris par le classicisme du mobilier, le luxe des salles de bains et le modernisme des équipements. **www.sylterhof-berlin.de**

Jurine
Schwedter Strasse 15, 10119 **Tél.** *443 29 90* **Fax** *443 299 99* **Chambres** *53*

Ce petit hôtel est situé dans une rue tranquille, près de la Senefelderplatz, dans le centre de Prenzlauer Berg. La station voisine de U-Bahn permet de rejoindre facilement le centre-ville. Les chambres redécorées récemment sont très élégantes et le jardin verdoyant caché à l'arrière de l'hôtel vous étonnera. **www.hotel-jurine.de**

Villa Toscana
Bahnhofstrasse 19, 12207 **Tél.** *768 92 70* **Fax** *773 44 88* **Chambres** *16*

Cet hôtel paisible est logé dans une villa de style italien de la fin du XIXe siècle. Loin du centre et des stations de S et de U-Bahn, il convient mieux aux clients disposant de leur propre moyen de transport. Les chambres sont bien meublées et les salles de bains en marbre très élégantes. **www.villa-toscana.de**

Estrel Hotel & Convention Center
Sonnenallee 225, 12057 **Tél.** *683 10* **Fax** *683 123 45* **Chambres** *1125*   **Plan** *14 F5*

L'*Estrel* est le plus grand hôtel d'Europe continentale. Il a ouvert ses portes en 1994 pour accueillir les grandes conférences. Relié au centre-ville par le S-Bahn, il est aussi apprécié des touristes. En été, vous pourrez savourer une bière dans le jardin, au bord du canal. Ses prix abordables et la qualité du service sont un plus. **www.estrel.com**

Honigmond
Tieckstrasse 12, 10115 **Tél.** *284 45 50* **Fax** *284 455 11* **Chambres** *60*   **Plan** *6 F1*

L'hôtel est parfait pour découvrir la scène artistique de Mitte et de Prenzlauer Berg. C'était à l'origine un immeuble de logements traditionnel. Les chambres sont personnalisées, certaines ont un lit à baldaquin et du parquet. D'autres, aménagées dans un corps de bâtiment sur cour du XIXe, vous séduiront par leur côté pavillon d'été. **www.honigmond.de**

Hotel Luisenhof
Köpenicker Strasse 92, 10179 **Tél.** *241 59 06* **Fax** *279 29 83* **Chambres** *27*   **Plan** *8 D5*

Proche du Märkisches Museum, cet hôtel occupe le plus vieux bâtiment (1882) de cette partie de la ville. D'importants travaux de restauration ont donné le jour à un charmant hôtel, avec de jolies chambres. Un bon restaurant a été aménagé dans la cave. **www.luisenhof.de**

Catégories de prix *p. 220* **Légende des symboles** *sur le rabat de couverture*

Hotel Seehof Berlin

€€€

Lietzenseeufer 11, 14057 **Tél.** *320 020* **Fax** *320 022 51* **Chambres** *75*   **Plan** *2 D5*

Voici un hôtel étonnant, à dix minutes à pied seulement du Messegelände, le parc des expositions. Sa structure moderne ne laisse pas présager l'élégance intérieure ni la grandeur des chambress. Son charmant restaurant *Au Lac* est l'un des rares endroits où l'on dîne avec une vue sur le lac Lietzensee. **www.hotel-seehof-berlin.de**

Hotel Spreebogen Berlin

€€€

Alt-Moabit 99, 10559 **Tél.** *399 200* **Fax** *399 209 99* **Chambres** *243*   **Plan** *4 F1*

Joliment situé sur les rives de la Spree, l'hôtel qui est entouré de tours modernes est installé dans une ancienne laiterie, près du Tiergarten. Les chambres sont élégamment aménagées ; certaines donnent sur le fleuve. L'hôtel possède aussi un bateau qui vous promènera au fil de l'eau et, en été, le restaurant bénéficie d'une grande terrasse. **www.hotel-spreebogen.de**

Sorat Hotel Humboldt-Mühle Berlin

€€€

An der Mühle 5-9, 13507 **Tél.** *439 040* **Fax** *439 044 44* **Chambres** *120*

Près de l'aéroport de Tegel, l'hôtel occupe un vieux moulin. La décoration intérieure, moderne, joue sur les bois clairs et les éléments d'architecture anciens. Fidèle à l'histoire du bâtiment, le restaurant propose une carte à base de céréales. Plus récentes, les chambres de la Verwaltervilla attenante sont aussi plus élégantes. **www.sorat-hotels.com**

Villa Kastania

€€€

Kastanienallee 20, 14052 **Tél.** *300 00 20* **Fax** *300 002 10* **Chambres** *43*   **Plan** *1 A5*

Cet établissement chaleureux et intime se situe dans une rue tranquille, à quelques minutes à pied du Messegelände, le parc des expositions, bénéficiant ainsi de bonnes liaisons pour le centre. Le service est excellent. Toutes les chambres ont un balcon et les chambres standard sont dotées d'une kitchenette. **www.villakastania.com**

Schlosshotel im Grunewald

€€€€€

Brahmsstrasse 10, 14193 **Tél.** *895 840* **Fax** *895 848 00* **Chambres** *54*

Ce palace a élu domicile dans un palais construit en 1912 pour Walter von Panwitz, l'avocat personnel du Kaiser. Il doit son intérieur contemporain au couturier Karl Lagerfeld. Le somptueux plafond à caisson du hall et ses boiseries sculptées sont à couper le souffle. **www.schlosshotelberlin.com**

LES ENVIRONS DE BERLIN

Clarion Collection Art'otel Potsdam

€€

Zeppelinstrasse 136, 14471 **Tél.** *0331 981 50* **Fax** *0331 981 55 55* **Chambres** *123*

Ce luxueux hôtel au bord de la Havel occupe en partie un ancien silo à grains du XIXe siècle. Les chambres arborent de superbes plafonds aux poutres apparentes et un mobilier design. Le plus bel atout des chambres de l'aile moderne est leur balcon qui donne sur la Havel. **www.artotel-potsdam.com**

Hotel am Luisenplatz

€€

Luisenplatz 5, 14471 Potsdam **Tél.** *0331 971 90* **Fax** *0331 971 9019* **Chambres** *38*

Donnant sur la plus belle place de Potsdam, cet hôtel privé quatre-étoiles est décoré avec goût dans une chaude palette de brun et de bleu. Les chambres sont spacieuses et équipées de tous les équipements modernes nécessaires. Les suites qui coûtent 20 euros de plus sont encore plus jolies. **www.hotel-luisenplatz.de**

NH Voltaire Potsdam

€€

Friedrich-Ebert-Strasse 88, 14467 **Tél.** *0331 231 70* **Fax** *0331 231 71 00* **Chambres** *143*

Voici un hôtel de grand standing avec un restaurant et un bar, au cœur de la ville, à côté du célèbre quartier hollandais. Étonnamment élégantes, les chambres au mobilier confortable déclinent chacune un thème de couleur. La partie moderne du bâtiment jouxte un palais baroque reconverti. **www.nh-hotels.com**

Steigenberger MAXX Hotel Sanssouci

€€

Allee nach Sanssouci, 14471 Potsdam **Tél.** *0331 909 10* **Fax** *0331 909 19 09* **Chambres** *137*

Cet hôtel de province dispose de tous les équipements qu'un homme d'affaires peut attendre d'un établissement de la chaîne Steigenberger. Les chambres au mobilier en bambou déclinent les thèmes du cinéma hollywoodien des années 1940 et 1950, sans tomber dans le kitsch. L'hôtel possède un restaurant et un bar. **www.potsdam.steigenberger.de**

Zur Bleiche Resort & Spa

€€

Bleichestrasse 16, 03096 Burg im Spreewald **Tél.** *03560 3620* **Fax** *03560 3602 92* **Chambres** *91*

Les voyageurs en quête de repos craqueront pour ce spa à l'atmosphère détendue mais très luxueuse, installé dans un vieux manoir. Les chambres vont du style « campagne » au plus élégant. L'hôtel propose des forfaits bien-être et un centre de remise en forme. Son restaurant est l'un des meilleurs d'Allemagne de l'Est. **www.hotel-zur-bleiche.com**

Relexa Schlosshotel Cecilienhof

€€€€

Neuer Garten, 14467 **Tél.** *0331 370 50* **Fax** *0331 292 498* **Chambres** *41*

Un régal pour les amateurs d'histoire, l'hôtel, meublé dans un élégant style anglais, occupe presque tout le château de Cecilienhof. Le soir venu, une fois les visiteurs du château partis, les clients pourront flâner dans les jardins ou faire un tour en bateau sur le lac. Le restaurant de l'hôtel sert une délicieuse cuisine régionale. **www.relexa-hotel.de**

RESTAURANTS, CAFÉS ET BARS

L'Allemagne n'a pas une haute réputation culinaire, mais la gastronomie a longtemps constitué un moyen d'évasion pour les habitants de Berlin-Ouest cernés de toutes parts. Vous trouverez ainsi en ville un choix de restaurants sans équivalent dans le reste du pays, que vous vouliez manger des spécialités indiennes, grecques, turques, chinoises, thaïlandaises, cambodgiennes ou même alsaciennes. Les solides recettes traditionnelles locales, souvent servies en portions généreuses, sont aussi à découvrir. Tous les quartiers

Armoiries ornant le Forsthaus Paulsborn

renferment suffisamment de restaurants, de cafés et de bars pour répondre à des goûts et des moyens très variés. Les pages 236-243 donnent un rapide aperçu de quelques-unes des meilleures tables. Nous les avons sélectionnées pour la finesse de leur cuisine et/ou leur bon rapport qualité-prix. Cette liste regroupe les établissements par quartiers et catégories de prix. Les pages 244-249 décrivent également les nombreuses possibilités qu'offre Berlin aux visiteurs en quête d'un en-cas ou d'un repas léger.

L'intérieur distingué du Margaux (p. 236)

TROUVER UN RESTAURANT

Bien qu'il y ait de bons restaurants et cafés partout, les grands hôtels de luxe abritent certains des établissements gastronomiques les plus réputés. **Die Quadriga** *(p. 241)* dépend ainsi du Brandenburger Hof, et le **First Floor** *(p. 242)* de l'Hotel Palace Berlin. Quelques chefs de renom ont préféré s'installer dans des rues tranquilles, tel l'excellent restaurant français **Margaux** *(p. 236)* situé à Unter den Linden.

Il existe dans certains quartiers une dense concentration de restaurants qui permettent de disposer dans un petit périmètre d'un vaste choix de styles, de cuisines et de tarifs. Dans

l'ancien Berlin-Ouest, essayez la Savignyplatz et ses alentours, dans le centre, les environs de l'Oranienburger Strasse, et à Prenzlauer Berg, l'arrondissement apprécié des jeunes à l'heure actuelle, la Kollwitzplatz et les rues voisines.

Kreuzberg reste très animé, en particulier aux alentours de l'Oranienstrasse, malgré les nombreux changements survenus dans cette partie de la ville depuis la chute du Mur.

QUE MANGER ?

Pratiquement tous les établissements, y compris dans les hôtels, proposent le matin de copieux petits déjeuners : les *Frühstücke*. Des œufs, du jambon, de la charcuterie et du fromage entrent dans la composition, variable, de ces

repas substantiels qui tiennent plutôt du brunch que du café-croissants et restent servis tard. Certains endroits les proposent le dimanche en buffet jusqu'à 14 h.

On peut, au déjeuner, trouver à peu près partout un bol de soupe ou une salade. Un menu complet est souvent moins cher à midi que le soir. L'éventail de possibilités pour le dîner est pratiquement illimité, depuis des spécialités brandebourgeoises comme la soupe de pomme de terre et le jarret porc à la choucroute *(p. 232-233)* jusqu'aux cuisines asiatiques particulièrement bien représentées à Prenzlauer Berg et autour de la Savigny Platz. De nombreux restaurants italiens, grecs et turcs, de standing varié et souvent d'un bon rapport qualité-prix, témoignent du goût des

La terrasse de l'Oxymoron *(p. 237)*

En terrasse devant le Dressler, Unter den Linden *(p. 236)*

Berlinois pour l'éclectisme. Beaucoup d'enseignes mexicaines ont également ouvert sur l'Oranienburger Strasse et à Kreuzberg.

Presque partout, des plats sans viande figurent à la carte. Nous avons néanmoins mentionné pages 236-243 les adresses qui proposent une grande variété de plats végétariens.

PRIX ET POURBOIRES

Une carte près de l'entrée indique habituellement le menu et les prix. Ceux-ci varient beaucoup, en fonction du quartier notamment. Dans les plus populaires il est possible de faire un repas de trois plats pour une somme de 15 euros, (sans boisson alcoolisée), mais dans le centre il faut s'attendre à payer de 20 à 25 euros. Dîner dans un établissement gastronomique peut revenir à plus de 80 euros. La note inclut toujours le service et les taxes, mais les Allemands arrondissent souvent la somme demandée. Dans les restaurants les plus chic, un pourboire de 10 % est la norme.

HEURES D'OUVERTURE

En règle générale, les cafés ouvrent de 9 h à tard dans la nuit et les restaurants commencent à servir à midi. Certains ferment entre 15 h et 18 h. Dans les quartiers les plus animés, il reste possible de trouver où manger jusqu'à 2 h ou 3 h du matin. Certains

établissements réputés ne servent pas à midi et font relâche un soir par semaine.

RÉSERVER

Il faut presque toujours réserver pour obtenir une table dans un grand restaurant, et il faut parfois s'y prendre longtemps à l'avance pour les plus renommés. Dans les établissements d'un standing moins élevé, la réservation n'est vraiment nécessaire que le vendredi et le samedi soir. Dans un quartier où les restaurants abondent, vous finirez toujours par trouver de la place quelque part.

VOYAGEURS HANDICAPÉS

Prenez la précaution de téléphoner avant de vous déplacer pour éviter les déconvenues. N'oubliez pas que si la salle offre un accès aisé en rez-de-chaussée, il n'en va pas obligatoirement de même des toilettes, qui peuvent très bien se trouver au sous-sol ou dans un couloir étroit.

AVEC DES ENFANTS

Les enfants sont les bienvenus partout, hormis dans certains restaurants très chic. Ils ont le droit d'entrer dans les pubs et les bars. Beaucoup d'établissements fournissent des chaises hautes et proposent des menus spéciaux ou des portions réduites, en particulier au déjeuner.

LIRE LA CARTE

En général, dans les quartiers centraux de Berlin, les noms des plats apparaissent sur la carte écrits en allemand et en anglais, parfois aussi en français. Comme en France, les spécialités du jour ou du chef, quand il y en a, méritent qu'on s'y intéresse. Certains bistros les affichent sur une ardoise et les noms, écrits à la main, peuvent poser des problèmes de déchiffrage à un étranger. N'hésitez pas à demander des précisions au personnel.

L'élégant Bocca di Bacco *(p. 236)*

LE TABAC

Fumer est autorisé partout à Berlin en dehors de quelques fast-foods, et les restaurants abritant une zone non-fumeurs demeurent une rareté. En été, la meilleure solution consiste à prendre chaque fois que possible ses repas en terrasse.

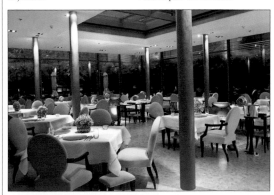

L'hôtel Facil a une décoration sophistiquée *(p. 241)*

Que manger à Berlin ?

Pour satisfaire votre palais à Berlin, un petit tour sur
les marchés, dans les vieilles halles ou les magasins de
spécialités suffit. Les saucisses épicées telle la *Currywurst*
ou la *Thüringer* vous attireront dans les boucheries
traditionnelles et l'odeur du pain chaud vous donnera
envie d'entrer dans les boulangeries. Les étals d'herbes
fraîches et de légumes du pays – chou rouge ou vert et
champignons sauvages – sont un régal pour les yeux tout
comme les poissons d'eau douce pêchés dans les lacs
et les rivières de la région scintillant sur leurs lits de glace.
Sandres, anguilles, truites et crabes y sont en vedette.

Harzer Roller
et emmenthal

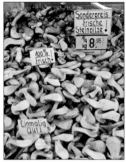

Les champignons sauvages sont
très appréciés dans la région

UN SOLIDE HÉRITAGE CULINAIRE

Berlin n'a jamais été une
capitale gastronomique, pas
plus que la province rurale
du Brandebourg qui l'entoure
car la cour des Hohenzollern
s'attachait plus à son armée
qu'à la culture et à la cuisine.
Mais les Grands Électeurs
étaient d'excellents chasseurs,
et le gibier – sanglier, lapin et

canard – tout comme les oies
et les oiseaux de proie
faisaient (et font) partie
intégrante de la cuisine
berlinoise. Au XIXe siècle,
la bourgeoisie prussienne et
la classe ouvrière préférèrent
des plats simples et
nourrissants à ce raffinement :
non seulement Berlin était
alors relativement pauvre,
mais les hivers étaient longs et
rigoureux et le climat peu
clément.

PAINS ET POMMES DE TERRE

Sur les nombreuses
variétés de pains proposées
aujourd'hui, beaucoup sont
des spécialités berlinoises tel
le croustillant *Schuster-jungen*
(le fils du cordonnier), un
pain complet foncé au seigle
ou le *schrippen*, un petit pain
présent sur toutes les tables.
Héritage de Frédéric le
Grand, les pommes de terre

Mehrkornbrötchen (pain aux céréales)   Berliner Landbrot
(pain de seigle doux)

Laugenbrötchen
(petits pains
salés au levain)

Graubrot
(pain de seigle
au levain)

Semmel
(pain au lait)

Quelques pains allemands, petits et grands

PLATS ET SPÉCIALITÉS LOCALES

Préparé de mille manières par les Berlinois, le porc est
le plat le plus populaire. À l'exemple du *Kasseler*
créé par le boucher berlinois Cassel à
la fin du XIXe siècle, la viande
est salée et séchée puis
accompagnée de choucroute,
de purée et d'une moutarde
extra-forte. Le jarret de porc
berlinois, lui aussi accompagné de
choucroute et de pommes de terre,
ne serait pas complet sans sa purée
de pois (*Erbspuree* à Berlin). Les
saucisses, dont la *Currywurst* inventée après la Seconde
Guerre mondiale par Hedwig Mueller, propriétaire d'un
Imbisshude berlinois, sont servies avec une sauce au curry,
au piment et à la tomate et un petit pain ou des frites. On
trouve cet en-cas dans tous les Imbissebuden de la ville.

Zanderfilet *ou Havel-Zander :
filet de sandre nappé d'une
sauce aux oignons et aux
légumes, accompagné de purée.*

Saucisses traditionnelles allemandes en vitrine d'un boucher berlinois

figurent à chaque menu ou presque, accompagnant viandes et poissons, ou cuites en bouillon comme dans la *Kartoffelsuppe*.

L'INFLUENCE DES BRANDEBOURG

Les restaurants de Berlin n'ont redécouvert l'héritage de la région qu'après la chute du mur, intégrant alors les traditions culinaires du Mark Brandebourg, une province rurale des environs de Berlin aux épaisses forêts, rivières et lacs. Les produits frais des fermes alentours font désormais partie de la cuisine berlinoise et les recettes d'antan sont modernisées. Les poissons d'eau douce tel le sandre ou le gibier, sanglier ou canard, sont accommodés avec des herbes aromatiques. Le célèbre Brandenburger

Landente, canard à la brandebourgeoise farci aux pommes, aux oignons et aux herbes, puis laqué à l'huile et au miel pour un croustillant parfait, a quant à lui retrouvé sa place sur les menus berlinois.

Légumes frais de la région du Mark Brandebourg

LA RÉVOLUTION GASTRONOMIQUE BERLINOISE

Avec la réunification, une nouvelle influence internationale a donné le jour à de nombreux restaurants gastronomiques, certains étoilés au Michelin. Ceux-ci apportent une touche de légèreté ou d'exotisme à la cuisine berlinoise. Les célèbres champignons du Mark Brandebourg comme le *Pfifferlinge* ou le *Steinpilze* sont à l'honneur et des classiques tels la sauerkraut, le chou ou la betterave sont parfois mariés avec des poissons de la Méditerranée ou des épices d'Asie.

CUISINE LOCALE

Restaurants : Altes Zollhaus *(p. 240)* ; Leibniz-Klause *(p. 241)* : Reinhard's *(p. 238)* ; Lorenz-Adlon *(p. 236)* ; Zur Letzten Instanz *(p. 238)* ; Mutter *(p. 242)*, Dressler *(p. 236)*.

Magasins et marchés : Marheineke-Markthalle ; Türken Markt ; Maybachufer, l'épicerie fine du KaDeWe *(p. 258)* ; Rogacki *(p. 259)* ; les charcuteries de la chaîne Butter Lindner.

Imbissbuden (Kiosques) : Konnopke (sous le métro, station Eberswalder Strasse, Prenzlauer Berg) ; Ku'damm 195, Kurfürstendamm ; Currywurstbude, Amtsgerichtsplatz, Charlottenburg.

Kasseler Nacken : *échine de porc salée et séchée servie avec de la choucroute ou du chou vert et de la purée.*

Berliner Leber : *foi de veau ou de porc sur un lit de purée, accompagné d'oignons frits et de quartiers de pomme poêlés.*

Brandenburger Landente : *canard farci avec du chou rouge, des galettes de pommes de terre ou de la purée.*

Que boire à Berlin ?

Comme dans tout le pays, la bière est de loin
la boisson alcoolisée la plus consommée dans la
capitale allemande, mais un séjour à Berlin offre
aussi l'occasion de découvrir les vins du Rhin et
de la Moselle. En apéritif, ou avec des plats de
porc, les Berlinois apprécient le schnaps, une eau-
de-vie proche de la vodka. Il existe de nombreux
digestifs à base de plantes aromatiques.

Logo de la brasserie Engelhardt

PILSNER

La bière joue un rôle essentiel dans la vie sociale
allemande, et les Berlinois en boivent en toute
occasion. La plus appréciée, la *Pilsner* blonde
fabriquée avec du houblon, n'en doit pas moins
son nom à la ville tchèque de Plzeň où
elle fut fabriquée pour la première fois. Berlin
possède ses propres brasseries, qui produisent
notamment la *Schultheiss*, la *Berliner Kindl*, la
Berliner Pils et l'*Engerhardt*, mais les bières
provenant d'autres régions du pays sont aussi
très appréciées. Dans les *Kneipen*, les
bistros traditionnels, vous pourrez
accompagner vos libations de plats
simples et regarder les meilleurs
serveurs remplir les chopes à la
pression *(vom Fass)* avec toute la
lenteur (plusieurs minutes) nécessaire
à l'obtention de l'épaisseur de
mousse exigée par les connaisseurs.

Bières blondes brassées à Berlin

Un amuse-gueule
apprécié avec la bière

Berliner Weisse
à base
de froment

Berliner Weisse
teintée au sirop
d'aspérule
et de framboise

AUTRES BIÈRES

Les brasseries de Berlin, en particulier les petites
entreprises artisanales, ne proposent pas que des
Pilsner. Sombre et sucrée, la *Schwarzbier*, la « bière
noire », devient de plus en plus populaire.
Elle contient souvent un taux d'alcool supérieur
aux quatre degrés habituels. La bière blanche
(Weizenbier) est une spécialité d'origine munichoise
à base de froment. On la sert par demi-litres,
en général avec une rondelle de citron. La *Bock*,
une bière d'orge, est particulièrement forte.
Il en existe une version de printemps : la *Maibock*,
disponible en mai.

La *Bock*,
brune et forte

BERLINER WEISSE MIT SCHUSS

Spécialité locale, la « blanche de Berlin »
(Berliner Weisse) est une bière de froment
jeune et très pétillante, dont la fermentation
se poursuit dans la bouteille. Acidulée et
un peu amère, elle manque d'agrément seule
et on la boit donc *mit Schuss* (litt. : avec un
doigt), c'est-à-dire adoucie par du sirop de
framboise ou d'aspérule, une plante qui lui
donne un goût légèrement médicinal et une
belle teinte verte. Servie dans un grand verre
ballon avec une paille, la *Berliner Weisse mit
Schuss* est une boisson très rafraîchissante
et fort appréciée l'été.

VIN

Le climat du Brandebourg ne permet pas la viticulture, et les vignes du Schloss Sanssouci *(p. 188-189)* ont une fonction purement décorative. Il existe cependant des vignobles en Allemagne de l'Ouest et du Sud, et une visite à Berlin donne l'occasion de goûter leur production. Ce sont les blancs qui présentent le plus d'intérêt, en particulier les rieslings. Les plus chers proviennent des régions rhénanes. La mention d'un cépage sur l'étiquette indique qu'il entre pour au moins 85 % dans la fabrication du vin. Parmi les rouges du Rhin, vous pouvez essayer le *Assmanshausen Spätburgunder*, obtenu à partir de pinot noir. À défaut d'un classement par région comparable aux appellations d'origine françaises, un système national de contrôle de qualité sépare les crus en trois catégories : le *Tafelwein* (vin de table) ; le *Qualitätswein* et le *Qualitätswein mit Prädikat* qui ne peut être chaptalisé. *Trocken* signifie « sec », *halbtrocken* « demi-sec » et *süss* « doux ». Un *Sekt* est un mousseux.

Vin rouge de Franconie primé

Riesling du Schloss Vollrads

AUTRES BOISSONS ALCOOLISÉES

Sous le terme générique de *Schnaps*, les Allemands fabriquent toutes sortes d'eaux-de-vie. Ils s'en servent entre autres pour accompagner certains plats de porc. Une tradition consiste à boire un petit verre de *Korn*, un schnaps à base de grain, avec une chope de bière. Les différents cognacs sont connus sous le nom générique de *Weinbrand*. Des plantes aromatiques entrent dans la composition de nombreux digestifs dont, parmi les plus appréciés, le *Kümmerling*, le *Jägermeister* et la *Kaulzdorferkräuter Likör*. Vous remarquerez souvent sur les cartes des restaurants une spécialité au miel de l'est de la Prusse : le *Bärenfang*. Plus exotique, la *Goldwasser* de Dantzig contient des paillettes d'or. Le secret de cette liqueur à base d'herbes remonte au XVIᵉ siècle.

Eau-de-vie de grain

Liqueur de plantes

Digestif à la saveur aigre-douce

BOISSONS NON ALCOOLISÉES

Les restaurants n'ont pas l'habitude de fournir à table une carafe remplie au robinet, et si vous voulez boire de l'eau il vous faudra commander une bouteille de *Mineralwasser* en précisant « *ohne Kohlensäure* » si vous la voulez plate. L'éventail de sodas et de boissons rafraîchissantes diverses ressemble beaucoup en Allemagne à ce qu'on trouve en France ou aux États-Unis. Restaurants et cafés proposent entre autres un large choix de jus de fruits. Essayez l'*Apfelschorle*, jus de pomme coupé d'eau minérale gazeuse.

Apfelschorle

CAFÉ, THÉ ET TISANES

Les restaurants et les bars de Berlin proposent surtout du café filtre, servi à la tasse ou dans un pot avec du lait concentré et du sucre. Si vous le préférez plus corsé, vous n'aurez toutefois aucun mal à trouver de l'espresso. En milieu d'après-midi, du thé *(Schwarzen Tee)*, parfois au lait *(Tee mit Milch)*, peut remplacer le café du traditionnel *Kaffee und Kuchen* (« café et gâteaux »). Les Allemands apprécient également les tisanes dont, parmi les plus répandues, les infusions de menthe *(Pfefferminztee)* et de camomille *(Kamillentee)*.

Menthe et camomille, deux tisanes très répandues

Choisir un restaurant

Les restaurants de ce guide ont été choisis pour leur bon rapport qualité-prix, la qualité de leur cuisine et leur cadre. Notre sélection présente les restaurants de Berlin classés par quartier et dans l'ordre alphabétique par catégories de prix. Le cas échéant, quelques spécialités de la carte sont mentionnées.

UNTER DEN LINDEN ET LES ALENTOURS

XII Apostel
€

Georgenstrasse 2 (S-Bahnbögen 177-180), 10117 **Tél.** *201 02 22*   **Plan** *7 A2, 16 D2*

Situé dans l'ancienne arcade d'un pont du S-Bahn, près de Museumsinsel, ce restaurant pittoresque sert une cuisine italienne familiale. On y savoure des pizzas inventives à la pâte fine et croustillante ; chacune porte le nom d'un apôtre. Ironie du sort, la pizza Juda est la plus craquante.

Borchadt
€€€

Französische Strasse 47, 10117 **Tél.** *818 862 62*   **Plan** *6 F4, 15 C3*

C'est l'un des rares restaurants de Berlin qui ait conservé son cadre d'origine colonnes en marbres, mosaïques et sols à motifs de style wilhelminien. On y sert de la bonne cuisine, comme le steak frites à la française, à des prix raisonnables. Le restaurant est bondé le week-end. N'oubliez pas de réserver.

Dressler
€€€

Unter den Linden 39, 10117 **Tél.** *204 44 22*   **Plan** *6 E4, 15 A3*

C'est l'endroit idéal pour un dîner rapide avant ou après le spectacle. La cuisine traditionnelle allemande ou française est servie dans une salle à manger Art déco. En saison, il propose d'excellents fruits de mer de Berlin. En hiver, goûtez les spécialités allemandes comme le canard rôti au chou rouge et aux boulettes.

Fridericus im Opernpalais
€€€

Unter den Linden 5, 10117 **Tél.** *202 684 50*   **Plan** *7 A3, 16 E3*

Une bonne adresse pour dîner avant ou après l'opéra, à deux pas, dans le sous-sol du Kronprinzenpalais. On y sert une cuisine internationale et allemande haut de gamme axée sur les poissons de la région comme la perche à la sauce moutarde et aux pommes de terre sautées.

Lutter & Wegner
€€€

Charlottenstr. 56, 10117 **Tél.** *202 954 17*   **Plan** *7 A4*

Le premier restaurant à relancer la gastronomie dans le centre historique de Berlin Est. Le restaurant qui porte le nom d'un champagne allemand de qualité est à présent synonyme d'une délicieuse cuisine austro-allemande. Goûtez le *Wiener Schnitzel* et sa salade de pommes de terre, meilleure tiède, ou l'oie et le canard en hiver.

Bocca Di Bacco
€€€€

Friedrichstrasse 167/168, 10117 **Tél.** *206 728 28*   **Plan** *7 A4, 16 D3*

C'est l'un des plus vieux restaurants italiens de renom dans Berlin Ouest et il attire le Tout-Berlin. Tom Hanks et Spielberg y ont leurs habitudes. Noté 14 au Gault Millau, le chef Lorenzo Pizetti régale ses clients de pâtes fraîches et de poisson excellents.

Parioli
€€€€€

Behrenstrasse 37, 10117 **Tél.** *460 60 90*   **Plan** *7 A4*

Le *Parioli* est un restaurant italien chic et tranquille logé dans le nouvel Hotel de Rome. Les pâtes et le risotto sont la spécialité du chef, mais les menus complets sont plus avantageux. En été, on pourra dîner plus simplement dans la petite cour intérieure.

Lorenz-Adlon-Gourmet
€€€€€

Unter den Linden 77, 10117 **Tél.** *226 119 60*   **Plan** *6 E4, 15 A3*

L'établissement est digne du palace l'*Adlon*, qui l'accueille. Dès son ouverture, il a été coté parmi les meilleurs restaurants de Berlin. Sous nouveau chef, Thomas Neeser, a su maintenir sa réputation. On y sert aujourd'hui une nouvelle cuisine légère. Fermé les dim. et lun.

Margaux
€€€€€

Unter den Linden 78, 10117 **Tél.** *226 526 11*   **Plan** *6 E4, 15 A3*

Dans le style chic et urbain, le *Margaux* incarne la gastronomie du nouveau Berlin. La cuisine, française, est à la fois classique et créative. Le restaurant propose aussi une longue carte des vins et des plats du jour abordables à midi. Fermé le dim.

Légende des symboles *sur le rabat de couverture*

Vau €€€€€

Jägerstrasse 54-55, 10117 **Tél.** *202 97 30* **Plan** *6 F4, 15 C4*

Ce restaurant se distingue par son cadre élégant et sans ostentation. Il doit sa délicieuse cuisine créative d'inspiration française et autrichienne à la star des chefs berlinois, Kolja Kleeberg. Le service est accueillant et la carte des vins séduisante. Une petite cour reçoit les clients à midi.

MUSEUMSINSEL

Brauhaus Georgbräu €€

Spreeufer 4, 10178 **Tél.** *242 42 44* **Plan** *7 C3*

À première vue, ce restaurant aux longues tables et aux grandes salles bondées ressemble à un piège à touristes. Si vous n'êtes pas amateur de saucisses, goûtez le *Brauhausknüller,* le jarret de porc berlinois accompagné de purée de pois, de choucroute et de pommes de terre, le tout arrosé d'une bière fraîche.

Heat €€

Karl-Liebknecht-Strasse 3, 10178 **Tél.** *238 283 472* **Plan** *7 B2, 16 F2*

C'est le dernier endroit à la mode pour la cuisine fusion. On y sert un mélange éclectique d'inspiration asiatique, indienne et méditerranéenne. À midi, sa cuisine légère est axée sur les poissons frais et les salades. En été, ses tables en terrasse donnent directement sur le Spreekanal.

Ermeler-Haus Factory & Bar €€€€

Märkisches Ufer 10, 10179 **Tél.** *240 620* **Plan** *7 C4*

Le restaurant qui fait partie du complexe gastronomique de l'Art'Otel est aménagé dans un sous-sol élégant. Il sert une bonne cuisine régionale mais moderne aux accents méditerranéens. Après un copieux filet de bœuf aux pommes de terre sautées et aux haricots verts, allez siroter un cocktail au bar.

NIKOLAIVIERTEL ET ALEXANDERPLATZ

Blaues Band €

Alte Schönhauser Strasse 7/8, 10119 **Tél.** *283 850 99* **Plan** *7 C1*

Pourtant situé dans le quartier branché de Mitte, le *Blaues Band* reste méconnu de bien des Berlinois. L'ambiance est amicale et décontractée et la cuisine exquise. Les plats allemands sont chaudement recommandés. Asperge fraîche à la carte au début de l'été, canard et oie en hiver.

Brauhaus Mitte €

Karl Liebknecht Strasse 13, 10178 **Tél.** *308 789 89* **Plan** *7 C2*

En face de la vivante Alexanderplatz, cette brasserie au cadre rustique est idéale pour se détendre après une visite du centre-Est. À la carte, des spécialités assez lourdes mais délicieuses : jarret de porc avec choucroute et purée, ou *Bouletten,* boulettes de bœuf froides à la berlinoise.

Monsieur Vuong €

Alte Schönhauser Strasse 46, 10119 **Tél.** *308 726 43* **Plan** *7 C1*

Ce minuscule restaurant vietnamien est l'une des nouvelles adresses de la jeunesse chic de Mitte. On y sert de délicieux plats asiatiques et vietnamiens à des prix très sages. Monsieur Vuong, dont la photo en noir et blanc trône dans le restaurant, est le père de l'actuel propriétaire, le chef Doug Vuong.

Oxymoron €€

Rosenthaler Str. 40-41, 10178 **Tél.** *283 918 86* **Plan** *7 B2*

Ce restaurant à la mode au décor rouge et or évoquant un salon du XIXe siècle propose une cuisine axée sur des plats méditerranéens et une cuisine allemande légère. À midi, et pour un prix raisonnable, vous apprécierez un repas léger dans la cour, la plus belle de toutes à l'intérieur du Hackesche Höfe.

Zoe €€

Rochstrasse 1, 10178 **Tél.** *240 456 35* **Plan** *7 C 2*

Zoe est un mariage très réussi entre l'Asie et la nouvelle cuisine allemande. La carte change tous les jours, mais présente invariablement une viande rôtie, sautée ou frites, un poisson ou une variation de légumes, accompagnés de nouilles, de champignons et de salades, et de délicieuses sauces asiatiques.

Zum Nussbaum €€

Am Nussbaum 3, 10178 **Tél.** *242 30 95* **Plan** *7 C3*

Situé dans une ruelle de Nikolaiviertel, le restaurant sert une cuisine berlinoise traditionnelle : jarret de porc, rollmops et *Berliner Boulette,* un hamburger épicé sans le pain. En été, dînez dans le jardin et goûtez les différentes bières de la région.

Zur letzten Instanz
Waisenstrasse 16, 10179 **Tél.** *242 55 28*   **Plan** *8 D3*

Le restaurant qui date de 1621 est le plus vieux de Berlin. Aujourd'hui, presque tous les chefs d'État en visite passent par ce pub spécialisé dans la cuisine traditionnelle allemande : jarret de porc *(Eisbein),* bœuf aux olives *(Rinderroulade)* et énormes chopes de bières allemandes. Fermé le dim.

Reinhard's
Poststrasse 28, 10178 **Tél.** *238 42 95*   **Plan** *7 C3*

Décoré dans le style des Années folles, ce restaurant offre un cadre enchanteur. La cuisine est excellente. Sa spécialité, le *Das Geheimnis aus dem Kaiserhof* (« le secret de la cour du kaiser ») : un steak succulent servi avec une sauce créée, paraît-il, pour le peintre Max Liebermann.

DU SCHEUNENVIERTEL À L'HAMBURGER BAHNHOF

Kamala
Oranienburger Strasse 69, 10117 **Tél.** *283 27 97*   **Plan** *7 A1*

Ce petit restaurant, meublé simplement, sert une cuisine savoureuse. À la carte, des classiques thaï, préparés avec un savant usage des épices, à l'instar de ses délicieuses soupes aux délicates fleurs thaï. Le *Kamala* appartient à la chaîne Mao Thaï, composée des quatre meilleurs restaurants thaï de la ville.

Yosoy
Rosenthaler Strasse 37, 10787 **Tél.** *283 912 13*   **Plan** *7 B2*

Un restaurant agréable et bon marché avec un grand choix de plats et de vins espagnols. Les *tapas* sont une merveille : vous aurez le choix entre 20 créations variées présentées derrière une vitre. Le *Yosoi-Tapasplatte* à 7,50 euros, proposant un assortiment des meilleurs *tapas* est très intéressant.

Hackescher Hof
Rosenthaler Strasse 40/41, 10178 **Tél.** *283 52 93*   **Plan** *7 B2*

Ce café-restaurant très fréquenté est composé d'un bar et d'un pub d'une part et d'une salle à manger de l'autre. On y sert le petit déjeuner dès l'aube, des menus bon marché à midi et des repas italiens le soir. La cuisine est délicieuse et inventive. En été, les meilleures tables sont à l'extérieur. Réservez à l'avance.

Kellerrestaurant im Brecht-Haus
Chausseestrasse 125, 10115 **Tél.** *282 38 43*   **Plan** *6 E1*

Ce restaurant est installé dans la cave de la maison où vécut Bertold Brecht. Les plats, plutôt consistants, sont préparés d'après les recettes de Helene Weigel, l'épouse du célèbre écrivain. À noter parmi les créations, le *Tafelspitz,* un rumsteck bouilli et mariné.

Nolle
Georgenstrasse, S-Bahnbogen Nr. 203, 10117 **Tél.** *208 26 55*   **Plan** *7 A3*

Installé sous les voies du S-Bahn, le *Nolle* est un restaurant au décor agréable, style années 1920. La verdure luxuriante qui l'entoure et les tables dressées avec élégance offrent un cadre parfait à sa cuisine internationale et allemande. Le choix de *Schnitzel* est impressionnant.

Orange
Oranienburger Strasse 23, 10117 **Tél.** *283 852 42*   **Plan** *7 A1*

Ce café-restaurant au cadre agréable propose une cuisine italienne et internationale. On vient y manger sur le pouce ou prendre un repas complet. Bien situé pour se restaurer avant la visite du Scheunenviertel, c'est aussi une excellente adresse pour le petit déjeuner.

Schwarzenraben
Neue Schönhauser Strasse 13, 10178 **Tél.** *283 916 98*   **Plan** *7 B2*

Voici une adresse en vogue avec un bistrot et un restaurant (ouvert uniquement le soir). La clientèle très branchée y vient pour sa cuisine italienne très chic et ses créations à base de pâtes et de viande. On y sert aussi de bons fromages et vins italiens et un choix très rare de succulentes saucisses italiennes.

Ganymed
Schiffbauerdamm 5, 10117 **Tél.** *285 990 46*   **Plan** *6 F2, 15 C1*

Cette brasserie de bonne qualité jouit d'un cadre enchanteur avec un petit jardin et vue sur la Spree. Spécialités berlinoises à base de poisson mais elle propose aussi des classiques de la cuisine française : steak tartare, noix de Saint-Jacques sautées au vin blanc, et plateau de fromages.

Shiro i Shiro
Rosa Luxemburg Strasse 11, 10178 **Tél.** *970 047 90*   **Plan** *7 C2*

Nouvelle étoile des restaurants asiatiques de Berlin, le *Shiro i Shiro* est géré par les frères qui ont le Kuchi, le restaurant japonais le plus branché de la ville. Chic et urbain, il propose un vaste choix de sashimi, sushi et autres spécialités japonaises. Réservation indispensable.

Catégories de prix *p. 236* **Légende des symboles** *sur le rabat de couverture*

Kadima
🅐🚻📋 €€€€

Oranienburger Strasse 28, 10117 **Tél.** *275 942 51* **Plan** *7 A2*

Ce nouveau restaurant est la meilleure adresse pour ceux qui aiment la cuisine russo-juive traditionnelle. Au cœur du quartier juif, le *Kadima* rappelle les cafés du Berlin des années 1920. Goûtez le *Bortscht* et le poisson fumé. Vins israéliens à la carte.

TIERGARTEN

Desbrosses
🅟🚻🅐🎵 €€€

Potsdamer Platz 3, 10785 **Tél.** *337 776 400* **Plan** *6 D5*

Murs de lambris foncés, superbes banquettes de cuir très confortables, chaises bistro, cuisine ouverte pour le spectacle et Piaf en fond sonore : tout ici vous donne l'impression que vous êtes en France. Le plateau de fruits de mer est un *must*.

Käfer im Bundestag
🚻 €€€

Reichstag, Platz der Republik, 10557 **Tél.** *226 299 33* **Plan** *6 D3*

Son emplacement unique sur le toit du Reichstag, juste à côté de la coupole de sir Norman Foster, explique le succès de ce restaurant de Mitte. La cuisine allemande est créative et digne de son propriétaire, Käfer, la star de la restauration allemande. Réservez à l'avance pour le déjeuner.

Midtown Grill
🅟🚻🅐 €€€

Eberstrasse 3, 10785 **Tél.** *220 006 410* **Plan** *6 E5*

Steaks et fruits de mer sont à l'ordre du jour dans ce restaurant. En attendant les plats, vous pourrez observer les chefs dans la cuisine ouverte et appréciez un grand cru choisi sur l'une des meilleures cartes de vins étrangers de Berlin en écoutant du jazz. Le service est parfois lent

Oktogon Fusion Restaurant
🚻🅐 €€€

Leipziger Platz 10, 10117 **Tél.** *206 428 64* **Plan** *6 E5*

Si la cuisine et le service ont la classe d'un grand restaurant, les prix restent abordables. La carte se lit comme un voyage autour du monde en cinq étapes : raviolis chinois, falafels de Turquie, caille à la française aux lentilles d'Inde, et filet de saumon écossais mariné à la Thaï.

Facil
🅟🚻🅐 €€€€€

Potsdamer Strasse 3, 10785 **Tél.** *590 051 234* **Plan** *6 D5*

Le plus raffiné (et le plus abordable) des restaurants allemands étoilés au Michelin comble les connaisseurs en matière de gastronomie comme de design. Son menu à sept plats, français et allemands, est un régal pour les yeux. Située sur le toit, la salle élégante, aux lignes épurées, ouvre sur un petit jardin en été. Fermé les sam. et dim.

Hugo's
🅟 €€€€€

Budapesterstrasse 2, 10787 **Tél.** *260 212 63* **Plan** *10 F1*

Installé depuis peu dans l'Inter-Continental, le *Hugo's* est l'une des meilleures tables de Berlin. On y sert des recettes françaises et internationales originales aux influences allemandes. Les plats de poissons et fruits de mer témoignent du savoir-faire incontesté du chef. Réservation indispensable. Fermé le dim.

Vox
🅟🚻🅐🎵 €€€€€

Marlene Dietrich Platz 2, 10785 **Tél.** *255 312 34* **Plan** *6 D5*

Restaurant principal du Grand-Hyatt, le *Vox* est sans aucun doute un grand nom de la gastronomie berlinoise. D'inspiration japonaise et internationale, sa cuisine fusion minimaliste met l'accent sur le Japon (sushi) et les créations franco-italiennes. Réservation indispensable.

KREUZBERG

Hasir
📋🅟🚻🅐 €

Adalbertstrasse 10, 10999 **Tél.** *614 23 73* **Plan** *14 E2*

Parmi les plus vieux et les plus traditionnels des restaurants turcs, le Hasir fait désormais partie de la chaîne du même nom dont il est le premier-né. On y sert l'un des plus grands choix de plats arabo-turcs de la ville. *Kebabs* et soupes sont particulièrement délicieux.

Defne
📋🚻🅐 €€

Planufer 92c, 10967 **Tél.** *817 971 11* **Plan** *14 D3*

Ce lieu intime doit probablement son titre de meilleur restaurant turc de Berlin au fait qu'il se démarque de ses homologues dans le quartier. Les plats traditionnels de viande et de poisson sont légèrement modernisés. En été, on est séduit par le jardin en terrasse avec vue sur le canal.

Osteria No. 1 €€

Kreuzbergstraße 71, 10965 **Tél.** *786 91 62*   **Plan** *12 E4*

Cette Osteria fut l'une des premières de Berlin, ce qui lui valut d'être le restaurant italien le plus branché de la ville. Cette époque est révolue, mais l'on apprécie toujours ses pizzas cuites au four. Salades fraîches et délicieuses variations autour des pâtes.

E.T.A. Hoffmann 🏃♿ €€€

Yorckstrasse 83, 10965 **Tél.** *780 988 09*   **Plan** *12 F4*

Cet ancien chef de file de la gastronomie berlinoise a réouvert ses portes avec un nouveau chef. Le jeune Thomas Kurt réinvente la cuisine allemande avec des produits frais et une touche internationale. En été, il signe des plats de poisson légers rehaussés de légumes et de sauces élaborées. En hiver, la cuisine allemande est plus riche. Fermé le mar.

Sale E Tabacchi 🅿🏃 €€€

Kochstrasse 18, 10969 **Tél.** *252 11 55*   **Plan** *13 A1*

Cet établissement propose une cuisine italienne de qualité constante (rarement de pizzas) dans une ambiance confortable. En été, on préfère sa cour, très fréquentée par les hommes politiques et les journalistes des quotidiens du quartier. À midi, choisissez le menu déjeuner bon marché à trois plats.

Altes Zollhaus 🅿🏃 €€€€

Carl-Herz-Ufer 30, 10961 **Tél.** *692 33 00*   **Plan** *13 B3*

Sur la rive pittoresque du Landwehrkanal, ce restaurant a remplacé une ancienne arrière d'octroi. On y sert une excellente cuisine gastronomique allemande sans les sauces lourdes habituelles. En saison, les plats à base de champignons sauvages sont un régal. Fermé les dim. et le lun.

AUTOUR DU KURFÜRSTENDAMM

Ali Baba 🏃♿ €

Bleibtreustrasse 45, 10623 **Tél.** *881 13 50*   **Plan** *9 B1*

Appréciée de longue date des étudiants berlinois, cette pizzeria à petit budget ouverte jusqu'au petit matin propose essentiellement deux types de pizzas à la part : au fromage ou au salami. Pizzas absolument délicieuses pour un prix raisonnable. Inutile de réserver.

Good Friends €

Kantstrasse 30, 10623 **Tél.** *313 26 59*   **Plan** *9 B1*

Le *Good Friends* est assailli tous les soirs par une clientèle de touristes, d'étudiants et d'habitants du quartier qui vient savourer ses spécialités cantonaises et orientales. L'intérieur n'est pas du meilleur goût, le service n'est pas particulièrement accueillant, et l'endroit est bruyant, mais la cuisine vaut le détour.

Marché €

Kurfürstendamm 14, 10719 **Tél.** *882 75 78*   **Plan** *10 D1*

Self-service à l'ombre du Mövenpick, le *Marché* nourrit les nombreux touristes qui viennent visiter la Kaiser-Gedächniskirshe. Au programme : viande, volaille et poissons, force desserts, bières et vins. Les plus jolies tables sont à l'étage.

XII Apostel 📋🅿🏃 €

Bleibtreustrasse 49, 10623 **Tél.** *312 14 33*   **Plan** *9 B1*

Ouvert presque 24 h/24, ce restaurant italien ne désemplit pas. Ses plats de pâtes et ses pizzas cuites au four rivalisent d'inventivité. On y dîne dans une salle confortable, sous l'auvent ou dans une ruelle pittoresque en été. Réservation vivement recommandée le soir.

Borriquito 📋🏃♿🎵 €€

Wielandstrasse 6, 10625 **Tél.** *312 99 29*   **Plan** *9 B1*

Avec une petite salle regorgeant de souvenirs ibériques et son personnel plus vrai que nature, l'endroit est charmant. Les fruits de mer et les plats de viande sont délicieux, le meilleur étant sans doute l'agneau à la sauce tomate maison. En été, on sort quelques tables dans la rue.

Café Einstein €€

Kurfürstenstrasse 58, 10785 **Tél.** *261 50 96*   **Plan** *11 A2*

Cette institution berlinoise est installée dans une élégante villa, ancienne propriété d'une vedette de cinéma allemande. Les garçons en noir et blanc et nœud papillon, et la cuisine viennoise raffinée confèrent à ce lieu un parfum autrichien de fin de siècle. Le *Wiener Schnitzel* et le *Gulash* sont exceptionnels.

Hamlet €€

Uhlandstrasse 47, 10719 **Tél.** *882 13 61*   **Plan** *9 C3*

Ne vous laissez pas influencer par le nom, la carte propose avant tout une cuisine française et quelques plats orientaux. Couscous, salades, curry d'agneau et rumsteck sont parmi les spécialités. Surtout fréquenté par une clientèle de quartier, le *Hamlet* est un lieu élégant à l'atmosphère gaie et chaleureuse.

Catégories de prix *p. 236* **Légende des symboles** *sur le rabat de couverture*

Leibniz-Klause

Leibnizstrasse 46, 10629 **Tél.** *323 70 68*   **Plan** 6 D5

Ce restaurant de quartier allemand est l'une des rares bonnes adresses où la cuisine est exclusivement berlinoise. *Eisbein, Berliner Leber, Havelzander, Wurst* et *Sauerbraten* accompagnés de chou rouge ou vert, et autre Sauerkraut sont tous les jours au programme. Portions généreuses.

Lubitsch

Bleibtreustrasse 47, 10623 **Tél.** *882 37 56*   **Plan** 9 B1

Situé dans l'une des rues les plus vivantes autour de la Savignyplatz, ce restaurant très apprécié propose un vaste choix de plats allemands et internationaux, à des prix très sages à midi. Le soir, les menus à deux ou trois plats sont intéressants.

Moon Thai

Knesebeckstrasse 15, 10625 **Tél.** *312 90 42*   **Plan** 3 C5

Une foule colorée d'étudiants, d'artistes et de bohémiens de Charlottenburg vient y savourer ses fabuleux curries, rouge ou vert, à enflammer les papilles, ses entrées épicées. Le service est très attentif mais silencieux. Une adresse à recommander aux amateurs de cuisine exotique.

Nu

Schülterstrasse 55, 10629 **Tél.** *887 098 11*   **Plan** 9 B1

Le *Nu* est l'un des restaurants préférés des habitants du centre ouest pour sa cuisine fusion asiatique. Avec son fascinant mélange de plats de Thaïlande, Singapour, Chine et Vietnam servis sur de grandes tables à partager avec d'autres convives, le *Nu* attire une clientèle jeune et branchée. DJ et lounge-music ven., sam. et dim. soir.

Austeria Brasserie

Kurfürstendamm 184, 10719 **Tél.** *881 84 61*   **Plan** 9 B2

Ce restaurant d'huîtres et de poisson est surtout fréquenté à midi par les Berlinois travaillant près du Ku'damm. On y sert de bons plats de fruits de mer influencés par la cuisine allemande et française. Les soirs d'été, les quatre tables de sa petite terrasse sont très agréables.

Cassambalis Taverna

Grolmanstrasse 35, 10623 **Tél.** *885 47 47*   **Plan** 9 C1

Le *Cassambalis*, au parfum de taverne grecque haut de gamme, possède un immense buffet dominant la salle à manger. Outre les classiques grecs et turcs, on y sert aussi des plats italiens : des pâtes fraîches, plusieurs plats de poisson, de bœuf et toutes sortes de salades.

Florian

Grolmannstrasse 52, 10623 **Tél.** *313 91 84*   **Plan** 3 C5

Les plats du jour de ce restaurant fréquenté par les metteurs en scène et les acteurs varient au fil des saisons, les meilleurs étant proposés pendant la saison des asperges et des champignons sauvages. Le *Florian* propose aussi un vaste choix de vins. Réservation indispensable.

Francucci's

Kurfürstendamm 90, 10711 **Tél.** *323 33 18*   **Plan** 9 A2

Parmi les secrets les mieux gardés de Berlin, et très apprécié des Berlinois, ce restaurant haut de gamme situé en haut du Kurfürstendamm offre une délicieuse cuisine consistante, inspirée de la campagne toscane. Parmi ses spécialités, les pâtes fraîches préparées selon vos désirs, le sanglier d'Italie, ou la pizza Francucci's, servie à la part.

Kashmir Palace

Marburger Strasse 14, 10789 **Tél.** *214 28 40*   **Plan** 10 E1

Ce superbe restaurant indien prépare des plats authentiques, raisonnablement épicés à partir d'anciennes recettes royales. Le chef n'utilise que des produits frais et des épices rares. Les tandooris maison cuits dans un four en terre cuite viennent en tête de liste.

Kuchi

Kantstrasse 30, 10623 **Tél.** *315 078 15*   **Plan** 9 B1

Probablement l'un des meilleurs restaurants japonais de Berlin pour son rapport qualité-prix, le *Kushi* sert d'excellents sushis et plats régionaux. Le tapis roulant de sushis et leur assortiment sont particulièrement séduisants. Réservation conseillée.

Ottenthal

Kantstrasse 153, 10623 **Tél.** *313 31 62*   **Plan** 10 D1

L'intérieur simple est orné d'une horloge de l'église d'Ottenthal en Autriche. L'ambiance musicale fait la part belle à Mozart. On y sert une cuisine autrichienne raffinée et des desserts exquis. Avec plus de 150 crus des Alpes, la liste des vins est somptueuse. Réservation indispensable.

Paris Bar

Kantstrasse 152, 10623 **Tél.** *313 80 52*   **Plan** 9 C1

Voici un bistrot élégant fréquenté par des artistes et des hommes politiques. Les prix sont élevés, mais la cuisine excellente – goûtez le boudin noir aux pommes de terre *(Blutwurst mit kaartoffeln)*. Réservez à l'avance.

Bacco

Marburger Strasse 5, 10789 **Tél.** *211 86 87* — **Plan** *10 E1* €€€€

Atmosphère intime, cadre moderne et merveilleuse cuisine toscane : voici une version plus tranquille et plus décontractée du désormais chic et célèbre Bocca di Bacco de Mitte. Les prix sont assez élevés et les portions petites, mais la qualité compense le tout. Fermé le dim. en été.

Zing

Grolmanstrasse 21, 10623 **Tél.** *375 91 339* — **Plan** *9 C1* €€€€

Ce restaurant asiatique décontracté sert une délicieuse cuisine fusion chinoise et thaïlandaise dans un cadre chaleureux et élégant. Tous les plats, plutôt épicés, jouent sur la fraîcheur de leurs ingrédients. En tête, le hors-d'œuvre de poissons pour deux et le poulet General Tsao.

Die Quadriga

Eislebener Strasse 14, 10789 **Tél.** *214 050* — **Plan** *10 E1* €€€€€

Le clou de l'Hotel Brandenburger Hof est sans aucun doute ce restaurant gastronomique, parmi les meilleurs de Berlin. Cet établissement confortable sert une cuisine française originale doublée d'un service irréprochable. Le chef Bobby Brauër adore les produits frais français et réinvente les plats traditionnels et internationaux. Réservez à l'avance.

First Floor

Budapester Strasse 45, 10787 **Tél.** *250 210 20* — **Plan** *10 E1* €€€€€

Étoilé au Michelin, ce restaurant élégant propose une cuisine allemande haut de gamme. Il est tenu par le grand chef berlinois Matthias Buccholz qui propose des plats traditionnels et des créations exquises à base de poissons, d'écrevisses et de truffes. La carte varie avec les saisons. Les plats sont parfois lourds. Réservez à l'avance. Fermé les dim. et lun.

CHARLOTTENBURG

Le Piaf

Schlossstrasse 60, 14059 **Tél.** *342 20 40* — **Plan** *2 E3* €€

Un petit bistrot à la française comme les aime la clientèle aisée du quartier. La cuisine simple est un savant mélange de recettes françaises et alsaciennes présentées par le propriétaire Claude Trendel, ou son personnel accueillant. En été, on sirotera une bière dans le jardin. Fermé à midi et les dim. et lun.

Ana e Bruno

Sophie-Charlotten-Strasse 101, 14059 **Tél.** *325 71 10* — **Plan** *2 D3* €€€€€

L'un des meilleurs restaurants italiens de Berlin. L'intérieur élégant offre le cadre idéal pour goûter les sublimes créations du chef. Tout ici est délicieux – goûtez l'esturgeon grillé à la sauce méditerranéenne. Fermé les dim. et lun.

EN DEHORS DU CENTRE

SCHÖNEBERG : Mutter

Hohenstaufenstrasse 4, 10781 **Tél.** *216 49 90* — **Plan** *11 A3* €

Fidèle à son nom (« mère » en allemand), les clients, surtout des étudiants, s'y voient servis de copieuses portions. Cette institution de la vie nocturne de la Winterfeldplatz propose des cocktails antillais et un mélange éclectique de classiques allemands, italiens et asiatiques. Les sushis et la cuisine thaï sont à l'honneur.

ZEHLENDORF : Blockhaus Nikolskoe

Nikolskoer Weg 15, 14109 **Tél.** *805 29 14* €€

Le restaurant occupe une ancienne datcha que le roi de Prusse Frédéric-Guillaume III fit construire pour sa fille, épouse du tsar Nicolas Ier. La terrasse offre une belle vue sur le lac. Ne ratez pas les spécialités à base de gibier ou de poisson. La carte propose aussi des plats allemands et de savoureux gâteaux.

PRENZLAUERBERG : Mao Thai

Wörtherstrasse 30, 10405 **Tél.** *441 92 61* €€

C'est l'un des meilleurs restaurants thaïlandais de Berlin. L'intérieur regorge de superbes antiquités. La carte offre un large éventail de plats parfumés mais peu épicés. Les légumes frais découpés avec originalité sont une spécialité du lieu. Réservation conseillée le soir.

GRUNEWALD : Merhaba

Wissmannstrasse 32, 12049 **Tél.** *692 17 13* €€

On vient de tout Berlin pour manger avec les Turcs et les Allemands du quartier. Même si vous n'avez pas très faim, vous ne résisterez pas aux hors-d'œuvre. En été, des tables sont installées en plein air. Danse orientale le ven. et le sam.

Catégories de prix *p. 236* **Légende des symboles** *sur le rabat de couverture*

SCHÖNEBERG : Pranzo e Cena €€

Goltzstraße 32, 10781 **Tél.** *216 35 14* **Plan** *11 A3*

Cette pizzeria de quartier, installé dans un pub berlinois simple mais confortable, est une adresse en vogue de Schöneberg. Le choix de pâtes fraîches est impressionnant. Goûtez *Tris di Pasta* : un assortiment de trois variétés. La carte des vins, classique, affiche une sélection de crus italiens et allemands. Réservation indispensable.

PRENZLAUER BERG : Restauration 1900 €€

Husemannstrasse 1, 10435 **Tél.** *442 24 94*

Ce restaurant, l'un des plus vieux et des plus traditionnels de l'est de Berlin accueille ses clients dans une salle simple où trône un superbe bar à l'ancienne et autres antiquités. La cuisine, légère, fait la part belle aux végétariens, avec quelques spécialités d'origine allemande. La terrasse donne sur Husemannstrasse.

ZEHLENDORF : Waldhaus €€

Onkel-Tom-Strasse 50, 14169 **Tél.** *813 75 75*

Dans un cadre verdoyant, le *Waldhaus* est un endroit charmant le soir pour y déguster des grillades, sa spécialité. Porc, bœuf et poisson sont grillés au feu de bois, à la commande. En hiver, les classiques allemands sont à l'honneur : canard, oie et gibier, chassés dans les forêts de la province de Berlin.

ZEHLENDORF : Wirtshaus Moorlake €€

Moorlakeweg 1, 14109 **Tél.** *805 58 09*

Situé sur les rives de la Havel, ce restaurant historique sert une cuisine allemande. Le gibier en ragoût accompagné de canneberges et de *spaetzle* au beurre et l'assortiment de grillades *Moorlake* et ses filets de porc en sauce béarnaise sont savoureux.

WILMERSDORF : Bieberbau €€€

Durlacherstrasse 15, 10715 **Tél.** *853 23 90*

Les chefs Max Stoll et Stephan Garkish ont fait de ce club légendaire une nouvelle étoile de la gastronomie. Spécialités berlinoises revisitées comme le *Eisbein* ou le *Berliner Leber* servis avec une salade et des pommes de terre Pommery (à la place de la choucroute et de la purée de pois). Mieux vaut réserver.

GRUNEWALD : Diekmann im Chalet Suisse €€€

Clayallee 99, 14195 **Tél.** *832 63 62*

Ce pittoresque chalet en bois est l'adresse idéale pour se détendre après une promenade dans la forêt de Grunewald. L'établissement appartient désormais à la chaîne Diekmann. Le service est irréprochable et la carte propose un vaste choix de plats suisses et allemands. La crème brûlée est à tomber.

GRUNEWALD : Forsthaus Paulsborn €€€

Hüttenweg 90, 14195 **Tél.** *818 19 10*

Ce restaurant excellent est installé au rez-de-chaussée d'un ancien pavillon de chasse converti en hôtel dans la forêt. La cuisine est fabuleuse. Le week-end, superbe buffet brunch. Gâteaux et pâtisseries maison vous y attendent l'après-midi. Fermé le lun.

GRUNEWALD : Grunewaldturm €€€

Havelchaussee 61, 14193 **Tél.** *300 07 30*

Déjeunez dans ce restaurant puis allez vous promener dans la forêt de Grunewald. La carte est axée sur le gibier et de solides plats de viande, mais on y sert aussi des poissons de la région comme la perche. Le panorama est somptueux.

WEDDING : Maxwell €€€

Bergstrasse 22, 10115 **Tél.** *280 71 21*

Ce célèbre restaurant haut de gamme doit sa réputation à une succulente cuisine allemande et berlinoise aux influences méditerranéennes. L'ambiance est décontractée et le personnel accueillant et serviable. La carte du déjeuner est meilleur marché à midi, mais peu de vins sont à des prix abordables.

PRENZLAUER BERG : Pasternak €€€

Knaackstrasse 22-24, 10405 **Tél.** *441 33 99*

Expatriés russes, étudiants allemands et artistes viennent au *Pasternak* pour son atmosphère gaie et sa délicieuse cuisine, quoiqu'un peu lourde, en particulier le borchtch (soupe de betterave), les blinis et le bœuf Stroganov. Brunch au caviar et à la vodka.

ZEHLENDORF : Remise im Schloss Klein-Glienicke €€€€

Königstrasse 36 (Klein-Glienicke), 14109 **Tél.** *805 40 00*

Tenu par Franz Raneburger, l'un des chefs les plus en vogue de Berlin, le restaurant propose une excellente cuisine allemande, avec entre autres des recettes de perche, d'écrevisses, et de gibier, accommodées avec beaucoup d'imagination. C'est aussi une bonne adresse pour déjeuner.

GRUNEWALD : Vivaldi €€€€€

Brahmsstrasse 10, 14193 **Tél.** *895 845 20*

Le *Vivaldi* est un restaurant de luxe installé dans le non moins luxueux Schlosshotel. La décoration intérieure – lambris, dorures à la feuille d'or et chandeliers – est signée Karl Lagerfeld. Le niveau a un peu baissé mais la table française reste excellente. Réservez à l'avance. Fermé les mar. et mer.

Repas légers et snacks

Les chaînes internationales de fast-foods ont ouvert des succursales à Berlin comme dans toutes les grandes villes occidentales, mais il existe beaucoup d'autres formules permettant de manger sur le pouce sans se limiter au hamburger ou à la pizza. Partout en ville, les cafés proposent aussi des plats chauds ou froids à prix abordables, tandis que d'innombrables kiosques, les *Imbissbuden*, vendent dans la rue des spécialités locales comme la *Currywurst* ou des mets plus exotiques tels que le *döner kebab* ou le *falafel*.

IMBISSBUDEN ET SNACK-BARS

Omniprésent partout en ville, en particulier dans des endroits passants comme les rues et les carrefours animés et les alentours des stations de S-Bahn et de U-Bahn, l'*Imbissbude* est généralement un petit kiosque vendant des snacks comme la *Currywurst* et des portions de frites *(Pommes)* accompagnées de mayonnaise et de ketchup. Spécialité berlinoise, la *Currywurst* consiste en une saucisse grillée *(Bratwurst)* coupée en morceaux et nappée d'une sauce parfumée. Quelques établissements, **Ku'damm 195** et **Konnopke** entretiennent la tradition et préparent leur propre sauce, meilleure que le ketchup saupoudré de curry et de paprika que proposent la plupart de leurs concurrents.

Grillées ou cuites à l'eau, les saucisses servent de base à de nombreux autres en-cas. Les plus répandues sont la saucisse de Francfort *(Wienerwurst « de Vienne » !)* et la *Bockwurst,* plus épaisse. Une variante du hamburger à l'allemande porte le nom français de *Bulette.*

Il existe malheureusement peu d'endroits comparables à l'*Imbissbude* où les visiteurs peuvent goûter les cuisines d'autres régions d'Allemagne. Le **Weizmann** fait exception. Installé sous une arcade du viaduc du S-Bahn près de la station Bellevue, il propose des plats typiques du Sud à base de courtes nouilles épaisses appelées *Spätzle.* **Leo Bettini** sert aussi des plats du sud de l'Allemagnes comme les roboratifs Knoedel (boulettes de pain cuites avec des oignons et des champignons).

SPÉCIALITÉS MONDIALES

Berlin abrite une importante communauté turque et des *Döner Kebab* concurrencent désormais dans toute la ville les autres vendeurs de snacks. Le *kebab* typique est une galette de pain plat, ou *pitta,* garnie de feuilles de laitue, de tranches de mouton grillé, de rondelles d'oignon, de concombre et de tomate que vient recouvrir une épaisse sauce épicée à base de yaourt. Les meilleurs se trouvent à Kreuzberg, l'arrondissement où s'installent traditionnellement les immigrants turcs, et vous n'aurez que l'embarras du choix aux alentours de la Kottbusser Tor et de l'Oranienstrasse. Nous vous conseillons aussi **Kebab.**

Les végétariens apprécieront également le *falafel,* une spécialité du Moyen-Orient très répandue. Des boulettes de purée de pois chiche parfumées à la coriandre ou au persil sont roulées dans de la panure, passées à la friture, puis posées sur de la salade dans une galette de pain et nappées d'une sauce au yaourt. Les environs de la Winterfeldtplatz renferment d'excellents marchands de *falafel,* dont **Habibi, Dada Falafel et Baharat Falafel. Hasir** se trouve dans la partie orientale de la ville.

Les cuisines d'Extrême-Orient ont aussi leurs représentants dans les rues de Berlin. Sur la Goltzstrasse, **Fish & Vegetables** prépare des plats thaïlandais, tandis qu'à Kreuzberg, sur la Bergmannstrasse, **Pagode** sert des mets chinois. Si vous voulez goûter la cuisine coréenne, allez au **Korea-Haus,** sur Danziger Strasse. Vous pourrez les comparer aux spécialités vietnamiennes de **Vietnam Imbiss.**

Si vous avez envie de saveurs mexicaines, rendez-vous au **Viva Mexico !** Le restaurant est tenu par une famille mexicaine et ses *tacos* et *burritos* sont authentiques. Pour manger indien, essayez la Grolmanstrasse. L'italien **Briganti,** sur la Wielandstrasse, mérite une mention spéciale pour ses pâtes et ses pizzas. Les restaurants japonais sont plutôt chic et chers, mais ils servent de bonnes soupes et de savoureux sushi. Nous vous conseillons le **Sushi Bar Ishin,** le **Sushi-Bar,** le **FUKU Sushi** et le **Musashi.**

SANDWICHS ET EN-CAS

Les personnes qui préfèrent des snacks plus traditionnels trouveront de nombreux stands vendant des sandwichs à la viande ou au fromage près des stations de S-Bahn et de U-Bahn et le long des rues les plus fréquentées. Les rayons des boulangeries renferment également de quoi combler un petit creux, du croissant moelleux au bretzel croquant et saupoudré de gros sel. À l'heure du déjeuner, les restaurants de la chaîne **Nordsee** proposent des sandwichs au poisson à emporter, tout comme l'élégant **Syltgosch.**

Quiches et tartes salées ont de nombreux adeptes. Si vous en faites partie, nous vous conseillons le snack-bar **Fressco** situé à Kreuzberg. **Bagles & Bialys,** sur la Rosenthaler Strasse, et **Salomon Luna Bagels,** sur la Joachimstaler Strasse, ont transplanté à Berlin la tradition des traiteurs juifs américains. L'éventail de garnitures disponibles est sidérant.

Soup-Kultur ne prépare que des soupes, mais quelle diversité entre les chaudes, les froides, les exotiques, les pimentées ou les douces ! À Prenzlauer Berg, **Knofel** enchantera les amateurs d'ail.

Diekmann im Weinhaus Huth est un bistrot haut de gamme caché dans la Weinhaus Huth, **Deli Street** et **Deli 31** méritent aussi une mention. **Piccola Italia** sert de bonnes pizzas.

MANGER DANS LES CENTRES COMMERCIAUX

Le self-service du grand magasin **KaDeWe,** au dernier étage, a une vue très agréable.

Le self-service des **Galeries Lafayette** de la Friedrichstrasse, au sous-sol, est très fréquenté. Plus au sud, dans le Quartier 205, **E33** vous permettra de boire un excellent café ou thé.

Si vous avez besoin de manger une nourriture sophistiquée, même sur le pouce. Rendez-vous à la galerie marchande **Arkaden** située près de la Potsdamer Platz. Elle compte de nombreux cafés et bars, notamment une succursale de Salomon Bagels, un pavillon asiatique et un établissement baptisé Pomme de Terre qui met à toutes les sauces l'humble *Kartoffel.*

Pour combler une envie de sucré, nous vous recommandons le **Wiener Café** pour ses savoureux gâteaux et le **Caffé e Gelato** pour ses crèmes glacées.

MANGER DANS LES MUSÉES

De nombreux musées de Berlin disposent de cafés et bistrots particulièrement agréables. Le **Café im Zeughaus** au Deutsches Historisches Museum propose un superbre petit déjeuner avec vue sur la Spree. Le **Liebermanns**, au Jüdisches Museum, sert des spécialités juives d'Europe centrale. Le **Bistro Sarah Wiener**, à côté de la porte de Brandebourg, confectionne quelques-uns des meilleurs gâteaux allemands tandis que le **Café Dix**, à la Berlinische Galerie, est l'un des plus agréables cafés artistiques de Berlin.

CAFÉS

Le large éventail de plats chauds, en-cas et gâteaux disponibles dans les très nombreux cafés de Berlin permet en cours de visite, à peu près n'importe où en ville, de trouver à se restaurer quels que soient ses goûts et ses moyens.

Les cafés ouvrent en général à 9 h ou à 10 h et ne ferment que tard dans la nuit. Après le petit déjeuner, servi à la carte ou en buffet, et dont les composantes restent souvent disponibles une grande partie de la journée, les mets proposés comprennent traditionnellement plusieurs salades et quelques plats chauds simples, des ragoûts *(Eintöpfe)* notamment. Raisonnables, les prix ne dépassent habituellement pas 10 euros. Tous les cafés offrent aussi un grand choix de desserts, de gâteaux et de glaces et de boissons alcoolisées.

Dans le quartier du Ku'Damm, le populaire Café Kranzler, fondé en 1932, a récemment fermé ses portes. Près de l'université technique, le **Café Hardenberg** est apprécié des étudiants. Du côté de la Kantstrasse, le **Schwarzes Café** reste ouvert 24 h/24. Si vous vous trouvez sur la Savignyplatz, nous vous conseillons le **Café Aedes** installé sous l'arcade du viaduc du S-Bahn. Il en existe un deuxième à Mitte, dans une cour des Hackesche Höfe. Dans le Tiergarten, vous pourrez vous détendre au bord de l'eau au **Café am Neuen See.** La **Patisserie Buchwald** de l'Hansaviertel est renommée pour ses *Baumkuchen,* « gâteaux-arbres » en forme de troncs.

Son jardin d'hiver donne beaucoup de charme au **Café Wintergarten** de la Literaturhaus, dans la Fasanenstrasse. Le **Café Einstein,** de style viennois, occupe une jolie villa de la Kurfürstenstrasse. Il torréfie son café et a ouvert une nouvelle enseigne à Mitte, sur Unter den Linden, où sa

délicieuse pâtisserie entre en compétition avec celle de l'**Opernpalais** *(p. 259).* Au **Café Zsolnay,** gâteaux et desserts sont hongrois. Près de Checkpoint Charlie, **Sale e Tabacchi** sous un même toit un excellent restaurant italien et le **Café Adler,** d'égale qualité.

Les nombreux établissements qui permettent de prendre un repas léger ou une boisson du côté de l'Oranienburger Strasse et des Alte et Neue Schönhauser Allees attirent en soirée une foule remuante en quête de bière et de bonne musique. Une ambiance animée et enfumée règne au **Die Eins** et le septième art est à l'honneur au **Café Cinema.**

Depuis la chute du Mur, Prenzlauer Berg devient un haut lieu de la vie nocturne et vous pourrez vous mêler à une faune branchée chez **Anita Wronski,** savourer des crêpes au **Tantalus** ou écouter des ballades russes devant une cheminée au **Chagall.** Aux beaux jours, profitez de la terrasse du **November** ou du **Seeblick.**

Il existe beaucoup d'autres cafés accueillants qui méritent une visite. Ctons notamment l'**Atlantic,** le **Café Berio,** le **Keyser Soze,** le **Rathauscafé,** le **Telecafé,** le **Voltaire** et le **Café Savigny** dont la carte change tous les jours.

SALONS DE THÉ

Barcomi's possède sa propre salle de torréfaction et propose une sélection de cafés du monde entier. Petits gâteaux et biscuits permettent de grignoter en sirotant sa tasse. Si vous aspirez à quelque chose de plus consistant, vous pourrez composer votre sandwich au **Barcomi's Deli.**

Les amateurs de thé jouiront d'un très grand choix au **Tadschikische Teestube** ou chez **TTT (Tee, Tea, Thé). Mittendrin** est aussi un bon établissement pour passer un moment.

ADRESSES

IMBISSBUDEN ET SNACK-BARS

Leo Bettini
Mulackstrasse 33. **Plan** 7 C1. **Tél.** 60 50 74 49.
◯ *10h-18h30 lun.- sam.*

Konnopke
Schönhauser Allee 44a (U-Bahnhof Eberswalder Str).
Tél. 442 77 65.
◯ *6h-20h lun.-ven.*

Ku'damm 195
Kurfürstendamm 195.
Plan 9 B2.
◯ *18h-1h lun.-ven., 17h-7h sam.-dim.*

Weizmann
Lüneburger Strasse 390.
Plan 5 A3. **Tél.** 394 20 57. ◯ *12h-minuit lun.- sam.*

SPÉCIALITÉS MONDIALES

Baharat Falafel
Winterfeldstrasse 37.
Plan 11 B3.
Tél. 216 83 01.
◯ *11h-14h t.l.j.*

Briganti
Wielandstrasse 15.
Plan 9 B1. **Tél.** 323 53 62.
◯ *11h-19h mar.-ven, 10h-16h sam.*

Dada Falafel
Linienstrasse 132.
Plan 6 F1. **Tél.** 27 59 69 27
◯ *10h-2h dim.-mer., 10h-4h jeu.-sam.*

Fish & Vegetables
Goltzstrasse 32.
Plan 11 A3. **Tél.** 215 74 55. ◯ *midi-minuit t.l.j.*

FUKU Sushi
Rosenthaler Strasse 61.
Plan 7 B1. **Tél.** 28 38 77 83. ◯ *midi-23 h lun.-ven., 16 h-23 h sam.-dim.*

Habibi
Goltzstrasse 24.
Plan 11 A3. **Tél.** 215 33 32. ◯ *11h-15h t.l.j..*

Hasir
Oranienburger Strasse 4.
Plan 7 B2. **Tél.** 28 04 16 16. ◯ *11h30-1h t.l.j.*

Kebab
Goltzstrasse 37a.
Plan 11 A3, 11 A4.
◯ *10h-23h t.l.j.*

Korea-Haus
Danziger Strasse 195.
Tél. 423 34 41.
◯ *midi-22h t.l.j.*

Musashi
Kottbusser Damm 102.
Plan 14 E3. **Tél.** 693 20 42. ◯ *midi-22h30 lun.-sam., 14h-22h dim.*

Pagode
Bergmannstrasse 88.
Plan 13 A4. **Tél.** 691 26 40. ◯ *midi-minuit t.l.j.*

Sushi-Bar
Friedrichstrasse 115.
Plan 6 F1. **Tél.** 88 11 671.
◯ *11h-23h t.l.j.*

Sushi Bar Ishin
Schlossstrasse 101.
Plan 2 E4. **Tél.** 797 10 49.
◯ *11h-20h lun.-ven., 11h-18h sam.*

Sushi Imbiss
Pariser Strasse 44.
Plan 9 B2. **Tél.** 881 27 90. ◯ *midi-minuit lun.-sam., 16h-minuit dim.*

Vietnam Imbiss
Damaschkestrasse 30.
Tél. 324 93 44.
◯ *midi-21h lun.-ven., 9h-21h sam.*

Viva Mexico!
Chausseestrasse 36.
Plan 6 F1. **Tél.** 280 78 65.
◯ *midi-23h lun.-ven., 17-minuit sam., 17h-23h dim.*

EN-CAS

Bagels & Bialys
Rosenthaler Strasse 46-48.
Plan 7 B2.
Tél. 283 65 46.
◯ *24 h/24 t.l.j.*

Diekmann im Haus Huth
Alte Potsdamer Str. 5.
Plan 6 D5. **Tél.** 25 29 75 24. ◯ *midi-1h t.l.j.*

Deli 31
Bleibtreustrasse 31.
Plan 9 B2. **Tél.** 88 47 46 02.
◯ *8h-21h lun.-sam., 8h-20h dim.*

Deli Street
Chausseestrasse 4.
Plan 6 F1. **Tél.** 28 09 28 33.
◯ *8h30-17h30 lun.-ven.*

Fressco
Zossener Strasse 24.
Plan 13 A4.
Tél. 69 40 16 13.
◯ *17h30-1h mar.-dim.*

Knofel
Wichertstrasse 33.
Tél. 447 67 17.
◯ *18h-tard lun.-jeu., 14h-tard ven., 13h-tard sam.-dim.*

Nordsee
Spandauer Strasse 4.
Plan 7 C3, 16 F2.
Tél. 24 26 881.
◯ *10h-20h t.l.j.*

Piccola Italia
Oranienburger Strasse 6.
Plan 7 B2.
Tél. 283 58 43.
◯ *11h-1h lun.-jeu., 11h-3h ven.-dim.*

Salomon Luna Bagels
Joachimstaler Strasse 13.
Plan 10 D2. **Tél.** 8870 26 17. ◯ *9h-20h lun.-sam.*

Soup-Kultur
Kurfürstendamm 224.
Plan 10 D1. **Tél.** 88 62 92 82. ◯ *midi-19h lun.-ven., midi-18h sam..*

DANS LES CENTRES COMMERCIAUX

E33
Friedrichstadtpassage, Friedrichstrasse 67.
Plan 6 F4, 15 C4.
Tél. 20 94 50 20.
◯ *8h-20h t.l.j.*

Galeries Lafayette
Französische Strasse 23.
Plan 6 F4, 15 C3.
Tél. 20 94 80.
◯ *10h-20h lun.-mer., 10h-21h jeu.-sam.*

KaDeWe
Tauentzienstrasse 21-24.
Plan 10 E1. ◯ *9h-20h lun.-ven., 9h-16h sam..*

Potsdamer Platz Arkaden
Alte Potsdamer Strasse 7.
Plan 6 D5. ◯ *9h30-20h lun.-ven., 9h-16h sam.*

Wertheim
Kurfürstendamm 231.
Plan 10 D1. **Tél.** 880 030.
◯ *9h30-20h lun.-ven., 9h-22h sam.*

MANGER DANS LES MUSÉES

Bistro Sarah Wiener
Akademie de Künste, Pariser Platz 4. **Plan** 6 E3.
◯ *10h-18h t.l.j.*

Café Dix
Berlinische Galerie, Alte Jacobstrasse 124-128.
Plan 7 C5.
◯ *10h-19h mer.-lun.*

Café im Zeughaus
Deutsches Historisches Museum, Unter den Linden 2. **Plan** 7 A3 et 16 E2.
◯ *10h-18h t.l.j..*

Liebermanns
Jüdisches Museum Lindenstrasse 9-14.
Plan 13 A2. ◯ *12h-20h t.l.j. (22h lun.)*

CAFÉS

Anita Wronski
Knaackstrasse 26-28.
Tél. *442 84 83.* ⏲ *9h-2h lun.-sam., 10h-2h dim.*

Atlantic
Bergmannstrasse 100.
Plan 12 F4.
Tél. *691 92 92.*
⏲ *9h-2h t.l.j.*

Buchwald
Bartningallee 29.
Plan 4 F2.
Tél. *391 59 31.*
⏲ *9h-18h lun.-sam.
10h-18h dim.*

Café Adler
Friedrichstrasse 206.
Tél. *251 89 65.*
⏲ *10-minuit lun.-sam,
10h-19h dim.*

Café Aedes
Savignyplatz (arcade sous le pont du S-Bahn).
Plan 9 C1.
Tél. *31 50 95 35.*
⏲ *8h-minuit lun.-ven.,
9h-minuit sam.-dim.*

Rosenthaler Strasse 40-41
(Hackesche Höfe,
2e cour).
Plan 7 B2.
Tél. *28 58 275.*
⏲ *11h-minui t.l.j.*

Café am Neuen See
Lichtensteinallee 1.
Plan 4 F5. **Tél.** *254 49 30.*
⏲ *mai-sept. : 10h-minuit t.l.j. ; oct.-avr. :
10h-23h lun.-ven.,
10h-22h sam.-dim.*

Café Ständige Vertretung
Schiffbauerdamm 8.
Tél. *282 39 65.*
⏲ *10h-1h.l.j.*

Café Berio
Maassenstrasse 7.
Plan 11 A2. **Tél.** *216 19 46.* ⏲ *8h-minuit dim.-
jeu., 8h-1h ven.-sam.*

Café Cinema
Rosenthaler Strasse 39.
Plan 7 B2. **Tél.** *280 64 15.* ⏲ *midi-2h t.l.j.*

Café Einstein
Kurfürstenstrasse 58.
Plan 11 A2.
Tél. *261 50 96.*
⏲ *9h-2h t.l.j.*

Unter den Linden 42.
Plan 6 F3, 15 C3.
Tél. *204 36 32.*
⏲ *7h-1h t.l.j.*

Café Hardenberg
Hardenbergstrasse 10.
Plan 3 C5. **Tél.** *312 26 44.*
⏲ *9h-1h t.l.j.*

Café Lebensart
Unter den Linden 69-73.
Plan 6 E3, 15 B3.
Tél. *229 00 18.*
⏲ *8h-21h lun.-ven.,
10h-minuit sam.-dim.*

Café Möhring
Charlottenstrasse 55.
Plan 7 A4.
Tél. *20 30 92 240.*
⏲ *8h-minuit.l.j.*

Café Savigny
Grolmanstrasse 51.
Plan 3 C5, 9 C1.
Tél. *312 81 95.*
⏲ *9h-1h t.l.j.*

Café Tomasa
Motzstrasse 60.
Plan 10 F3.
⏲ *8h-1h lun.-jeu., 8h-3h
ven.-sam., 9h-1h dim.*

Café Wintergarten im Literaturhaus
Fasanenstrasse 23.
Plan 10 D1.
Tél. *882 54 14.*
⏲ *9h30-1h t.l.j.*

Café Zsolnay
Karl-Liebknecht-Strasse 9.
Plan 7 C2.
Tél. *241 57 15.*
⏲ *2h-22h t.l.j.*

Catherine's
Im Dussmann-Haus,
Friedrichstrasse 90.
Plan 6 F3.
Tél. *20 25 15 55.*
⏲ *11h-22h lun.-sam.*

Chagall
Kollwitzstrasse 2.
Tél. *441 58 81.*
⏲ *11h-tard t.l.j.*

Die Eins
Wilhelmstrasse 67A
(eingang Reichstagsufer).
Plan 6 E3.
Tél. *22 48 98 88.*
⏲ *9h-minuit lun.-sam.,
10h-minuit dim..*

Eckstein
Pappelallee 73.
Tél. *441 99 60.*
⏲ *9h-1h t.l.j.*

Filmbühne am Steinplatz
Hardenbergstrasse 12.
Plan 4 D5.
Tél. *312 65 89.*
⏲ *9h-1h t.l.j.*

Kaffeestube am Nikolaiplatz
Poststrasse 19.
Plan 7 C3.
Tél. *242 71 20.*
⏲ *9h-minuit t.l.j.*

Keyser Soze
Tucholskystrasse 33.
Plan 7 A1.
Tél. *28 59 94 89.*
⏲ *8h-3h t.l.j.*

Kleine Orangerie
Spandauer Damm 20.
Plan 2 E3.
Tél. *322 20 21.*
⏲ *9h-21h t.l.j.
(10h-20h en hiver).*

November
Husemannstrasse 15.
Tél. *442 84 25.*
⏲ *10h-2h lun.-ven.,
9h-2h sam.-dim.*

Opernpalais
Unter den Linden 5.
Plan 7 A3, 16 E3.
Tél. *20 26 83.*
⏲ *8h-minuit t.l.j.*

Sale e Tabacchi
Kochstrasse 18.
Tél. *252 11 55.*
⏲ *9h-2h lun.-ven.,
10h-2h sam.-dim.*

Schwarzes Café
Kantstrasse 148.
Plan 9 C1.
Tél. *313 80 38.*
⏲ *24h/24 t.l.j.*

Seeblick
Rykestrasse 14.
Tél. *442 92 26.*
⏲ *8h-2h t.l.j.*

Syltgosch
Kurfürstendamm 212.
Plan 9 C2.
Tél. *88 68 28 00.*
⏲ *11h-minuit
lun.-sam.*

Telecafé
Alexanderplatz
(TV Tower).
Plan 8 D2.
Tél. *242 33 33.*
⏲ *10h-minuit.l.j.*

CAFÉS ET SALONS DE THÉ

Balzac Coffee
Hardenbergstrasse 4-5
Plan 3 C5.
Friedrichstrasse 194.
Plan 15 C4 et 6 F4.
⏲ *7h30-20h lun.-ven.
7h30-18h dim.*

Barcomi's
Bergmannstrasse 21.
Plan 13 A5.
Tél. *694 81 38.*
⏲ *8h-21h lun.-jeu.,
8h-22h ven., 9h-22h sam,
10h-21h dim.*

Barcomi's Deli
Sophienstrasse 21
(2e cour).
Plan 7 B1.
Tél. *28 59 83 63.*
⏲ *8h-21h lun. jeu., 9h-
22h sam., 10h-22h dim.*

Cafezeit
Kurfürstendamm 200
Plan 9 C2.
Tél. *88 25 814.*
⏲ *8h minuit lun.-sam.,
9h-22h dim.*

Einstein Coffeeshop
Friedrichstrasse 190 & 168.
Plan 15 C4 & 6 F4.
Savignyplatz 5.
Plan 9 C1.
⏲ *10h-tard t.l.j.*

Mittendrin
Sophienstrasse 19.
Plan 7 B1.
Tél. *28 49 77 40.*
⏲ *midi-23h lun.-jeu.,
midi-1h ven.-sam.,
14h-20h dim.*

Tadschikische Teestube
Am Festungsgraben 1.
Plan 7 A3, 16 E2.
Tél. *204 11 12.*
⏲ *17h-minuit lun.-ven.,
14h-minuit sam.-dim.*

TTT – Tee, Tea, Thé
Goltzstrasse 2.
Plan 11 A4. **Tél.** *21 75 22 40.* ⏲ *9h-minuit lun.-
sam., 10h-minuit dim.*

Bars et bars à vin

Tracer des frontières rigides entre bars à cocktails, bars à vin et *Bierstuben* est à peu près aussi difficile que de vouloir donner une définition précise d'une *Kneipe*. Tous ces établissements partagent des caractéristiques communes : ce sont principalement des débits de boisson, même si on peut souvent y manger, et ils ouvrent en général en fin d'après-midi ou en début de soirée pour fermer tard dans la nuit ou au petit matin quand l'ambiance le justifie.

KNEIPEN

Pour les Allemands, le terme *Kneipe* évoque avant tout un lieu chaleureux où se retrouver pour discuter en buvant de la bière. D'autres boissons sont toutefois disponibles et on peut y manger un morceau. Une *Albertiner Kneipe* typique possède des boiseries au mur, un grand comptoir et un buffet garni d'en-cas tels que des *Buletten* à la viande de porc, des *Soleier* (œufs marinés), des *Rollmöpse* (filets de hareng au vinaigre), de la charcuterie et du boudin. Des tavernes à l'ancienne de ce genre existent encore dans les arrondissements les plus populaires de Berlin, par exemple Moabit, Kreuzberg et Prenzlauer Berg, mais elles sont devenues rares dans le centre. Les plus populaires comprennent **Zur Kneipe** et **Ranke 2** près du Kurfürstendamm et **Zum Nussbaum** dans le Nikolaiviertel.

De plus en plus de *Kneipen* optent aujourd'hui pour des décors modernes et certaines se spécialisent dans des formes de cuisines moins traditionnelles. Mais, qu'elles proposent des recettes régionales ou des plats, français, italiens ou orientaux, une atmosphère décontractée et un large choix de boissons alcoolisées restent la norme. De nombreuses *Kneipen*, tel **Reingold** dans le quartier de Mitte, ont évolué vers un mélange de *Kneipe*, de bar, de salon et de *Biergarten*. Près de la Savignyplatz, vous pourrez vous restaurer d'un solide *Eintopf* (ragoût) au **Dicke Wirtin.** Les quartiers de Kreuzberg et Prenzlauer Berg (en particulier autour de la Kollwitzplatz) renferment beaucoup de ces établissements à la mode.

C'est à l'**Ankerklause,** que de nombreux étudiants et politiciens activistes se donnent rendez-vous, pour boire, danser et refaire le monde.

BIERGARTEN

Le *Biergarten* est un débit de boisson en plein air qui n'ouvre qu'en été et occupe souvent un site privilégié, dans un parc ou au bord d'un lac par exemple. Des grillades au barbecue complètent l'éventail de plats habituellement disponibles. Les Berlinois apprécient dans le centre le **Golgatha** et le **Schleusenkrug.** En vous promenant dans Prenzlauer Berg, vous pourrez faire une pause au **Prater.** Après une promenade au bord du lac de Wannsee, ou, pour les plus actifs, une après-midi de sports nautiques, le **Loretta am Wannsee** offre un cadre agréable où finir la journée. Les bars de plage sont devenus très à la mode, le plus populaire est le **Bundespressestrand.**

BARS À VIN

Le bar à vin berlinois typique possède une ambiance méditerranéenne et rustique, ouvre en début de soirée, ferme tard dans la nuit et offre un large choix de crus servis au verre, en carafe ou en bouteille. Les plats proposés pour les accompagner sont en général italiens, espagnols et français.

Le **Nouveau Paris Bar** sert ainsi des vins et des spécialités de France, tandis qu'au **Weinstein**, à Prenzlauer Berg, la France et aussi l'Espagne sont à l'honneur. À Mitte, le **Lutter & Wegener** permet toutefois d'apprécier les productions viticoles et les cuisines allemandes et autrichiennes.
Le **Billy Wilden's** sert des en-cas et des cocktails américains.

BARS À COCKTAILS

Ces établissements offrent un cadre élégant où finir une soirée et la plupart n'ouvrent pas avant 20 h. Ne comptez pas vous y restaurer et, bien qu'ils n'imposent pas d'obligations vestimentaires strictes, vous vous sentirez déplacé dans une tenue trop décontractée.

Le **Riva Bar,** l'un des bars les plus élégants et les plus branchés, se cache sous les arcades du S-Bahn et sert quelques-uns des meilleurs cocktails de la ville. Le **Roter Salon** recrée une ambiance latino-américaine grâce au tango argentin, à la salsa, et à de fantastiques danseurs. Le **Vox Bar** est réputé pour son vaste choix de cocktails et son décor de film d'avant-guerre. Les bars des grands hôtels constituent aussi des lieux de rendez-vous appréciés des noctambules, notamment le **Harry's New York Bar** (plus c'est tard, mieux c'est) de l'Hotel Esplanade et le **Newton bar.**

BARS GAYS ET LESBIENS

La scène homosexuelle berlinoise possède des facettes multiples. Dans la majorité des bars qu'elle fréquente tels le **Die Busche,** gays et lesbiennes se mêlent librement, mais certains lieux, comme le **Café Seidenfaden,** acceptent uniquement des femmes, tandis que le **Roses** est un lieu exclusivement réservé aux hommes. Le **Heile Welt** et le **So 36** comptent aussi des hétérosexuels parmi leur clientèle d'habitués.

ADRESSES

KNEIPEN

Ankerklause
Maybachufer 1.
Plan 14 E3.
Tél. *693 56 49.*

Dicke Wirtin
Carmerstrasse 9.
Plan 3 C5.
Tél. *312 49 52.*

Diener Tattersall
Grolmanstrasse 47.
Plan 9 C1.
Tél. *881 53 29.*

Gasthaus Lenz
Stuttgarter Platz 20.
Plan 9 C1.
Tél. *324 16 19.*

Gerichtslaube mit Bierschenke und Ratsherren-Stube
Poststrasse 28.
Plan 7 C3.
Tél. *241 56 97.*

Meilenstein
Oranienburger Strasse 7.
Plan 7 B2, 16 F1.
Tél. *282 89 95.*

Mutter
Hohenstaufenstrasse 4.
Plan 11 A3.
Tél. *216 49 90.*

Ranke 2
Rankestrasse 2.
Plan 10 E1.
Tél. *883 88 82.*

Reingold
Novalisstrasse 11.
Plan 6 F1.
Tél. *21 75 16 45.*

Slumberland
Goltzstrasse 24.
Plan 11 A3.
Tél. *216 53 49.*

Zum Nussbaum
Am Nussbaum 3.
Plan 7 C3.
Tél. *242 30 95.*

Zum Patzenhofer
Meinekestrasse 26.
Plan 10 D1.
Tél. *882 11 35.*

Zur Kneipe
Rankestrasse 9.
Plan 10 D2.
Tél. *883 82 55.*

BIERGARTEN

Bundespressestrand
Reichstagsufer, angle d'Otto-von-Bismarck-Allee.
Plan 6 E2.
Tél. *28 09 91 19.*

Golgatha
Dudenstrasse 48-64, in Viktoriapark. **Plan** 12 E5.
Tél. *78 52 453.*

Loretta am Wannsee
Kronprinzessinnenweg 260.
Tél. *803 51 56.*

Prater
Kastanienallee 7-9.
Plan 1 A5, 1 B3.
Tél. *448 56 88.*

Schleusenkrug
Müller-Breslau-Strasse/at Tiergartenschleuse.
Plan 4 E4.
Tél. *313 99 09.*

BARS À VINS

Billy Wilder's
Potsdamer Strasse 2.
Plan 6 D5.
Tél. *26 55 48 60.*

Lutter & Wegener
Gendarmenmarkt 56.
Plan 7 A4, 16 D4.
Tél. *202 95 40.*

Nouveau Paris Bar
Kantstrasse 152.
Plan 10 D1.
Tél. *31 01 50 94.*

Vox Bar au Grand Hyatt
Marlene-Dietrich-PLatz 2.
Plan 6 D5.
Tél. *030 2553 1234.*

Weinstein
Lychener Strasse 33.
Tél. *441 18 42.*

BARS À COCKTAILS

Ballhaus Berlin
Chausseestrasse 102
Plan 6 F1.
Tél. *282 75 75.*

Bar am Lützowplatz
Lützowplatz 7.
Plan 11 A1.
Tél. *262 68 07.*

Berlin Bar
Neue Schönhauser Strasse 44.
Plan 7 C2.
Tél. *21 23 06 00.*

b-flat
Rosenthaler Strasse 13.
Plan 7 B1.
Tél. *28 38 68 35.*

Gainsbourg - Bar American
Savignyplatz 5.
Plan 9 B1 et 9 C1.
Tél. *313 74 64.*

Green Door
Winterfeldtstrasse 50.
Tél. *215 25 15*

Haifischbar
Arndtstrasse 25.
Plan 13 A5.
Tél. *691 13 52.*

Harry's New York Bar
Lützowufer 15
(in Hotel Esplanade).
Plan 11 A1.
Tél. *25 47 88 21.*

Kumpelnest 3000
Lützowstrasse 23.
Plan 11 B1.
Tél. *26 16 918.*

Newton Bar
Charlottenstrasse 57.
Plan 16 D4.
Tél. *20 29 54 21.*

Riva Bar
Dircksenstrasse, S-Bahnbogen 142.
Plan 7 C2.
Tél. *24 72 26 88.*

Roter Salon
Rosa-Luxemburg-Platz.
Plan 7 C1.
Tél. *24 06 58 06.*

Times Bar (cigar bar)
Fasanenstrasse 9-10.
Plan 10 D1.
Tél. *31 10 30.*

Trompete
Lützowplatz 9.
Plan 11 A1.
Tél. *23 00 47 94.*

Zur weissen Maus
Ludwigkirchplatz 12.
Plan 9 C3.
Tél. *886 792 88.*

BARS GAYS ET LESBIENS

Café Seidenfaden
Dircksenstrasse 47.
Plan 7 C3.
Tél. *283 27 83.*

Die Busche
Mühlenstrasse 11-12.
Tél. *296 08 00.*

Hafenbar
Motzstrasse 19.
Plan 11 A2.
Tél. *211 41 18.*

Heile Welt
Motzstrasse 5.
Plan 11 A2.
Tél. *21 91 75 07.*

Roses
Oranienstrasse 187.
Plan 14 E2.
Tél. *615 65 70.*

So 36
Oranienstrasse 190.
Plan 13 B1, 14 D1.
Tél. *61 40 13 06.*

FAIRE DES ACHATS À BERLIN

Malgré les galeries marchandes construites depuis la chute du Mur sur la Friedrichstrasse, c'est dans le quartier du Kurfürstendamm, grand pôle commercial de l'ancien Berlin-Ouest, que restent concentrées la majorité des enseignes les plus chic, qu'il s'agisse de boutiques de mode, de magasins de porcelaine ou d'antiquaires. Toutefois, les arrondissements de Wedding, Friedrichshain, Schöneberg ou Kreuzberg recèlent aussi de nombreuses et intéressantes boutiques.

Si les grands magasins berlinois comme l'historique KaDeWe et les Galeries Lafayette, plus récentes, ne manquent pas d'intérêt, certains préféreront les stands bigarrés des marchés aux puces qui se tiennent sur la Museumsinsel et au Tiergarten. Et depuis quelques années, les galeries d'art contemporain et les boutiques vendant les créations de jeunes stylistes se sont mutipliées autour de la Sophienstrasse, dans la partie nord de l'arrondissement de Mitte.

Sous la verrière du moderne Europa-Center *(p. 150)*

HEURES D'OUVERTURE

Les commerces ouvrent de 10 h à 20 h du lundi au vendredi et de 10 h à 18 h le samedi, sans interruption pour la pause déjeuner, sauf s'ils ne sont tenus que par une seule personne. Quelques grands magasins lèvent leurs rideaux dès 9 h. Pendant les six semaines qui précèdent Noël, les magasins restent ouverts jusqu'à 22 h ou minuit le vendredi et le samedi et la régie municipale de transports publics, la Berliner Verkehrs-Betriebe (BVG) *(p. 294-295)*, met en circulation des *WeihnachtsgeschenkeBus* (« bus des cadeaux de Noël »). où l'on peut déposer ses paquets.

GRANDS MAGASINS

Sur la Wittenbergplatz, le Kaufhaus des Westens, plus connu sous le diminutif de **KaDeWe** *(p. 155),* est sans aucun doute le plus vaste et le plus intéressant des grands

magasins d'Allemagne. Ses rayons ne renferment que des articles de qualité, depuis les parfums rares jusqu'à la haute couture en passant par la lingerie fine. Les gourmets apprécieront le sixième étage consacré à l'alimentation, où les rayons présentent plus de 2 000 vins et autant de sortes de charcuteries.

Si les **Galeries Lafayette** *(p. 65)* de la Friedrichstrasse n'ont pas l'importance de leur maison mère parisienne, le bâtiment conçu par Jean Nouvel mérite une visite pour son architecture. Vins et produits alimentaires français aideront à surmonter un éventuel mal du pays. Très apprécié également, **Wertheim** domine le Ku'damm, et son restaurant, au dernier étage, offre une vue magnifique de la ville.

Éventaire de souvenirs dans un quartier touristique

CENTRES COMMERCIAUX

Le grand pôle commercial de Berlin-Ouest était le Ku'damm. Après la chute du Mur, l'un des premiers chantiers de réhabilitation du centre-ville concerna la Friedrichstrasse, où les Friedrichstadtpassagen *(p. 65)* forment aujourd'hui une immense galerie marchande.

Le grand magasin Hugendubel

Magasin de cravates italiennes, Kurfürstendamm

De nouveaux centres commerciaux sont depuis régulièrement mis en construction, généralement près d'une station de S-Bahn. Ces structures massives de trois étages abritent un éventail de commerces qui va du supermarché à la pharmacie en passant par des boutiques de mode, des restaurants, des bars et des librairies. Ils ouvrent le dimanche, mais respectent en semaine les horaires habituels et ferment à 20 h.

Les **Potsdamer Platz Arkaden** attirent chaque jour des milliers de Berlinois, d'hommes d'affaires de passage et de visiteurs. Le nouveau centre commercial **Das Schloss** et le Forum Stegliz, sur Schlossstrasse, à Stegliz dans le sud de Berlin, sont aussi des temples de la consommation.

Le **Gesundbrunnencenter**, le plus grand passage commercial de Berlin, abrite d'innombrables éventaires proposant toutes sortes de marchandises à tous les prix. Ses nombreux bars en font un lieu de rencontre où l'on se donne rendez-vous pour boire une bière ou un café.

SOLDES

Il existe en Allemagne deux périodes de soldes *(Schlussverkauf)*. Fixées par la loi, elles durent chacune dix jours. Les soldes d'hiver commencent le dernier lundi de janvier, celles d'été à la fin du mois de juillet. Les réductions pratiquées sur les vêtements soldés dépassent parfois 50 %. Officiellement les commerçants ne sont pas tenus de reprendre un achat soldé, mais si vous avez acheté un article qui ne vous convient vraiment pas, négociez la reprise directement avec le personnel du rayon.

Certaines boutiques proposent à prix réduit des invendus de la saison précédente étiquetés « deuxième saison », qui sont toutefois toujours des articles de qualité équivalente à celle d'articles neufs. Vous trouverez aussi des magasins proposant à très bon marché des jeans de marque considérés comme étant de second choix, car ils présentent de petits défauts.

MODE DE PAIEMENT

L'argent liquide reste le moyen de paiement le plus largement accepté. Dans le centre-ville, il est toujours possible de trouver un distributeur automatique *(p. 284)*. L'usage de la carte bancaire internationale se répand, en particulier dans les grands magasins.

Dans une ville étrangère, dénicher les bonnes affaires, ou simplement le souvenir ou le cadeau original que l'on tient à rapporter, peut demander un temps dont on ne dispose pas toujours. Par chance, il existe à Berlin des « guides de shopping » prêts à vous conduire aux adresses qui vous intéressent.

Un rayon au rez-de-chaussée du KaDeWe *(p. 155)*

Vêtements et accessoires

Presque chaque arrondissement de Berlin possède sa rue commerçante où les habitants du quartier font leurs achats, mais trois grands centres regroupent l'essentiel des parfumeries et des magasins de mode les plus chic. Ils ont pour pôles le Kurfürstendamm, la Friedrichstrasse et la Potsdamer Platz. C'est là, en particulier, que les maisons de couture de renom international ont ouvert leurs boutiques. Et si vous voulez découvrir les créations des jeunes stylistes berlinois, explorez les environs du Hackescher Markt à Mitte ou l'arrondissement de Prenzlauer Berg.

MODE FÉMININE

Les grands couturiers affectionnent le Ku'damm (Kurfürstendamm) et les rues voisines, notamment l'élégante Fasanenstrasse, et vous trouverez dans ce quartier les succursales des griffes internationales comme **Yves Saint Laurent, Max Mara, Sonia Rykiel, Gianni Versace, Bogner, Louis Vuitton, Chanel, Donna Boutique** et **Gucci. Designer Depot** a bâti sa renommée sur la sobriété et la coupe de ses vêtements. Gucci possède une succursale au Quartier 206 *(p. 65)*, sur la Friedrichstrasse, où il est en concurrence avec de nombreux autres magasins de mode féminine, dont **Evelin Brandt, Department Store 206, Strenesse, Strenesse Blue** et **ETRO**. Le premier magasin de mode internationale, **The Corner Berlin**, propose les créations de stars comme Roland Mouret ou John Galliano, des accessoires et des produits de beauté.

MODE MASCULINE

Les magasins de prêt-à-porter pour homme les plus élégants sont concentrés dans le quartier du Kurfürstendamm. **Patrick Hellmann** a une sélection de vêtements de stylistes comme Giorgio Armani, Helmut Lang, Christian Dior et Dolce E Gabbana. **Anson's** et **Mientus** qui a ouvert une deuxième boutique sur la Wilmersdorfer Strasse, sont très populaires. Outre les créations de stylistes connus, comme Boss, Armani, Joop et autres, **Peek & Cloppenburg,** le deuxième grand magasin de prêt-à-porter d'Allemagne, vend aussi ses propres marques, meilleur marché. **Zegna**, le célèbre styliste italien, qui vient d'ouvrir un magasin sur le Kurfürstendamm, vend les meilleurs costumes de toute l'Allemagne.

MODE ENFANTINE

Berlin compte des magasins pour enfants pour tous les budgets. **I Pinco Pallino** propose des vêtements haute couture pour tous les âges, les prix sont en rapport avec la qualité proposée. Le quartier de Prenzlauer Berg qui affiche le plus haut taux de naissances de toute l'Allemagne compte de nombreuses boutiques de vêtements pour enfants, produits de marque ou artisanaux, **H&M Kinder** conviendra mieux à ceux qui cherchent des vêtements à la mode à un prix raisonnable.

JEUNES STYLISTES

Bien qu'il n'existe pas à proprement parler d'école de couture berlinoise, de nombreux jeunes stylistes s'efforcent de percer dans la capitale allemande en profitant de l'espace d'exposition que leur offrent des galeries, des ateliers et des boutiques. Les collections mises en vente se composent généralement d'articles fabriqués en très petit nombre. Les magasins proposant leurs créations étaient auparavant disséminés dans toute la ville, mais ils sont désormais principalement concentrés dans la partie nord de l'arrondissement de Mitte. Coupes classiques et tissus lourds et sombres placent les vêtements de **NIX** hors de toute mode éphémère.

Sur la Sophienstrasse, **Fishbelly** diffuse la lingerie sexy dessinée par Jutta Teschner. **Molotow** présente à Kreuzberg une gamme plus classique. À Charlottenburg, les vêtements de **Chapeaux** sont très populaires chez les Berlinois. Le magasin **Lisa D.** propose à ses clientes les robes élégantes et classiques dessinées par l'une des meilleures stylistes pour femmes de Berlin.

CHAUSSURES ET ACCESSOIRES

Les trois succursales que possède **Schuhtick** à Berlin comptent parmi les plus grands magasins de chaussures de la ville, tandis que la chaîne **Budapester Schuhe** propose surtout du haut de gamme. Vous trouverez aussi un bon choix chez **Görtz,** près du Kurfürstendamm. Les dernières fabrications italiennes sont disponibles chez **Riccardo Cartillone.**

Situé sur la Tucholskystrasse, **Penthesileia** abrite une gamme ludique de sacs à main de toutes tailles et formes. Si c'est un chapeau que vous cherchez, filez droit chez **Hut Up,** dans le Heckmannhöfen. Vous y trouverez aussi bien des chapkas russes que des couvre-chefs permettant d'exhiber des *dreadlocks* de rasta le temps d'une soirée.

PARFUMERIE

Toutes les marques internationales sont représentées dans les grands magasins comme **KaDeWe** et les **Galeries Lafayette,** mais il existe aussi partout en ville des boutiques spécialisées dans les produits de beauté, dont les succursales de la chaîne **Douglas.** Elles offrent une large gamme de parfums à prix très raisonnables. Le **Quartier 206** permet de bénéficier d'un bon choix de cosmétiques de marques réputées, mais si vous cherchez quelque chose d'original, filez droit chez **Harry Lehmann.** Perpétuant une tradition familiale vieille de 80 ans, M Lehmann, en personne, fabrique des parfums personnalisés à partir de 50 essences. Il vend également des créations oubliées depuis longtemps. Le groupe **Body Shop** connaît un succès grandissant à Berlin grâce à sa démarche écologique : parfums sans produits chimiques, refus des expérimentations sur les animaux et politique de récupération des emballages.

ADRESSES

MODE FÉMININE

Bogner
Kurfürstendamm 42.
Plan 9 C2.
Tél. 88 71 77 80.

Chanel
Fasanenstrasse 30.
Plan 9 C3.
Tél. 885 13 24.

Department Store 206
Friedrichstrasse 71.
Plan 6 F4.
Tél. 20 94 686.

Designer Depot
Rochstrasse 2.
Plan 7 C2.
Tél. 28 04 67 00.

Donna Boutique
Uhlandstrasse 145.
Plan 9 C3.
Tél. 881 73 60.

ETRO
Friedrichstrasse 71.
Plan 6 F3.
Tél. 20 94 61 20.

Evelin Brandt
Savignyplatz 6.
Plan 9 C1.
Tél. 313 80 80.

Gucci
Kurfürstendamm 190-192
Plan 9 C2.
Tél. 885 63 00.

Friedrichstrasse 71.
Plan 6 F3.
Tél. 201 70 20.

Louis Vuitton
Friedrichstrasse 71.
Plan 6 F4.
Tél. 20 94 68 68.

Max Mara
Kurfürstendamm 178.
Plan 10 D1.
Tél. 885 25 45.

Sonia Rykiel
Kurfürstendamm 186.
Plan 9 A2.
Tél. 882 17 74.

Strenesse & Strenesse Blue
Friedrichstrasse 71.
Plan 6 F3.
Tél. 20 94 60 35.

The Corner Berlin
Französische Strasse 40.
Plan 7 A4.
Tél. 20 67 09 50.

Yves Saint Laurent
Kurfürstendamm 52.
Plan 9 A2.
Tél. 883 39 18.

MODE MASCULINE

Anson's
Schlossstrasse 122.
Tél. 79 09 60.

Mientus
Wilmersdorfer Strasse 73.
Plan 2 F3, 3 A5, 9 A1.

Kurfürstendamm 52.
Plan 9 A2.
Tél. 323 90 77.

Patrick Hellmann
Kurfürstendamm 53.
Plan 10 D2.
Tél. 884 87 70.

Peek & Cloppenburg
Tauentzienstrasse 19.
Plan 10 E1.
Tél. 21 29 00.

Zegna
Kurfürstendamm 185.
Plan 9 B2.
Tél. 887 190 90.

MODE ENFANTINE

H&M Kinder
Schlossstrasse 1 (Steglitz).
Plan 2 E3, E4.

I Pinco Pallino
Kurfürstendamm 46.
Plan 10 D1.
Tél. 881 28 63.

JEUNES STYLISTES

Chapeaux
Bleibtreustrasse 51.
Plan 9 B1.
Tél. 312 08 13.

Fishbelly
Sophienstrasse 7a.
Tél. 28 04 51 80.

Lisa D.
Hackesche Höfe,
Rosenthaler Strasse 40-41.
Plan 7 B2.
Tél. 28 29 061.

Molotow
Gneisenaustrasse 112.
Plan 13 A4.
Tél. 693 08 18.

NIX
Oranienburger Strasse 32.
Plan 7 A2.
Tél. 281 80 44.

CHAUSSURES ET ACCESSOIRES

Budapester Schuhe
Kurfürstendamm 199.
Plan 10 D1.
Tél. 88 11 707.

Bleibtreustrasse 24.
Plan 9 B1.
Tél. 88 17 001.

Friedrichstrasse 81.
Plan 6 F3.
Tél. 20 38 81 10.

Görtz
Kurfürstendamm 13-14.
Plan 10 D1.
Tél. 88 68 37 52.

Hut Up
Oranienburger Strasse 32.
Plan 7 A2.
Tél. 28 38 61 05.

Penthesileia
Tucholskystrasse 31.
Plan 7 A2, 16 D1.
Tél. 282 11 52.

Riccardo Cartillone
Savignyplatz 4.
Plan 9 C1.
Tél. 31 50 33 27.

Schuhtick
Savignyplatz 11.
Plan 9 C1.
Tél. 315 93 80.

Tauentzienstrasse 5.
Plan 10 E1.
Tél. 214 09 80.

PARFUMERIE

Body Shop
(dans le hall principal
de la gare
du Zoologischer Garten).
Plan 10 D1.
Tél. 31 21 391.

Douglas
Kurfürstendamm 216.
Plan 10 D1.
Tél. 881 25 34.

Galeries Lafayette
Französische Strasse 23.
Plan 6 F4.
Tél. 20 94 80.

Harry Lehmann
Kantstrasse 106.
Plan 9 A1.
Tél. 324 35 82.

KaDeWe
Tauentzienstrasse 21-24.
Plan 10 E1.
Tél. 21 21 00.

Quartier 206
Friedrichstrasse 71.
Plan 6 F3.
Tél. 20 94 68 00.

Cadeaux et souvenirs

Contrairement à ce que l'on trouve à Paris, Londres ou Rome, il n'existe pas à Berlin de véritable industrie dédiée à la fabrication de souvenirs, et l'éventail de tee-shirts et de gadgets spécifiquement destinés aux touristes reste limité. Toutefois, l'équivalent le plus proche de la tour Eiffel miniature est peut-être l'ours en peluche, image de l'emblème de la ville, un jouet proposé sous d'innombrables formes et dimensions. Les magasins de Berlin reflètent néanmoins les multiples facettes de la cité et offrent un immense choix de cadeaux, depuis des affiches originales jusqu'à la porcelaine de l'ancienne manufacture royale (p. 133). Le marché aux puces qui s'installe le dimanche sur la Strasse des 17. Juni (p. 256) comprend une section artisanale, et l'on y trouve notamment des bijoux et de l'art contemporain.

LIVRES ET MUSIQUE

Aucune enseigne privée n'égale les boutiques des musées en ce qui concerne les livres d'art, qui proposent aussi une bonne sélection de cartes postales, d'affiches et de souvenirs. Les meilleures se trouvent à l'**Hamburger Bahnhof** (p. 110-111), à la **Gemäldegalerie** (p. 122-125), à la **Sammlung Berggruen** (p. 164), au **Schloss Charlottenburg** (p. 160-161) et à l'**Altes Museum** (p. 75).

Réputée dans les domaines du design, de l'architecture, de la photo et du cinéma, la chaîne **Bücherbogen** possède plusieurs succursales. La plus importante occupe des arcades du viaduc du S-Bahn sur la Savignyplatz. À Charlottenburg, **Autorenbuchhandlung** organise des rencontres avec des auteurs. Aux Hackesche Höfe, **Artificium** intègre une galerie d'art. De grandes librairies comme **Kulturkaufhaus Dussmann** et **Hugendubel**, qui vend aussi des disques, gardent toujours en rayon de beaux ouvrages sur Berlin.

Si vous avez plus de facilité à lire l'anglais que l'allemand, vous trouverez des journaux dans cette langue et des romans d'auteurs britanniques et américains à **Books** et **English Books. Prinz Eisenherz** est spécialisé dans la littérature homosexuelle. Dans toutes ces librairies le personnel est très aimable et prêt à vous donner des renseignements.

Artificium, sur la Schlossstrasse, **Cover Music** près du Ku'damm proposent un large choix de CD. Les passionnés de musique classique se retrouvent chez **L & P Classics.** La clientèle de **Gelbe Musik,** sur la Schaperstrasse, apprécie l'avant-garde. **Grober Unfug** et **Lehmann's** sont aussi des adresses à recommander.

Les CD d'occasion abondent au marché aux puces qui se tient le dimanche sur la Strasse des 17 Juni (p. 256).

JOUETS

Emblème de Berlin, l'ours apparaît sous diverses formes partout dans la ville, en particulier dans les boutiques de cadeaux du Nikolaiviertel. Toutefois, vous ne trouverez nulle part autant d'ours en peluche qu'au **KaDeWe** (Kaufhaus des Westens, p. 155). Ce célèbre grand magasin leur consacre toute une section au sein d'un rayon de jouets assez riche pour satisfaire les goûts d'enfants de tous âges, et vous pourrez y acquérir aussi bien un plantigrade mesurant 2 cm que 2 m. Si vous choisissez le plus encombrant, rassurez-vous, le magasin peut se charger des expéditions à l'étranger.

Des artisans continuent de fabriquer des jouets en bois à l'ancienne, depuis les puzzles traditionnels jusqu'aux meubles de poupée. **Heidi's**

Spielzeugladen, sur la Kantstrasse, **Johanna Petzoldt,** sur la Sophienstrasse, et **Spielen,** sur la Hufelandstrasse, font partie des établissements les mieux approvisionnés.

Sur la Nürnberger Strasse, **Michas Bahnhof** est le grand fournisseur berlinois en rails, locomotives, wagons, gares et autres miniatures destinées aux circuits de trains électriques. Le choix offert laisse rêveur.

La capitale de l'ancienne Prusse ne saurait décevoir les collectionneurs de petits soldats de plomb. La plupart de ceux vendus par **Berliner Zinnfiguren Kabinett** sont destinés à des enfants, mais certaines pièces rares peuvent atteindre des prix extrêmement élevés.

FLEURS

Que vous cherchiez un bouquet afin d'égayer votre chambre d'hôtel, pour l'offrir à des amis qui vous ont invité à dîner ou dans un but plus romantique, vous trouverez à Berlin des fleuristes installés à presque tous les coins de rue. La plupart sont ouverts le dimanche.

Blumen-Koch, à Wilmersdorf a fondé sa renommée sur le soin qu'il est apporté pour réaliser des arrangements raffinés de fleurs exotiques.

Fleurop Blankenberg, sur le Kurfürstendamm, livrera le bouquet que vous avez sélectionné, à l'adresse de votre choix.

Blumen Damerius propose un grand choix de fleurs, d'une grande fraîcheur.

PORCELAINE ET CÉRAMIQUE

En 1708, c'est un alchimiste de Meissen, Johann Friedrich Böttger, qui découvrit le premier en Europe comment fabriquer de la « vraie » porcelaine, dite aussi porcelaine dure. La porcelaine de Meissen reste depuis une référence, et l'on en trouve dans plusieurs magasins du Kurfürstendamm. Frédéric II fonda en 1763 la **KPM (Königliche Porzellan-**

Manufaktur) *(p. 133)* de Berlin. Cette manufacture est toujours en activité, et elle vend sa production dans la boutique aménagée sur place, ainsi que dans l'élégant salon situé au rez-de-chaussée de l'hôtel Kempinski *(p. 226).* Il s'agit toutefois d'objets neufs. Si vous cherchez des pièces anciennes, tentez votre chance auprès des nombreux antiquaires que compte la ville *(p. 256-257).*

Moins onéreuse, la céramique traditionnelle de Thuringe possède aussi beaucoup de cachet avec ses motifs blancs et bleus. **Bürgel-Haus** en propose un bel assortiment sur la Friedrichstrasse.

BOUTIQUES SPECIALISÉES

Berlin compte de nombreuses boutiques tenues par des passionnés où vous pourrez dénicher des cadeaux et des objets sortant de l'ordinaire. **Knopf Paul** est ainsi spécialisé dans les boutons, et a rassemblé un assortiment hors du commun, tandis que les ballons de **Bären-Luftballons,** proposés dans toutes les couleurs, ont des formes amusantes. **Tee Gschwendner** et **TeeHaus** proposent les meilleurs thés et toute sorte d'accessoires. **Papeterie** vend de beaux papiers à lettres et des stylos de qualité.

Si vous restez bredouille, rien ne vous interdit d'aller chercher l'inspiration dans les départements spécialisés du **KaDeWe** *(voir rubrique jouets).*

ADRESSES

LIVRES ET DISQUES

Artificium
Rosenthalerstrasse 40/41.
Plan 7 B1.
Tél. *30 87 22 80.*

Autorenbuch-handlung
Carmerstrasse 10.
Plan 3 C5.
Tél. *313 01 51.*

Books
Goethestrasse 69.
Plan 3 B5.
Tél. *31 31 233.*

Bücherbogen
Savignyplatz.
Plan 9 C1.
Tél. *31 86 95 11.*

Cover Music
Kurfürstendamm 11.
Plan 10 D1.
Tél. *88 55 01 30.*

English Books
Unter den Eichen 96.
Tél. *831 40 04.*

Gelbe Musik
Schaperstrasse 11.
Plan 10 D2.
Tél. *211 39 62.*

Gemäldegalerie
Matthäikirchplatz 8.
Plan 5 C5.
Tél. *20 90 55 60.*

Grober Unfug
Zossener Strasse 32-33.
Plan 13 A3.
Tél. *69 40 14 90.*

Hamburger Bahnhof
Invalidenstrasse 50/51.
Plan 6 D1.
Tél. *397 83 40.*

Hugendubel
Tauentzienstrasse 13.
Plan 10 E1.
Tél. *(01801) 48 44 84.*

Lehmann's
Hardenbergstrasse 5.
Plan 3 C4.
Tél. *61 79 11 73.*

Kulturkaufhaus Dussmann
Friedrichstrasse 90.
Plan 15 C2.
Tél. *202 50.*

L & P Classics
Knesebeckstrasse 33-34.
Plan 9 C1.
Tél. *88 04 30 43.*

Prinz Eisenherz
Lietzenburger Strasse 9a.
Plan 9 B2.
Tél. *313 99 36.*

Sammlung Berggruen
Schlossstrasse 1.
Plan 2 E3.
Tél. *326 95 80.*

JOUETS

Berliner Zinn-figuren Kabinett
Knesebeckstrasse 88.
Plan 3 C5.
Tél. *315 70 00.*

Heidi's Spielzeugladen
Kantstrasse 61.
Plan 2 F5.
Tél. *323 75 56.*

Johanna Petzoldt
Sophienstrasse 9.
Plan 7 B1.
Tél. *282 67 54.*

KaDeWe
Tauentzienstrasse 21.
Plan 10 E1.
Tél. *21 21 00.*

Michas Bahnhof
Nürnberger Strasse 24.
Plan 10 E2, 10 F2.
Tél. *218 66 11.*

Quisebel
Niebuhrstrasse 12.
Plan 9 B1.
Tél. *88 91 28 00.*

FLEURS

Blumen Damerius
Potsdamer Platz Arkaden.
Tél. *45 38 005.*

Blumen-Koch
Westfälische Strasse 38.
Plan 9 A4.
Tél. *896 69 00.*

Fleurop Blankenberg
Kurfürstendamm 69.
Plan 9 A2.
Tél. *881 91 23.*

PORCELAINE ET CÉRAMIQUE

Bürgel-Haus
Friedrichstrasse 154.
Plan 6 F3, 15 C3.
Tél. *204 45 19.*

KPM
Wegelystrasse 1.
Tél. *39 00 92 15.*

Unter den Linden 35.
Plan 10 D1.
Tél. *206 41 50.*

BOUTIQUES SPÉCIALISÉES

Bären-Luftballons
Kurfürstenstrasse 31/32.
Plan 9 C1.
Tél. *26 97 50.*

Knopf Paul
Zossener Strasse 10.
Plan 13 A4.
Tél. *692 12 12.*

Papeterie
Uhlandstrasse 28.
Plan 9 C2.
Tél. *881 63 63.*

Tee Gschwendner
Kurfürstendamm 217.
Plan 10 D1.
Tél. *881 91 81.*

TeeHaus
Krumme Strasse 35.
Plan 3 A5.
Tél. *31 50 98 82.*

Antiquités et objets d'art

Berlin connaît une véritable effervescence artistique
et de nouvelles galeries ouvrent constamment. Depuis
la chute du Mur, ce dynamisme a principalement
profité au quartier de la Sophienstrasse *(p. 104)* dans
le nord de Mitte. Les expositions organisées par des
associations comme NGbK, NBK et KunstWerke offrent
des vitrines supplémentaires aux jeunes créateurs.
Les visiteurs qui préfèrent les souvenirs du passé
trouveront peut-être leur bonheur parmi le bric-à-brac
des marchés aux puces, les curiosités rassemblées
par les boutiques de Kreuzberg et les objets d'art
des magasins chic du Ku'damm.

SALLES DES VENTES

Les salles des ventes les plus
anciennes et les plus
prestigieuses de Berlin, **Gerda
Bassenge** et **Villa Grisebach,**
organisent toutes les deux des
ventes au début de l'année et
à l'automne. La première est
spécialisée dans l'art
graphique, et un mois avant
chaque vente elle met aux
enchères des livres et des
autographes. Quelques jours
après les enchères principales,
des photographies sont mises
en vente.

Les prix montent
généralement plus haut à Villa
Grisebach, qui négocie
principalement des peintures
du XIXᵉ siècle, y compris des
œuvres de maîtres modernes.
Une autre bonne salle des
ventes, la **Kunst-Auktionen
Leo Spik,** se trouve sur le
Ku'damm, tandis que
Christie's s'est installée sur la
Fasanenstrasse.

GALERIES D'ART

Depuis la chute du Mur,
quelque 30 galeries ont vu le
jour dans le Spandauer
Vorstadt autour
de la Linienstrasse,
de l'Auguststrasse,
de la Sophienstrasse et de
la Gipsstrasse. Parmi les plus
intéressantes figurent **Arndt &
Partner, Eigen & Art,
Contemporary Fine Arts,
Gebauer, Max Hetzler, Mehdi
Chouakri, Wohnmaschine,
Wiens Laden & Verlag** et
Neugerriemenschneider. Trois
ou quatre fois par an, elles
organisent ensemble des
journées « portes ouvertes »
pour présenter leurs

nouvelles collections. Une de
ces journées a toujours lieu à
l'automne à l'occasion de l'Art
Forum *(p. 50),* une foire
internationale d'art moderne.

Les galeries du quartier du
Kurfürstendamm, à
l'atmosphère plus feutrée,
comme **Brusberg** et, sur la
Knesebeckstrasse, **Galerie
Stühler,** propose un grand
choix d'œuvres de qualité.
**Anselm Dreher, Barbara
Weiss, Thomas Schulte** et **Eva
Poll** méritent aussi que vous
leur rendiez visite.

ANTIQUITÉS

Les magasins d'antiquités les
plus chic de Berlin se trouvent
près du Kurfürstendamm et de
la Ludwigkirchplatz. Même si
l'on a pas l'intention d'acheter,
les objets d'art qu'ils abritent
méritent un coup d'œil, qu'il
s'agisse de meubles chinois à
Alte Asiatische Kunst, de
bibelots Sécession à **ART 1900.**

Les spécialistes du mobilier
sont regroupés sur la
Suarezstrasse à Charlottenburg,
et ils vendent aussi bien
d'authentiques Thonet que les
créations en acier de stylistes
plus récents.

Si vos moyens ne vous
permettent pas des achats
aussi coûteux, la
Bergmannstrasse, à Kreuzberg,
permet parfois de dénicher
des pièces intéressantes au
milieu d'un fatras sans valeur.
Das Zweite Büro, dans la
Zossener Strasse, a pour
spécialité les meubles de
bureau anciens, et ses prix
élevés reflètent la qualité de
la sélection. De l'autre côté
de la rue, **Radio Art** abrite une
riche collection d'appareils de

radio et de tourne-disques.
**Antiklampen, Bleibtreu Antik
Art Déco** et **ANNO
Antiquitäten** comptent parmi
les autres boutiques
intéressantes.

Près de la Friedrichstrasse,
des éventaires chargés d'un
bric-à-brac allant des fripes
et des livres à l'argenterie
et aux ustensiles de cuisine
donnent une véritable
ambiance de marché aux
arcades du S-Bahn.

MARCHÉS AUX PUCES

Le plus populaire des
marchés aux puces
berlinois, le Trödel- und
Kunstmarkt, se tient sur
la Strasse des 17. Juni près
de la station de S-Bahn
Tiergarten. Il comprend deux
parties. Dans celle qui est
réservée aux objets anciens,
les éventaires proposent
aussi bien de vieux livres et
magazines que des raretés
hors de prix. Les étals
d'artisanat s'installent
de l'autre côté du
Charlottenburger Brücke.
Ils offrent un très large choix
d'articles en cuir, de
céramiques, de bijoux,
de tissages et de soieries.

Quelques pas seulement
séparent le **Berliner Kunst-
und Nostalgiemarkt an der
Museumsinsel** de certaines
des plus prestigieuses
institutions culturelles
allemandes. Il s'étend en effet
en face du Pergamonmuseum
et de l'Altes Museum, le long
du Kupfergraben. Vous
trouverez objets d'art, livres,
disques et autres antiquités
autour du Zeughaus.

Le marché aux puces
organisé sur un parc
de stationnement à côté
de la station de U-Bahn
Fehrbelliner Platz commence
le week-end à 8 h, et mieux
vaut s'y rendre tôt avant que
les professionnels et les
collectionneurs ne soient rués
sur les affaires les plus
intéressantes. Un autre
marché aux puces se tient
sur l'Arkonaplatz, au centre
d'un quartier résidentiel
de la partie nord de la ville.
Si vous êtes en quête de
souvenirs de la RDA,

promenez-vous près de Postdamer Platz et Leipziger Platz. Toutefois la qualité et l'authencité des objets vendus est souvent contestable.

Sur l'Eichenstrasse, le **Treptower Hallentrödel** réunit les objets les plus hétéroclites sous le même toit, et les vieilles bottes militaires y côtoient les accessoires de salle de bains et les piles de livres bradés. La halle elle-même, un ancien dépôt d'autobus, mérite un coup d'œil pour son architecture.

Les autres marchés aux puces dignes d'une visite comprennent l'**Antik &** **Trödelmarkt am Ostbahnhof**, le **Kunstmarkt Mulackstrasse** et le **Kiezmarkt am Moritzplatz**. Entreprise municipale chargée du nettoyage, le Berliner Stadtreinigungsbetriebe (BSR) possède plusieurs dépôts où il vend à bas prix les meubles récupérés.

ADRESSES

SALLE DES VENTES

Christie's
Giesebrechtstrasse 10.
Plan 9 A2.
Tél. 885 69 50.

Gerda Bassenge
Erdener Strasse 5a.
Tél. 89 38 02 90.
🕐 9h-18h lun.-ven.

Kunst-Auktionen Leo Spik
Kurfürstendamm 66.
Plan 10 D1.
Tél. 883 61 70.

Villa Grisebach
Fasanenstrasse 25.
Plan 10 D2.
Tél. 885 91 50.

GALERIES D'ART

Anselm Dreher
Pfalzburger Strasse 80.
Plan 9 C2.
Tél. 883 52 49.
🕐 14h-18h30 mar.-ven.
11h-14h sam.

Arndt & Partner
Zimmerstrasse 90-91.
Plan 7 B1.
Tél. 280 81 23.
🕐 11h-18h mar.-sam.

Barbara Weiss
Zimmerstrasse 88-91.
Plan 7 A5.
Tél. 262 42 84.
🕐 11h-18h mar.-sam.

Brusberg
Kurfürstendamm 213.
Plan 9 C1.
Tél. 882 76 82.
🕐 10h-18h30 mar.-ven.,
10h-14h sam.

Contemporary Fine Arts
Sophienstrasse 21.
Plan 7 B1.
Tél. 28 87 870.
🕐 11h-13h 14h-19h
mar.-ven., 11h-17h sam.

Eigen & Art
Auguststrasse 26.
Plan 7 B1.
Tél. 280 66 05.
🕐 11h-18h mar.-sam.

Eva Poll
Lützowplatz 7.
Plan 11 A1.
Tél. 261 70 91.
🕐 11h-13h lun,
11h-18h30 mar.-ven.,
11h-15h sam.

Galerie Stühler
Fasanenstrasse 69.
Plan 10 D1.
Tél. 881 76 33.

Gebauer
Holzmarktstrasse 15-19,
S-Bahn-Bogen 51-52.
Plan 6 F1.
Tél. 280 81 10.
🕐 11h-18h mar.-sam.

Max Hetzler
Zimmerstrasse 90-91.
Plan 6 F5.
Tél. 229 24 37.
🕐 11h-18h mar.-sam.

Mehdi Chouakri
Gipsstrasse 11.
Plan 7 B1.
Tél. 28 39 11 53.
🕐 11h-18h mar.-sam.

Michael Schultz
Mommsenstrasse 34.
Tél. 32 39 130.
🕐 10h-19h mar.-ven.,
10h-14h sam.

Neugerriem-schneider
Linienstrasse 155.
Plan 7 A1.
Tél. 30 87 28 10.
🕐 11h-18h mar.-sam.

Thomas Schulte
Charlotenstrasse 24.
Plan 7 A3.
Tél. 20 69 89 90.
🕐 12h-18h lun.-sam.

Wiens Laden & Verlag
Linienstrasse 158.
Plan 7 C1.
Tél. 28 38 53 52.
🕐 14h-19h mar.-ven.,
midi-18h sam.

Wohnmaschine
Tucholskystrasse 35.
Plan 7 A2, 16 D1.
Tél. 30 87 20 15.
🕐 11h-18h mar.-sam.

ANTIQUITÉ

Alte Asiatische Kunst
Fasanenstrasse 71.
Plan 10 D1.
Tél. 883 61 17.

ANNO Antiquitäten
Spandauer Strasse 25.
Plan 7 C3.
Tél. 282 90 48.

Antiklampen
Motzstrasse 32.
Plan 10 F3.
Tél. 213 72 27.

Art Déco
Grolmanstrasse 51.
Plan 3 C5.
Tél. 31 50 62 05.

ART 1900
Kurfürstendamm 53.
Plan 9 B2.
Tél. 881 56 27.

Bleibtreu Antik
Schlüterstrasse 54.
Plan 9 B1.
Tél. 883 52 12.

Das Zweite Büro
Zossener Strasse 6.
Plan 13 A3. **Tél.** 693 07 59. 🕐 10h-18h mar.-ven., 10h-14h sam.

Lakeside Antiques
Neue Kantstrasse 14.
Plan 2 E5. **Tél.** 25 45 99 30.

Radio Art
Zossener Strasse 2. **Plan** 13 A3. **Tél.** 693 94 35.
🕐 midi-18h jeu.-ven., 10h-13h sam.

MARCHÉ AUX PUCES

Antik & Trödelmarkt am Ostbahnhof
Erich-Steinfurth-Strasse.
🕐 10h-17h sam. et dim.

Berliner Kunst- und Nostalgiemarkt an der Museumsinsel
Museumsinsel
& Kupfergraben.
Plan 7 A2, 16 D1.
🕐 11h-17h sam.-dim.

Kunstmarkt Mulackstrasse
Mulackstrasse 12.
🕐 14h-21h sam.-dim.

Kiezmarkt am Moritzplatz
Moritzplatz.
🕐 8h-16h sam.-dim.

Treptower Hallentrödel
Puschkinallee.
🕐 10h-18h sam.-dim.

Gastronomie

Depuis de nombreuses années, la gastronomie a pris à Berlin un air d'évasion, et l'époque où l'on devait se contenter de jarret de porc, de *Currywurst* et de pommes de terre est depuis longtemps révolue. Presque toutes les cuisines du monde sont aujourd'hui représentées. Ce qui n'interdit pas de profiter des spécialités germaniques que la ville a à offrir : l'immense choix de charcuteries, tout d'abord, et les gâteaux, péché mignon des Allemands. Installés dans des halles du XIXᵉ siècle ou en plein air, les marchés alimentaires sont en prise directe avec la vie quotidienne des quartiers. De plus en plus de boutiques proposent des produits biologiques, légumes et pain complet, mais aussi bière et vin.

PÂTISSERIES ET CONFISERIES

Les Allemands ont un faible pour les douceurs, et la tentation règne partout à Berlin. La spécialité pâtissière locale est un beignet fourré, qui porte le nom de *Berliner*. Le choix de friandises exposé dans la plupart des vitrines déborde toutefois largement des frontières nationales avec, en particulier, des gâteaux français et viennois. **Buchwald,** l'une des meilleures adresses de la ville, vend surtout des pâtisseries à emporter, mais vous pourrez en consommer sur place, dans de nombreuses *Konditoreien* comme l'**Opernpalais** et le **Wiener Konditorei Caffehaus.**

Autres tentations, les chocolats et les pralines de **Leysieffer** ne déçoivent pas les connaisseurs. Le **Feinschmecker Etage** du **KaDeWe** et le département **Gourmet** des **Galeries Lafayette** abritent tous les deux des rayons fortement conseillés aux gourmets.

FROMAGES

Si vous avez le mal du pays, une visite au rayon fromages des **Galeries Lafayette**, le mieux fourni de Berlin, devrait contribuer à vous remonter le moral. Celui du **KaDeWe** ne manque pas non plus d'intérêt. **Maître Philipe** ne vend que les fromages de petits producteurs sélectionnés, et vous ne verrez pas de réfrigérateur dans ce magasin entièrement climatisé où flotte un parfum qui met en appétit. Ricotta et parmesan

sont disponibles chez **Südwind,** sur l'Akazienstrasse, qui propose aussi des huiles et des vins italiens. **Einhorn** est spécialisé dans les produits internationaux, pâtes, viandes et fromages. Les bonnes adresses comprennent aussi **Lindner** et **Salumeria.**

VINS

Une fois encore, ce sont le **KaDeWe** et les **Galeries Lafayette** qui offrent le plus grand choix, car beaucoup de petits détaillants préfèrent se concentrer sur les crus d'une seule région. Ainsi, **Der Rioja-Weinspezialist** ne vend que des vins de La Rioja, le terroir le plus réputé d'Espagne, tandis que **Vendemmia** a pour spécialité la Toscane. **Viniculture** garde en cave une riche sélection de vins allemands.

CHARCUTERIE ET CONSERVES DE POISSON

La charcuterie est sans conteste le domaine où excelle la gastronomie allemande, et les spécialités à base de viande de porc disponibles à Berlin, les saucisses entre autres, sont d'une diversité stupéfiante. Cette richesse se remarque surtout au **KaDeWe** et aux **Galeries Lafayette**, mais de petits commerces comme **Neuland Fleischerei Bachhuber** propose des produits de grande qualité. Il garantit une viande sans hormones ni traitement chimique. Le rayon traiteur du

KaDeWe propose une bone sélection de poissons, d'eau douce et de mer ainsi que du gibier. **Rogacki** est connu pour ses poissons et ses savoureux plats cuisinés. **Schlemmmermeye**r est réputé pour ses viandes froides.

MARCHÉS COUVERTS

Les vastes halles construites au XIXᵉ siècle pour abriter les marchés d'alimentation restèrent jusqu'à la Seconde Guerre mondiale les principaux centres d'approvisionnement des Berlinois. L'activité ne cessait jamais dans la plus grande, située sur Alexanderplatz, mais elle perdit son utilité après la partition, et les autorités de la RDA ne virent pas d'intérêt à réparer les dégâts causés par les bombardements.

Il ne reste aujourd'hui que trois marchés d'alimentation couverts dans la capitale allemande, dont l'**Arminiushalle** de Moabit qui a été classée monument historique. La **Markthalle am Marheinekeplatz** et l'**Eisenbahnhalle** se trouvent toutes deux à Kreuzberg. Ces halles restent ouvertes jusqu'au soir six jours par semaine, du lundi au samedi, et les Berlinois s'y arrêtent le plus souvent pour venir acheter un ou deux aliments particuliers qu'ils n'ont pas trouvés en supermarché. Elles offrent au visiteur une bonne occasion de goûter les *Currywurst (p. 233)*, un snack typique, car elles abritent les stands considérés comme les meilleurs de la ville.

MARCHÉS

Les marchés en plein air se tiennent deux fois par semaine. Le plus apprécié, le **Winterfeldtmarkt,** se déroule le mercredi et le samedi de 7 h à 14 h sur la Winterfeldtplatz. Le samedi, il dure plus longtemps quand il y a affluence, ce qui est souvent le cas. Son charme tient entre autres à sa diversité car des marchands de fleurs, de fruits et légumes, de fromages, de vêtements ou d'ustensiles domestiques s'y côtoient. Des stands vendent saucisses grillées et *falafel*, et de nombreux bars permettent de se détendre en buvant un café ou un verre de bière.

Le **Türken Markt am Maybachufer** attire le mardi et le jeudi des familles turques de Kreuzberg et de Neukölln qui viennent y trouver des spécialités de leur pays d'origine. Il dure jusqu'à 18 h 30. La Wittenbergplatz accueille près du KaDeWe les marchés les plus centraux. Le **Wochenmarkt Wittenbergplatz** a lieu le mardi et le vendredi, tandis que le **Bauernmarkt Wittenbergplatz** rassemble le jeudi des fermiers de toute la région venus vendre leur production. Vous n'y trouverez pas de fruits exotiques, mais c'est l'endroit où acheter en saison des tomates ou des pommes qui ont du goût, des cornichons de Spreewald *(Salzgurken)* préparés artisanalement, des asperges de la région de Beelitz et de délicieuses fraises de jardin.

ADRESSES

RAYONS DES GRANDS MAGASINS

Feinschmecker Etage au KaDeWe
Tauentzienstrasse 21.
Plan 10 E2.
Tél. 21 21 00.

Gourmet des Galeries Lafayette
Friedrichstrasse 23.
Plan 6 F4.
Tél. 20 94 80.

PÂTISSERIES ET CONFISERIES

Buchwald
Bartningallee 29.
Plan 4 F3.
Tél. 391 59 31.

Fassbender & Rausch
Charlottenstrasse 60.
Plan 7 A4.
Tél. 20 45 84 40.

Kolbe & Stecher Bonbonmacherei
Heckmann Höfe,
Oranienburger
Strasse 32.
Plan 7 A1.
Tél. 4405 52 43.

Konditorei Am Hagenplatz
Hagenplatz 3.
Tél. 826 16 38.

Leysieffer
Kurfürstendamm 218.
Plan 10 D1.
Tél. 885 74 80.

Leysieffer
at Hotel Adlon
Unter den Linden 77.
Plan 6 E3,
15 A3.
Tél. 22 67 98 65.

Opernpalais
Unter den Linden 5.
Plan 7 A3,
16 E3.
Tél. 20 26 83.

Wiener Konditorei Caffeehaus
Hohenzollerndamm 92.
Tél. 89 59 69 22.

Wiener Konditorei Caffeehaus
Reichsstrasse 81.
Tél. 364 10 612.

FROMAGES

Einhorn
Wittenbergplatz 5-6.
Plan 10 F2.
Tél. 218 63 47.

Lindner
Olivaer Platz 17
(near Kurfürstendamm).
Plan 9 B2.
Tél. 881 35 53.

Maître Philipe
Emser Strasse 42.
Plan 9 B3,
9 C3.
Tél. 88 68 36 10.

Salumeria
Windscheidstrasse 20.
Plan 2 E5.
Tél. 324 33 18.

Südwind
Akazienstrasse 7.
Plan 11 A5.
Tél. 782 04 39.

VINS

Der Rioja-Weinspezialist
Akazienstrasse 13.
Tél. 782 25 78.

Vendemmia
Akazienstrasse 20.
Tél. 784 27 28.

Viniculture
Grolmanstrasse 44-45.
Tél. 883 81 74.

CHARCUTERIE ET CONSERVES DE POISSON

Neuland Fleischerei Bachhuber
Güntzelstrasse 47.
Plan 9 C4.
Tél. 873 21 15.

Rogacki
Wilmersdorfer Strasse
145-146.
Plan 2 F4.
Tél. 343 82 50.

Schlemmermeyer
Tauentzienstrasse 16
Plan 10 E1.
Tél. 217 72 09.

MARCHÉS COUVERTS

Arminiushalle
Arminiusstrasse.
Plan 4 E1.
⬚ 7h30-18h
lun.-jeu.,
7h30-19h ven.,
7h30-14h sam.

Eisenbahnhalle
Pücklerstrasse.
Plan 14 E2.
⬚ 8h-19h lun.-ven.,
8h-20h sam.

Markthalle am Marheinekeplatz
Marheinekeplatz.
Plan 13 A5.
⬚ 8h-19h lun.-ven.,
8h-20h sam.

Markthalle Tegel-Center
Gorkistrasse 13-17.
Tél. 43 43 849.
⬚ 8h-19h lun.-ven.,
8h-15h sam.

MARCHÉS

Bauernmarkt Wittenbergplatz
Wittenbergplatz.
Plan 10 F1.
⬚ 10h-19h30 jeu.

Winterfeldtmarkt
Wittenbergplatz.
Plan 11 A3.
⬚ 8h-midi mer. et sam.

Türken Markt am Maybachufer
Maybachufer.
Plan 14 E3, F4.
⬚ midi-18h30
mar. et ven.

Wochenmarkt Wittenbergplatz
Wittenbergplatz.
Plan 10 F2.
⬚ 8h-14h mar. et ven.

SE DISTRAIRE À BERLIN

Grande capitale moderne conjuguant une longue tradition culturelle et l'effervescence d'une cité en pleine mutation, Berlin offre un tel choix de spectacles et de distractions qu'il peut répondre aux goûts les plus éclectiques. En été, les pistes cyclables permettent de circuler aisément à vélo. Bars et restaurants installent des tables en terrasse, et une atmosphère animée règne alors dans les alentours d'Unter den Linden et du Kufürstendamm et dans les quartiers de Kreuzberg et Prenzlauer Berg. La ville prend toutefois son vrai visage la nuit, et on danse jusqu'à l'aube, parfois même plus tard, dans ses très nombreuses boîtes de nuit. La vie nocturne s'organise autour de plusieurs grands pôles qui possèdent tous leur caractère. Prenzlauer Berg reste à la fois populaire et bohème, Friedrichshain est plus chic, tandis que Kreuzberg abrite une scène gay très active. Dans l'arrondissement de Mitte se côtoient les hauts lieux berlinois de l'opéra et du théâtre classique et des bars où l'on peut profiter d'une joyeuse ambiance sans se ruiner.

Musicien de rue

Orchestre philharmonique de Berlin

RENSEIGNEMENTS PRATIQUES

L'offre culturelle est si vaste à Berlin qu'il est parfois difficile de choisir son lieu de sortie. Les bureaux de l'office de tourisme *(p. 278-279)* fournissent le calendrier des principales manifestations, mais mieux vaut consulter la presse spécialisée pour trouver des renseignements les plus détaillés. Deux sites Internet en allemand, *Berlinonline.de* et *Berlin.de,* permettent de se renseigner avant le départ ou, sur place, depuis un cybercafé. Ils contiennent des informations sur les festivals et les rencontres sportives, ainsi que sur les films, pièces de théâtre, spectacles de cabaret et concerts à l'affiche. *Berlin.de* comprend aussi quelques pages en anglais. En arrivant, regardez aussi les prospectus de votre hôtel.

PROGRAMMES

Les deux magazines de programme les plus complets, *Tip et Zitty,* sont des bimensuels qui paraissent en alternance le mercredi.

Les quotidiens berlinois proposent des suppléments culturels hebdomadaires. Celui du *Tagesspiegel,* appelé *Ticket* et celui du *Berliner Morgenpost,* appelé *bm Live* sortent le jeudi. Le jeudi, le *Tageszeitung,* ou *Taz,* donne les programmes de cinéma dans *Cinemataz.*

La société Berlin Tourismus Marketing édite une revue d'information trimestrielle : le *Berlin Magazin.* Le *Berlin Programm* paraît chaque mois. Distribué gratuitement, le *Flyer* regorge de nouvelles fraîches sur les night-clubs et la scène techno. Vous les trouverez dans les bars, les restaurants et les magasins de disques.

Disponible dans la majorité des librairies, des musées et des galeries d'art, le mensuel *Kunstkalender* présente en détail les expositions en cours et certain événements culturels.

BILLETS

Les salles de spectacle mettent généralement les billets en

L'Admiralspalast a été récemment rénové *(p. 69)*

Le Jazzfest Berlin programme du jazz classique *(p. 268)*

vente deux semaines à l'avance. Si on ne peut passer les prendre à la billetterie, il est possible de les réserver par téléphone ; les places doivent alors être retirées au plus tard une heure (parfois une demi-heure) avant le début de la représentation Pour les manifestations très prisées, tels les concerts de la Philharmonie, réservez longtemps à l'avance. Des réductions de 50 % s'appliquent dans certains cas aux étudiants, aux retraités et aux personnes handicapées munis des documents adéquats. **Showtime Konzert-und Theaterkassen** est une agence de location qui offre la possibilité d'acheter ses billets sans se déplacer jusqu'à la salle. Bien sûr, elle prélève pour ce service une commission. Les billets de certains théâtres incluent le trajet en transports publics.

Même si le spectacle qui vous intéresse affiche complet, tentez votre chance juste avant le début de la représentation, **Hekticket Theaterkassen,** vend des places pour le jour même, parfois jusqu'à une heure avant le début de la représentation. Quand il s'agit de billets retournés, la réduction peut aller jusqu'à 50 % du plein tarif. Vous pouvez également vous adresser à **Interklassik** et **Showtime Konzert-und Theaterkassen.**

SPECTATEURS HANDICAPÉS

Tous les magazines de programme indiquent si les lieux de spectacle permettent un accès en fauteuil roulant. Les plus grandes salles possèdent des places réservées en priorité aux personnes handicapées, mais elles sont en nombre limité, et il vous faudra préciser vos besoins au moment de l'achat du billet.

La majorité des stations de métro et de S-Bahn possèdent des ascenceurs, et elles sont clairement signalées sur les plans. Des rampes élévatrices équipent de plus en plus de bus. Si vous avez le moindre problème, n'hésitez pas à demander l'aide d'un employé de la BVG *(p. 294-297).*

TRANSPORTS PUBLICS DE NUIT

Berlin possède un système de transports publics particulièrement bien adapté aux besoins des noctambules. Le U-Bahn et le S-Bahn s'arrêtent en semaine vers 1 h, mais des bus et des trams

Porte de l'éléphant au Zoologischen Garten *(p. 150)*

continuent de circuler toutes les demi-heures. Ils ont des horaires coordonnés, et il existe deux grandes stations de correspondance : Hackescher Markt et Hardenbergplatz, près de la gare de chemin de fer Zoologischer Garten.

Le week-end, toutes les lignes de S-Bahn fonctionnent la nuit, sauf la U4 (les rames passent tous les 15 min.). Les points de vente de tickets et les centres d'information fournissent des brochures qui donnent le détail complet des transports publics fonctionnant la nuit.

Les enfants apprécient le Museumsdorf Düppel *(p. 180)*

ADRESSES

AGENCE DE LOCATION

Hekticket Theaterkassen
Hardenbergstrasse 29d.
Plan 10 D1.
Tél 230 99 333.

Karl-Liebknecht-Strasse 12.
Plan 7 C2. *Tél.* 230 99 333.

Interklassik
Kulturkaufhaus Dussuann,
Friedrichstrasse 90.
Plan 6 F3. *Tél.* 201 66 093.

Showtime Konzert-und Theaterkassen
Grand magasin KaDeWe,
(6e étage), Tauentzienstrasse 21.
Plan 10 F2.
Tél. 217 77 54.

Grand magasin Wertheim (rez-de-chaussée), Kurfürstendamm 181.
Plan 10 D1. *Tél.* 882 25 00.

Le théâtre

Pendant la république de Weimar, des créateurs comme Bertolt Brecht et Max Reinhardt firent de Berlin la capitale européenne du théâtre et le lieu d'expérimentation où il prit sa forme moderne. La scène théâtrale connut ensuite une période noire sous le régime nazi, qui ne la concevait que comme un outil de propagande. Le théâtre retrouva toutefois ses lettres de noblesse après la Seconde Guerre mondiale, aussi bien à l'Est avec Bertolt Brecht et son Berliner Ensemble qu'à l'Ouest où Peter Stein dirigeait la Schaubühne.

LE THÉÂTRE À BERLIN DEPUIS LA GUERRE

La construction du Mur par le gouvernement de la RDA en 1961 entraîna le dédoublement de toutes les grandes structures théâtrales de Berlin. La Volksbühne se trouvant à l'Est, l'Ouest se dota d'un équivalent baptisé Freie Volksbühne. La même chose se produisit avec l'Académie qui formait les jeunes acteurs.

Toutefois, les difficultés économiques causées par la réunification entraînèrent la fermeture de nombreux théâtres, qui dépendaient principalement de subventions. Chargés d'histoire, certaines institutions de l'ancien Berlin-Est ont survécu, notamment la Volksbühne dirigée par Frank Castorf et le Deutsches Theater repris par Thomas Langhoff, mais la Freie Volksbühne et le Schiller-Theater, qui fut avant la chute du Mur la plus grande scène d'Allemagne, durent fermer.

Ces bouleversements n'ont pas concerné les établissements indépendants qui ont réussi à tirer leur épingle du jeu dans les deux parties de la capitale. La saison de théâtre dure de septembre à juin et connaît son apogée en mai avec le Berliner Theatertreffen (p. 48), festival qui permet de découvrir des compagnies de langue allemande venues de tous horizons.

Les magazines *Tip* et *Zitty* annoncent les programmes. Ceux-ci apparaissent aussi sur des affiches jaunes visibles partout en ville, notamment dans les stations de U-Bahn.

GRANDES SCÈNES

Sous la direction de Thomas Langhoff, le **Deutsches Theater** et sa petite annexe, la **Kammerspiele**, entretiennent la réputation que Max Reinhardt donna au lieu. Le répertoire s'étend des tragédies grecques à des créations contemporaines. Il est parfois difficile d'obtenir des places.

Frank Castorf est resté à la tête de la **Volksbühne** qu'il dirigeait déjà du temps de la RDA, et il continue de faire de ce théâtre hautement symbolique un terrain d'innovation, adaptant romans, films ou pièces de jeunes auteurs, quand il ne met pas en scène des œuvres classiques dans un décor moderne. Les concerts, les conférences et les soirées de danse organisées dans le Salon rouge et le Salon vert ouvrent la Volksbühne à d'autres formes d'expression.

Après avoir joué un rôle central dans l'évolution de l'art dramatique en RFA, la **Schaubühne am Lehniner Platz** connaît actuellement une baisse de popularité que devrait endiguer l'arrivée du jeune metteur en scène Thomas Ostmeier.

Créé en 1949, le **Berliner Ensemble** (ou BE) garde à son répertoire les pièces de son fondateur, Bertolt Brecht, et de l'écrivain Heiner Müller qui prit sa direction de 1970 à 1995. Il possède un superbe intérieur néo-baroque, et les spectateurs peuvent rencontrer les acteurs au restaurant ouvert après la représentation dans la cour derrière le bâtiment.

Le **Hebbel am Ufer, Hauss 1** se distingue par une programmation éclectique qui inclut des productions contemporaines du monde entier et de la danse moderne.

Le **Maxim Gorki Theater** et le **Renaissance-Theater** ont une programmation ambitieuses. Le **Schlosspark Theater,** récemment privatisé, a un répertoire intéressant.

PETITES SCÈNES ET THÉÂTRE ALTERNATIF

Berlin accueille aussi de nombreuses compagnies qui interprètent les œuvres d'auteurs peu connus et montent des productions d'avant-garde. Le **Hebel am Ufer, Hauss 1** est considérée par les Berlinois comme la meilleure scène alternative.

Le **Bat-Studiotheater** et le **Kleines Theater** font partie des petits théâtres intéressants. Le **Theater zum Westlichen tadthirschen,** le **Theater 89,** le **Theater Zerbrochene Fenster** et le **Theater Kreatur** sont également des théâtres indépendants dignes d'intérêt. Le **Theater am Kurfürstendamm,** le **Komödie am Kurfürstendamm** ou le **Berlins Volkstheater Hansa** programment des pièces de boulevard, ce qui vous permettra, si vous êtes amateur, de passer une soirée détendue.

COMÉDIES MUSICALES, REVUES ET CABARET

Le **Friedrichstadtpalast,** dans la partie est de Berlin, et l'**Admiralpalast** accueillent les revues et les comédies musicales les plus ambitieuses. Le **Theater des Westens,** à Charlottenburg, est plus traditionnel. Le **Theater am Potsdamer Platz** est un théâtre moderne aménagé sur la Postdamer Platz en 1999.

Il est probablement possible de voir aujourd'hui autant de spectacles de cabaret à Berlin que pendant les années 1920. Ce sont généralement les créations de petites compagnies itinérantes qui se produisent dans les lieux comme le **Distel** et le **Stachelschweine,** deux établissements qui avaient déjà du succès avant la chute du Mur, l'un à l'Est, l'autre à l'Ouest. Parmi les nombreuses autres salles proposant des spectacles légers figurent le **Bar jeder Vernunft,** le **Chamäleon Variété,** le **Dr Seltsam Kabarett,** le **Musical-Zelt,** le **Scheinbar,** le **Wintergarten Variété** et le **Wühlmäuse.** Leur programmation est idéale pour passer une bonne soirée.

BILLETS

La majorité des théâtres permettent d'acheter ou de réserver des places quinze jours à l'avance. Il faut les retirer au plus tard une heure ou une demi-heure avant la représentation. Il existe partout en ville des agences de location qui évitent d'avoir à se déplacer jusqu'à la billetterie de la salle, mais elle prélèvent de 15 à 22 % de commission. Même si le spectacle affiche complet, il reste toujours l'espoir de profiter le soir même d'une réservation annulée. Une agence, **Hekticket Theaterkassen,** s'est spécialisée dans la vente de billets de dernière minute. S'il s'agit de billets déjà vendus, et retournés, elle les remet en circulation à moitié prix.

ADRESSES

GRANDES SCÈNES

Berliner Ensemble
Bertold-Brecht-Platz 1.
Plan 6 F2, 15 C1.
Tél. 28 408 155.

Deutsches Theater
Schumannstrasse 13.
Plan 6 E2, 15 A1.
Tél. 28 44 12 25.

Hebbel am Ufer, Hauss 1
Stresemannstrasse 29.
Plan 12 F2.
Tél. 25 90 04 27.

Kammerspiele
Schumannstrasse 13a.
Plan 6 E2, 15 A1.
Tél. 28 44 12 22.

Maxim Gorki Theater
Am Festungsgraben 2.
Plan 7 A3, 16 E2.
Tél. 20 22 11 29.

Renaissance-Theater
Hardenbergstrasse 6.
Plan 3 C5.
Tél. 312 42 02.

Schaubühne am Lehniner Platz
Kurfürstendamm 153.
Tél. 89 00 20.

Schlosspark Theater
Schlossstrasse 48.
Plan 2 E4.
Tél. 700 96 90.

Volksbühne
Rosa-Luxemburg-Platz.
Plan 8 D1. **Tél.** 247 67 72.

PETITES SCÈNES ET THÉÂTRES ALTERNATIFS

Bat-Studiotheater
Belforter Strasse 15.
Tél. 44 01 89 12.

Hebbel am Ufer, Hauss 1
Hallesches Ufer 32.
Plan 12 F2.
Tél. 25 90 04 27.

Hebbel am Ufer, Hauss 3
Tempelhofer Ufer 10.
Plan 12 F2.
Tél. 25 90 04 27.

Kleines Theater
Südwestkorso 64.
Tél. 821 20 21.

Komödie am Kurfürstendamm
Kurfürstendamm 206.
Plan 9 C2.
Tél. 88 59 11 88.

Sophiensaele
Sophienstrasse 18.
Plan 7 B1. **Tél.** 283 52 66.

Theater 89
Torstrasse 216.
Plan 6 F1. **Tél.** 282 46 56.

Theater am Halleschen Ufer
Hallesches Ufer 32.
Plan 12 F2. **Tél.** 251 09 41.

Theater am Kurfürstendamm
Kurfürstendamm 206.
Plan 9 C2. **Tél.** 88 59 11 88.

Theater Zerbrochene Fenster
Schwiebusser Strasse 16.
Plan 12 F5.
Tél. 694 24 00.

Theater zum Westlichen Stadthirschen
Roennebergstrasse 37.
Plan 12 D4.
Tél. 26 37 24 91.

Tribüne
Otto Suhr Allee 18
Plan 3 B4.
Tél. 312 26 00.

Vagantenbühne
Kantstrasse 12a.
Plan 10 D1.
Tél. 312 45 29.

COMÉDIES MUSICALES, REVUES ET CABARET

Admiralpalast
Friedrichstrasse 101.
Plan 6 F2 et 15 C1.
Tél. 47 99 74 99.

Bar jeder Vernunft
Schaperstrasse 24.
Plan 10 D2.
Tél. 883 15 82.

BKA Theater
Mehringdamm 34.
Plan 12 F4.
Tél. 202 20 07.

Chamäleon Variété
Rosenthaler Strasse 40-41.
Plan 7 B2.
Tél. 282 71 18.

Distel
Friedrichstrasse 101.
Plan 6 F2, 15 C1.
Tél. 204 47 04.

Friedrichstadtpalast
Friedrichstrasse 107.
Plan 6 F2, 15 C1.
Tél. 23 26 23 26.

Kalkscheune
Johannisstrasse 2 (derrière Friedrichstadtpalast).
Plan 6 F2.
Tél. 59 00 43 40.

Theater am Potsdamer Platz
Marlene-Dietrich-Platz 1.
Tél. (0180) 544 44.

Scheinbar
Monumentenstrasse 9.
Plan 11 C5.
Tél. 784 55 39.

Stachelschweine
Europa-Center.
Plan 10 E1.
Tél. 261 47 95.

Theater des Westens
Kantstrasse 12.
Plan 2 E5, 9 A1, 10 D1.
Tél. (0180) 882 28 88.

Wintergarten Varieté
Potsdamer Strasse 96.
Plan 11 C2.
Tél. 25 00 88 88.

Wühlmäuse am Theo
Pommernallee 2-4.
Plan 1 B5.
Tél. 213 70 47.

BILLETS

Hekticket Theaterkassen
Hardenbergstrasse 29d.
Plan 10 D1.
Tél. 23 09 930.

Karl-Liebknecht-Strasse 12.
Plan 7 C2.
Tél. 24 31 24 31.

Le cinéma

En novembre 1895, deux mois après que les frères Lumière eurent présenté leurs premiers films en France, les frères Emil et Max Skladanowsky firent découvrir le cinématographe à Berlin où un public fasciné se pressa bientôt au Wintergarten Variété-Theater pour admirer des courts métrages montrant des combats de kangourous, des enfants exécutant des danses folkloriques ou les prouesses d'acrobates. En 1918, la capitale allemande renfermait 251 salles de cinéma d'une capacité totale de 82 796 places. En 1925, l'industrie cinématographique employait 47 600 personnes. Cette même année, l'UFA (Universal Film Aktiengesellschaft) ouvrait les studios de Babelsberg, qui devinrent les plus importants d'Europe. La Grande Halle continue d'abriter des tournages.

GRANDS ÉCRANS ET PRODUCTIONS INTERNATIONALES

De nombreux cinémas sont situés sur la Breitscheidplatz, près du Ku'damm et de la Tauentzienstrasse. Des complexes multisalles construits depuis la chute du Mur, dont le **CinemaxX Potsdamer Platz** et le **Cinestar Sony Center.** Les productions étrangères sont doublées en allemand plutôt que sous-titrées, mais quelques salles les projettent en version originale. Le CinemaxX est, avec 19 écrans, le plus grand complexe de Berlin. Il est souvent bondé le week-end.

Près du CinemaxX, l'**Imax** de Berlin possède le plus grand écran d'Allemagne. Il mesure 27 m de large pour une superficie d'environ 1 000 m². Le programme proposé comprend un choix de films incluant même des documentaires d'histoire naturelle, de voyages et d'aventures sous-marines, ainsi qu'une sélection de films en 3D qui exigent le port de lunettes spéciales. Trois autres quartiers abritent des concentrations de cinémas : les alentours d'Alexanderplatz, Friedrichshain et Prenzlauer Berg.

Typique des cinémas construits par le régime communiste, l'**International** de la Karl-Marx-Allee date de 1963. Il a gardé son aménagement et son austérité d'origine et n'abrite que 551 places. Toujours sur la Karl-Marx-Allee, l'**UFA-Palast Kosmos.** Cet ancien petit cinéma est devenu un multiplex moderne qui renferme 10 salles, mais il a conservé sa façade d'époque.

ART ET ESSAI

Pour les cinéphiles, de petits cinémas disséminés dans toute la ville présentent les dernières créations indépendantes, de grands classiques allemands et étrangers et des rétrospectives ayant souvent pour thème un acteur ou un metteur en scène. Nombre de ces cinémas, tels le **Hackesche Höfe Kino** situé près du Hackescher Markt, et le **Central,** comprennent un café, offrant une halte agréable, loin de l'agitation des rues. Celui du Hackesche Höfe Kino sert aussi des snacks et offre une vue superbe du quartier depuis un cinquième étage.

Sur la Postdamer Platz, l'**Arsenal** appartient à l'association des amis de la Cinémathèque allemande (Freunde der Deutschen Kinemathek). Il propose quatre projections quotidiennes que précède parfois un bref exposé d'introduction. Un programme mensuel distribué dans tous les bars en donne le détail. La formule restera la même, mais le cadre perdra sans doute de son charme, quand la Cinémathèque s'installera dans la Haus des Deutschen Kinemathek intégrée au Sony Center près de la Potsdamer Platz (p. 128). Également à Schöneberg,

l'**Odeon** a pour spécialité les cinémas anglais et américain, tandis que le **Cinéma Paris,** à Charlottenburg, programme de nombreux films français en version originale.

CINÉMA EN PLEIN AIR

Les projections en plein air commencent à Berlin dès que le climat le permet. Celles qui ont lieu à la **Waldbühne,** immense théâtre de verdure de 20 000 places proche du stade olympique (p. 184) attirent de très nombreux spectateurs. D'autres cinémas en plein air se trouvent au **Freiluftkino Hasenheide,** dans le jardin de la Künstler Haus Bethanien de Friedrichshain et à l'UFA-Fabrik. Tous présentent films en exclusivité et classiques. Les projections débutent vers 21 h quand l'obscurité est suffisante.

CINÉMA NON COMMERCIAL

Quelques salles institutionnelles de la capitale allemande permettent de voir des films n'appartenant pas au circuit commercial traditionnel, des documentaires en particulier. Le **Zeughauskino,** qui a récemment rouvert ses portes après des travaux de restauration, propose à nouveau des documentaires intéressants et éducatifs en relation avec les expositions du Deutsches Historisches Museum (Musée de l'Histoire allemande, p. 58-59), ainsi qu'un programme indépendant.

En général, les projections de l'**Ethnologisches Museum,** l'ancien Museum für Völkerkunde de Dahlem (p. 178), complètent des expositions sur les cultures non européennes. Comme au Zeughauskino, les billets sont d'un prix très modéré.

PRIX ET HORAIRES

Une place de cinéma coûte généralement entre 5 et 8 euros, et les étudiants et les personnes âgées ne bénéficient pas toujours de tarifs réduits. En revanche, beaucoup de cinémas proposent une réduction de 1 à 2 euros le mardi ou le mercredi, et certains organisent des « lundis bleus », où le coût de la place peut descendre jusqu'à 4 euros.

Les plus grandes salles prennent les réservations par téléphone, mais il faut payer son billet au moins une demi-heure avant le début de la séance. Rares sont les billetteries qui acceptent les cartes bancaires.

Dans la plupart des salles, trois projections ont lieu tous les soirs à partir de 18 h. Vingt minutes de bandes-annonces et de publicité, où se glisse parfois un court métrage, précèdent le film.

INDUSTRIE CINÉMATOGRAPHIQUE

Pour un cinéphile, une visite de Berlin ne saurait être complète sans un pèlerinage à Potsdam aux studios de l'UFA de Babelsberg. Le **Studiotour Babelsberg** permet, au moyen d'extraits de films et d'éléments de décor, de se replonger dans l'atmosphère de l'époque où Marlene Dietrich devenait célèbre dans *L'Ange bleu* et où Fritz Lang tournait *Metropolis*. Les visiteurs peuvent aussi voir des équipes de tournage au travail et des démonstrations des derniers effets spéciaux *(p. 205)*.

Bücherbogen, une librairie de la Savignyplatz installée sous les arcades du viaduc du S-Bahn, vend un bon choix de livres sur le cinéma en plusieurs langues. Autrement, vous pouvez vous rendre à la **Bücherstube Marga Schoeller,** une librairie située au n° 33 Knesebeckstrasse, près du Kurfürstendamm.

ADRESSES

GRANDS ÉCRANS ET PRODUCTIONS INTERNATIONALES

CinemaxX Potsdamer Platz
Potsdamer Strasse 1-19.
Plan 6 D5.
Tél. *(0180) 524 63 62 99.*

Cinestar Sony Center
Potsdamer Strasse 4.
Plan 6 D5.
Tél. *26 06 62 60.*

IMAX
Potsdamer Strasse 4.
Tél. *26 06 64 00.*

International
Karl-Marx-Allee 33
(angle de la Schillingstrasse).
Plan 8 E3.
Tél. *24 75 60 11.*

ART ET ESSAI

Arsenal 1-2
Potsdamer Strasse 2/Sony Center. **Plan** 10 F2.
Tél. *26 95 51 00.*

Central
Rosenthaler Strasse 39.
Plan 7 B1.
Tél. *28 59 99 73.*

Cinéma Paris
Kurfürstendamm 211.
Plan 9 A2, 10 D1.
Tél. *881 31 19.*

Hackesche Höfe Kino
Rosenthaler Strasse 4041.
Plan 9 C2.
Tél. *283 46 03.*

Odeon
Hauptstrasse 116.
Plan 11 B5.
Tél. *78 70 40 19.*

CINÉMA EN PLEIN AIR

Freiluftkino Hasenheide
Volkspark Hasenheide/Neukölln.
Plan 13 D5.
Tél. *283 46 03.*

Waldbühne
Glockenturmstrasse 1.
Tél. *(01805) 33 24 33.*

CINÉMA NON COMMERCIAL

Ethnologisches Museum
Filmbuehne Museum, Lansstrasse 8.
Tél. *830 14 38.*
◯ *pendant les festivals.*

INDUSTRIE CINÉMA-TOGRAPHIQUE

Bücherbogen
Stadtbahnbogen 593.
Tél. *31 86 95 11.*

Studiotour Babelsberg
August-Bebel-Str. 26-53, Potsdam (entrance Grossbeerenstrasse).
Tél. *(0331) 721 27 55.*

FILMS CÉLÈBRES SUR BERLIN

Berlin Alexanderplatz
Allemagne 1931, réalisé par Phillip Jutzi d'après le roman d'Alexander Döblin.

Berlin Alexanderplatz
RDA 1980, réalisé par Rainer Werner Fassbinder.

Berlin, Chamissoplatz
RDA 1980, réalisé par Rudolf Thome.

Berlin - Ecke Schönhauser
RDA 1957, réalisé par Gerhard Klein.

Berliner Ballade (Ballade berlinoise)
Zone d'occupation américaine 1948, réalisé par Robert Stemmle.

Berlin, die Symphonie einer Grossstadt (Symphonie d'une grande ville)
Allemagne 1927, réalisé par Walter Ruttmann.

Coming Out
RDA 1988-1989, réalisé par Heiner Carow.

Der Himmel über Berlin (Les Ailes du désir)
RDA-France 1987, réalisé par Wim Wenders.

Die Legende von Paul und Paula (Paul et Paula)
RDA 1973, réalisé par Heiner Carow.

Eins, zwei, drei
États-Unis 1961, réalisé par Billy Wilder.

Kuhle Wampe
Allemagne 1932, dirigé par Slatan Dudow, scénario de Bertolt Brecht.

Menschen am Sonntag (Les Hommes le dimanche)
Allemagne 1930, réalisé par Robert Siodmak et Edgar G. Ulmer.

Lola rennt (Cours, Lola, cours)
Allemagne 1998, réalisé par Tom Tykwer.

Sonnenallee
Allemagne 1989, réalisé par Leander Haußmann.

La musique classique

Berlin abrite l'une des meilleures salles de concerts du monde, la Philharmonie, où se produit non seulement le célèbre Orchestre philharmonique, mais aussi les deux autres orchestres symphoniques de la ville. La capitale allemande possède également quatre opéras, dont un qui se consacre aux œuvres d'avant-garde. En été, les mélomanes peuvent profiter de diverses manifestations organisées en plein air, entre autres sur le Gendarmenmarkt. Des festivals comme le Berliner Festwochen ou la Musik-Biennale, axée sur le contemporain, offrent l'occasion d'assister à des représentations dans des palais et des églises.

SALLES DE CONCERT

Peu de salles en Europe possèdent une architecture aussi novatrice et une aussi bonne acoustique que la **Philharmonie** (p. 116-117). Le chef-d'œuvre de Hans Scharoun est le siège de l'Orchestre philharmonique de Berlin, fondé en 1882 par 57 musiciens ambitieux et rendu célèbre dans le monde entier par le chef autrichien Herbert von Karajan qui le dirigea de 1954 à 1989. Claudio Abbado a pris dignement la relève. Sir Simon Rattle lui a succédé en 2002.

Les places pour les programmes les plus populaires s'arrachent dès leur mise en vente, mais il reste d'habitude quelques sièges disponibles le soir du concert lorsqu'il s'agit d'œuvres peu connues. Il est plus facile d'obtenir des billets quand ce sont l'Orchestre symphonique de Berlin ou l'Orchestre symphonique de la Radio qui se produisent à la Philharmonie.

Plus petite mais d'architecture similaire, la **Kammermusiksaal** accueille des formations de musique de chambre.

Rebaptisé **Konzerthaus Berlin** (p. 65), l'ancien Schauspielhaus date du début du XIXe siècle et présente un aspect plus classique. Une restauration lui a rendu son élégant décor ravagé pendant la Seconde Guerre mondiale. Il possède deux salles, dont la plus petite est consacrée à la musique de chambre.

Deux bâtiments historiques servent de temps en temps

de cadre à des concerts : la **Universität der Künste** (École des beaux-arts) (p. 154-155) et la **Staatsbibliothek** (Bibliothèque nationale) (p. 116). Leur programme est annoncé dans les magazines *Tip* et *Zitty*.

OPÉRA

Restauré d'après les plans de son architecte, Georg Wenzeslaus von Knobelsdorff (1699-1753), le **Staatsoper Unter den Linden** (p. 63), actuellement dirigé par Daniel Barenboim, propose dans la Grosser Saal et l'Apollo-Saal un répertoire qui accorde la place principale aux classiques allemands et italiens, mais compte néanmoins quelques créations contemporaines.

Les opéras-comiques présentés au **Komische Oper** (p. 68) par Harry Kupfer restent en général longtemps à l'affiche, ce qui permet, presque toujours, d'obtenir des places. Les ballets produits sur la scène sont particulièrement novateurs.

Le **Deutsche Oper Berlin** occupe un bâtiment moderne sur la Bismarckstrasse. L'intérieur date des années 60 et manque d'intérêt, mais le hall abrite souvent une exposition. Depuis Mozart et les maîtres italiens jusqu'à Wagner et Saint-Saëns, le programme couvre une large période.

Comme son nom l'indique, le quatrième opéra de Berlin, le **Neuköllner Oper**, se trouve dans l'arrondissement de Neukölln. Moins célèbre que les autres, il se distingue par une approche plus moderne.

MUSIQUE CONTEMPORAINE

L'association **Initiative Neue Music Berlin e.V.** publie tous les deux mois un bulletin annonçant les concerts de musique contemporaine donnés à Berlin. **BKA** et son programme intitulé **Unerhörte Music** y figurent toujours. La salle se trouve près du Mehringdamm. L'**Akademie der Künste** et **Rundfunk Berlin-Brandenburg** (grande radio de Berlin) sont à l'origine d'un projet de promotion intitulé *Insel Music* qui comprend des concerts organisés en novembre à la Haus des Rundfunks (p. 183).

FESTIVALS

Les **Berliner Festwochen** durent tout le mois de septembre et changent de thème chaque année. Le programme comprend des expositions, des représentations théâtrales et des concerts. Les plus grands orchestres et solistes y participent.

La musique contemporaine domine pendant la **Musik-Biennale Berlin** organisée en mars les années impaires. Les morceaux interprétés pendant ce festival international, œuvres de compositeurs confirmés ou de jeunes auteurs, le sont souvent pour la première fois.

Les amateurs d'opéra apprécieront la saison de plein air organisée à la Waldbühne et sur une scène dressée spécialement sur le Gendarmenmarkt. En juillet, le festival consacré à Jean-Sébastien Bach, et baptisé Bach-Tage (p. 49), se déroule également en extérieur.

CONCERTS EN PLEIN AIR

Berlin renferme deux grands théâtres de verdure qui servent de cadre en été à des concerts classiques.

La **Waldbühne** possède 20 000 places assises près de l'Olympia Stadion et accueille des orchestres de jeunes musiciens européens. Il y règne une atmosphère détendue et, souvent, des enfants courent dans les travées, tandis que leurs parents ouvrent le panier de pique-nique. Après le coucher du soleil, quand les spectateurs allument les bougies qu'ils ont apportées, l'ambiance devient magique. Bien que le **Parkbühne Wuhlheide** présente des concerts d'aussi bonne qualité que ceux de la Waldbühne, il attire moins de monde.

MUSIQUE DANS DES PALAIS ET DES BÂTIMENTS HISTORIQUES

Les festivals donnent lieu à des récitals dans des édifices comme la Berliner Dom *(p. 77)*, l'Eichengallerie du Schloss Charlottenburg *(p. 160-161)* ou le Schloss Friedrichsfelde *(p. 174)*. Beaucoup d'églises accueillent des concerts toute l'année.

L'Universität der Künste possède une excellente acoustique, tandis que la **Staatsbibliothek** se distingue par son cadre moderne, à l'instar de la salle de l'**Akademie der Künste** *(voir rubriques Salles de concerts et Musique contemporaine)*.

DIVERS

Des concerts ont lieu au **Musikinstrumenten-Museum** *(p. 116)* certains dimanches matin. Ceux qui font partie d'un programme intitulé Alte Musik Live permettent d'entendre des compositions anciennes jouées sur les instruments d'époque. Le musée publie deux fois par an un fascicule présentant toutes les manifestations proposées. Il est diffusé dans les théâtres, les salles de concerts et les

magasins de disques. Parmi ces derniers, le **Kulturkaufhaus Dussman** offre le plus grand choix avec plus de 50 000 titres en stock. Les employés sont compétents et serviables. Il organise en outre des lectures, des conférences et autres événements culturels.

Sur la Schaperstrasse, le magasin **Gelbe Musik** ne se cantonne pas non plus à la vente de disques. Il comprend une galerie consacrée à la musique contemporaine et coordonne de nombreuses manifestations. **Schöne Künste Exkursionen** propose des promenades guidées sur le thème « Berlin, ville de la musique » *(Musikstadt Berlin)*. Elles ont lieu le samedi et partent de la Bebelplatz derrière l'opéra *(p. 57)*.

ADRESSES

SALLES DE CONCERT

Konzerthaus Berlin
(Schauspielhaus)
Gendarmenmarkt 2.
Plan 7 A4, 16 D4.
Tél. 203 09 21 01/02.
www.konzerthaus.de

Philharmonie Kammermusiksaal
Herbert-von-Karajan-Strasse 1. **Plan** 6 D5.
Tél. 25 48 81 32.

Staatsbibliothek
Potsdamer Strasse 33.
Tél. 2660.

Universität der Künste
Hardenbergstrasse 33.
Plan 4 E3.
Tél. 31 85 23 74.

OPÉRA

Deutsche Oper Berlin
Bismarckstrasse 34-37.
Plan 3 A4.
Tél. 34 10 249.

Komische Oper
Behrenstrasse 55-57.
Plan 6 F4, 15 C3.
Tél. 47 99 74 00.

Neuköllner Oper
Karl-Marx-Str. 131-133, Neukölln.
Plan 14 F5.
Tél. 688 90 777.

Staatsoper Unter den Linden
Unter den Linden 7.
Plan 7 A3, 16 D3.
Tél. 20 35 45 55.

MUSIQUE CONTEMPORAINE

Akademie der Künste
Hanseatenweg 10.
Plan 4 F3.
Tél. 390 76 0.

Initiative Neue Musik Berlin e.V.
Klosterstrasse 68-70.
Plan 8 D3.
Tél. 242 45 34.

Rundfunk Berlin-Brandenburg (RBB)
Masurenallee 8-14.
Haus des Rundfunks.
Plan 1 B5.
Tél. 30 31 0.

Unerhörte Musik (BKA)
Mehringdamm 34.
Plan 12 F3, 12 F4.
Tél. 202 20 440.

FESTIVALS

Berliner Festwochen
Berliner Festspiele GmbH
Schaperstrasse 4.
Plan 10 D2.
Tél. 25 48 91 00.

Musik-Biennale Berlin
Berliner Festspiele GmbH
Schaperstrasse 4.
Plan 10 D2.
Tél. 25 48 90.

CONCERTS EN PLEIN AIR

Parkbühne Wuhlheide
An der Wuhlheide.
www.wuhlheide.de

Waldbühne
Glockenturmstrasse 1.
Tél. (01805) 33 24 33.

DIVERS

Gelbe Musik
Schaperstrasse 11.
Plan 10 D2.
Tél. 211 39 62.

Kulturkaufhaus Dussmann
Friedrichstrasse 90.
Tél. 202 50.

Musik-instrumenten-Museum
Tiergartenstrasse 1.
Plan 6 D5.
Tél. 20 90 55 55.

Schöne Künste Exkursionen
Tél. 782 12 02.

BILLETS

Fullhouse Service
Unter den Linden 36-38.
Plan 15 B3.
Tél. 308 78 56 85.

Showtime Konzert- und Theaterkassen
Grand magasin KaDeWe
(6e étage)
Tauentzienstrasse 21.
Plan 10 F2.
Tél. 217 77 54.

Grand magasin Wertheim
(rez-de-chaussée)
Kurfürstendamm 181.
Plan 10 D1.
Tél. 882 25 00.

Rock, jazz et world music

Berlin est surtout réputé pour sa scène techno et son orchestre philharmonique, mais, entre ces deux extrêmes, toutes les formes de musique ont leur public.

Il se passe rarement un mois sans un grand concert de rock organisé dans une salle de sport, au théâtre de verdure de la Waldbühne ou dans un stade. Les bars et les clubs (p. 270-271) qui accueillent des musiciens, de jazz notamment, abondent dans des quartiers comme Kreuzberg, Prenzlauer Berg et Schöneberg. Le programme de la Haus der Kulturen der Welt, institution fondée pour familiariser les Berlinois avec les cultures des autres continents, est ouvert aux sons du monde entier. Quel que soit le type d'établissement dans lequel vous voulez vous rendre, et le type de musique que vous désirez écouter, les magazines *Zitty* et *Tip* constituent la source d'information la plus complète.

GRANDS CONCERTS

Les têtes d'affiche du rock et du jazz passent tous par Berlin lors de leurs tournées européennes. Depuis la fermeture de l'immense Deuschlandhalle, les concerts ont lieu au **Max-Schmeling-Hall** et au Velodrom (p. 273). Avec 100 000 places assises, l'**Olympiastadion** (p. 184) reste réservé aux artistes qui attirent vraiment d'immenses foules. À côté, la **Waldbühne,** un théâtre de verdure de 20 000 places, accueille aussi bien des orchestres classiques que des groupes de rock. Il en va de même du **Parkbühne Wuhlheide.** Dans un ancien dépôt d'autobus construit dans les années 20 à Treptow, la très vaste **Arena** accueille aussi bien des représentations théâtrales que des concerts. À tout moment de l'année, les sites Internet berlinonline.de et berlin.de et les magazines *Zitty* et *Tip* offrent les moyens les plus pratiques de connaître les manifestations prévues dans la capitale allemande.

SALLES DE MOYENNE IMPORTANCE

Beaucoup d'autres lieux proposent des concerts à Berlin, dont le **Café Swing,** sur Nollendorfplatz, et le célèbre **SO 36** de Kreuzberg. Schöneberg était réputé dans les années 1980 pour sa scène punk-rock et, bien que cette époque soit révolue, le quartier reste un pôle animé de la vie nocturne berlinoise. L'une des salles les plus populaires de Berlin est le **Tempodrom** (consultez les magazines de programme pour plus de détails).

Près du Columbiadamm, la **ColumbiaHalle** est bien adaptée à des événements de moyenne importance, à l'instar du **Knaack Club** qui borde la Greifswalder Strasse. Une atmosphère particulière règne à la **Passionskirche,** une église désaffectée de Kreuzberg. Du théâtre au jazz en passant par la danse, le centre culturel le **Podewil** (p. 97), présente un programme très varié mais toujours d'avant-garde.

JAZZ

Chaque année à l'automne, le **Jazzfest Berlin** attire des amateurs de jazz de tous les horizons. Il propose une programmation traditionnelle de grand festival international, complétée par le **Total Music Meeting** consacré à des démarches plus expérimentales. En juin, Jazz across the Border, une manifestation organisée par la Haus der Kulturen der Welt, invite à oublier les frontières.

Berlin est surtout réputé pour ses clubs technos, mais les clubs de jazz y restent très populaires. L'**A Trane** s'est constitué une clientèle de puristes,

tandis que le **b-flat** a fondé sa réputation en invitant des artistes américains de renom. De petites formations jouent tous les soirs dans ces deux clubs. Réputé pour la qualité de son acoustique, le **Flöz** occupe le rez-de-chaussée et le sous-sol d'un immeuble de la Nassauische Strasse.

Sur la Kantstrasse, le **Quasimodo** possède lui aussi une excellente acoustique. Son cadre intime et chaleureux le rend très agréable à condition d'apprécier les atmosphères enfumées et bruyantes. Pour des questions de vibrations, les concerts n'y commencent qu'après 22 h, quand les représentations du Theater des Westens, tout proche, ont pris fin.

Certains établissements intègrent du jazz à une programmation variée, notamment la **Kalkscheune** sur la Johannisstrasse, le **Podewil** de la Klosterstrasse et le **Bilderbuch** sur l'Akazienstrasse.

De plus petits bars comme **Schlot** sur la Chausseestrasse, ou **Musik-Café Harlem** à Prenzlauer Berg, accueillent également des jazzmen. Le **Junction Bar**, à Kreuzberg, est un lieu de métissage entre différenres musiques, la soul, le rap et le jazz. Le **Badenscher Hof Jazzclub** de la Badensche Strasse ne devrait pas décevoir les connaisseurs. Il propose, en effet, une programmation très intéressante de jazz, de modern jazz et de blues.

WORLD MUSIC

Grande capitale cosmopolite, Berlin possède une population d'origines de plus en plus diverses, une situation à laquelle a répondu la création, en 1988, de la station de radio SFB4 MultiKulti et du Weltmusikfestival Heimaklänge. Installée dans l'ancienne Kongresshalle de Tiergarten, la **Haus der Kulturen der Welt** (p. 134) existe depuis 1989. Ce centre culturel fondé par la ville et le ministère des

Affaires étrangères a pour fonction principale de familiariser les Berlinois avec les cultures non européennes, en particulier celles d'Asie, d'Afrique et d'Amérique latine. Son action prend des formes très variées. Les concerts organisés dans son café, le **Café Global,** en font sans doute la meilleure adresse berlinoise où venir écouter des rythmes exotiques. On y vient aussi pour danser. Une brochure diffusée dans les librairies et les restaurants détaille le programme.

Depuis plusieurs années, le **Werkstatt der Kulturen,** qui organise entre autres le carnaval des Cultures de Kreuzberg *(p. 48),* propose aussi des concerts sur la Wissmannstrasse.

Zitty et *Tip* donnent le détail des programmes des bars et des clubs qui se sont spécialisés dans la world music ou dans la musique d'un pays ou d'un continent en particulier.

Les discothèques aux sons latino-américains connaissent un succès grandissant. L'une des meilleures du genre, le **Havanna,** se trouve à Tiergarten.

La musique irlandaise possède aussi de nombreux amateurs et, pour en entendre, il vous suffira de vous rendre dans un pub irlandais. Le **Wild at Heart** accueille ainsi des musiciens presque tous les soirs. Et ce sont les ballades russes qui sont à l'honneur au **Chagall.**

BILLETS

Il arrive que le prix des billets pour certains grands concerts soit très élevé, en particulier si vous voulez être sûr d'être bien placé. En revanche, le droit d'entrée dans certains petits clubs peut ne pas excéder 5 ou 12 euros, à moins toutefois que se produise ce soir-là un artiste ou un groupe commençant à être connu. Pour le prix d'entrée, vous aurez souvent droit à une consommation.

Comme partout, il faut réserver le plus tôt possible pour avoir une chance d'assister aux spectacles les plus prisés. Il existe de nombreuses agences de location dans les quartiers les plus animés de la ville.

ADRESSES

GRANDS CONCERTS

Arena
Eichenstrasse 4.
Tél. *533 73 33.*

Parkbühne Wuhlheide
An der Wuhllheide.
www.wuhlheide.de

Waldbühne
Glockenturmstrasse 1.
Tél. *(01805) 33 24 33.*

SALLES DE MOYENNE IMPORTANCE

Columbia Halle et Columbia Club
Columbiadamm 13-21.
Tél. *69 80 980.*

Kindl-Bühne Wuhlheide
An der Wuhleide 187.
Tél. *857 58 10.*

Knaack Club
Greifswalder Strasse 224.
Tél. *442 70 60.*

Meistersaal
Köthener Strasse 38.
Plan 6 E5.
Tél. *520 00 60.*

Passionskirche
Marheineckeplatz.
Plan 13 A5.
Tél. *69 40 12 41.*

Podewil
Klosterstrasse 68-70.
Plan 8 D3.
Tél. *24 74 97 77.*

SO 36
Oranienstrasse 190.
Plan 14 E2.
Tél. *61 40 13 06.*

Tempodrom
Am Anhalter Bahnhof,
Möckernstrasse 10.
Plan 12 E1.
Tél. *69 53 38 85.*

tipi-das Zelt
Grosse Querallee,
Tiergarten.
Plan 5 C3.
Tél. *(0180) 327 93 58.*

JAZZ

A Trane
Pestalozzistrasse 105.
Plan 3 C5.
Tél. *313 25 50.*

Badenscher Hof Jazzclub
Badensche Strasse 29.
Plan 10 D5.
Tél. *861 00 80.*

b-flat
Rosenthaler
Strasse 13.

Plan 7 B1.
Tél. *28 38 68 35.*

Bilderbuch
Akazienstrasse 28.
Plan 11 A5.
Tél. *78 70 60 57.*

Flöz
Nassauische
Strasse 37.
Plan 9 C5.
Tél. *861 10 00.*

Musik-Café Harlem
Rodebergstrasse 37.
Tél. *444 56 54.*

Jazzfest Berlin
Schaperstrasse 24.
Plan 10 D2.
Tél. *25 48 90 .*

Junction Bar
Gneisenaustrasse 18.
Tél. *694 66 02.*

Kalkscheune
Johannisstrasse 2.
Plan 6 F2.
Tél. *28 39 00 65.*

Quasimodo
Kantstrasse 12a.
Tél. *312 80 86.*

Schlot
Chausseestrasse 18.
Plan 1 A4.
Tél. *448 21 60.*

Soultrane
Kantstrasse 17
(à Stilwerk).
Plan 9 C1.
Tél. *315 18 60.*

WORLD MUSIC

Chagall
Kollwitzstrasse 2.
Tél. *441 58 81.*

Haus der Kulturen der Welt & Café Global
John-Foster-Dulles-Allee 10.
Plan 5 C3.
Tél. *39 78 71 75.*

Havanna
Hauptstrasse 30.
Plan 11 A5.
Tél. *784 85 65.*

Werkstatt der Kulturen
Wissmannstrasse 32.
Plan 14 E5.
Tél. *609 77 00.*

Wild at Heart
Wiener Strasse 20
(Kreuzberg).
Tél. *611 92 31.*

Danse classique et moderne

Les trois opéras de Berlin proposent une intéressante programmation de danse, interprétée pour l'essentiel par leurs propres compagnies de ballet. Des troupes étrangères se produisent aussi en ville pendant toute la saison et au cours de deux festivals organisés en mai et en août. C'est en général le Hebbel-Theater qui les accueille, mais la Tanzfabrik de Kreuzberg a pris ces dernières années une place centrale dans le paysage de la danse contemporaine. La Love Parade *(p. 49)* attire chaque année plus d'un million de personnes. Elle ne représente cependant que l'aspect le plus spectaculaire de l'ampleur de la scène techno dans une ville où les noctambules sont rois et disposent d'innombrables clubs où danser sur les rythmes du monde entier.

BALLET CLASSIQUE

Chacune des trois compagnies de ballet liées aux opéras de Berlin propose régulièrement de nouvelles productions. Pour satisfaire tous les publics, les soirées de représentation associent souvent des chorégraphies classiques et modernes.
Le Staatsoper Unter den Linden *(p. 63)* conserve un répertoire très traditionnel avec des ballets comme *Le Lac des cygnes,* tandis que le Komische Oper *(p. 68)* s'est tourné vers des créations plus contemporaines.

DANSE MODERNE

Les compagnies étrangères de danse moderne se produisent en général au **Hebbel am Ufer Theaters.** Cette salle possède sa propre troupe qui profite de ces rencontres pour travailler avec des danseurs du monde entier. Le Hebbel-Theater collabore avec le **Theater am Halleschen Ufer** pour organiser en août le festival appelé « Tanz ». Ces deux lieux n'ayant qu'une capacité limitée, mieux vaut réserver longtemps à l'avance pour obtenir une place.
La **Sophiensaele** accueille désormais principalement des pièces de théâtre, mais elle continue de présenter de temps à autre des chorégraphies d'avant-garde.
La **Tanzfabrik,** installée sur la Möckernstrasse à Kreuzberg propose une programmation de qualité, ainsi que des ateliers de danse et

d'expression corporelle.
Le Théâtre chorégraphique international de Johann Kresnik a son siège à la Volksbühne sur la Rosa-Luxembourg-Platz *(p. 263).* La qualité de productions telles que *Frida Calo, Hôtel Lux et Malinche* lui a donné une excellente réputation.

TANGO

Les passionnés de tango ont l'embarras du choix dans la capitale allemande. Une semaine-type pourrait commencer le mardi au **Kalkscheune,** continuer le mercredi et le jeudi au Salon rouge puis au Salon vert de la Volksbühne pour se terminer le vendredi au **Walzerlinksgestrickt.**
Le week-end reste libre pour pouvoir se perfectionner dans l'une des nombreuses écoles de danse de la ville. Et il y a même des cours le dimanche.

TECHNO

Devenue une célébration annuelle attirant plus d'un million de personnes, la Love Parade a fait de Berlin la capitale européenne de la techno mais l'avenir de la fête est aujourd'hui incertain. Organisée au début du mois de juillet, la manifestation se déroule principalement autour du Tiergarten. Le défilé lui-même dure un après-midi, mais il donne lieu à trois jours de fête. Pendant tout le week-end, des groupes continuent de danser un peu partout dans les

rues de la ville, tandis que les alentours des boîtes de nuit deviennent des lieux de rencontre où les initiés échangent des informations sur les soirées privées organisées ici ou là.
Cet engouement ne se limite toutefois pas à quelques jours d'été, et d'innombrables clubs sont ouverts toute l'année. Les meilleurs permettent de danser durant la nuit entière, parfois même jusqu'au lendemain midi. Les meilleurs disc-jockeys se produisent au **Tresor,** sur la Leipziger Platz, qui est l'ancienne salle des coffres d'un magasin Wertheim aujourd'hui disparu. Toutefois, les adresses des clubs en vogue changent vite. À moins d'avoir des contacts et de pouvoir profiter du bouche à oreille, c'est dans deux publications gratuites distribuées dans les bars, *Flyer* et *Partysan,* que vous trouverez les nouvelles les plus fraîches. Beaucoup de clubs changent de style de musique en fonction des jours de la semaine, mais **Matrix** et **Columbia Club** ne devraient pas vous décevoir.
Essayez aussi le Subground dans les sous-sols de **Pfefferbank.** La musique y est variée, bien que la techno domine.

AUTRES CLUBS

Si, aux rythmes hypnotiques de la house music, vous préférez une bonne vieille discothèque, allez au **Far Out.** Cette boîte de nuit était déjà célèbre avant la chute du Mur, et elle est devenue le rendez-vous des teenagers le week-end. Le mardi, en revanche, est reservé aux trentenaires qui viennent danser sur de la musique funk, soul et pop.
Une nouvelle génération de night-clubs est née, combinant restaurant, lounge et piste de dance. Ce type d'établissements est fréquenté par les trentenaires.
40seconds et **Spindler & Klatt** sont les deux plus populaires. Des clubs comme **Felix** et **Annabelles** accueille les amateurs, aisés, de pop contemporaine. **Lido** et **White Trash** sont des boîtes plus

branchées et plus jeunes. Le **Privat Club** est surtout connu pour le jazz mais le night-club organise de temps à autre des soirées plus animées. L'été, vous pourrez danser sous les étoiles au son de morceaux de musique pop au **Golgatha**, dans le Viktoriapark de Kreuzberg, et à **Die Insel**, un café qui a ouvert sur une île de Treptow.

Les amateurs de house et d'acid-jazz se retrouvent, entre autres, au **Delicious Doughnuts**. Les meilleurs clubs où aller danser sur des rythmes purement latino-américains sont le **Salsa**, le **Havanna** et la **Cueva Buena Vista**.

Beaucoup de bars de moindre importance possèdent un espace où les clients peuvent se dégourdir les jambes. Les habitués du du **Lumumba Tanzcafé** viennent pour la musique soul et le reggae. Les couples désireux de passer une soirée plus intime apprécieront sans doute l'ambiance romantique du **Sophienclub**.

Quelques établissements tels que le **Clärchens Ballhaus** ont conservé l'atmosphère des dancings d'antan. Leur clientèle compte de nombreux célibataires, à la recherche de l'âme sœur.

CLUBS GAYS ET LESBIENS

Berlin a une longue tradition de tolérance, et le défilé du Christopher Street Day (p. 49) est devenu un rendez-vous régulier. La parade a lieu à la fin du mois de juin, attirant un public qui dépasse largement la simple communauté homosexuelle de la ville. Celle-ci dispose de différents lieux accueillants où passer une soirée.

Parmi les boîtes de nuit les plus populaires figurent le **SchwuZ** sur le Mehringdamm et le **Connection** sur la Fuggerstrasse. Les meilleurs clubs pour les lesbiennes comprennent **Ackerkeller** et **So 36**. Ce dernier accepte aussi les gays. Divers clubs organisent des soirées spéciales pour les gays ou les lesbiennes.

ADRESSES

DANSE MODERNE

Hebbel am Ufer, Haus 1
Stresemannstrasse 29.
Plan 12 F2.
Tél. 25 90 04 27.

Hebbel am Ufer, Haus 2
Hallesches Ufer 32.
Plan 12 E2, 12 F2.
Tél. 251 09 41.

Sophiensaele
Sophienstrasse 18.
Plan 7 B1.
Tél. 283 52 66.

Tanzfabrik
Möckernstrasse 68.
Plan 12 E4.
Tél. 786 58 61.

Theater am Halleschen Ufer
Hallesches Ufer 32.
Plan 12 E2, 12 F2.
Tél. 251 09 41.

TANGO

Kalkscheune
Johannisstrasse 2.
Plan 6 F2.
Tél. 59 00 43 40.

Walzerlinks-gestrickt
Am Tempelhofer Berg 7e.
Plan 12 F5.
Tél. 69 50 50 00.

TECHNO

Columbia Club
Columbiadamm 9-11 (Kreuzberg).
Tél. 698 09 80.

Matrix
Warschauer Platz 18.

Pfefferbank
Schönhauser Allee 176.
Tél. 20 91 49 90.

Tresor
Leipziger Strasse 126a.
Plan 6 F5.
Tél. 229 06 11.

AUTRES CLUBS

40 Seconds
Posdamerstrasse 58.
Plan 11 C2.
Tél. 89 06 42 41.

90 Grad
Dennewitzstrasse 37.
Plan 12 D2.
Tél. 27 59 62 31.

Annabelles
Mecklenburgische Strasse 22A.
Tél. 824 69 84.

Clärchens Ballhaus
Auguststrasse 24.
Plan 7 A1, 7 B1.
Tél. 282 92 95.

Cueva Buena Vista
Andreasstrasse 66.
Tél. 24 08 59 51.

Delicious Doughnuts
Rosenthaler Strasse 9.
Plan 7 B1.
Tél. 28 09 92 74.

Die Insel
Alt Treptow 6.
Tél. 53 60 80 20.

Far Out
Kurfürstendamm 156.
Plan 9 A2.
Tél. 32 00 07 23.

Felix
Behrenstrasse 72.
Plan 2 F3 et 6 E4.
Tél. 20 62 86.

Golgatha
Dudenstrasse 48-64.
Plan 12 D5, 12 E5.
Tél. 785 24 53.

Havanna
Hauptstrasse 30.
Plan 11 A5.
Tél. 784 85 65.

Lido
Cuvrystrasse 7.
Tél. 78 95 84 10.

Lumumba Tanzcafé
Steinstrasse 12.
Plan 7 C1.
Tél. 28 38 54 65

Privat Club
Markthalle Pücklerstrasse 34. **Plan** 14 F2.
Tél. 617 55 02.

Sage-Club
Köpenicker Strasse 76-78.
Plan 8 D5.
Tél. 278 98 30.

Sophienclub
Sophienstrasse 6.
Plan 7 B1.
Tél. 282 45 52.

Spindler & Klatt
Köpenicker Strasse 16-17.
Plan 8 D5.
Tél. 66 56 67 75.

White Trash
Schönhauser Allee 167.
Tél. 50 34 86 68.

CLUBS GAYS ET LESBIENS

Ackerkeller
Ackerstrasse 12 (Mitte).

Connection
Fuggerstrasse 33.
Plan 10 F2.
Tél. 218 14 32.

SchwuZ
Mehringdamm 61.
Plan 12 F4.
Tél. 693 70 25.

So 36
Oranienstrasse 190.
Plan 14 E2.
Tél. 61 40 13 06.

Sports et activités de plein air

Berlin est particulièrement bien équipé en pistes cyclables, et le vélo est un excellent moyen pour les visiteurs de découvrir la ville. Terrains de golf, courts divers et piscines permettent aussi de profiter du plein air. En avril, les meilleurs joueurs de tennis se retrouvent à l'Open de Berlin. En mai, la finale de la Coupe d'Allemagne de football a lieu à l'Olympia Stadion. Les supporters des deux équipes se retrouvent après le match sur le Ku'damm pour une grande fête. Le marathon organisé en septembre est devenu le troisième du monde par le nombre de participants, parmi lesquels on trouve aussi bien coureurs ou handicapés que patineurs en rollers.

BICYCLETTE

Peu de relief, de nombreux parcs et 850 km de pistes cyclables rendent Berlin particulièrement agréable à parcourir à bicyclette. Se promener à Mitte ou dans le quartier du Kurfürstendamm reste possible, en comparaison de l'épreuve que représente l'utilisation d'un vélo à Paris ou à Londres, par exemple. Hors des heures de pointe, les passagers peuvent emporter leur vélo avec eux dans les rames du S-Bahn et du U-Bahn, par exemple pour rejoindre les points de départ des trois itinéraires de promenade les plus appréciés : le long de la Havel, à travers la forêt de Grunewald et autour du Müggelsee.

Pour tous renseignements, contactez le Club cycliste allemand ou **ADFC (Allgemeiner Deutscher Fahrrad-Club).**

Les bureaux de l'office de tourisme fournissent la liste des nombreux loueurs (p. 293) de bicyclettes de Berlin. Les tarifs varient entre 5 et 12 euros par jour. Il faut laisser une caution en liquide ou par chèque. Toutefois, les meilleurs hôtels fournissent des vélos à leurs clients.

Le **Velodrom**, récemment construit sur la Paul-Heyse-Strasse, accueille chaque année en janvier les Berliner Sechs-Tage-Rennen. Ces courses d'une semaine sont si populaires qu'elles se déroulent parfois à guichet fermé. Mieux vaut appeler avant de se déplacer sans billet.

GOLF

Il existe 15 clubs de golf aux alentours de Berlin, situés le plus souvent à proximité d'hôtels. Ils possèdent d'excellents restaurants. Rien n'impose toutefois de sortir de la ville pour faire un parcours. En plein centre, le Driving Range borde la Chausseestrasse. Il reste ouvert de midi au coucher du soleil au printemps et en été. L'accès au terrain est gratuit, mais il faut laisser une caution pour louer des clubs. Un seau de 30 balles ne coûte que 1,50 euros. Des cours particuliers ou en groupe sont proposés.

Il existe deux autres clubs à l'intérieur des limites de la ville : le **Golf und Landclub Berlin-Wannsee,** qui comprend un terrain de 18 trous et un autre de 9, et le **Berliner Golfclub-Gatow** qui ne possède qu'un parcours de 9 trous.

SE BAIGNER

La Havel et les nombreux lacs de Berlin offrent d'excellents lieux de baignade. L'accès aux plages naturelles est gratuit, mais il n'y a pas de toilettes ou de cabines pour se changer. En revanche, les plages artificielles sont bien équipées et surveillées par des maîtres nageurs.

La plus connue, la **Strandbad Wannsee** (p. 180-181), date des années 1920 et reste très populaire. De nombreux endroits très agréables sont situés autour du **Müggelsee.** Le prix d'accès à ces plages correspond à celui des piscines : environ 3 euros.

Construite pour accueillir les Jeux olympiques de 1936, la piscine de l'**Olympiastadion** (p. 184) possède une tour de plongée haute de 10 m et équipée d'un ascenseur. Rien ne vous oblige à sauter, vous pouvez prendre le soleil sur les marches en contemplant la vue.

Les trois plus belles piscines de Berlin se trouvent à Mitte, à Neukölln et à Wilmersdorf. La **Stadtbad Mitte** occupe sur la Gartenstrasse un bâtiment des années 30. Son bassin de 50 m de long se prête aussi bien aux rencontres sportives qu'à la détente. Celui de la **Stadtbad Charlottenburg** est moins long, mais le lieu, orné de peintures de la Sécession, incite au délassement. Si nager dans un cadre luxueux vous tente, les mosaïques, les fresques et les ornementations en marbre et en bronze de la **Stadtbad Neukölln** devraient combler tous vos souhaits.

Badeschiff Arena, sur la Spree, est une piscine en plein air en été. En hiver, la piscine est couverte. **Tropical Islands** est un parc aquatique au sud-est de Berlin avec de nombreuses installations ludiques. Ces deux complexes permettent à petits et grands de passer une agréable journée de détente.

BADMINTON, SQUASH ET TENNIS

La capitale allemande renferme tant de courts de squash, de badminton ou de tennis qu'il faut rarement aller très loin pour pratiquer son sport de raquette favori. Vous les trouverez principalement dans les parcs publics et dans des complexes sportifs. Ces derniers sont trop nombreux pour être tous cités ici, mais ils figurent dans l'annuaire. Le prix d'entrée comprend en général l'accès à un sauna.

Le **Fit-Fun Squash und Fitness Center** propose 14 courts de squash, tandis que **Sportoase** possède 18 courts de badminton et 8 courts de squash. **Tennis & Squash City** abrite, entre autres, 5 courts de tennis.

AUTRES SPORTS

Pendant tous les week-ends du mois d'août, la John-Foster-Dulles-Allee du Tiergarten est fermée à la circulation et livrée aux adeptes des rollers. Si vous avez envie de vous joindre à eux, de nombreuses boutiques proposent en ville les patins et le matériel de protection.

Les Berlinois aiment canoter, et des loueurs de barque se sont installés sur les rives de nombreux lacs. Dans le Tiergarten, ils se trouvent près du Café am Neuen See et au bord du Schlachtensee. Le prix s'élève en général à 7 ou 10 euros l'heure.

GYMNASTIQUE

De nouveaux établissement ouvrent tous les jours, tandis que d'autres ferment, et mieux vaut vérifier dans l'annuaire si les adresses n'ont pas changé. La plupart des salles offrent la possibilité de prendre une carte journalière sans payer de cotisation, mais si vous faites un long séjour il sera probablement plus avantageux de souscrire un abonnement.

Ars Vitalis est le meilleur club de fitness pour hommes et femmes.

Les femmes apprécieront les cinq clubs spacieux et bien équipés ouverts par **Jopp-Frauen-Fitness-Berlin** dans différents quartiers. Le plus grand borde la Tauentzienstrasse et possède une terrasse dominant la ville. Un ticket journalier coûte 25 euros.

RENCONTRES SPORTIVES

Les équipes sportives berlinoises font partie des meilleures d'Allemagne, et elles jouissent de bonnes places dans leurs championnats. Les matchs de football où le Hertha BSC reçoit à domicile se déroulent à l'Olympia Stadion, d'une capacité de 100 000 places. L'entrée coûte entre 6 et 18 euros.

Les basketteurs de l'Alba Berlin ont tant de supporters qu'il leur arrive de jouer à la **Max-Schmeling-Halle** devant 8 500 personnes.

Berlin possède aussi deux bonnes équipes de hockey : les Berlin-Capitals et les Eisbären Berlin, qui jouent souvent à guichet fermé.

COURSES HIPPIQUES

La capitale allemande renferme deux hippodromes. Ouvert toute l'année, le **Trabrennbahn Mariendorf** accueille des courses de trot, et il y règne une ambiance très professionnelle. Le néophyte se sentira probablement plus à l'aise au **Galopprennbahn Hoppegarten.**

MARATHON

Le **Berlin-Marathon** rassemble en août une foule immense, et l'ambiance donne envie de se joindre au groupe même lorsqu'on n'est pas un adepte de la course à pied.

Les amateurs qui participent à cette compétition se retrouvent au coude à coude avec des sportifs de très haut niveau. Des milliers de personnes se massent le long du parcours pour encourager les coureurs, les patineurs en rollers et les athlètes en fauteuil roulant.

ADRESSES

BICYCLETTE

ADFC
Brunnenstrasse 28.
Tél. 448 47 24.

Velodrom
Paul-Heyse-Strasse.
Tél. 44 30 45.

GOLF

Berliner Golfclub-Gatow
Kladower Damm 182-288, Gatow.
Tél. 365 00 06.

Golf und Landclub Berlin-Wannsee
Golfweg 22.
Tél. 806 70 60.

SE BAIGNER

Badeschiff Arena
Eichenstrasse 4.
Tél. 533 20 30.

Stadtbad Charlottenburg
Krumme Strasse 9-10.
Tél. 34 38 38 65.

Stadtbad Mitte
Gartenstrasse 5.
Plan 7 A1.
Tél. 30 88 09 10.

Stadtbad Neukölln
Ganghoferstrasse 3.
Tél. 68 24 98 12.

Strandbad Wannsee
Wannseebadweg 25.
Tél. 80 40 45 55.

Tropical Islands
Tropical Islands Allee 1D, 15910 Krausnick.
Tél. (035477) 605 050.

BADMINTON, SQUASH ET TENNIS

Fit-Fun Squash und Fitness Center
Uhlandstrasse 194.
Tél. 312 50 82.

Sportoase
Stromstrasse 11-17.
Plan 4 F1, 4 F2.
Tél. 390 66 20.

Tennis & Squash City
Brandenburgische Strasse 53.
Plan 9 A3, 9 B5.
Tél. 873 90 97.

MARATHON

Berlin-Marathon
Bureau d'informations Waldschulallee 34.
Tél. 30 12 88 10.

RENCONTRES SPORTIVES

Max-Schmeling-Halle
Am Falkplatz.
Tél. 44 30 45.

GYMNASTIQUE

Ars Vitalis
Hauptstrasse 19.
Plan 11 A5.
Tél. 788 35 63.

Jopp-Frauen-Fitness-Berlin
Tauentzienstrasse 13.
Plan 10 E1.
Tél. 21 01 11
(central téléphonique).

COURSES HIPPIQUES

Galopprennbahn Hoppegarten
Goetheallee 1.
Tél. (03342) 389 30.
◗ 16h-22h sam.-dim.

Trabrennbahn Mariendorf
Mariendorfer Damm 222, Tempelhof.
Tél. 740 12 12.
◗ 13h dim.

LE BERLIN DES ENFANTS

Berlin se prête bien à un séjour avec des enfants. Les parcs et les pistes cyclables leur permettent de faire du vélo et du patin, et ils disposent de nombreux lieux de distractions : deux jardins zoologiques, plusieurs cirques, des théâtres, des cinémas et d'innombrables boutiques. Ils apprécieront aussi les musées dont

Jeune patineuse berlinoise

les expositions leur offrent un espace de jeu et d'action comme le musée de la Technique, le musée d'Ethnologie, le Museumsdorf Düppel ou le Kinder- und Jugendmuseum. Les enfants de moins de 14 ans bénéficient presque toujours d'une réduction et les plus petits entrent souvent gratuitement. Certains restaurants leur réservent une zone de jeux.

Petit train touristique de Potsdam

SOURCES D'INFORMATION

Berlin fait un bon accueil à ses jeunes visiteurs. Dans les transports publics, les familles bénéficient de réductions et les enfants, selon leur âge, circulent gratuitement ou à prix réduit. Le personnel de **Berlin Tourismus Marketing GmbH** vous renseignera sur tous les avantages offerts aux enfants et sur les distractions et les manifestations qui leur sont destinées. Si votre séjour a lieu en été, demandez le *Ferienpass*, qui donne droit à toutes sortes de remises. Il existe aussi un agenda conçu pour les filles et appelé *Berta*, qui contient de nombreuses informations présentées au jour le jour.

AU ZOO

Berlin renferme deux jardins zoologiques. Le **Zoologischer Garten** *(p. 150)*, qui se trouve tout près de la Bahnhof Zoo *(p. 290)*, compte parmi les plus beaux d'Europe et comprend, entre autres, un magnifique aquarium.

Plus excentré, l'ancien zoo de Berlin-Est, le **Tierpark Berlin** *(p. 174-175)*, abrite

moins d'animaux mais offre un espace de promenade beaucoup plus étendu dans le parc d'un château : le Schloss Friedrichsfelde *(p. 174-175)*. On peut s'y rendre en métro.

D'autres enclos permettent de voir des animaux dans les parcs de Berlin. Dans le jardin situé derrière le Märkisches Museum *(p. 84)* vit ainsi une famille d'ours : les mascottes de la capitale allemande. Les oies, les cochons et les lapins de la ferme des enfants du Görlitzer Park, la **Kinderbauernhof Görlitzer Bauernhof,** courent en liberté.

AU MUSÉE

Sauf rares exceptions, tous les musées de Berlin tiennent compte des enfants dans leur aménagement. Tous ne présentent cependant pas le même intérêt pour de jeunes visiteurs. Le **Deutsches Technikmuseum** *(p. 144)* se révélera sans doute le plus amusant, notamment le département appelé Spectrum qui leur permet de participer à 250 expériences scientifiques et techniques.

L'**Ethnologisches Museum** *(p. 178)* propose des

expositions et des activités spécialement destinées aux enfants. Certains jours, ils peuvent ainsi jouer avec des poupées mexicaines en papier mâché ou prendre part à un bain cérémoniel japonais. Reconstitution d'un village médiéval, le **Museumsdorf Düppel** *(p. 180)* offre une image très concrète de l'histoire avec ses paysans et ses artisans au travail. La section des dinosaures du **Museum für Naturkunde** *(p. 109)* reste une valeur sûre, à l'instar des dioramas replaçant des animaux dans leur habitat naturel. Le **Kindermuseum Labyrinth** connaît aussi un grand succès.

Toujours très animé, le **Puppentheatermuseum** donne la possibilité aux jeunes visiteurs de participer à de petits spectacles de marionnettes. La brochure *Museumpädagogischer Dienst* est une bonne source d'information. Le site Internet **Kinder-Berlin** indique les activités et les événements réservés aux enfants.

Jeux d'eau de la fontaine de Neptune près de l'hôtel de ville

Visite du village médiéval du Museumsdorf Düppel

AU THÉÂTRE

La scène berlinoise la plus intéressante pour les enfants et les adolescents est sans doute le **Grips Theater,** fondé en 1969. Son programme indépendant et ambitieux attire un public nombreux, et l'une de ses créations, *Linie 1,* a été adaptée au cinéma.

D'autres théâtres s'adressent à un jeune public. Ils comprennent le **carrousel-Theater an der Parkaue,** le **Theater o.N.,** le **Zaubertheater Igor Jedlin** et le **Puppentheater Berlin.** Plusieurs cirques se produisent.

FAIRE DU SPORT

Les parcs et les pistes cyclables de Berlin permettent pendant la majeure partie de l'année de s'élancer sans risque à vélo ou en rollers. Le patin à glace revient en vogue chaque hiver et tous les arrondissement, possèdent leur propre patinoire. L'**Eisstadion Berlin Wilmersdorf** est particulièrement remarquable avec sa piste de 400 m et son vaste terrain de hockey. **FEZ Wuhlheide** propose aux enfants un programme quotidien d'activités.

En été, lacs et rivières se prêtent à la baignade.

AUTRES DISTRACTIONS

Pour voir la ville d'en haut, qui résisterait à un goûter dans le café de la Fernsehturm *(p. 93),* la tour de la Télévision située sur Alexanderplatz ? La salle tourne sur elle-même, et une rotation complète dure une demi-heure, juste le temps de manger un gâteau et de boire un chocolat. Attention toutefois, car l'attente pour y monter peut être longue. Prendre l'ascenseur de la Funkturm au Messegelände *(p. 183)* offre également de superbes panoramas. **The Story of Berlin** est une façon amusante, pour les parents et les enfants, de connaître l'histoire de Berlin à travers une exposition multimédia passionnante. Au **Berliner Gruselkabinett** (« cabinet des Horreurs »), le frisson est garanti.

Les projections du **Zeiss-Planetarium** et du **Planetarium am Insulaner** plongent le spectateur au cœur de l'Univers où tourbillonnent astres et galaxies.

ADRESSES

SOURCES D'INFORMATION

Berlin Tourismus Marketing GmbH
Am Karlsbad 11.
Tél. *25 00 25.*
www.visitberlin.de

Kinder-Berlin
www.kinder-berlin.de

ZOOS

Kinderbauernhof Görlitzer Bauernhof
Wiener Strasse 59
Tél. *611 74 24.*

Tierpark Berlin
Am Tierpark 125,
Lichtenberg.
Tél. *51 53 10.*

Zoologischer Garten
Hardenbergplatz 9,
Charlottenburg.
Tél. *25 40 10.*

MUSÉES

Kindermuseum Labyrinth
Osloer Strasse 12.
Tél. *49 30 89 01.*
◯ *13h-18h mar-sam.,*
11h-18h dim.

Museumsdorf Düppel
Clauertstrasse 11.
Tél. *802 66 71.*
◯ *avr.-oct. : 15h-19h*
jeu, 10h-17h dim. et
vacances.

Puppentheater-Museum Berlin
Karl-Marx-Strasse 135.
Tél. *687 81 32.*
◯ *9h-16h lun.-ven.,*
11h-17h dim.

THÉÂTRES

carrousel-Theater an der Parkaue
Parkaue 29.
Tél. *55 77 52 52.*

Grips Theater
Altonaer Strasse 22.
Tél. *39 74 74 77.*

Puppentheater Berlin
Haubachstrasse 26.
Tél. *342 19 50.*

Theater o.N.
Kollwitzstrasse 53.
Tél. *440 92 14.*

Zaubertheater Igor Jedlin
Roscherstrasse 7.
Tél. *323 37 77.*

SPORTS

Berliner Bäderbetriebe
Tél. *(01803) 10 20 20.*

Eisstadion Berlin Wilmersdorf
Fritz-Wildung-Strasse 9.
Tél. *824 10 12.*

FEZ Wuhlheide
An der Wuhlheide, 197,
Köpenick.
Tél. *53 07 15 04.*

AUTRES DISTRACTIONS

Berliner Gruselkabinett
Schöneberger Strasse 23a.
Plan 12 E1.
Tél. *26 55 55 46.*

Planetarium am Insulaner
Munsterdamm 90.
Tél. *790 09 30.*

The Story of Berlin
Kurfürstendamm 207–208.
Plan 9 A2.
Tél. *88 72 01 00.*

Zeiss-Großplanetarium
Prenzlauer Allee 80.
Tél. *42 18 45 12.*

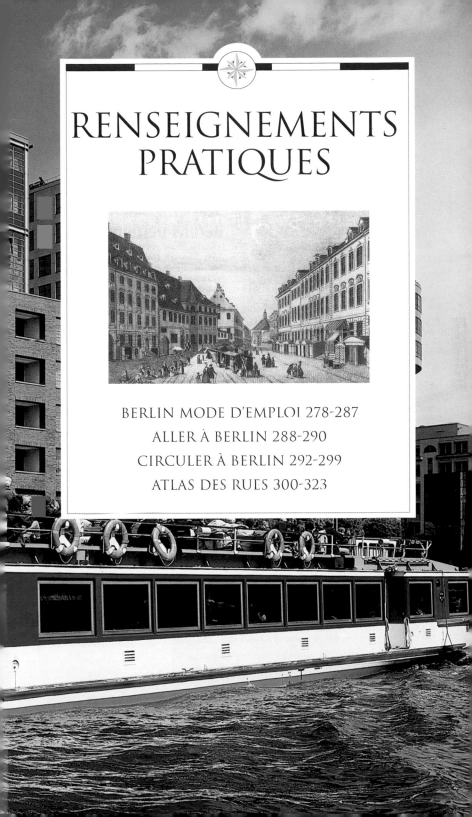

RENSEIGNEMENTS PRATIQUES

BERLIN MODE D'EMPLOI

Logo d'un office
de tourisme

La capitale allemande accueille volontiers les visiteurs. Les Berlinois se montrent hospitaliers, et la plupart parlent une langue étrangère, souvent l'anglais. Les offices de tourisme, situés dans les quartiers les plus animés, sont bien documentés, et on y trouve de nombreuses brochures. Pour bénéficier de réductions dans les transports, achetez un forfait à la journée ou à la semaine, ou procurez-vous la Welcome Card qui offre en outre de nombreuses réductions dans les musées. Enfin, vous pourrez utiliser sans difficultés les téléphones publics, les parcmètres et les distributeurs, qui ont des instructions d'emploi claires.

Billets d'entrée pour
les monuments et sites

VISITER LES MUSÉES ET LES BÂTIMENTS HISTORIQUES

Il existe plus de 150 musées et galeries d'art à Berlin, qui proposent en permanence de nouvelles expositions. Ce guide présente les institutions les plus importantes, mais vous pourrez vous renseigner sur les moins connues auprès des bureaux de l'office de tourisme ou, mieux encore, auprès du **Museumpädagogischer Dienst Berlin.** Ce service d'information tient une documentation à jour sur les expositions en cours, sur celles à venir et sur des manifestations comme la Lange Nacht der Museen, une nocturne (les musées ferment à minuit) organisée deux fois par an.

Les musées nationaux possèdent leur propre service de renseignements téléphoniques : l'**Info-Telefon der Staatlichen Museen zu Berlin.** Le complexe de Sanssouci de Potsdam a également mis en place une structure indépendante pour répondre aux demandes des visiteurs du célèbre parc et de ses palais : le **Besucherbetreuung der Schlösser und Gärten Potsdam-Sanssouci.**

Les musées et les bâtiments historiques ouvrent habituellement du mardi au dimanche de 10 h à 17 h (parfois 18 h). Un forfait vendu par les bureaux de l'office de tourisme du **Neues Kranzler Eck** et de la **porte de Brandebourg,** le Museums-Pass, permet pendant trois jours un accès illimité aux grands musées, et donc à toutes les institutions de la Museumsinsel, du Kulturforum et du Museumszentrum Dahlem, ainsi qu'à l'Ägyptisches Museum, la Galerie der Romantik, la Sammlung Berggruen et au Museum für Vor- und Frühgeschichte.

Très intéressante pour les familles, la Welcome Card permet à un adulte et jusqu'à trois enfants de moins de 14 ans d'utiliser gratuitement les transports publics de Berlin et de Potsdam. Elle donne aussi droit à des réductions dans de nombreux musées, à l'exception des musées nationaux.

HEURES D'OUVERTURE

Les employés de bureau travaillent le plus souvent de 9 h à 18 h, et prennent une heure pour déjeuner, sauf dans l'ancien Berlin-Est où l'horaire 8 h-16 h (ou 17 h) reste fréquent. Les banques ouvrent à 9 h et ferment à 15 h le lundi et le mercredi, à 18 h le mardi et le jeudi, et à 13 h le vendredi. Les petits commerces ouvrent de 9 h 30 ou 10 h jusqu'à 20 h, et la plupart des boutiques ferment le samedi à 16 h. En décembre, la majorité des magasins permettent de faire des achats de Noël le dimanche.

INFORMATION TOURISTIQUE

Les deux principaux bureaux de l'office de tourisme se trouvent au **Neues Kranzler Eck** et à la **porte de Brandebourg,** mais il en existe aussi à **Hauptbahnhof,** au grand magasin KaDeWe (p. 155) et dans un tout

Un vélo-taxi, version berlinoise du cyclo-pousse

◁ L'hôtel Spreebogen sur la Spree

nouveau café situé au rez-de-chaussée de la Fernsehtum *(p. 93)*. L'office de tourisme de Potsdam, **Potsdam Tourismus Service,** possède un bureau dans le centre-ville, sur la Friedrich-Ebert-Strasse.

Sur Internet, le site **BerlinOnline,** régi par le **Berlin Tourismus Marketing** offre une source fiable de renseignements. Il en propose deux autres, berlin.de et btm.de, qui comportent notamment des pages en anglais.

PROGRAMME DES SPECTACLES

Les trois meilleurs magazines de programme publiés à Berlin, *Zitty, Tip* et *Berlin-Programms* annoncent quasiment toutes les manifestations, qu'il s'agisse de spectacles, d'expositions ou de conférences. Les nombreuses agences de location installées dans les quartiers les plus animés permettent d'acheter à l'avance des places pour une représentation sans se déplacer jusqu'à la salle.

Quelques magazines de programmes

Les bus touristiques permettent de découvrir Berlin et ses environs

VISITES GUIDÉES

Le petit train touristique qui fait le tour de Potsdam démarre devant l'auberge Kutscherhaus du parc de Sanssouci. Les visites de Berlin en autocar passent par les principaux bâtiments historiques. Le billet vous permet généralement de descendre à n'importe quel arrêt et de remonter à bord où bon vous semble. Une solution plus économique consiste à prendre un bus de la ligne 100, qui suit le même itinéraire *(p. 295)*. Participer à une visite guidée à pied permet une approche plus intime de la ville. Il est également possible de découvrir en groupe des bâtiments dont la restauration ou la construction touche à sa fin. Vous trouverez informations et adresses à l'Info-Box rouge installée à l'angle de la Leipziger Platz et de la Potsdamer Platz.

VOYAGEURS HANDICAPÉS

Il reste beaucoup à faire pour que toutes les rues et les boutiques de Berlin soient adaptées aux besoins des handicapés, mais la majorité des théâtres et des musées se sont mis aux normes. **Behinderten-beauftragter des Landes Berlin** vous fournira renseignements et conseils. Pour louer un fauteuil roulant ou un minibus ou obtenir une aide pour la journée, adressez-vous au **Berliner Behindertenverband** et au **Deutscher Service-Ring e.V.**

ADRESSES

INFORMATIONS SUR LES MUSÉES

Besucherbetreuung der Schlösser und Gärten Potsdam-Sanssouci
Tél. *(0331) 969 42 02.*

Info-Telefon der Staat-lichen Museen zu Berlin
Tél. *26 60.*

Museumpädagogischer Dienst Berlin
Tél. *24 74 97 00.*

INFORMATION TOURISTIQUE

Berlin Tourismus Marketing
Am Karlsbad 11.
Tél. *25 00 25 (24/24).*
Fax *25 00 24 24.*
www.berlin.de and
www.btm.de.

BerlinOnline
www.berlinonline.de

Porte de Brandenburg
Pariser Platz. **Plan** 6 E3, 15 A3.
⬭ *10h-18h. t.l.j.*

Hauptbahnhof
Europaplatz, niveau 0, entrée nord. **Plan** 10 E1. ⬭ *8h-22h t.l.j.*

Info Café at Fernsehturm
Alexanderplatz.
Plan 7 C2. ⬭ *10h-18h t.l.j.*
⬭ *5h-22h30.*

Neues Franzler Eck
Kurfürstendam 21.
Plan 10 D1. ⬭ *10h-20h lun.-sam., 10h-18h dim.*

Potsdam Tourismus Service
Friedrich-Ebert-Strasse 5.
Tél. *(0331) 27 55 80.*
⬭ *5h-22h30.*

VOYAGEURS HANDICAPÉS

Berliner Behindertenverband
Jägerstrasse 63d.
Tél. *204 38 47.*

Behinderten-beauftragter des Landes Berlin
Oranienstrasse 106.
Tél. *90 28 29 17.*

Deutscher Service-Ring e.V
Tél. *859 40 10.*

Informations complémentaires

Beaucoup de kiosques de presse vendent aussi des cigarettes et des boissons

VISAS ET DOUANES

Pour entrer en république fédérale d'Allemagne Les ressortissants de l'Union européenne et de la Suisse n'ont besoin que d'une carte d'identité ou d'un passeport, même périmé depuis moins de moins de cinq ans. Les citoyens canadiens doivent posséder un passeport valide, mais ils n'ont pas besoin de visa pour un séjour de moins de trois mois. Pour emmener un animal domestique, vous devez vous munir d'un certificat de bonne santé datant de moins de dix jours et d'un certificat de vaccination antirabique datant de plus d'un mois et de moins d'un an. Vous aurez aussi besoin de leur traduction en allemand certifiée conforme. Il n'existe plus de douane entre les pays signataires de l'accord de Schengen, dont la France, la Belgique et l'Allemagne, mais l'importation de produits achetés en boutique détaxée reste limitée à 200 cigarettes, 50 cigares ou 250 g de tabac et à 1 litre de spiritueux ou 2 litres de vin.

DÉTAXE

Les ressortissants de pays n'appartenant pas à l'Union européenne peuvent demander un remboursement de la TVA *(Mehrwertsteuer)* sur certains produits non comestibles. Leur valeur doit généralement s'élever au moins à 50 euros. Le magasin, signalé par un panneau « Tax-Free », vous remettra un formulaire à faire viser en douane en quittant le pays. N'ouvrez pas l'emballage de vos achats, ils doivent être neufs à la sortie du territoire.

RÉDUCTIONS POUR LES JEUNES

Pompe à eau

Selon votre âge et votre activité, 3 cartes vous donnent droit à des réductions dans certains hébergements, dans les transports publics, dans les musées, etc. Vous pourrez vous procurer la carte des auberges de jeunesse *(p. 219)* auprès de la **FUAJ** (Fédération unie des auberges de jeunesses). Pour obtenir une Carte internationale d'étudiant (carte ISIC), adressez-

vous à l'**OTU,** également spécialiste des vols à prix réduit. En outre, en cas de difficulté à l'étranger, la carte ISIC vous offre une assistance téléphonique 24h/24. Les étudiants belges et suisses peuvent la commander en ligne sur le site www.carteisic.com.

L'OTU diffuse également la carte GO25 de la FIYTO (Federation of International Youth Travel Organization). L'OTU est représenté en province par les CROUS, mais vous pouvez aussi commander la carte par téléphone au 0 820 817 817. Toutes ces cartes sont faciles à obtenir et valables un an.

Quelques-uns des quotidiens les plus lus à Berlin

JOURNAUX

Les quotidiens berlinois, dont le *Berliner Morgenpost, Der Tagesspiegel,* le *Berliner Zeitung* et *BZ*, sont diffusés dans les kiosques, chez les marchands de journaux et, le soir, dans les bars et les cafés. Le *Tageszeitung (Taz)* offre une vision plus mordante de l'actualité. De nombreux kiosques vendent aussi des journaux étrangers, en particulier à l'aéroport et dans les gares. Une librairie française se trouve dans le passage souterrain reliant les Galeries Lafayette au Quartier 206 *(p. 65).* On peut aussi lire la presse francophone à l'Institut français, installé dans le même bâtiment que la **Maison de France.**

Welcome Card et notice d'information

Billetterie à l'extérieur du Friedrichstadtpalast (p. 105)

TÉLÉVISION ET RADIO

De nombreuses chaînes de télévision diffusent leurs programmes par ondes herziennes à Berlin, dont les chaînes nationales ARD et ZDF, des chaînes privées ou régionales telles que RTL, RTL2, SAT1 et PRO7, et des chaînes thématiques comme DSF consacrée aux sports et VIVA et MTV dédiées à la musique. Le câble et le satellite multiplient les possibilités. Parmi les très nombreuses chaînes en toutes langues qu'ils permettent de regarder, figurent Arte et TV5 qui diffuse un bouquet de programmes de pays francophones.

La station de radio SFB4 Multi-Kulti (106,8 MHz) a acquis en quelques années une solide popularité. Elle émet en plusieurs langues. Vous pourrez obtenir des nouvelles en français en écoutant Radio France Internationale (106 MHz) et en anglais sur Info-Radio (93,1 MHz) et le BBC World Service (90,2 MHz).

HEURE LOCALE

Berlin, comme Paris et Bruxelles, vit à l'heure européenne, qui est en avance d'une heure sur celle du méridien de Greenwich (GMT). Les passages aux heures d'été et d'hiver ont lieu en même temps. Du fait du décalage de longitude, à Berlin le soleil se lève environ trois quarts d'heure plus tôt qu'à Paris.

ÉLECTRICITÉ

Les prises électriques allemandes répondent aux même normes que les prises françaises et sont alimentées en courant alternatif de 220 volts.

AMBASSADES ET CONSULATS

Jysqu'en 1990, la capitale de la RFA se trouvant à Bonn, beaucoup de pays avaient un consulat à Berlin-Ouest et une ambassade auprès de la RDA à Berlin-Est. Depuis la réunification, plusieurs d'entre eux ont commandé à de grands architectes de nouveaux locaux diplomatiques et certaines adresses risquent donc de changer. En cas de doute, consultez un annuaire ou l'office de tourisme.

TOILETTES PUBLIQUES

Il existe des toilettes publiques partout en ville. Dans certains endroits, y compris les cafés et les musées, les toilettes sont payantes. Le mot « Herren » inscrit dans un triangle à la pointe tournée vers le bas signale celles réservées aux hommes. L'enseigne des toilettes pour femmes porte le mot « Damen » ou « Frauen » dans un triangle à la pointe tournée vers le haut.

Vespasienne rénovée dans l'arrondissement de Kreuzberg

ADRESSES

CARTES JEUNES

FUAJ
27, rue Pujol, 75018 Paris.
Tél. 01 44 89 87 27.

OTU Voyages
39, av. Georges-Bernanos, 75018 Paris.
Tél. 01 44 41 38 50.

AMBASSADES

Ambassade de Belgique
Jägerstrasse 52-53.
Plan 7 A4. **Tél.** 20 35 20.

Ambassade du Canada
Friedrichstrasse 95.
Plan 6 F2, 15 C1.
Tél. 20 31 20.

Ambassade de France
Pariser Platz 5. **Plan** 6 E3.
Tél. 590 03 90 00.

Consulat de Suisse
Otto-von-Bismarck-Allee 4A.
Tél. 390 40 00.

Maison de France
Kurfürstendamm 211.
Plan 10 D1. **Tél.** 885 90 30.

SERVICES RELIGIEUX

Église américaine
Alte Dorfkirche,
Zehlendorf
Clayallee 355.
🕇 10h dim. (en anglais).
Tél. 813 20 21.

Église anglicane
St Georg, Preussenallee
17-19. 🕇 10h t.l.j.
Tél. 304 12 80.

Culte huguenot
Französischer Dom,
Friedrichstadtkirche,
Gendarmenmarkt.
Plan 7 A4.
🕇 10h dim.

Culte juif
Joachimstaler Strasse 13.
Plan 10 D2.
✡ 9h30 sam.

Culte musulman
Islamische Moschee,
Brienner Strasse 7-8.
Plan 9 A5.
☪ 12h30 ven.

Culte protestant
Berliner Dom, Lustgarten,
Plan 7 B3.
🕇 10h et 18h dim.

Kaiser-Wilhelm-Gedächtnis-
kirche, Breitscheidplatz.
Plan 10 E1. 🕇 10h et 18h
dim. ; en anglais : 9h dim.
juin-août.

Marienkirche, Karl-
Liebknecht-Strasse.
Plan 7 C3.
🕇 10h30 dim.

Église catholique romaine
St-Hedwigs-Kathedrale,
Bebelplatz.
Plan 7 A3, 16 D3.
🕇 8h, 10h, midi
et 18h dim.

Santé et sécurité

Insigne de la police berlinoise

Il n'y a pas de raisons de prendre à Berlin plus que les précautions habituelles, telles que surveiller ses bagages et placer papiers et argent hors de portée des pickpockets. Les taxis et les bus offrent la nuit les moyens de transport les plus sûrs. De plus, des services d'urgence efficaces se tiennent prêts à intervenir à tout moment. Se munir avant le départ d'un formulaire E 111 permet aux membres de l'Union européenne de bénéficier de soins gratuits. Les pharmaciens sauront vous conseiller en cas de problème bénin.

Policier   **Policière**

SÉCURITÉ DES PERSONNES

Pour une capitale occidentale, Berlin est une ville sûre. La gare du Zoologischer Garten est toutefois réputée pour ses trafiquants de drogue et, comme partout, les stations de U-Bahn et de S-Bahn paraissent peu engageantes la nuit malgré les patrouilles effectuées par des vigiles et leurs chiens. Les pickpockets constituent en fait la menace la plus grande pour les touristes, en particulier dans le métro.

SÉCURITÉ DES BIENS

Si vous voyagez avec des objets précieux, la première précaution à prendre consiste à les assurer avant le départ. Ne les portez pas trop en vue en vous promenant et prenez l'habitude de ne pas garder de portefeuille dans une poche arrière de pantalon. Ne laissez jamais visibles dans une voiture garée un autoradio, un appareil photo ou des bagages. En cas de perte ou de vol, faites établir une déclaration dans un poste de police, elle vous sera nécessaire pour vous faire rembourser par votre assurance.

OBJETS TROUVÉS

Il existe à Berlin un bureau central des objets trouvés, le **Zentrales Fundbüro,** où parviennent tous les objets récupérés sur la voie publique. La régie municipale des transports, la Berliner Verkehrsbetriebe, possède toutefois son propre bureau, le **Fundbüro der BVG,** où vous devrez vous rendre si vous avez perdu quelque chose dans un bus, un tramway ou une rame du U-Bahn. Le **Zentrales Fundbüro der Deutschen Bahn AG,** basé à Wuppertal, conserve une partie des objets retrouvés sur les trains du S-Bahn.

Borne d'alerte des pompiers

FEMMES SEULES

Les femmes qui se rendent seules au cinéma, au bar ou au restaurant ne provoquent à Berlin ni surprise ni remarques déplacées. Les précautions d'usage y restent toutefois de mise et, mieux vaut éviter de se promener seule le soir dans un parc ou un quartier désert. Se retrouver seule en pleine nuit dans une station de U-Bahn ou de S-Bahn est également déconseillé. Le bus est en revanche plus sûr, le chauffeur pouvant à tout moment appeler la police par radio. Plus rassurant encore, le taxi, qui est néanmoins plus coûteux. En cas de problème, ou si vous avez besoin de

Vedette de police en patrouille

Pharmacie indépendante du centre-ville

conseils, vous pouvez appeler le service **SOS Femmes.**

SOINS MÉDICAUX

L'assurance de votre voiture ou les garanties liées à votre carte bancaire comprennent probablement une assistance à l'étranger couvrant les frais de rapatriement en cas de problème de santé ou d'accident. Il existe également des organismes spécialisés. Les citoyens de l'Union européenne bénéficient de soins gratuits en Allemagne

Symbole d'une *Apotheke* (pharmacie)

à condition de se procurer, avant le départ, un formulaire E111 auprès de leur centre de Sécurité sociale. À Berlin, il leur faudra le remettre au bureau AOK pour les étrangers.

En cas de problème bénin, le plus simple consiste à consulter un pharmacien.

Les pharmacies, telles celles de la chaîne **Bären-Apotheke,** suivent les mêmes horaires que les autres magasins, mais il y en a toujours de garde. En cas d'urgence, vous

pouvez appeler les renseignements sur les pharmacies. Il existe de nombreux autres services d'aide téléphonique. Les ambassades peuvent vous donner les coordonnées de médecins parlant votre langue.

ADRESSES

SERVICES D'URGENCE

Pompiers et ambulances
Tél. *112.*

Police
Tél. *110.*

DRK-Rettungsdienst (Croix-Rouge allemande)
Tél. *85 00 55.*

Ambulance
Tél. *31 00 32 22.*

SOS Drogues
Tél. *192 37.*

SOS Femmes
Tél. *615 42 43.*

Assistance religieuse par téléphone (Telefon-Seelsorge)
Tél. *(0800) 111 02 22 (catholique)* ou *(0800) 111 0 111 (protestant).*

Helpline International
Tél. *44 01 06 07.*
⬭ *6h-minuit t.l.j.*

PHARMACIES

Renseignements sur les pharmacies
Tél. *11 880.*

Bären-Apotheke
Tél. *40 91 11 12.*

OBJETS TROUVÉS

Zentrales Fundbüro
Platz der Luftbrücke 6.
Tél. *75 60 31 02.*

Fundbüro der BVG
Potsdamer Strasse 180-182.
Tél. *194 49.*

Zentrales Fundbüro der Deutschen Bahn AG
Döppersberg 37, 42103 Wuppertal. **Tél.** *(0900) 19 905 99.*

Minibus de la police

Une ambulance de la Croix-Rouge ou *Rettungswagen*

Banques et monnaie

Logo de la ReiseBank

Il y a peu de temps encore, l'usage des cartes de crédit n'était pas aussi répandu en Allemagne que dans d'autres pays. Aujourd'hui, la situation s'est améliorée et les touristes n'ont plus guère de problèmes pour utiliser leurs cartes. Des banques, des bureaux de change et des distributeurs de billets permettent aux étrangers de changer de l'argent.

CHANGER DE L'ARGENT

L'Allemagne n'impose pas de restriction sur l'importation des devises étrangères, mais, par précaution, la plupart des touristes utilisent des chèques de voyage ou des cartes bancaires.

Banques et bureaux de change *(Wechselstuben)* prélèvent des commissions, d'un taux variable, sur les transactions. Les agences de grandes banques comme la **Berliner Bank** et la **ReiseBank** permettent, sauf rare exception, de changer du liquide et des chèques de voyage, mais elles ont des horaires d'ouverture limités.

Les bureaux de change se révéleront souvent plus pratiques. Vous en trouverez à proximité des gares, dans les sites touristiques et sur la Joachimstaler Strasse entre la Hardenbergstrasse et le Kurfürstendamm. **Travelex** et **American Express** sont les plus connus.

Changer du liquide à la réception d'un hôtel est souvent possible mais rarement avantageux.

Distributeur de billets

CHÈQUES DE VOYAGE

Les chèques de voyage offrent le moyen le plus sûr d'emporter de l'argent à l'étranger, à condition de conserver le reçu à part. Pour effectuer des achats ou régler une chambre d'hôtel, mieux vaut qu'ils soient libellés en euros. Les deux plus importantes sociétés émettrices, **American Express** et **Thomas Cook,** ont des bureaux à Berlin, que vous pourrez contacter en cas de perte ou de vol.

CARTES BANCAIRES

Les principales cartes de crédit, Visa, MasterCard, American Express et Diners Club vous permettront de payer dans nombre d'hôtels, de boutiques et de restaurants. Certains établissements n'acceptent toutefois les cartes bancaires qu'à partir d'un montant minimum d'achat. C'est pourquoi il reste conseillé de garder du liquide sur soi. Vous trouverez de nombreux distributeurs automatiques de billets dans le centre-ville.

ADRESSES

BANQUES ET BUREAUX DE CHANGE

American Express
Bayreuther Strasse 37.
Tél. *214 98 30.*

American Express
Friedrichstrasse 172.
Tél. *23 84 10 25.*

Berliner Bank
Kurt-Schumacher-Platz.
Tél. *31 05 31 05.*
◌ *9h-14h lun., mer., ven.,*
9h-18h mar.-jeu.

ReiseBank
Bahnhof Zoo.
Tél. *881 71 17.*
◌ *7h30-22h t.l.j.*

ReiseBank
Hauptbahnhof.
Tél. *296 43 93 ou 2045 3761.*
◌ *7h-22h lun.-ven.,*
8h-20h sam. et dim.

Travelex
Friedrichstrasse 56.
Tél. *20 16 59 16.*

CARTES ET CHÈQUES PERDUS

American Express
Tél. *(069) 97 97 10 00.*

Diners Club
Tél. *(01805) 33 66 95.*

MasterCard
Tél. *(069) 74 09 87.*

VISA
Tél. *(01803) 61 76 170.*

Bureau de change

EURO

Douze pays ont remplacé leur monnaie nationale par une monnaie unique européenne, l'euro : l'Allemagne, l'Autriche, la Belgique, l'Espagne, la Finlande, la France, la Grèce, la Hollande, l'Irlande, l'Italie, le Luxembourg et le Portugal. Les autres États membres, la Grande-Bretagne, le Danemark et la Suède, ne font pour l'instant pas partie de la zone euro. Les pièces et les billets ont été mis en circulation le 1er janvier 2002.

En Allemagne, les Deutsche Mark ont été retirés au milieu de l'année 2002. Vous pouvez changer vos devises aux distributeurs automatiques, notamment à l'aéroport, mais prévoyez toutefois quelques euros en liquide, utiles à votre arrivée.

Billets de banque

Les billets de banque existent en sept coupures. Le billet de 5 € (gris) est le plus petit, suivi de ceux de 10 € (rouge), 20 € (bleu), 50 € (orange), 100 € (vert), 200 € (brun-jaune) et 500 € (violet).

5 euros

10 euros

20 euros

50 euros

100 euros

200 euros

500 euros

2 euros   1 euro   50 cents   20 cents   10 cents

Les pièces

Il existe 8 pièces en euros : 1 euro et 2 euros, 50 cents, 20 cents, 10 cents, 5 cents, 2 cents et 1 cent. Les pièces de 1 et 2 euros sont dorées et argentées. Les pièces de 5, 2 et 1 cents sont cuivrées.

5 cents

2 cents

1 cent

Les communications

Les compagnies nationales Deutsche Post et Deutsche Telekom offrent toutes deux des services très performants. Il vous arrivera peut-être d'attendre un peu dans un bureau de poste, mais une lettre pour la France mettra rarement plus de deux jours à atteindre son destinataire. Des cabines téléphoniques se dressent pratiquement à tous les coins de rue de Berlin et beaucoup

**Logo de Deutsche
Telekom**

de cafés et de restaurants possèdent leurs propres téléphones publics. Les stations de U-Bahn et de S-Bahn abritent toutes des publiphones et, souvent, une boîte aux lettres.

TÉLÉPHONE

Tous les téléphones publics de Berlin appartiennent à la compagnie Deutsche Telekom, mais il en existe plusieurs sortes. Les plus anciens fonctionnent avec des pièces. Si vous passez un appel dont le coût est inférieur à la somme que vous avez insérée, l'appareil vous rendra les pièces inutilisées.

Plus pratiques, les cabines à carte deviennent la norme. Les cartes téléphoniques sont en vente dans les kiosques à journaux et les

bureaux de poste. Quelques publiphones dans le centre-ville acceptent les cartes bancaires. Gratuite, la carte France Telecom (à prendre avant le départ) permet d'appeler depuis n'importe quel poste à l'étranger, y compris d'une cabine. Les communications sont facturées en France. Pour tous renseignements, composez le 1014 (appel gratuit depuis chez vous).

Toutes les cabines publiques abritent habituellement des annuaires, et la plupart

Cabine équipée d'un téléphone public à carte

possèdent un numéro qui permet de s'y faire appeler. Le coût des communications baisse aux heures creuses : le soir, la nuit, tôt le matin ainsi que le week-end. Comme partout ailleurs, téléphoner depuis sa chambre d'hôtel peut se révéler très coûteux.

UTILISER UN PUBLIPHONE À PIÈCES

1 Décrochez et attendez la tonalité.

2 Insérez des pièces.

3 Composez le numéro et attendez la connexion.

4 Insérez d'autres pièces si nécessaire.

5 Raccrochez une fois l'appel terminé. Appuyez sur le bouton au-dessus de la fente pour récupérer les pièces inutilisées.

UTILISER UN PUBLIPHONE À CARTE

1 Décrochez et attendez la tonalité.

2 Choisissez la langue.

3 Insérez votre carte. L'écran affiche le crédit disponible.

4 Composez le numéro et attendez la connexion.

5 Raccrochez une fois l'appel terminé. Appuyez sur le bouton vert et retirez votre carte.

**Cartes
téléphoniques**

Entrée d'un bureau de poste, sur Johachimstrasse

INTERNET ET E-MAIL

Devant le succès croissant d'Internet et du courrier électronique, nombreux sont les hôtels qui offrent à leurs hôtes la possibilité de consulter le réseau. On trouve également des cyber-cafés dans la plupart des villes, et il est même possible de louer un ordinateur à l'heure dans les centres commerciaux.

LES SERVICES POSTAUX

Le fond jaune vif du logo de la Deutsche Post rend les bureaux de poste aisés à reconnaître. Les boîtes aux lettres sont également très visibles.

Comme dans les autres pays européens, tous les services traditionnels tels qu'envoi en recommandé et expédition de colis, de télégrammes et de mandats y sont possibles. Outre les timbres usuels, ils permettent d'acheter des cartes téléphoniques et du courrier prétimbré. On y trouve aussi des cartes postales et des timbres de collection.

EXPÉDIER UNE LETTRE

Poster une lettre ou un colis à destination d'un pays de l'Union européenne ou de la Suisse ne revient pas plus cher que de l'envoyer en Allemagne. Il faut compter de deux à quatre jours pour qu'une lettre expédiée de Berlin arrive en France. Les boîtes aux lettres comportent parfois deux fentes. Celle de gauche est réservée au courrier local.

BUREAUX DE POSTE

Les bureaux de poste ouvrent habituellement de 8 h à 18 h en semaine et jusqu'à midi le samedi. Quelques-uns, comme au Flughafen Tegel et à la Bahnhof Friedrichstrasse, ont des horaires nettement plus étendus. Vous pouvez retirer des lettres en poste restante *(Postlagernd)* au bureau de la Joachimstaler Strasse, qui reste ouvert tous les jours jusqu'à minuit.

PRINCIPAUX BUREAUX DE POSTE

Joachimstaler Strasse 7
🕐 *8h-minuit lun.-sam., 10h-22h dim.*

Flughafen Tegel
🕐 *8h-18h lun.-ven., 8h-13h sam.*

Postamt Mitte
🕐 *6h-22h lun.-ven., 8h-22h sam. et dim.*

Ancienne boîte aux lettres bleue devenue très rare à Berlin

Instructions

Choix de timbres

Les timbres tombent ici

Distributeur automatique de timbres-poste et de cartes téléphoniques

Fente autre courrier

Heures de collecte

Fente courrier local

Leur couleur jaune aide à repérer les boîtes aux lettres

NUMÉROS UTILES

- Indicatif de l'Allemagne : 00 49.
- Indicatif de Berlin : 030.
- Indicatif de Potsdam 0331.
- Renseignements nationaux : 11 8 33.
- Renseignements internationaux : 11 8 34.
- Opérateur : 1 11 41.
- Police : 110.

- Pour appeler à l'étranger, faites le 00, l'indicatif du pays, puis le numéro complet du correspondant (sans le premier 0).
Indicatif de la Belgique : 32.
Indicatif du Canada : 1.
Indicatif de la France : 33.
Indicatif de la Suisse : 41.

ALLER À BERLIN

Il existe des liaisons aériennes directes quotidiennes entre les capitales européennes et Berlin, mais, depuis les villes de province, le vol comprend presque toujours une escale. Le trajet en train depuis Paris dure environ douze heures. La qualité du service assuré par la *Deutsche Bahn* fait du chemin de fer un bon moyen de se déplacer en Allemagne,

Avion de la Lufthansa

surtout en profitant des forfaits disponibles. L'autocar est un mode de transport très économique. En voiture, les autoroutes mettent Berlin à quelques heures de Paris, Genève ou Bruxelles, mais mieux vaut tenir compte des embouteillages qui se forment aux entrées de la ville les soirs de retour de vacances ou de week-end.

Sigles d'information indiquant les différents services de l'aéroport

ARRIVER EN AVION

Les vols réguliers assurés depuis Paris (Charles-de-Gaulle) par des compagnies comme **Air France** (6 vols par jour) et la **Lufthansa** atterrissent à l'aéroport de Tegel. Des vols également au départ de Marseille, Nice, Lyon, Bordeaux et Lille, avec connexion à Munich ou Francfort.

Depuis l'Amérique du Nord, la Lufthansa assure des vols quotidiens au départ de Toronto et Montréal.

La compagnie *low cost* **Berlin Jet** propose un vol par jour entre Beauvais et Berlin-Schönefeld. Le troisième aéroport de Berlin, Tempelhof, accueille principalement des vols intérieurs et privés.

BILLETS ET TARIFS

Quel que soit votre âge, vous avez le droit de bénéficier d'un tarif Evasion à condition de réserver suffisamment à l'avance et de passer au moins une nuit de samedi à dimanche sur place.

Il s'agit toutefois de réservations fermes, Voyages-sncf.com, première agence de voyages sur Internet propose ses meilleurs prix sur les billets d'avion, hôtels, location de voitures, séjours clés en mains ou Alacarte. Vous avez également accès à des services exclusifs : l'envoi gratuit des billets à domicile, Alerte Résa qui signale l'ouverture des réservations, le calendrier des meilleurs prix, les offres de dernière minute et les promotions ; www.voyages-sncf.com.

Pour les compagnies *low cost*, comme **Berlin Jet,** la réservation se fait par Internet (pas d'agence). Consultez également les sites Web des autres transporteurs aériens ; opodo.com a des tarifs et des horaires intéressants pour

Tableau des départs dans le hall principal

Berlin. Enfin des spécialistes proposent, sur Internet, des soldes et même des billets aux enchères. Les forfaits trajet/hôtel sont valables.

AÉROPORT DE TEGEL

Situé à seulement 8 km du centre, l'aéroport de Tegel ne possède qu'un terminal, dont l'aménagement permet de se repérer facilement. Le hall principal renferme un centre d'information, un bureau de change, un bureau de poste et des boutiques. Bus et taxis attendent à la sortie.

Le bus n° 109 passe par la gare Zoologischer Garten et a pour terminus Budapester Strasse.

Le n° 128 relie

Flughafen Tegel est le principal aéroport de Berlin

Dans le hall principal de l'aéroport de Tegel

l'aéroport au métro Kurt-Schumacher-Platz et le n° X9 rejoint le Kurfürstendamm. Ces bus circulent toutes les 10 min de 5 h à 23 h. Le hall abrite des distributeurs automatiques de tickets. Ils valent environ 2, 10 euros et peuvent aussi se prendre à bord. Les bus TXL, qui assurent des liaisons rapides avec Unter den Linden, sont un peu plus chers.

Une course en taxi jusqu'à la Bahnhof Zoologischer Garten coûte entre 12 et 15 euros, et il faut compter environ un quart d'heure de trajet.

AÉROPORT DE SCHÖNEFELD

L'ancien aéroport international de Berlin Est se trouve à 20 km au sud du centre-ville. Le bus n° 171 permet de rejoindre la gare Flughafen Berlin Schönefeld d'où le S-Bahn 9 et le S-Bahn 45 conduisent dans le centre. Des trains de grandes lignes partent également de cette gare. On peut aussi utiliser le bus n° 171 pour atteindre la station de U-Bahn Rudow. La distance entre Schönefeld et le centre rend la course en taxi relativement onéreuse.

AÉROPORT DE TEMPELHOF

Construit en 1923, le plus vieil aéroport de Berlin (p. 145) est celui où le trafic est le plus réduit. Situé tout près du centre, en bordure des arrondissements de Kreuzberg et de Tempelhof, il doit son aspect actuel au régime nazi. Plusieurs bus permettent de se rendre dans le centre. Le n° 119 vous conduira au Kurfürstendamm. Si vous avez peu de bagages, vous pouvez aussi rejoindre à pied les stations de métro Tempelhof ou Platz der Luftbrücke.

Comptoir d'enregistrement des premières classes

AÉROPORT DE TEGEL

L'unique terminal obéit à un plan simple. Des couloirs circulaires mènent aux portes d'embarquement et le hall principal abrite sur deux niveaux des boutiques et des services.

Parking au rez-de-chaussée

AÉROPORT

☐	Arrivées
☐	Départs
☐	Hall principal
☐	Couloir circulaire
🚗	Taxis
🚌	Arrêt de bus
🍴	Restaurant

Forfaits à prix réduits proposés par les Chemins de fer allemands

VOYAGER EN TRAIN

Des trains directs à destination de Berlin partent tous les jours des capitales de l'Europe du Nord. Le trajet dure environ douze heures depuis Paris et dix heures depuis Bruxelles. Au départ de Genève, il faut changer à Bâle et compter huit heures supplémentaires jusqu'à Berlin. Les Chemins de fer allemands (Deutsche Bundesbahn) desservent des destinations comme Prague et Varsovie depuis la capitale.

Même si les tarifs du train ne sont pas aussi concurrentiels que les tarifs aériens, renseignez-vous sur les réductions possibles. En France, la SNCF propose entre autres des tarifs « Découverte », dont on bénéficie en réservant plus de huit jours ou plus de trente jours

DB

Logo de la Deutsche Bahn
(Chemins de fer allemands)

avant le départ. Si vous envisagez de voyager dans plusieurs pays, renseignez-vous sur la carte Inter-Rail, qui permet de circuler librement pendant 22 jours ou un mois à l'intérieur de certaines zones. En outre, elle donne droit à une réduction de 50 % sur le trajet jusqu'à la frontière. Il existe plusieurs formules dont vous pourrez obtenir le détail au guichet d'une gare.

Si vous comptez prendre le train en Allemagne, la carte Euro-Domino permet, quel que soit votre âge, de circuler librement pendant trois, cinq ou huit jours (sur une période d'un mois) à l'intérieur du pays, ces jours pouvant être séparés. Les jeunes de moins de 26 ans bénéficient d'une réduction supplémentaire.

Les Chemins de fer allemand, la Deutsche Bundesbahn, proposent des offres spéciales à différentes périodes de l'année, particulièrement en été, avec des tarifs week-end ou pour les familles. Le plus simple consiste à s'informer sur place dans les gares.

La nouvelle gare, de Berlin, l'**Hauptbahnhof-Lehrer Bahnhof** qui a ouvert en 2006 est l'une des plus importantes gares d'Europe. Ce splendide complexe est la gare de tous les trains de la Deutsches Bahn pour l'Allemagne ou l'étranger. Plusieurs lignes de S-Banh (S5, S7, S9 et S75)

Employées de la Deutsche Bahn en uniforme

relient la gare à Berlin. La gare abrite aussi des magasins, des restaurants, des agences de location de voiture, une banque et beaucoup de services de nuit. L'ancienne gare de Berlin-Ouest, la **Bahnhof Zoo** est maintenant une gare régionale mais avec ses nombreuses connexions de U-Bahn et de S-Bahn, elle reste le plus important carrefour ferroviaire de la partie occidentale de la ville. Devant la gare, on trouve une station de taxis et plusieurs arrêts de bus, dont le terminus des bus de nuit. Le pavillon de la BVG (p. 295) abrite un centre de renseignements des transports publics, où on peut aussi acheter des tickets.

Certains trains en provenance du Sud et de l'Est arrivent à l'**Ostbahnhof** (l'ancienne Hauptbahnhof). Desservie par le S-Bahn, cette gare renferme un bureau de change, une poste et un bureau d'information touristique. Quelques trains venant de l'Est s'arrêtent plus loin du centre à la **Bahnhof Berlin Lichtenberg,** d'où les lignes de S-Bahn 5, 7 et 75 et la ligne de U-Bahn 5 permettent de rejoindre Alexanderplatz ou la Bahnhof Zoo.

À condition de l'utiliser dès votre arrivée, votre billet de train pour Berlin vous donne le droit de prendre gratuitement le S-Bahn jusqu'à une autre gare. Pour toute information, notamment sur les horaires, téléphonez aux **Renseignements ferroviaires** *(voir tableau ci-contre).*

Hall principal de la gare Zoologischer Garten (Bahnhof Zoo)

VOYAGER EN AUTOCAR

L'autocar est le mode de transports le plus économique, mais pas le plus reposant. Le réseau d'autoroutes desservant Berlin rend toutefois le trajet relativement court, d'autant qu'il se fait de nuit : depuis Paris, il faut compter envrion treize heures, soit à peine plus que le train. Des arrêts réguliers permettent de se dégourdir les jambes et de boire un café ou de manger un sandwich. **Eurolines** assure 4 navettes hebdomadaires, **Gulliver's Reisen** un voyage quotidien. Climatisation et dossiers inclinables sont devenus la norme.

La principale gare routière de Berlin, la **Zentral-Omnibus-Bahnhof**, se trouve près de la Funkturm *(p. 183)* entre la Masurenallee et le Messedamm. Des cars en partent dans toutes les directions pour rejoindre d'autres destinations en Allemagne, ainsi que de grandes villes étrangères. Sur les longs trajets de nuit, certaines compagnies proposent des fauteuils plus confortables avec un petit supplément.

Autocar assurant des liaisons interurbaines

Panneaux d'information à l'intérieur d'une gare

LA VOITURE

Les autoroutes *(Autobahnen)* qui relient Berlin à la majorité des grandes villes d'Europe rendent le trajet rapide et sûr. Elles sont gratuites en Allemagne. L'itinéraire le plus court depuis Paris (920 km) et Bruxelles (710 km) passe par Liège et Cologne. Depuis Genève (1 090 km), il faut rejoindre Zürich puis Munich.

Une autoroute circulaire *(Berliner Ring)* fait le tour de Berlin et est reliée aux autoroutes desservant Dresde, Nüremberg, Munich, Hanovre et Hambourg. De ce périphérique, de nombreuses sorties sont indiquées vers les différents quartiers du centre. Toutefois, hors des heures de pointe, il est généralement plus rapide de couper directement à travers la ville pour atteindre une destination à l'intérieur de l'agglomération. Des embouteillages se forment souvent aux entrées de Berlin le dimanche soir et les jours de retour de vacances. À condition d'éviter quelques points noirs comme le Kurfürstendamm, Unter den Linden et les approches de la Potsdamer Platz, la circulation reste relativement fluide comparée à celle d'une ville comme Paris. En fait, trouver où stationner dans le centre constitue le principal problème.

Alors que la vitesse n'est pas limitée sur les autoroutes, où les Allemands roulent couramment à 200 km/h, la police se montre pointilleuse sur le respect de la limitation en agglomération (50 km/h). Elle effectue aussi régulièrement des Alcootest, en particulier en cas d'accident.

Pour conduire en Allemagne, les ressortissants d'un pays européen n'ont pas besoin d'un permis international. Toutefois, ils doivent pouvoir présenter à toute réquisition un certificat d'enregistrement du véhicule (carte grise en France) et une carte internationale d'assurance automobile (carte verte). Les grandes gares et les aéroports abritent des agences de location de voitures *(p. 293)*.

Panneaux routiers indiquant diverses destinations dans Berlin

ADRESSES

NUMÉROS UTILES

Bahnhof Zoo
Hardenbergplatz.
Plan 4 E5. **Tél.** 29 70.

Hauptbahnhof
Entrée nord, rez-de-chaussée.
Plan 6 D1. **Tél.** 29 70.

Bahnhof Berlin Lichtenberg
Travel Office, Weitlingstrasse 22.
Tél. 29 70.

Renseignements ferroviaires
Tél. 11 8 61.
Tél. 0190 50 70 90 (24h/24).
Tél. 0800 150 70 90 (répondeur).

Zentral-Omnibus-Bahnhof
Am Funkturm, Masurenallee 4-6.
Plan 1 C5.
Tél. 301 03 80.

Locomotive d'un train ICE (Inter-City Express)

CIRCULER À BERLIN

Berlin est une ville très étendue, et si le cœur historique, dans l'arrondissement de Mitte, se révèle suffisamment compact pour être découvert à pied, il faut utiliser un mode de transport pour rejoindre les quartiers plus périphériques. Aux beaux jours, les visiteurs les plus sportifs pourront utiliser le vélo : l'absence de dénivelé et de nombreuses pistes

**Enseigne
des vélos-taxis**

cyclables en rendent l'usage très agréable. En voiture, le problème principal consistera à trouver où se garer. Le réseau ferroviaire du U-Bahn et du S-Bahn assure une desserte très efficace de l'ensemble de l'agglomération. Souvent dotés d'une impériale, les bus offrent une meilleure vue de la ville. Rivières et canaux permettent de nombreuses croisières.

Feux à un passage piéton

BERLIN À PIED

Les conducteurs allemands se montrent dans l'ensemble respectueux du code de la route et tiennent compte des piétons quand ceux-ci ont la priorité. Ce respect de la loi s'applique dans l'autre sens, et il est très mal vu, même en

**Anciennes plaques
de rue berlinoises**

l'absence de toute circulation, de traverser une rue lorsque la signalisation est au rouge.

En fait, plus que des voitures, il faut faire attention aux vélos quand on se promène à pied. En effet, beaucoup de pistes cyclables passent sur les trottoirs plutôt que sur la chaussée, et mieux vaut éviter de marcher dans ces couloirs tracés à la peinture. Les cyclistes ne préviennent pas toujours quand ils arrivent derrière un piéton.

En principe, les artères de Berlin, comme Unter den Linden, affichent des numéros pairs d'un côté, impairs de l'autre, qui augmentent parallèlement. Mais il arrive parfois qu'ils forment une suite ininterrompue qui commence d'un côté au début de la rue et « tourne » au bout de celle-ci. Les voyageurs handicapés peuvent contacter **Deutscher Servicering** ou **Landesaut für Soziale Aufgaben** pour tous renseignements.

**Arrêt et stationnement interdit
du lundi au vendredi de 7 h à 19 h**

BERLIN EN VOITURE

Berlin ne possède pas de centre ancien aux rues étroites, et circuler en voiture s'y révèle plus facile que dans la majorité des autres capitales européennes. Les grands chantiers en cours créent néanmoins des zones d'embouteillage, en particulier du côté du Tiergarten et de la Potsdamer Platz. Mieux vaut également éviter de prendre sa voiture aux heures de sortie des bureaux et les soirs de retour de week-end ou de vacances.

La vitesse est limitée en agglomération à 50 km/h, et les conducteurs berlinois respectent cette limitation. Vous ne les verrez pas non plus en train passer un feu à l'orange.

Pour louer une voiture, il vous faudra présenter un passeport ou une carte d'identité et votre permis

**Stationnement autorisé, avec
un ticket, pendant les heures
de bureau et le samedi matin**

Parcmètre

Le stationnement est payant dans la plupart des rues de 9 h à 19 h en semaine et de 9 h à 14 h le samedi.

Horloge indiquant la date et l'heure

Fente pour insérer les pièces

Le ticket sort ici

Renseignements en plusieurs langues

Quelques-unes des grandes agences de location de voitures

---

de conduire. Certaines agences imposent un âge minimum de 21 ans. Toutes préfèrent les paiements par carte bancaire. Les grandes compagnies telles qu'**Avis, Sixt** et **Hertz** ont des succursales dans les aéroports, les gares et en centre-ville. En cas de panne, contactez **ADAC Auto Assistance.**

Funk Taxi Berlin, Würfelfunk et **Spree Funk** font partie des compagnies de taxis établies de longue date.

Panneau routier indiquant la direction de différentes localités

STATIONNER

Trouver une place où se garer en centre-ville pose souvent problème, surtout à l'heure du déjeuner. Vous pouvez toutefois tenter votre chance sur l'allée centrale du Ku'damm, sur Alexanderplatz et sur la Strasse des 17. Juni où le stationnement reste pour le moment gratuit. Mais il vous faudra prévoir de la monnaie pour les parcmètres. Les parkings couverts sont payants, et ils ont souvent l'aspect d'immeubles de plusieurs étages dans l'ancien Berlin-Ouest.

Des agents de circulation patrouillent en permanence dans les rues. En cas d'infraction, ils ne se contentent pas d'infliger des amendes, n'hésitant pas à faire rapidement enlever des véhicules par la fourrière.

BERLIN À VÉLO

La bicyclette jouit d'une grande popularité dans la capitale allemande, et des pistes cyclables doublent la majorité des principales artères, en particulier dans l'ancien Berlin-Ouest. Ces pistes cyclables possèdent parfois leurs propres feux de signalisation aux intersections. Les vélos ont priorité sur les voitures.

Des râteliers à bicyclettes se trouvent à l'entrée de certains lieux publics.

Le S-Bahn permet de voyager en emportant son vélo à condition d'entrer dans la voiture par la porte indiquée et de le ranger à l'endroit prévu à cet effet.

Le loueur **Fahrradstation** possède plusieurs succursales. Aux beaux jours, vous pouvez aussi emprunter les cyclopousses de **Velo Taxi** pour découvrir la ville sans peine et de manière écologique.

Piste cyclable entre la chaussée et le trottoir

ADRESSES

CAR RENTAL

AVIS
Tél. 23 09 370.
Tél. (0180) 55 577.
(réservations Internationales).
www.avis.com

Europcar
Tél. (01805) 22 11 22.
www.europcar.com

Hertz
Tél. 26 11 053. **www**.hertz.com

Sixt
www.sixt.com

LOCATION DE VÉLOS

Fahrradstation
Dorotheenstrasse 30.
◻ 8h-20h t.l.j. **Tél.** 28 38 48 48.

Velo Taxi
◻ avr.-oct. **www**.velotaxi.com

DÉPANNAGE AUTOMOBILE

ADAC Auto Assistance
Tél. (01802) 22 22 22.

VOYAGEURS HANDICAPÉS

Deutsches Servicering
Tél. 859 40 10.

Landesaut Für Soziale Aufgaben
Tél. 90 12 64 64..

TAXIS

Funk Taxi Berlin
Tél. 261 026.

Würfelfunk
Tél. 210 101.

Spree Funk
Tél. 44 33 22.

Bus, trams et taxis

Les bus bénéficient à Berlin de voies réservées et offrent un moyen agréable de se déplacer, d'autant qu'ils sont pour la plupart à impériale. Ils assurent, avec les tramways qui ne circulent que dans l'ancien Berlin-Est, un service de nuit très efficace. Les lignes 100 et 200 traversent le cœur historique de la ville entre le Tiergarten et Prenzlauer Berg. L'étendue de l'agglomération peut vite rendre les trajets en taxi onéreux. Il existe cependant un tarif avantageux pour les courses de moins de 2 km.

Arrêt de tram
Des panneaux indiquent le numéro de la ligne, son itinéraire et ses horaires. Des bus utilisent aussi certains de ces arrêts.

Symbole d'un arrêt de tram (*Haltestelle*)

Numéros et destinations des lignes de bus

Plan des transports

Horaire de chaque ligne

De nombreuses brochures sont disponibles au bureau de la BVG

TITRES DE TRANSPORT

La régie des transports publics a divisé l'agglomération berlinoise en trois zones. La zone A correspond au centre-ville, la zone B à la périphérie et la zone C à Potsdam et à ses environs. Un ticket simple (*Normaltarif*) permet de circuler librement pendant deux heures sur tous les types de transports dans les zones A et B. Un peu moins cher, le *Kurzstrecke* ne donne droit qu'à un trajet de six arrêts de bus ou de trois stations de U-Bahn ou de S-Bahn.

Les tickets s'achètent dans les stations de U-Bahn et de S-Bahn ou auprès d'un chauffeur de bus. Il faut les valider au moment du départ en les glissant dans une des machines à composter rouges, installées sur les quais et dans les bus. Les enfants de moins de 14 ans bénéficient d'un tarif réduit (*Ermässigungstarif*), et ceux de moins de 6 ans voyagent gratuitement. Les poussettes ou les chiens ne donnent pas lieu à supplément.

Les distributeurs automatiques équipant les stations vendent également la carte journalière (*Tageskarte*). Elle coûte 6,10 euros et permet de circuler librement du moment de son compostage jusqu'à 3 h du matin le lendemain. Un ticket simple coûte 2,10 euros et offre une libre circulation de 2 heures. Transmissible, la *7-Tage-Karte* est une formule très intéressante pour un séjour d'une semaine. La Welcome Card est elle aussi avantageuse car elle permet à un adulte et trois enfants de circuler librement à Berlin et à Potsdam pendant trois jours, tout en bénéficiant de réductions.

A l'occasion d'événements particuliers, comme la Love Parade (*p. 270*), il est possible d'utiliser les transports en commun, à prix réduits, pendant 2 jours.

Pour les informations sur les tickets et les transports publics

Bus urbain à impériale

Welcome Card, valable trois jours

en général, appelez le service clientèle des transports berlinois (**BVG Kundendienst** ou **Ticket Information**), ou encore la gare de métro **Turmstrasse** pour les informations sur les trains. Il existe aussi un **bureau des objets trouvés de la BVG**. (*voir tableau ci-contre pour tous les numéros d'appel*).

BERLIN EN BUS

Un horaire détaillé des bus est affiché à tous les arrêts. Les bus portent non seulement le numéro de la ligne qu'ils suivent, mais aussi leur destination. Il faut y prêter attention car ils sont nombreux à suivre des parcours plus courts hors des heures de pointe. Jusqu'à 20 h, les passagers peuvent entrer par n'importe quelle porte. Après 20 h, ils doivent monter par l'avant pour montrer leur titre de transport au chauffeur. Dans certains véhicules, un dispositif lumineux indique le prochain arrêt. Il équipe surtout ceux qui circulent dans le centre. Pour demander l'arrêt, appuyez sur le bouton marqué « Halt ».

LES DIFFÉRENTS BUS

Les bus berlinois possèdent une impériale comme à Londres. Ils circulent très régulièrement pendant la semaine, mais ils sont un peu moins fréquents les samedis et dimanches. L'« X » qui figure à côté de certains numéros de ligne correspond à « express », dont les billets sont plus chers. Sur beaucoup de lignes, les rotations deviennent plus rares pendant le week-end. Il existe 44 lignes de bus de nuit. Signalés par un « N », ils circulent toutes les demi-heures, en semaine comme le week-end, mais suivent partois des itinéraires différents de ceux de la journée. Les billets pour les bus de nuit sont également plus chers, et on peut les acheter directement au conducteur. Des plans sont disponibles au pavillon de la BVG sur l'Hardenbergplatz.

LES LIGNES 100 ET 200

Les bus à impériale de ces lignes rejoignent Prenzlauer Berg depuis la Bahnhof Zoo, en passant par la plupart des sites historiques intéressants. Effectuer le trajet en une seule fois permet d'avoir un aperçu rapide des principales attractions. On peut aussi s'arrêter en cours de route pour visiter la Museumsinsel, flâner sur Unter den Linden, franchir la porte de Brandebourg, se promener dans le Tiergarten ou contempler le Reichstag et la Kaiser-Wihelm-Gedächtniskirche. Avant le départ, vous pouvez vous procurer au **pavillon de la BVG,** situé sur Hardenbergplatz (devant Bahnhof Zoo), le plan du parcours commenté en allemand et en anglais.

TRAMWAYS

Ponctuels, les tramways sont un moyen de transport agréable, mais, à l'exception d'une ligne prolongée jusqu'à Wedding, ils ne circulent que sur le territoire de l'ancien Berlin-Est. 11 lignes fonctionnent la nuit. Les tickets sont les mêmes que pour les bus, le U-Bahn ou le S-Bahn.

TAXIS

Se déplacer en taxi est une manière confortable mais coûteuse pour circuler dans Berlin. Les taxis berlinois ont tous la même couleur crème, quel que soit le type de véhicule, et portent sur le toit une grosse enseigne marquée TAXI. Vous pouvez facilement arrêter un taxi dans la rue ou appeler une centrale de réservation (p. 293) pour commander une voiture. Les

Des trams modernes circulent désormais dans l'ancien Berlin-Est

stations de taxis sont relativement rares à Berlin. S'il n'y a pas de voiture à une station, appelez une voiture grâce au téléphone de la station. Un tarif plus élevé est appliqué le week-end et la nuit. Mais il existe un tarif spécial appelé *Kurzstreckentarif* pour les courses de moins de 2 km. Leur prix, 3,50 euros, est fixe. Il est pratique de connaître le nom et le numéro de téléphone de la compagnie de taxis la plus proche de votre hôtel.

ADRESSES

NUMÉROS UTILES

BVG Information
(BVG-Kundendienst)
Tél. *194 49.*

Renseignements sur les tickets (S-Bahn)
S-Bahn Berlin
Bahnhof Alexanderplatz.
Tél. *29 72 06 48.* ⬤ *8h-21h lun.-ven., 9h-18h sam., dim.*

U-Bahnhof Turmstrasse
Service Centre
⬤ *5h30-20h30 lun.-ven., 8h45-16h sam.*

Pavillon de la BVG
Hardenbergplatz.
⬤ *5h30-22h t.l.j.*

Bureau des objets trouvés de la BVG
U-bahn station Kleistpark.
Tél. *194 49.* **www.**bvg.de

Un arrêt de bus à l'heure de pointe

U-Bahn et S-Bahn

Panneau du U-Bahn

Le U-Bahn fonctionne comme un métro et circule en sous-sol. Son réseau est contrôlé par la régie berlinoise des transports publics, la Berliner-Verkehrsbetriebe (BVG) dont dépendent également les bus et les trams. Le S-Bahn ressemble au RER parisien et circule jusqu'en banlieue. Il était administré par la RDA jusqu'à la chute du Mur, et il a nécessité une importante modernisation. Il appartient toujours à une société indépendante : la S-Bahn GmbH. Les deux réseaux (U-Bahn et S-Bahn) sont étroitement interconnectés, et les billets sont les mêmes pour tous les trains.

Destination et numéro de quai (Gleis) sur un panneau du U-Bahn

à l'entrée. Ils acceptent les pièces et les billets de banque et permettent d'acheter des tickets simples ou aller-retour et des cartes de transport à la journée ou à la semaine (*p. 294*). On peut acheter au guichet la Welcome Card (*p. 278, p. 294*).

De couleur rouge, les machines à composter (*Entwerter*) se trouvent généralement derrière les distributeurs et à l'entrée des quais. Aucune barrière n'empêche de monter sans ticket. Resquiller n'est toutefois pas sans risque. Des contrôleurs en civil parcourent les rames en permanence. Les passagers sans titre de transport valide encourent une lourde amende.

SIGNALISATION

De grands panneaux rectangulaires où un « U » blanc se détache sur un fond bleu permettent de repérer facilement les stations de métro. Les stations de S-Bahn sont signalées par des panneaux ronds portant un « S » blanc sur fond vert.

Sur les plans, des couleurs distinguent les lignes. L'indication de la destination finale permet, en arrivant sur les quais, de savoir dans quel sens roulent les rames. Des cercles ou des ovales blancs symbolisent les correspondances.

Trains à l'arrivée et au départ sur la ligne de U-Bahn 6

U-BAHN

Le réseau du U-Bahn compte 15 lignes plus ou moins importantes, puisque la ligne 15 ne possède pas de ramifications, et que la 12 utilise partiellement les mêmes voies que les lignes 1 et 2. Il assure une desserte dense du centre-ville avec de nombreuses stations proches les unes des autres, bien que parfois situées sur des lignes sans interconnexion. Les rames circulent presque toutes les minutes aux heures de pointe. Elles s'arrêtent entre minuit et 5 h. Toutes les lignes (sauf la U4) fonctionnent toute la nuit pendant le week-end.

S-BAHN

Les 17 lignes du S-Bahn sont plus longues que celles du métro et atteignent les banlieues lointaines. En cours de rénovation depuis la chute du Mur, le réseau n'est toutefois pas aussi dense et les stations sont par conséquent plus éloignées les unes des autres.

Les trains circulent toutes les 10 ou 20 minutes.

TICKETS

Les tickets et les forfaits permettant d'emprunter le S-Bahn et le U-Bahn sont les mêmes que ceux des bus et des tramways. Seule différence : le *Kurzstrecke* ne donne droit qu'à un trajet de 3 stations.

Toutes les stations abritent des distributeurs automatiques

Achat de titres de transports sur un quai du S-Bahn

Ligne 5 du S-Bahn à destination de Pichelsberg

Chaque station possède un plan du quartier et des plans du métro. Ces derniers sont également affichés dans les voitures. Avant de monter, assurez-vous que vous avez choisi la bonne ligne et la bonne direction. Les voitures les plus anciennes ont des portes à ouverture manuelle et fermeture automatique. La procédure est entièrement automatique quand il s'agit des wagons les plus récents. Sur chaque quai, un agent a la charge de coordonner les départs. L'injonction « *Zurück bleiben !* » (« Restez en arrière ! ») signifie que vous n'avez plus le droit de monter car le train va démarrer. Pendant le trajet, des haut-parleurs annoncent habituellement les stations. Dans les trains les plus modernes, elles sont affichées sur écran.

Haut-parleur

Micro

Bouton d'appel d'urgence

Renseignements

Aide aux handicapés

Borne d'information et d'urgence du S-Bahn et du U-Bahn

CIRCULER EN U-BAHN ET EN S-BAHN

1 Cherchez sur un plan la station qui vous intéresse, puis la ligne à laquelle elle appartient. Regardez son terminus pour prendre la bonne direction.

Plan du U-Bahn et du S-Bahn
(voir rabat de couverture)

2 Appuyez sur le bouton correspondant au billet que vous désirez. L'écran affiche le prix à payer.

Plan du réseau

Pièces

Billets

Type de ticket

Tickets et monnaie

3 Les tickets achetés aux machines n'ont pas le même aspect que ceux pris aux guichets, mais portent les mêmes informations sur leur type et leur prix.

Carte hebdomadaire (à gauche) et journalière

4 Avant de monter à bord, vous devez valider votre titre de transport dans une des machines à composter du quai.

Ticket

Numéros et destinations de lignes de S-Bahn

5 Suivez les flèches jusqu'au quai. C'est la destination de la rame qui vous indiquera quel côté choisir.

S 3	Westkreuz
S 5	Pichelsberg
S 7	Potsdam Stadt
S 9	Westkreuz
S 75	Pichelsberg

←

Panneau indiquant les destinations des trains au départ

↑ U | U2 / U5 U8

Panneau indiquant où attendre les rames de U-Bahn affichées

6 Une fois arrivé, suivez les panneaux marqués « Ausgang » pour atteindre une sortie. Quand il y en a plusieurs, la signalisation indique les rues sur lesquelles elles débouchent.

📞 ♿ **Ausgang** ↑
Am Weidendamm
Reichstagufer

Suivre la flèche vers la sortie

Berlin au fil de l'eau

Si Berlin ne possède pas de réseau de voies d'eau aussi dense que ceux d'Amsterdam ou de Venise, la Spree, la Havel, les canaux et les nombreux lacs que comptent la ville et ses environs permettent des promenades très variées, sur des bateaux de toutes dimensions, non seulement dans le centre, mais aussi, entre autres, jusqu'à Potsdam, Spandau ou le Müggelsee.

Cloche de bateau

Horaires et itinéraires de vedettes partant du Nikolaiviertel

Bateau-promenade sur la Spree

DÉCOUVRIR BERLIN EN BATEAU

Pour passer un après-midi de détente à Berlin, rien ne vaut une croisière de trois ou quatre heures le long de la Spree et du Landwehrkanal. De nombreuses compagnies proposent ce genre de promenade, dont, parmi les plus fiables : **Reederei Bruno Winkler, Stern und Kreis, Reederei Hartmut Triebler** et **Reederei Riedel**. Elles possèdent toutes leur propre embarcadère, mais suivent des itinéraires similaires.

Vous découvrirez sous un autre angle les édifices historiques de l'arrondissement de Mitte, notamment la Berliner Dom et les bâtiments de la Museumsinsel, avant de prendre la direction du nouveau quartier gouvernemental et du Reichstag. Peu avant d'atteindre le Landwehrkanal apparaissent la Haus der Kulturen der Welt, encadrée par la verdure du Tiergarten, et la ville nouvelle du quartier de Moabit. Le canal longe le Jardin zoologique et le chantier de la Potsdamer Platz, puis traverse Kreuzberg et rejoint la Spree à l'Oberbaumbrücke.

La plupart des bateaux comprennent un pont inférieur fermé et, sur le pont supérieur, un bar qui sert en plein air des rafraîchissements et des snacks. Renseignez-vous avant le départ, car les commentaires ne sont pas toujours multilingues.

CROISIÈRES SUR LA SPREE ET LA HAVEL

Les voies d'eau qui sillonnent Berlin et sa périphérie permettent de nombreuses autres promenades. L'une des plus agréables emprunte la Spree à travers le cœur historique de Mitte jusqu'à Treptow, Charlottenburg et Spandau. De là, on peut suivre la Havel jusqu'à Grunewald et le lac de Wannsee, puis continuer jusqu'à la pittoresque Pfaueninsel et Potsdam. La compagnie Stern und Kreis organise notamment ce genre de croisières. Reederei Bruno Winkler et Reederei Hartmut Triebler en proposent de semblables au départ de Spandau et de Charlottenburg.

D'autres balades au fil de l'eau rejoignent Spandau et Wannsee depuis le port de Tegel. On peut aussi naviguer de Treptow à Köpenick. Traverser la totalité de Berlin en partant de Tegel, au nord, pour finir à Köpenick au sud-est demande entre cinq et six heures.

Sur une des voies d'eau de Berlin en été

De gros bateaux-promenades circulent aussi sur la Spree

CROISIÈRES HORS DU CENTRE

Tout autour de Berlin, rivières et canaux forment un vaste réseau au sein des forêts et des zones agricoles et urbaines. Une des promenades va de Treptow à Woltersdorf et passe par le plus grand lac de la région, le Müggelsee, l'endroit idéal pour venir se reposer par une

Passage d'une écluse sur un canal de la région de Berlin

chaude journée d'été. Ses rives abritent plusieurs plages artificielles, et des cafés permettent de prendre un rafraîchissement en contemplant les bateaux de plaisance qui sillonnent le plan d'eau. De nombreuses vedettes proposent des promenades.

Un autre itinéraire suit le Teltowkanal de Treptow à Potsdam, d'où la **Weisse Flotte Potsdam** propose des circuits classiques en ville et jusqu'à Wannsee, ainsi que des balades à Caputh, Werder et plusieurs autres destinations au sud et à l'ouest de Potsdam.

Plus ambitieux, une croisière jusqu'au port polonais de Szczecin (Stettin) demande une journée de navigation. Les bateau emprunte l'Havel-Oder-Kanal puis l'Oder. Envisagez

Logo de Reederei Riedel

de dormir sur place pour vous accorder le temps de découvrir la ville. Szczecin a beaucoup souffert de la guerre, mais conserve des églises gothiques et un château Renaissance. Si vous ne voulez pas faire le chemin en sens inverse, vous pouvez rentrer en autocar.

LE CENTRE-VILLE AU FIL DE L'EAU

Le principal itinéraire de promenade en bateau dans le centre de Berlin longe la Museumsinsel et traverse le Tiergarten et Kreuzberg. Mieux vaut commencer la balade près du Jannowitzbrücke ou du Märkisches Ufer.

Hansabrücke
Caprivibrücke
Haus der Kulturen der Welt
Märkisches Ufer/ Jannowitzbrücke
Corneliusbrücke
Kottbusser Brücke

LÉGENDE
🛥 Principaux embarcadères
···· Itinéraire

0   1 km

ATLAS DES RUES

Tout au long de ce guide, vous trouverez des références cartographiques renvoyant aux plans de cet atlas, indiquées pour les sites de visite, les hôtels *(p. 216-229)*, les restaurants *(p. 230-249)*, les commerces *(p. 250-259)* et les salles de spectacles *(p. 260-275)*. Les pages 302 à 307 fournissent un répertoire complet des rues représentées sur les plans. La carte d'ensemble ci-dessous précise la zone couverte par chacun d'eux et donne la légende des symboles utilisés. Sur les plans apparaissent ainsi les stations de U-Bahn et de S-Bahn, les principaux édifices et les repères utiles comme les bureaux de poste. Les noms de rues, sur les plans comme dans l'index, sont donnés en allemand. *Strasse (Str.)* signifie rue, *Platz* place, *Brücke* pont et *Bahnhof* gare.

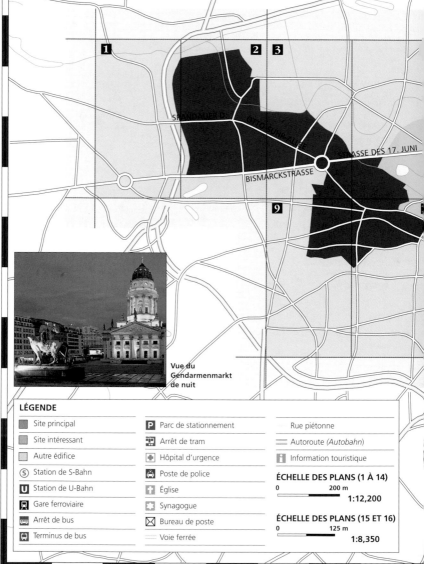

Vue du Gendarmenmarkt de nuit

LÉGENDE

Site principal	P Parc de stationnement	Rue piétonne
Site intéressant	Arrêt de tram	Autoroute *(Autobahn)*
Autre édifice	Hôpital d'urgence	Information touristique
(S) Station de S-Bahn	Poste de police	**ÉCHELLE DES PLANS (1 À 14)**
U Station de U-Bahn	Église	0 200 m
Gare ferroviaire	Synagogue	1:12,200
Arrêt de bus	Bureau de poste	**ÉCHELLE DES PLANS (15 ET 16)**
Terminus de bus	Voie ferrée	0 125 m
		1:8,350

Serre du Botanischer Garten

La Chinesisches Teehaus rococo du Park Sanssouci, Potsdam

Centre d'affaires moderne
de la Potsdamer Platz

Atlas des rues

Index   Les numéros de page en gras renvoient aux entrées principales

Remerciements

L'éditeur remercie les organismes, les institutions et les particuliers suivants dont la contribution a permis la préparation de cet ouvrage :

Réalisation artistique
Kate Poole

Direction éditoriale
Vivien Crump

Direction artistique
Gillian Allan

Consultant
Gordon McLachlan

Vérification
Jürgen Scheunemann

Traduction
Magda Hannay, Anna Johnson, Ian Wisniewski

Correction
Stewart Wild

Index
Hilary Bird

Collaboration artistique et éditoriale
Gillian Andrews, Brigitte Arora, Tessa Bindloss, Arwen Burnett, Lucinda Cooke, Jessica Hughes, Franziska Marking, Ellen Root, Symon Ryder, Sands Publishing Solutions, Sadie Smith, Andrew Szudek, Leah Tether, Conrad van Dyk.

PAO
Samantha Borland, Lee Redmond

Illustrations d'appoint
Pawel Pasternak

Photos d'appoint
Amir Aktar, Francesca Bondy, Catherine Marshall, Ian O'Leary, Jürgen Scheunemann.

Texte d'appoint
Jürgen Scheunemann

Avec le concours spécial de :

L'éditeur remercie les employés des musées, magasins, hôtels, restaurants et autres organismes de Berlin pour leur aide précieuse. Il tient en particulier à remercier : Heidrun Klein du Bildarchiv Preussischer Kulturbesitz ; Frau Betzker et Ingrid Jager du Bröhan Museum ; Margit Billeb du Centrum Judaicum ; le Brücke-Museum ; la Deutsche Press Agency (DPA) ; Renate Forster du Deutsches Technikmuseum Berlin ; Andrei Holland-Moritz de Forschung- und Gedenkstätte Normannenstrasse (Stasi-Museum) ; Matthias Richter du Konzerthaus et l'Orchestre symphonique de Berlin ; le Georg Kolbe Museum ; Carl Kamarz du Stiftung Preussische Schlösser und Gärten Berlin et les palais de Berlin et Potsdam ; Thomas Wellmann du musée de la Ville de Berlin ; l'Hamburger Bahnhof ; Annette Jäckel de la chaîne DeragHotels pour les photos intérieures du DeragHotel Grosser Kurfürst ; Reinhard Friedrich ; Hans Jürgen Dyck de la Haus am Checkpoint Charlie ; Gaby Hofmann du Komische Oper Berlin ; Gesine Steiner du Museum für Naturkunde ; Ute Grallert du Deutsches Historisches Museum ; Elke Pfeil du Brecht-Weigel-Museum ; Ingrid Flindell du Käthe-Kollwitz-Museum ; Sylvia U Moller de la Villa Kastania ; Manuel Volsk du Savoy Hotel ; Sabine Rogge du Grand Hotel Esplanade Berlin ; Claude Borrmann de l'Hotel Palace Berlin ; Gerald Uhligow de l'Einstein Café ; l'Hotel Adlon ; l'Hotel Brandenburger Hof et le restaurant Die Quadriga ; l'Hotel Kempinski ; le Rockendorf's Restaurant ; le Westin Grand Hotel.

Autorisation de photographier

L'éditeur remercie les responsables qui ont autorisé des prises de vues dans leur établissement : Margaret Hilmer de la Berliner Dom ; la Kaiser-Wilhelm-Gedächtniskirche ; les Galeries Lafayette ; le KaDeWe ; Frau Schneider du BVG (régie des transports urbains) ; la Deutsche Bundesbahn pour l'autorisation de photographier la Bahnhof Zoo ; le Dorotheenstädtischer Friedhof pour l'autorisation de photographier les tombes ; le Flughafen Schönefeld pour l'autorisation de photographier l'aéroport ; Annie Silbert du Zoologischer Garten Berlin pour l'autorisation de photographier les animaux et les attractions ; le Hilton Hotel ; Carlos Beck du Sorat Artotel, Berlin ; Manuel Volsk du Savoy Hotel, Berlin ; Sabine Rogge du Grand Hotel Esplanade ; Claude Borrmann de l'Hotel Palace Berlin ; Gerald Uhligow de l'Einstein Café ; le restaurant Olive ; le restaurant Bamberger Reiter ; Sklepo pour l'autorisation de photographier sa boutique et les porcelaines.

Count Lehmann du Senatsverwaltung für Bauen, Wohnen und Verkehr pour la fourniture des renseignements cartographiques et l'autorisation d'utiliser les plans. Mme Grazyna Kukowska de ZAIKS pour l'autorisation de reproduire les œuvres d'art.

Crédit photographique

h = en haut ; hc = en haut au centre ; hd = en haut à droite ; hg = en haut à gauche ; cgh = au centre à gauche en haut ; ch = au centre en haut ; cdh = au centre à droite en haut ; cg = au centre à gauche ; c = au centre ; cd = au centre à droite ; cgb = au centre à gauche en bas ; cb = au centre en bas ; cdb = au centre à droite en bas ; bg = en bas à gauche ; b = en bas ; bc = en bas au centre ; bd = en bas à droite

Malgré tout le soin que nous avons apporté à dresser la liste des auteurs des photographies publiées dans ce guide, nous demandons à ceux qui auraient été involontairement oubliés ou omis de bien vouloir nous en excuser. Cette erreur sera corrigée à la prochaine édition de l'ouvrage.

L'éditeur remercie les particuliers, sociétés et photothèques qui ont autorisé la reproduction de leurs photographies :

John Cage *Not wanting to Say Anything About Marcel* (1969) 111c ; Sandro Chia *Genova* (1980) 110 cg ; Keith Haring Untitled (1983) © The Estate of Keith Haring 110bg ; Bernard Heligerd, sculpture près du Brücke-Museum © Bild-Kunst 179hd ; Oskar Kokoschka *Pariser Platz in Berlin* (1925-1926) 67bg ; Pablo Picasso *Tête de faune* (1937) 34hd, *Femme au chapeau* 165h, © Succession Picasso 2000 ; Robert Rauschenberg *First Time Painting* (1961) © Robert Rauschenberg 111bg ; Karl Schmidt-Rottluff *Ferme à Daugart* (1910) © Bild-Kunst 126hg ; Andy Warhol *Mao* (1973) © 2000 Andy Warhol Foundation for the Visual Arts /Ars, New York 111bd. Alamy Images : CroMagnon 10 hc ; 112, hg ; Leslie Garland Picture Library 134bd ; Joern Sackerman 11b, Allstar Cinetext 141 h ; AMJ holding GMBH & Co KG : Steffen Janicke 65bd ; Ana e Bruno 231cd ; AKG London : Dieter E Hope première page de garde cg et 166, Lothar Peter première page de garde cdb ; Anthony Blake Photo Library première page de garde cd. Berger + Parkinen Architekten Ziviltechnik GmbH : 42bd ; Bildarchiv Preussischer Kulturbesitz 9c, 22-23c, 31hd, 32hd, 32bd, 34hd, 34bd, 35h, 35b, 54cb, 67b, 73ch, 80ch, 82hg, 82b, 83hg, 85b, 115cdh, 118hg, 118hd, 122cb, 123cgb, 126h, 158cdh, 162h, 163cg, 165hg, 178hd, 178b ; Jorg P. Anders 20hc, 20cg, 21h, 29cg, 30cg, 73cdh, 114c, 114b, 117h, 122hg, 122hd, 122ch, 122b, 123h, 123cd, 123b, 124h, 124ch, 124b, 125h, 125cb, 187b ; Hans-Joachim Bartsch 118cgh, 118c, 120hg, 121cd ; Margarete Busing 34c ; Ingrid Geske-Heiden 32hg, 75hd, 121b ; Klaus Goken 60h, 33cdb, 78h, 80b, 81b ; Dietmar Katz 41cdb ; Johannes Laurentius 75b ; Erich Lessing 72h, 80h, 81cb ; Jürgen Liepe 33cdh, 75cgh, 80cb, 82h, 83b, 118b, 164b ; Saturia Linke 34hg ; Georg Niedermeiser 80h, 81ch ; Arne Psille 118c, 119h, 119b, 120c, 121h, 120b ; Steinkopf 114hd ; G. Stenzel 83hd ; Jens Ziehe 110h, 111c ; Jürgen Zimmermann 29hg ; Bridgeman Art Library 47c, 175b ; Berliner Festspiele : Bianka Göbel 261gh. Berlinische Galerie : *Stadtwandelverlag* (2004) © Florian Bulk et *Dreibeit* (1993) © Brigitte et Martin Matschinsky-Denninghoff 139b ; Brecht-Weigel Gedenkstätte 46h, 109b ; Bröhan-Museum 165cb. Centrum Judaicum 102h ; Corbis : Sygma/Aneebicque Bernard 233h ; Adam Wolfitt 232 dg ; Michael S. Yamashita 233c ; Deutsches Historisches Museum (Zeughaus) 8-9, 24cb, 24bg, 25hd, 25b, 25cgb, 26-27b, 27hd, 28hg, 28cd, 28cb, 28dp, 29hd, 29bg, 46bd, 47cdh, 58hg, 58hd, 58ch, 58cb, 58bd, 59h, 59ch, 59cb, 59b ;

Deutsches Technikmuseum Berlin 33bg, 136 ; Deutsche Press Agency (DPA) 46ch, 46cb, 46bg, 47h, 47cdb, 47b, 48hc, 48cgh, 48b, 50h, 50b, 67h, 151bd, 199b ; European Commission 285 ; Filmpark Babelsberg : 205cgh/cdb/bg ; Fit to Print, Berlin : 283hg ; Gedenkstätte und Museum Sachsenhausen 169b ; Georg Kolbe Museum 183hd ; Grand Hotel Esplanade 216b ; Hamburger Bahnhof 110ch, 110cb, 110b, 111h, 111cdh, 111cdb, 111b ; Haus am Checkpoint Charlie 39bd ; Hotel Adlon 68h ; Hotel Palace Berlin 219hd ; Hayder Adam 233bd ; Imageworkshop Berlin : Vincent Mosch 131bd ; Jewish Museum Berlin : 143bd ; Deutsches Technikmuseum Berlin 143cg ; Jens Ziehe, Berlin 142cg ; Leo Baeck Institute, New York 143hd. Käthe-Kollwitz-Museum 154b ; KaDeWe : 51 b ; Komische Oper Monika Rittershaus 49b, 68b ; Konzerthaus Berlin 65h ; Meyer Nils 29cdb, 40hd ; Museum für Naturkunde 109h. Press Association Picture Library 261hg ; Pressefotos Peters : 10c ; Presse- und Informationsamt des Landes Berlin : BTM 249c ; BTM/Drewes 43bg ; BTM/Koch 45hg, 129hg ; G. Schneider 51c ; Landesarchive Berlin 129bd ; Meldepress/Ebner 126b ; Partner für Berlin : FTB-Werbefotografie 128cg, 143cd,143bd ; Rainer Kiedrowski : Nils Koshofer 30, 112 ; Robert Harding Picture Library 52-53, 274hc, Walter Rawlings 208cg. Schneider, Guenter : 41hd, 52-53 ; Schirmer, Karsten 260cg ; Jürgen Scheunemann : 49cd, 138 hd, 139 hg ; Staatliche Museen zu Berlin-Preussischer Kulturbesitz / Kunstgewerbemuseum : Hans-Joachim Bartsch 119cg ; Irmgard Mues-Funke 121hg ; Stadtmuseum Berlin 23hd, 24h, 26cgh, 133hd ; Hans-Joachim Bartsch 18, 19b, 20c, 21hg, 21bd, 27bd, 85h ; Christel Lehmann 18hg, 18cb ; Peter Straube 88b, 90hd ; Stasi-Museum 174cd ; Stiftung Preussische Schlösser und Gärten Berlin 16h, 21c, 160h, 160c, 161ch, 161c, 161b, 188cgb, 194hg, 194cgh, 194cgb, 194bd, 195cdh, 195bd, 195bg, 198h, 200cgh, 200b, 201cdh, 201cdb, 201bg, 201bd ; Telegraph Colour Library : Bavaria-Bildagentur première page de garde cbc, Messerschmidt première page de garde h ; Tony Stone Images : Doug Armand 214. View Pictures William Fife 43bg ; Villa Kastania 217b ; The Westin Grand 218b ; Wöjcik Pawel 235 bg ; Stuart N.R. Wolf (Stuart@snt-Wolfe.com) 181 hd.

1re de couverture et dos : Krzysztof Dydynski/ Getty Images.

4e de couverture : cg. Jacques Loic/Photononstop.

Toutes les autres images : © DK Images.

Pour plus d'informations, consulter : www.dkimages.com

Lexique

En cas d'urgence

Où est le téléphone ?	Wo ist das Telefon ?
Au secours !	Hilfe !
S'il vous plaît, appelez un docteur !	Bitte rufen Sie einen Arzt
S'il vous plaît, appelez la police !	Bitte rufen Sie die Polizei
S'il vous plaît, appelez les pompiers !	Bitte rufen Sie die Feuerwehr
Arrêtez !	Halt !

L'essentiel

Oui	Ja
Non	Nein
S'il vous plaît	Bitte
Merci	Danke
Excusez-moi	Verzeihung
Bonjour	Guten Tag
Au revoir	Auf Wiedersehen
Bonsoir	Guten Abend
Bonne nuit	Gute Nacht
À demain	Bis morgen
À la prochaine	Tschüss
Qu'est-ce que c'est ?	Was ist das ?
Pourquoi ?	Warum ?
Où ?	Wo ?
Quand ?	Wann ?
aujourd'hui	heute
demain	morgen
mois	Monat
nuit	Nacht
après-midi	Nachmittag
matin	Morgen
année	Jahr
là	dort
ici	hier
semaine	Woche
hier	gestern
soir	Abend

Quelques phrases utiles

Comment allez-vous ? (familier)	Wie gehts ?
Bien, merci	Danke, es geht mir gut
À bientôt	Bis später
Où est/sont… ?	Wo ist/sind…?
À quelle distance se trouve...?	Wie weit ist es...?
Parlez-vous français ?	Sprechen Sie fränzosisch ?
Je ne comprends pas	Ich verstehe nicht
Pouvez-vous parler plus lentement s'il vous plaît ?	Könnten Sie langsamer sprechen ?

Quelques mots utiles

grand	gross
petit	klein
chaud	heiss
froid	kalt
bon	gut
mauvais	böse/schlecht
ouvert	geöffnet
fermé	geschlossen
gauche	links
droite	rechts
tout droit	geradeaus

Au téléphone

Je voudrais téléphoner	Ich möchte telefonieren
Je rappellerai plus tard	Ich versuche noch einmal später
Puis-je laisser un message ?	Kann ich eine Nachricht hinterlassen ?
répondeur	Anrufbeantworter
télécarte	Telefonkarte
récepteur	Hörer
mobile	Handi
occupé	besetzt
faux numéro	falsche Verbindung

Le tourisme

bibliothèque	Bibliothek
billet d'entrée	Eintrittskarte
cimetière	Friedhof
gare	Bahnhof
galerie	Galerie
renseignement	Auskunft
église	Kirche
jardin	Garten
palais/château	Palast/Schloss
place	Platz
arrêt de bus	Haltestelle
jour férié	Nationalfeiertag
théâtre	Theater
entrée libre	Eintritt frei

Les achats

Avez-vous/Y a-t-il…?	Gibt es…?
Combien cela coûte-t-il ?	Was kostet das ?
À quelle heure ouvrez-vous/ fermez-vous ?	Wann öffnen Sie ? schliessen Sie ?
ceci	das
cher	teuer
bon marché	preiswert
taille	Grösse
numéro	Nummer
couleur	Farbe
brun	braun
noir	schwarz
rouge	rot
bleu	blau
vert	grün
jaune	gelb

Les magasins

antiquaire	Antiquariat
pharmacie	Apotheke
banque	Bank
marché	Markt
agence de voyages	Reisebüro
grand magasin	Warenhaus
droguerie	Drogerie
coiffeur	Friseur
marchand de journaux	Zeitungskiosk
librairie	Buchhandlung
boulangerie	Bäckerei
poste	Post
boutique/magasin	Geschäft/Laden
photographe	Photogeschäft
self-service	Selbstbedienungs- laden
magasin de chaussures	Schuhladen
magasin de vêtements	Kleiderladen, Boutique
alimentation	Lebensmittel- geschäft
verre, porcelaine	Glas, Porzellan

À l'hôtel

Avez-vous une chambre libre ?	Haben Sie noch Zimmer frei ?
avec des lits jumeaux ?	mit zwei Betten ?
avec un lit double ?	mit einem Doppelbett ?
avec une baignoire ?	mit Bad ?
avec une douche ?	mit Dusche ?
J'ai réservé	Ich habe eine Reservierung
clé	Schlüssel
portier	Pförtner

Au restaurant

Avez-vous une table pour…?	Haben Sie einen Tisch für…?
Je voudrais réserver une table	Ich möchte eine - Reservierung machen
Je suis végétarien	Ich bin Vegetarier
Garçon !	Herr Ober !
L'addition, s'il-vous plaît	Die Rechnung, bitte
petit déjeuner	Frühstück
déjeuner	Mittagessen
dîner	Abendessen
bouteille	Flasche
plat du jour	Tagesgericht
plat principal	Hauptgericht
dessert	Nachtisch
tasse	Tasse
carte des vins	Weinkarte
chope	Krug
verre	Glas
cuillère	Löffel
cuillère à café	Teelöffel
pourboire	Trinkgeld
couteau	Messer
hors-d'œuvre	Vorspeise
l'addition	Rechnung
assiette	Teller
fourchette	Gabel

Lire le menu

anguille	Aal
pomme	Apfel
jus de pomme avec de l'eau gazeuse	Apfelschorle
orange	Apfelsine
abricot	Aprikose
artichaut	Artischocke
aubergine	Aubergine
banane	Banane
steak	Beefsteack
bière	Bier
saucisse	Bockwurst
soupe aux haricots	Bohnensuppe
eau-de-vie	Branntwein
pommes de terre sautées	Bratkartoffeln
saucisse grillée	Bratwurst
petit pain	Brötchen
tcheunpain	Brot
bouillon	Brühe
beurre	Butter
champignon	Champignon
saucisse sauce curry	Currywurst
fenouil	Dill
œuf	Ei
crème glacée	Eis
canard	Ente
fraises	Erdbeeren
poisson	Fisch
truite	Forelle
boulette de viande	Frikadelle
oie	Gans
crevette	Garncle
rôti	gebraten
grillé	gegrillt
bouilli	gekocht
fumé	geruchert
volaille	Geflügel
légumes	Gemüse
gruau	Grütze
goulasch	Gulasch
cornichon	Gurke
agneau rôti	Hammelbraten
poulet	Hähnchen
hareng	Hering
framboises	Himbeeren
miel	Honig

café	Kaffee
veau	Kalbfleisch
lapin	Kaninchen
carpe	Karpfen
purée de pommes de terre	Kartoffelpüree
fromage	Käse
caviar	Kaviar
ail	Knoblauch
boule de pâte	Knödel
chou	Kohl
laitue	Kopfsalat
crabe	Krebs
gâteau	Kuchen
saumon	Lachs
foie	Leber
mariné	mariniert
confiture	Marmelade
raifort	Meerrettich
lait	Milch
eau minérale	Mineralwasser
carotte	Möhre
noix	Nuss
huile	Öl
olive	Olive
persil	Petersilie
poivre	Pfeffer
pêche	Pfirsich
prune	Pflaumen
frites	Pommes frites
fromage blanc	Quark
radis	Radieschen
rosbif	Rinderbraten
roulade de bœuf	Rinderroulade
bœuf	Rindfleisch
côtelette	Rippchen
chou rouge	Rotkohl
navet	Rüben
œufs brouillés	Rührei
jus	Saft
salade	Salat
sel	Salz
pommes de terre à l'eau	Salzkartoffeln
cerises	Sauerkirschen
choucroute	Sauerkraut
vin mousseux	Sekt
moutarde	Senf
épicé	scharf
kebab	Schaschli
crème fouettée	Schlagsahne
ciboulette	Schnittlauch
escalope de porc ou de veau	Schnitzel
porc	Schweinefleisch
asperge	Spargel
œuf sur le plat	Spiegelei
épinards	Spinat
thé	Tee
tomate	Tomate
pastèque	Wassermelone
vin	Wein
raisin	Weintrauben
sorte de saucisse de Francfort	Wiener Würstchen
sandre	Zander
citron	Zitrone
sucre	Zucker
biscotte	Zwieback
oignon	Zwiebel

LES NOMBRES

0	null
1	eins
2	zwei
3	drei
4	vier

5	fünf	
6	sechs	
7	sieben	
8	acht	
9	neun	
10	zehn	
11	elf	
12	zwölf	
13	dreizehn	
14	vierzehn	
15	fünfzehn	
16	sechzehn	
17	siebzehn	
18	achtzehn	
19	neunzehn	
20	zwanzig	
21	einundzwanzig	
30	dreissig ·	
40	vierzig	
50	fünfzig	
60	sechzig	
70	siebzig	
80	achtzig	
90	neunzig	
100	hundert	
1 000	tausend	
1 000 000	eine Million	

LE JOUR ET L'HEURE

une minute	eine Minute
une heure	eine Stunde
une demi-heure	eine halbe Stunde
lundi	Montag
mardi	Dienstag
mercredi	Mittwoch
jeudi	Donnerstag
vendredi	Freitag
samedi	Samstag/ Sonnabend
dimanche	Sonntag
janvier	Januar
février	Februar
mars	März
avril	April
mai	Mai
juin	Juni
juillet	Juli
août	August
septembre	September
octobre	Oktober
novembre	November
décembre	Dezember
printemps	Frühling
été	Sommer
automne	Herbst
hiver	Winter

GUIDES VOIR

PAYS

AFRIQUE DU SUD • ALLEMAGNE • AUSTRALIE • CANADA • CHINE
COSTA RICA • CROATIE • CUBA • ÉGYPTE • ESPAGNE • FRANCE
GRANDE-BRETAGNE • INDE • IRLANDE • ITALIE • JAPON • MAROC
MEXIQUE • NORVÈGE • NOUVELLE-ZÉLANDE
PORTUGAL, MADÈRE ET AÇORES • SINGAPOUR
SUISSE • THAÏLANDE • TURQUIE

RÉGIONS

AQUITAINE • BALÉARES • BALI ET LOMBOK
BARCELONE ET LA CATALOGNE
BRETAGNE • CALIFORNIE
CHÂTEAUX DE LA LOIRE ET VALLÉE DE LA LOIRE
ÉCOSSE • FLORENCE ET LA TOSCANE • FLORIDE
GRÈCE CONTINENTALE • GUADELOUPE • HAWAII
ÎLES GRECQUES • JÉRUSALEM ET LA TERRE SAINTE
MARTINIQUE • NAPLES, POMPÉI ET LA CÔTE AMALFITAINE
NOUVELLE-ANGLETERRE • PROVENCE ET CÔTE D'AZUR
SARDAIGNE • SÉVILLE ET L'ANDALOUSIE • SICILE
VENISE ET LA VÉNÉTIE

VILLES

AMSTERDAM • BERLIN • BRUXELLES, BRUGES, GAND ET ANVERS
BUDAPEST • DELHI, AGRA ET JAIPUR • ISTANBUL
LONDRES • MADRID • MOSCOU • NEW YORK
NOUVELLE-ORLÉANS • PARIS • PRAGUE • ROME
SAINT-PÉTERSBOURG • STOCKHOLM • VIENNE • WASHINGTON